本教材得到扬州大学教材基金资助

高等学校规划教材

城市土地管理

张敏莉 主编　　张 斌 副主编

化学工业出版社

·北 京·

本书根据工程管理专业学生应具有城市土地管理方面知识结构的需要，系统地介绍了我国土地管理的法律制度、政策，特别是重点介绍了城市土地管理的基本理论和方法，主要内容包括：城市土地管理的主要内容、我国土地基本制度及我国现行土地管理体制；城市土地经济学的基础理论；城市土地确权管理制度和内容；城市地籍管理的制度和内容；建设用地的供应管理、征地管理；土地的出让、转让以及抵押管理；城市地价管理的中宗地估价的方法、基准地价的评估以及地价的动态监测；国有企业土地资产处置方式；城市土地经营的模式和城市土地储备方法。

　　本书可作为高等学校工程管理专业和房地产专业的专业基础课教材使用，也可供相关专业的科技与管理人员在实际工作中参考使用。

图书在版编目（CIP）数据

城市土地管理/张敏莉主编 . —北京：化学工业
出版社，2010.8（2020.1重印）
高等学校规划教材
ISBN 978-7-122-08846-8

Ⅰ. 城⋯　Ⅱ. 张⋯　Ⅲ. 城市-土地管理-中国-
高等学校-教材　Ⅳ. F299.232

中国版本图书馆 CIP 数据核字（2010）第 111572 号

责任编辑：满悦芝　　　　　　　文字编辑：云　雷
责任校对：宋　夏　　　　　　　装帧设计：尹琳琳

出版发行：化学工业出版社（北京市东城区青年湖南街 13 号　邮政编码 100011）
印　　刷：北京京华铭诚工贸有限公司
装　　订：三河市振勇印装有限公司
787mm×1092mm　1/16　印张 17¼　字数 451 千字　2020 年 1 月北京第 1 版第 4 次印刷

购书咨询：010-64518888　　　　　　售后服务：010-64518899
网　　址：http://www.cip.com.cn
凡购买本书，如有缺损质量问题，本社销售中心负责调换。

定　　价：36.00 元　　　　　　　　　　　　　　　　版权所有　违者必究

前　言

土地是人类社会生存和发展的基础，是十分宝贵的资源。城市土地是工业现代化的载体，是社会经济可持续发展的先决条件。随着社会经济的发展，土地的稀缺性越来越凸显，使得关于城市土地管理的科学取得更加重要的地位。由于当今社会对人才培养的标准在不断提高，从事房地产行业的专业人员，需要掌握一定的土地管理方面的知识，因此我们编写了这本《城市土地管理》教科书，作为工程管理专业（房地产方向）的专业基础课或专业课教材。

经过长期的教学和科研实践，我们感到作为从事房地产行业的专业人员，应具有复合型的知识结构，需要具备的知识最基本的应该包括：土地管理、工程建设与管理、金融、投资、经营等。然而，工程管理专业以前在土地管理方面的教学很薄弱，学生的知识结构不够完整。近几年，我们认识到了这个问题，加强了课程设置，但是找不到合适的教材，只好用市场上能见到的土地资源管理专业的教材或者用公共管理专业的教材。为了提高教学效率，增强教材的适用性，我们组织了省内外几所高校从事土地管理教学的教师编写了这本教材。本书吸收了当前较优秀的教科书上比较成熟的理论和较新的土地法规、政策及土地科学研究的新技术和新成果，重点突出城市土地管理和房地产开发中涉及的内容，力求使教材的前瞻性、科学性、实用性更强。

城市土地管理具有很强的制度性、政策性。本书系统地介绍了城市土地管理的原理、方法及国家在土地管理中现行的法律制度、法规和政策。全书分为九个章节：城市土地管理导论、城市土地经济理论、城市土地权属管理、城市地籍管理、建设用地管理、城市土地市场管理、城市地价管理、国有土地资产处置管理、城市土地的开发经营与储备。本书是由扬州大学、南京林业大学、南京农业大学、合肥学院、应天职业学院等长期从事土地管理教学工作的教师集体编写的。第1章、第3章由张敏莉、李长花、孙大公执笔；第2章由樊群执笔；第4章由张树峰执笔；第5章由史晓云执笔；第6章、第7章由张斌执笔；第8章由严斌执笔；第9章由张炯执笔。全书由张敏莉统稿。

本书主要供工程管理专业类本科学生教学使用，也可作为房地产相关从业人员继续教育的培训教材。

本书在编写过程中得到扬州大学、扬州市土地学会和化学工业出版社的大力支持，在此，向以上单位表示感谢。同时，向完成编写工作的所有人员，深表谢意。

在我国，城市土地管理是一门新学科，许多理论和方法尚处在研究和探索阶段，由于编者的知识和水平有限，加上时间紧促，书中疏漏之处，恳请同行和读者谅解，不吝赐教。

编者

2010 年 6 月

目　录

第1章　城市土地管理导论 …………… 1
　1.1　城市土地概述 …………………… 1
　　1.1.1　土地的概念及与相关概念的区分 … 1
　　1.1.2　土地的基本特性 ……………… 2
　　1.1.3　城市土地的概念 ……………… 3
　　1.1.4　城市土地的特点 ……………… 3
　　1.1.5　城市土地用途的分类 ………… 4
　1.2　城市土地管理概述 ……………… 7
　　1.2.1　城市土地管理的基本概念 …… 7
　　1.2.2　城市土地管理的主要内容 …… 8
　　1.2.3　我国土地基本制度 …………… 8
　　1.2.4　我国土地管理体制 …………… 9
　参考文献 ……………………………… 12
第2章　城市土地经济理论 …………… 13
　2.1　城市土地的供需理论 …………… 13
　　2.1.1　城市土地的供给 ……………… 13
　　2.1.2　城市土地的需求 ……………… 14
　　2.1.3　城市土地的供求平衡 ………… 15
　2.2　土地报酬递减规律 ……………… 16
　　2.2.1　土地报酬递减规律的内涵 …… 16
　　2.2.2　土地报酬递减规律的应用 …… 18
　2.3　城市地租理论与地价理论 ……… 19
　　2.3.1　城市地租理论概述 …………… 19
　　2.3.2　城市地租的种类和特点 ……… 24
　　2.3.3　地价理论 ……………………… 26
　2.4　城市土地金融 …………………… 29
　　2.4.1　城市土地金融概述 …………… 29
　　2.4.2　城市土地抵押贷款 …………… 32
　2.5　城市土地收益与城市土地税收 … 34
　　2.5.1　城市土地收益概述 …………… 34
　　2.5.2　城市土地税收概述 …………… 36
　　2.5.3　我国现行的城市土地税收体系 … 39
　参考文献 ……………………………… 43
第3章　城市土地权属管理 …………… 44
　3.1　土地权利基本理论 ……………… 44
　　3.1.1　土地产权概述 ………………… 44
　　3.1.2　我国土地产权的特性 ………… 46
　3.2　我国土地的权利体系 …………… 47
　　3.2.1　权利体系的设置 ……………… 47
　　3.2.2　我国的土地权利体系 ………… 48

　3.3　城市土地确权管理 ……………… 49
　　3.3.1　城市土地所有权的确定 ……… 49
　　3.3.2　城市土地使用权的确定 ……… 51
　　3.3.3　其他权利的确定 ……………… 52
　3.4　城市土地权属纠纷的调处 ……… 63
　　3.4.1　城市土地权属纠纷概述 ……… 63
　　3.4.2　城市土地权属纠纷的调处 …… 64
　　3.4.3　城市土地权属纠纷案例分析 … 65
　参考文献 ……………………………… 67
第4章　城市地籍管理 ………………… 68
　4.1　城市地籍管理概述 ……………… 68
　　4.1.1　城市地籍 ……………………… 68
　　4.1.2　城市地籍管理 ………………… 70
　4.2　土地调查 ………………………… 73
　　4.2.1　土地调查概述 ………………… 73
　　4.2.2　城市地籍调查 ………………… 73
　　4.2.3　土地利用现状调查 …………… 75
　　4.2.4　土地条件调查 ………………… 78
　4.3　土地分等定级 …………………… 79
　　4.3.1　土地分等定级概述 …………… 79
　　4.3.2　城镇土地分等 ………………… 80
　　4.3.3　城镇土地定级 ………………… 83
　4.4　土地登记 ………………………… 86
　　4.4.1　土地登记概述 ………………… 86
　　4.4.2　土地登记的法律依据 ………… 88
　　4.4.3　土地登记的特点与原则 ……… 91
　　4.4.4　土地登记的内容与程序 ……… 92
　　4.4.5　土地登记案例分析 …………… 95
　参考文献 ……………………………… 98
第5章　建设用地管理 ………………… 100
　5.1　建设用地管理概述 ……………… 100
　　5.1.1　建设用地概述 ………………… 100
　　5.1.2　城市建设用地的条件分析与
　　　　　评定 ………………………… 101
　　5.1.3　建设用地管理概述 …………… 105
　5.2　建设用地的计划管理与规划管理 … 106
　　5.2.1　建设用地计划管理 …………… 107
　　5.2.2　建设用地指标管理 …………… 110
　　5.2.3　城市建设用地规划管理 ……… 110
　5.3　建设用地的供应 ………………… 111

　　5.3.1　建设用地供应的概念 ……… 111
　　5.3.2　建设用地供应的依据 ……… 111
　　5.3.3　建设用地供地的流程 ……… 112
　5.4　建设用地的审批 ……………… 113
　　5.4.1　建设用地审批制度 ……… 113
　　5.4.2　建设用地的审查报批管理 … 114
　5.5　建设用地的征收和征用 ……… 115
　　5.5.1　征收和征用的区别和联系 … 116
　　5.5.2　征收土地的审批 ………… 116
　　5.5.3　征收土地的补偿与安置 … 118
　　5.5.4　耕地保护制度 …………… 120
　　5.5.5　土地征收案例分析 ……… 123
　5.6　土地使用权划拨管理 ………… 126
　　5.6.1　划拨用地概述 …………… 126
　　5.6.2　划拨土地的管理 ………… 127
　5.7　临时建设用地管理 …………… 128
　　5.7.1　临时建设用地的概念 …… 128
　　5.7.2　临时建设用地的管理 …… 128
　5.8　农村建设用地管理 …………… 129
　　5.8.1　农村建设用地管理概述 … 129
　　5.8.2　宅基地的管理 …………… 129
　　5.8.3　乡镇企业建设用地的管理 … 130
　　5.8.4　乡村公益用地的管理 …… 130
　参考文献 ………………………… 132

第6章　城市土地市场管理 ……… 133
　6.1　城市土地市场管理概述 ……… 133
　　6.1.1　城市土地市场概述 ……… 133
　　6.1.2　我国土地市场的形成与发展 … 136
　　6.1.3　城市土地市场管理概述 … 138
　6.2　土地使用权出让管理 ………… 139
　　6.2.1　土地出让概述 …………… 139
　　6.2.2　土地出让管理 …………… 140
　6.3　土地使用权转让管理 ………… 148
　　6.3.1　土地使用权转让概述 …… 148
　　6.3.2　土地转让管理 …………… 150
　6.4　土地使用权租赁管理 ………… 153
　　6.4.1　土地租赁的概述 ………… 153
　　6.4.2　土地租赁的管理 ………… 154
　6.5　土地使用权出租管理 ………… 157
　　6.5.1　土地使用权出租概述 …… 157
　　6.5.2　土地使用权出租的管理 … 158
　6.6　土地使用权抵押管理 ………… 161
　　6.6.1　土地抵押概述 …………… 161
　　6.6.2　土地使用权抵押管理 …… 163
　6.7　土地市场中介管理 …………… 168
　　6.7.1　土地市场中介的概念 …… 168

　　6.7.2　土地估价管理 …………… 169
　　6.7.3　土地登记代理人职业资格 … 171
　参考文献 ………………………… 173

第7章　城市地价管理 …………… 174
　7.1　城市地价管理概述 …………… 174
　　7.1.1　城市地价概述 …………… 174
　　7.1.2　城市地价的管理 ………… 178
　　7.1.3　我国现行的地价管理制度与
　　　　　政策 …………………… 179
　7.2　基准地价的评估 ……………… 182
　　7.2.1　基准地价概述 …………… 182
　　7.2.2　基准地价的评估 ………… 183
　　7.2.3　基准地价的更新 ………… 186
　7.3　宗地地价的评估 ……………… 191
　　7.3.1　宗地估价概述 …………… 191
　　7.3.2　城市地价的影响因素 …… 193
　　7.3.3　土地估价的常用方法 …… 195
　7.4　城市地价动态监测 …………… 201
　　7.4.1　城市地价动态监测概述 … 201
　　7.4.2　地价动态监测技术路线与程序 … 204
　参考文献 ………………………… 214

第8章　国有企业土地资产处置管理 … 215
　8.1　国有企业土地资产处置概述 … 215
　　8.1.1　企业资产与企业土地资产 … 215
　　8.1.2　企业土地资产处置的概念 … 216
　　8.1.3　企业土地资产处置的程序 … 216
　8.2　国有企业土地资产处置的几种基本
　　　方式 ………………………… 216
　　8.2.1　土地使用权出让方式 …… 216
　　8.2.2　租赁 ……………………… 218
　　8.2.3　作价出资（入股） ……… 220
　　8.2.4　授权经营 ………………… 223
　　8.2.5　保留划拨 ………………… 224
　8.3　国有企业土地资产处置方式的完善 … 225
　　8.3.1　完善国有企业土地资产处置相关
　　　　　政策 …………………… 225
　　8.3.2　严格遵循土地资产处置基本
　　　　　原则 …………………… 225
　　8.3.3　结合实情，因企制宜，组合应用
　　　　　已有的土地资产处置方式 … 226
　　8.3.4　促进国有企业减债脱困，减轻企
　　　　　业负担，推动土地资产处置 … 226
　　8.3.5　依法行政，规范操作，严格审批
　　　　　手续 …………………… 226
　　8.3.6　增强现行划拨土地的有偿使用
　　　　　力度 …………………… 227

　8.3.7　规范土地资产评估，严格土地资
　　　　　产评估程序 ……………… 227
　8.3.8　明晰土地产权权能，强化土地
　　　　　产权登记 ………………… 228
参考文献 ………………………………… 229

第9章　城市土地的开发经营与储备 … 230
9.1　城市土地的开发 …………………… 230
　9.1.1　城市土地开发概述 ………… 230
　9.1.2　城市土地开发用地的选择与
　　　　　获取 …………………… 234
9.2　城市土地的经营 …………………… 239
　9.2.1　城市经营 ………………… 239
　9.2.2　城市土地经营概述 ………… 241

9.3　城市土地的储备 …………………… 247
　9.3.1　城市土地储备的概念 ……… 247
　9.3.2　城市土地储备的实施 ……… 251
　9.3.3　土地储备与城市房地产开发 … 255
参考文献 ………………………………… 258

附录 ……………………………………… 259
附录1　限制用地项目目录
　　　　（2006年本） ……………… 259
附录2　禁止用地项目目录
　　　　（2006年本） ……………… 262
附录3　《划拨土地目录》（中华人民共
　　　　和国国土资源部令第9号） ……… 265

第1章　城市土地管理导论

本章要点

土地是十分宝贵的资源和资产，是人类生存和发展的基础，是社会经济可持续发展的前提条件。了解土地的基本特性和城市土地的特点，对于掌握城市土地管理的制度和政策具有重要意义。本章从城市土地概念、特性入手，对我国城市土地的特点、用途的分类进行了介绍。本章重点是介绍城市土地管理的主要内容、我国土地基本制度及我国现行土地管理体制等。

1.1　城市土地概述

1.1.1　土地的概念及与相关概念的区分

（1）土地的概念

对于土地的概念，古今中外说法不一。根据土地管理实践和学术研究的成果，从经济学和管理学的角度看，土地是指地球上由地貌、土壤、岩石、水文、气候和植被等自然因素以及人的活动结果所组成的一个综合体。其中，人的活动结果包括人类过去和现在从事社会经济活动所形成的一切结果，正是由于土地的构成与自然因素和人类的社会经济活动有关，所以，才把土地视为一个"自然历史经济综合体"。下面从以下几个方面来理解这个概念。

① 土地是历史的综合体　首先土地是一个综合体，组成土地的要素很多，土地的性质和用途取决于全部构成要素的综合作用，而不取决于任何一个单独的要素；其次土地不仅包括人类现在的活动结果，也包括人类过去的活动结果。

② 土地是自然的产物　它不是人类劳动的产物，因此按照马克思的劳动价值理论，土地是没有价值的，但由于土地的稀缺性导致了土地的垄断性又使得土地具有价格。虽然土地不是人类劳动的产物，但人类活动可以引起土地有关组成要素的性质变化，从而影响土地的性质和用途的变化。

③ 土地是地球表面的陆地部分　陆地是突出于海洋面上的部分，包括内陆水域，如河流、湖泊等。

④ 土地是地球表面具有固定位置的空间客体　土地是一个空间概念，是三维立体的，而不仅仅是平面的，它包括地球的陆地表面及其上下一定范围内的空间。

从我国的土地管理理论和实践上看，土地的概念取广义。如：1989年9月6日，原国家土地管理局批准的《行业标准——城镇地籍调整规程》❶ 中规定的土地分类，土地分为10个一级类，24个二级类。其中，63——港口码头，G专指供客、货船舶停靠的场所；我国台湾地区《土地法》第二条："土地依其使用分为……第三类，交通水利用地，如道路、沟渠、水道、湖泊、港湾、海岸、堤堰属之。"可见，从法律上和实践上土地范围远超出陆地的范围。

---

❶ 本书所有涉及我国的法律、法规前均省略"中华人民共和国"字样。

对土地的垂直范围人们在认识上较为一致，都认为土地是一个立体的垂直剖面。地上有助于或影响土地功能发挥的自然力，如气候、阳光、温度、降雨、水能等属于土地的范围；地上部与土地功能有关的有形物质如附着物、定着物等都属于土地的范围。地下埋藏物、地下建筑物等也属于土地的部分。

（2）土地与土壤的区别

土壤是土地的构成部分中诸多自然因素的一种，土壤包含于土地。土壤是指陆地上具有一定肥力，能够生长植物的疏松表层。水体底泥不属于土壤，所以，海洋被排斥在土地范围之外。

（3）土地与国土的区别

国土是一国主权管辖的地域空间，广义包括一国的陆地、河流、湖泊、内海、领海和它们的下层和上空，还包括大陆架。国土经济学研究的国土还包括人口、建筑物、工程设施、经济技术、文化基础等各种人文要素。国土与主权是不可分割的整体。

土地与国土的主要区别是：

① 土地不包括社会、人文资源；

② 国土与主权密不可分，而土地与主权没有必然的联系；

③ 国土在水平范围上没有狭义和广义之分，它是指一国的领土、领空和领海；

④ 土地可以是一小块田，而国土则是一个统一的整体概念。

1.1.2 土地的基本特性

美国经济学家伊利指出："成功的土地利用是以对土地的特性的认识为基础的"。土地的基本特性，包括自然特性和经济特性。土地的自然特性是指不以人的意志为转移的自然特性；土地的经济特性则是指人们在利用土地中出现的一些生产力和生产关系方面的特性。

（1）自然特性

① 土地面积的有限性　土地是自然原产物，具有原始性和不可再生性，土地面积在地球形成后就已确定。就陆地部分而言，虽然经过地质的变动有增无减，但变化很小。人类虽可以通过劳动改良土地，但对土地面积的影响微乎其微，不能根本上改变土地面积有限性这一特征。

② 土地位置的固定性　土地的空间位置是固定的，不能移动。虽然大陆漂移对陆地面积和位置有影响，但这种变化要经过几十年甚至几百年，没有多大意义。这一特征决定人们只能因地制宜地利用土地。

③ 土地利用的永久性　土地作为自然物，它与地球共存亡，作为生产要素，在合理利用的情况下，农用土地可以提高肥力，永续利用；非农业土地可以反复使用，永无尽期。

④ 土地质量的差异性　构成土地的诸要素（如土壤、气候、岩石、水文、地貌等）不同，土地的结构和功能则有差异。土地质量的差异是针对土地特定的适宜用途而言，确定土地质量等级，是以土地评价为基础，以土地最适宜用途为前提的。

（2）经济特性

① 土地供给的稀缺性　土地供给的稀缺性有两层含义：一是它提供人们从事各种活动的土地面积是有限的，土地供求矛盾日益突出；二是特定地区，不同用途的土地是有限的，由于土地的固定性和质量差异性导致某些地区某种用途的土地供给更加稀缺。

② 土地报酬的递减性　在技术条件不变的条件下，最初，每增加一单位投入，其产品的增加量可能是递增的；当对单位面积土地的投入超过一定限度后，每增加一单位投入，其产品的增加量就会下降，就会产生报酬递减的后果，这就是"土地报酬递减规律"。根据这

一规律，人们在生产过程中，必须注意各项生产要素与土地的适合比例，在利用土地增加收入时，不断改进技术，以便提高土地利用的经济效益，防止出现土地报酬递减的现象。

③ 土地用途变更的困难性　一幅土地可以有多种用途，当土地投入某种用途之后，欲改变其利用方向，要付出相当大的代价。如将农业用地改成建设用地，原有的在土壤肥力方面的投入没有任何意义，而且还要为改变其土地用途进行新的投入。土地用途变更的困难性告诉人们，在规划和实施土地利用时，要认真调查研究，充分进行论证，作出科学合理的决策，避免造成土地的损失和浪费。

④ 土地的资产特性　土地具有资产特性，这是土地的有限性、作用的不可替代性及土地所有权和占有使用权的垄断性决定的。土地所有者和土地使用者可以凭借具有土地所有权和土地使用权的垄断取得收益。因此土地所有权及从中分离出来的使用权也就成了一种财产，取得了资产的属性。凝结在土地中的人类劳动，其本身就是一种社会财富。目前，土地已成为一种特殊的商品进入流通领域，土地的资产属性正在被越来越多的人认识。

1.1.3　城市土地的概念

城市是一个巨大的系统整体。一般而言，人口较稠密且具有较完善的基础设施配套的地区称为城市，它包括了住宅区、工业区和商业区等功能分区，并且具备行政管辖功能。城市土地可以从两方面理解：广义的城市土地是指城市行政区内陆和水域及其地上、地下的空间总称。从行政区域上划分，城市土地有三个层次：一是建成区土地，即城市建设用地；二是城市规划区范围内，除去城市建成区外的外延扩建区域，大部分为村镇占用的土地；三是城市行政辖区内的土地，是指城市行政区内的全部土地。

狭义的城市土地是指城市市区，即城市建设用地。在我国，城市土地属于国家所有，城郊土地除有法律规定为国家所有外，多数属于集体所有。

与以上概念相关联，在具体管理中遇到一些概念需要了解，如"市域"、"市区"、"建成区"、"中心城区"、"中心市区"等。其中，市域是指城市行政上所管辖的区域，包括下辖的县及县级市，以扬州市为例，包括仪征市、宝应县等，市域往往是市区的几倍甚至是几十倍；市区是指实际的城市区域，包括城市近郊区和建成区，但不包括所辖的外围县、乡。建成区是指城市建筑物外沿的范围；中心城区和中心市区概念相同，它们不是行政区划的概念，而是依繁华程度单独划出的一个区域，一般指城市核心的城市商业和城市设施密集的地区。

本书所说的城市是指市区，市区又可划分为多个行政区，如南京市市区又分为鼓楼区、玄武区等。郊区与市区是相对的概念，一般指附属于城市的市区以外的地区，是连接市区与县、乡的区域，已列入城市规划区范围。

城市土地亦即指城市市区范围内的土地，绝大部分的房地产开发都是在城市市区的土地上进行的。

1.1.4　城市土地的特点

城市土地除具备土地的一般特性以外还突出表现以下特性。

（1）城市土地的扩展性

随着经济的发展速度加快，城市建设用地不断扩展，占用了大量耕地，使我国耕地面积逐年减少，对人口吃饭问题造成巨大威胁。由于城市建设用地的扩展性极强，为此，中央提出保十八亿亩耕田的方针，加强城市建设用地的管理，合理确定规模，严格控制农用地转为建设用地，合理依法用地，真正做到"一要吃饭、二要建设"。

（2）城市土地的非生态利用性

城市土地利用是承载建造建筑物和构筑物，为城市居民提供休养生息的空间与场所，因此在选择建设用地时主要考虑土地的非生态因素。根据这一特点，要求应把水土条件好、产量高的土地留给农业；对水土条件不好，承载功能符合要求的土地作为建设用地，这样使土地发挥更大的效益。

（3）城市土地的可逆性差

一般来讲，农用地变为建设用地较容易，但要使建设用地变为农田比较困难。即便是拆除建筑物，恢复了种植条件，但土壤的肥力要想恢复，代价会很大。这一特点要求人们不能轻易把农田转为建设用地，一旦使用不当，难以恢复。

（4）城市土地的土地利用价值高

城市土地与农田比起来，可以产生几十倍、几百倍的经济效益。因此，人们在利益的驱动下，将大量农田开发为建设用地，甚至产生了大量闲置土地。

（5）城市土地的区域选择性强

除地质条件外，一般来说，地理位置、交通条件、水源条件、矿产资源的储藏和分布等因素都是决定能否可以作为建筑用地的条件。在建筑用地的选择中，位置是最重要的因素。矿产资源开发、道路建设需要好位置，城市发展要有合理的区位，工业生产要正确的选址，当然，位置是一个相对的概念，交通条件的改善将会使位置不好地土地变成好的土地。在选择建筑用地时合理选择区位，能更好地发挥土地资源的效率。

（6）城市土地的空间利用性和再生性

农业一般是平面和单层的利用土地，而建设用地不仅可以平面，还可以多层、高层利用，提高建筑容积率，可以节约利用土地。当地上建筑物、构筑物年代久远影响地块价值发挥时，人们可以进行建设用地的再开发，如旧城改造等。

1.1.5　城市土地用途的分类

根据1991年原建设部批准的城市用地分类标准，在城市中，用于建设的土地主要是建造建筑物、构筑物，按其使用情况，分为居住用地、公共设施用地、工业用地、仓储用地、对外交通用地、道路广场用地、市政公用设施用地、绿化用地、特殊用地等。土地利用的结果基本上是以非生态附着物的形式，而农业用地则主要是依赖于土地的肥力。

根据用地的不同特性，可以从不同的角度把城市土地用途分为不同的类型。

（1）按照土地使用的性质和功能来分类

按照土地使用的性质和功能来分类主要应用于城市规划和城市建设部门。

按照《城市用地分类与规划建设用地标准》（GBJ 137—90），根据土地使用的主要性质，采用大类、中类和小类三个层次的分类体系，可以将城市土地分为10大类，46中类，73小类。它采用字母数字混合型代号，大类采用英文字母表示，中类和小类应各采用一位阿拉伯数字表示。

城市土地中的10大类分别如下。

① 居住用地　是指居住小区、居住街坊、居住组团和单位生活区等各种类型的成片或零星的用地及公共服务设施用地、道路用地、绿地等。居住用地可进一步分为一类居住用地、二类居住用地、三类居住用地和四类居住用地。其中，一类居住用地是指市政公用设施齐全、布局完整、环境良好、以低层住宅为主的用地。二类居住用地是指市政公用设施齐全、布局完整、环境较好，以多、中、高层住宅为主的用地。三类居住用地是指市政公用设施比较齐全、布局不完整、环境一般或住宅与工业等有混合交叉的用地。四类居住用地是以简陋住宅为主的用地。

② 公共设施用地　是指居住区及居住区级以上的行政、经济、文化、教育、卫生、体育以及科研设计等机构和设施的用地，不包括居住用地中的公共服务设施用地。公共设施用地可进一步分为行政办公用地、商业金融业用地、文化娱乐用地、体育用地、医疗卫生用地、教育科研设计用地、文物古迹用地等。

③ 工业用地　是指工矿企业的生产车间、库房及其附属设施等用地，包括专用的铁路、码头和道路等用地，不包括露天矿用地。工业用地分为三类，对居住和公共设施等环境基本无干扰和污染的工业用地，如电子工业、缝纫工业、工艺品制造工业等用地是一类工业用地；对居住和公共设施等环境有一定干扰和污染的工业用地，如食品工业、医药制造工业、纺织工业等用地是二类工业用地；对居住和公共设施等环境有严重干扰和污染的工业用地，如采掘工业、冶金工业、大中型机械制造工业、化学工业、造纸工业、制革工业、建材工业等用地是三类工业用地。

④ 仓储用地　指仓储企业的库房、堆场和包装加工车间及其附属设施等用地。又可分为普通仓库用地、危险品仓库用地、堆场用地等。

⑤ 对外交通用地　指铁路、公路、管道运输、港口和机场等城市对外交通运输及其附属设施等用地。

⑥ 道路广场用地　指市级、区级和居住区级的道路、广场和停车场等用地。

⑦ 市政公用设施用地　指市级、区级和居住区级的市政公用设施用地，包括其建筑物、构筑物及管理维修设施等用地。可进一步划分为供应设施用地（供水用地、供电用地、供燃气用地、供热用地等）、交通设施用地、邮电设施用地、环境卫生设施用地、施工与维修设施用地、殡葬设施用地等。

⑧ 绿地　市级、区级和居住区级的公共绿地及生产防护绿地，不包括专用绿地、园地和林地。

⑨ 特殊用地　特殊性质的用地主要包括军事用地、外事用地和保安用地。

⑩ 水域和其他用地　除以上各大类用地之外的用地。

以上分类中，城市建设用地包括10大类中的居住用地、公共设施用地、工业用地、仓储用地、对外交通用地、道路广场用地、市政公用设施用地、绿地和特殊用地九大类用地，不包括水域和其他用地。一般意义上的房地产开发主要涉及居住用地（各类住宅小区、别墅）和公共设施用地里的商业金融业用地（如商业写字楼、商铺）。

（2）根据土地用途的差异、利用的方式等因素对土地进行的分类

根据土地用途的差异、利用的方式等因素对土地进行的分类主要运用于我国国土资源管理部门。随着社会主义市场经济的发展和新修订的《土地管理法》的颁布实施，为适应经济发展和法律的要求以及科学实施全国土地和城乡地政统一管理的需要，需要进一步明确农用地、建设用地和未利用地的范围，对原有土地分类体系进行适当调整和衔接。为此，在研究、分析原土地分类基础上，国土资源部于2001年8月21日下发了"关于印发试行《土地分类》的通知"，制定了城乡统一的全国土地分类体系，并于2002年1月1日起在全国试行。新的全国土地分类体系采用三级分类体系。一级类设三个，即《土地管理法》规定的农用地、建设用地、未利用地；二级类设15个；三级类设71个。限于篇幅，本书只列出与房地产开发相关的"建设用地"这一大类，包括商业、工矿仓储、公用设施、公共建筑、住宅、交通、水利设施、特殊用地八大类。一级类中的"农用地"和"未利用地"及以下的二、三级类未列出。

① 商服用地　指商业、金融业、餐饮旅馆业及其他经营性服务业建筑及其相应附属设施用地。可分为以下几种。

商业用地：指商店、商场、各类批发、零售市场及其相应附属设施用地。

金融保险用地：指银行、保险、证券、信托、期货、信用社等用地。

餐饮旅馆业用地：指饭店、餐厅、酒吧、宾馆、旅馆、招待所、度假村等及其相应设施用地。

其他商服用地：指上述用地以外的其他商服用地，包括写字楼、商业性办公楼和企业厂区外独立的办公楼用地；旅行社、运动保健休闲设施、夜总会、歌舞厅、俱乐部、高尔夫球场、加油站、洗车场、洗染店、废旧物资回收站、维修网点、照相、理发、洗浴等服务设施用地。

② 工矿仓储用地　指工业、采矿、仓储业用地。可分为以下几种。

工业用地：指工业生产及其相应附属设施用地。

采矿地：指采矿、采石、采砂场、盐田、砖瓦窑等地面生产用地及尾矿堆放地。

仓储用地：指用于物资储备、中转的场所及相应附属设施用地。

③ 公用设施用地　指为居民生活和二、三产业服务的公用设施及瞻仰、游憩用地。可分为以下几种。

公共基础设施用地：指给排水、供电、供燃、供热、邮政、电信、消防、公用设施维修、环卫等用地。

瞻仰景观休闲用地：指名胜古迹、革命遗址、景点、公园、广场、公用绿地等。

④ 公共建筑用地　指公共文化、体育、娱乐、机关、团体、科研、设计、教育、医卫、慈善等建筑用地。可分为以下几种。

机关团体用地：指国家机关，社会团体，群众自治组织，广播电台、电视台、报社、杂志社、通讯社、出版社等单位的办公用地。

教育用地：指各种教育机构，包括大专院校，中专、职业学校、成人业余教育学校、中小学校、幼儿园、托儿所、党校、行政学院、干部管理学院、盲聋哑学校、工读学校等直接用于教育的用地。

科研设计用地：指独立的科研、设计机构用地，包括研究、勘测、设计、信息等单位用地。

文体用地：指为公众服务的公益性文化、体育设施用地，包括博物馆、展览馆、文化馆、图书馆、纪念馆、影剧院、音乐厅、少青老年活动中心、体育场馆、训练基地等。

医疗卫生用地：指医疗、卫生、防疫、急救、保健、疗养、康复、医检药检、血库等用地。

慈善用地：指孤儿院、养老院、福利院等用地。

⑤ 住宅用地　指供人们日常生活居住的房基地（有独立院落的包括院落）。可分为以下几种。

城镇单一住宅用地：指城镇居民的普通住宅、公寓、别墅用地。

城镇混合住宅用地：指城镇居民以居住为主的住宅与工业或商业等混合用地。

农村宅基地：指农村村民居住的宅基地。

空闲宅基地：指村庄内部的空闲旧宅基地及其他空闲土地等。

⑥ 交通运输用地　指用于运输通行的地面线路、场站等用地，包括民用机场、港口、码头、地面运输管道和居民点道路及其相应附属设施用地。可分为以下几种。

铁路用地：指铁道线路及场站用地，包括路堤、路堑、道沟及护路林；地铁地上部分及出入口等用地。

公路用地：指国家和地方公路（含乡镇公路），包括路堤、路堑、道沟，护路林及其他附属设施用地。

　　民用机场：指民用机场及其相应附属设施用地。

　　港口码头用地：指人工修建的客、货运、捕捞船舶停靠的场所及其相应附属建筑物，不包括常水位以下部分。

　　管道运输用地：指运输煤炭、石油和天然气等管道及其相应附属设施地面用地。

　　街巷：指城乡居民点内公用道路（含立交桥）、公共停车场等。

　　⑦ 水利设施用地　指用于水库、水工建筑的土地。可分为以下几种。

　　水库水面：指人工修建总库容≥10 万立方米，正常蓄水位以下的面积。

　　水工建筑用地：指除农田水利用地以外的人工修建的沟渠（包括渠槽、渠堤、护堤林）、闸、坝、堤路林、水电站、扬水站等常水位岸线以上的水工建筑用地。

　　⑧ 特殊用地　指军事设施、涉外、宗教、监教、墓地等用地。可分为以下几种。

　　军事设施用地：指专门用于军事目的的设施用地，包括军事指挥机关和营房等。

　　使领馆用地：指外国政府及国际组织驻华使领馆、办事处等用地。

　　宗教用地：指专门用于宗教活动的庙宇、寺院、道观、教堂等宗教自用地。

　　监教场所用地：指监狱、看守所、劳改场、劳教所、戒毒所等用地。

　　墓葬地：指陵园、墓地、殡葬场所及附属设施用地。

　　我国土地证书上的土地用途是按照本分类来登记的，如住宅小区内的普通住宅一般登记为城镇单一住宅用地，宾馆的登记用途为商业用地。

　　（3）根据开发程度对建设用地的分类

　　按开发程度的不同，对开发建设用地可划分为生地、毛地和熟地。

　　生地是指不具备城市基础设施的土地，如荒地、农地。

　　毛地是指具有一定的城市基础设施但不完善、且未完成房屋拆迁补偿安置的土地。

　　熟地是指具备较完善的城市基础设施且土地平整，能直接进行开发建设的土地。

　　房地产开发企业获取的如果是净地（熟地），即可立即进行施工建设；如果是毛地，则需要对地上建筑物实施拆迁，对被拆迁人进行安置和补偿；如果是生地，则需要实施征收手续，将土地由集体所有征收为国有，然后才可在土地上进行房屋的施工建设。

1.2　城市土地管理概述

1.2.1　城市土地管理的基本概念

　　管理是人类的一种有意识、有目的、有组织的活动。凡是有目的、有组织的活动都需要制订计划、进行决策、组织协调、控制、监督等，即需要管理。城市土地管理从本质上讲，是国家通过各级政府及其土地管理部门，维护社会主义土地公有制、保护土地所有者和使用者的合法权益、协调土地关系、提高土地生产力，满足人民群众日益增长的物质文化需要，按照依法、统一、全面、科学的原则和要求，对土地的开发、利用，进行一系列组织协调、控制、监督等综合性措施和活动。应从以下几方面理解这一概念。

　　① 土地管理的主体是国家。国家委派国务院土地行政管理部门管理全国土地。土地管理无论采取何种方式和措施，都是为了确立和巩固土地所有制。社会主义社会的土地管理是在土地公有制基础上进行的。因此，一切土地管理工作都是为了维护和巩固社会主义的土地公有制。

　　② 土地管理的客体是土地。土地不仅是重要的生产资料，而且也是生产关系的客体。随着生产力的发展和生产方式的变化，土地关系必将不断地进行调整，即对土地所有权和使

用权进行变更和确认。在国民经济各部门、各用地单位和个人之间，协调用地的分配和再分配关系，正是土地管理的社会属性所在。

③ 土地管理的基本任务是维护在社会中占统治地位的土地所有制、调整土地关系和监督土地利用。其目的是不断提高土地利用的生态效益、经济效益和社会效益，以满足社会日益增长的需要。

④ 土地管理的基本内容就是综合运用行政、经济、法律、技术等手段，科学地配置各项用地，包括用地数量结构和空间位置。这就要研究社会生产对组织土地利用的客观要求，研究土地自然属性和生态系统对组织土地利用的制约规律，从而为有计划地、合理地、持续地利用土地提供保证。

1.2.2　城市土地管理的主要内容

在我国，城市土地管理的主要内容由地籍管理、土地权属管理、土地利用管理、土地市场管理四大部分构成。

地籍管理包括土地调查和土地动态监测，土地资源评价，土地登记，土地统计，地籍信息资料的管理、应用、维护、更新等内容。

土地权属管理包括土地所有权、使用权等的审核和依法确认，土地权属变更管理，土地权属纠纷的调处，依法查处有关侵犯土地所有权、使用权等方面的违法案件等内容。

土地利用管理是通过编制和实施全国、省、地（市）、县、乡土地利用总体规划和专项规划、土地用途管制、采取地租、价、税等经济杠杆对农民用地，特别是耕地、建设用地、未利用地的开发、利用、保护进行组织、监督和调控。

土地市场管理包括对土地市场供需、土地交易、土地价格、土地市场化配置等进行管理。

以上四部分内容共同构成完整的土地管理内容体系，它们相互联系、相互依赖，缺一不可。

地籍管理为土地权属管理、土地利用管理和土地市场管理提供有关土地的数量、质量、权属和利用情况及其变化的信息以及土地权属状态的法律凭证，是搞好土地权属管理、土地利用管理和土地市场管理的基础性工作。

土地权属管理、土地利用管理和土地市场管理之间同样是相互联系的。土地权属的变更、土地市场交易必须要符合土地利用总体规划的要求。例如，国家依法征用的土地，依法出让的国有土地，这些土地的位置和征用、出让后的用途必须以土地利用总体规划为依据。

同样，土地利用总体规划和土地利用计划的编制，必须考虑到土地权属状况和变更计划，以及土地市场状况，才能更科学有效地进行土地利用管理。由于土地利用最终是土地权属单位对土地的利用，而且土地权属变更和土地用途变化往往是通过土地市场实现的。所以，土地利用管理、土地权属管理、土地市场管理三者是紧密地联系在一起的。

1.2.3　我国土地基本制度

土地制度作为一种制度安排，是一定社会制度下土地关系的总和，是关于土地这一基本生产资料的所有、使用的制度。它反映着因利用土地而发生的人与人、人与地之间的社会经济关系。土地制度的主要内容包括土地所有制度和土地使用制度。

土地所有制是指人们在一定的社会经济条件下拥有土地的经济形式。它表明土地这一生产资料的分配问题，它是土地制度的核心，是土地关系的基础。土地所有制的法律表现形式是土地所有权，即土地所有者对其土地享有占有、使用、收益和处分的权利。

土地使用制度是人们在一定的土地所有制下使用土地的形式、条件和程序的规定。它表明人们如何对土地加以利用和取得收益，谁享有土地使用权及其责、权、利。土地使用权的核心内容是确定独立于土地所有权的土地使用权，以及土地资源合理有效利用。土地使用权是依法对土地进行占用、使用并取得收益的权利，是土地使用制度的法律表现形式。

我国土地基本制度包括土地所有制度为社会主义土地公有制、土地使用制度为城镇国有土地使用制度和农村集体土地使用制度。

（1）我国的土地所有制度为社会主义土地公有制，包括以下基本内容。

① 全部土地实行社会主义公有制。土地社会主义公有制分为全民所有制和劳动群众集体所有制两种形式。

② 土地社会主义全民所有制，具体采取的是社会主义国家所有制形式，由国家代表全体劳动人民占有属于全民的土地，行使占有、使用、收益、处分等权利；土地社会主义劳动群众集体所有制，具体采取的是农民集体所有形式。

③ 城市（包括建制镇、独立工矿区）建成区范围内的土地全部属于国家所有。

④ 农村和城市郊区的土地，部分属于国家所有，部分属于农民集体所有，除由法律规定国家所有的以外，属于农民集体所有。

由此可见，我国土地所有制度的特点是：全部土地属于国家和农民集体所有，土地所有权不得买卖和非法转让。

（2）我国的土地使用制度包括城镇国有土地使用制度和农村集体土地使用制度。

城镇国有土地使用制度的特点是：坚持城镇土地的国家所有制，在土地公有制的基础上实行土地所有权与土地使用权的分离，实现土地有偿使用并将土地使用权作为商品进入市场，通过市场对土地资源优化配置，最终使土地所有权在经济上得以实现。

目前采取的具体做法是：对土地使用权国家宏观调控、政府垄断经营，以协议、招标、拍卖的方式把规定了使用年限与用途的土地出让给使用者，使用期满将土地及地上建筑物与其他附着物收回。在使用期内，允许其转让、出租、抵押及其经营活动，国家运用价格、税收、金融等对其活动进行调控。

改革开放以后，城市土地使用制度改革取得了不可否认的成绩，但与市场经济要求的目标仍有一定差距。

1.2.4　我国土地管理体制

1.2.4.1　我国现行土地管理体制及其职能

《土地管理法》规定，国务院土地管理部门主管全国土地的统一管理工作。从我国土地管理的实践来看，土地管理形成了统一管理、分工负责的管理体制。从直属国务院的国土资源部开始，各级政府相继成立了省、市、县、乡土地管理机构，即从中央到地方形成了五级管理网络。其中，国土资源部是国务院负责全国土地资源统一管理的职能部门和行政执法部门。其主要职责如下所述。

① 制定有关土地的方针、政策和法规，并组织贯彻执行和实施监督；②主管全国土地的调查、统计、定级、登记、发证工作；③主管全国土地的征用、划拨、出让工作，统一审核、征用、划拨建设用地，承办国务院审批的建设用地的审查、报批，负责土地利用的组织、协调、审查、报批的出让方案的落实，组织编制各类建设用地定额指标；④管理全国土地市场，会同有关部门制定土地市场管理的法规和规章，规范土地市场，负责土地使用权转让、出租、抵押等权属管理和监督，协助财税部门做好土地税费的征收管理工作等。

根据土地管理机关的职责，目前国土资源部设以下职能部门（见图 1-1）。

省、市、县的土地管理局分别是同级人民政府的职能部门和土地行政执法部门，主管其

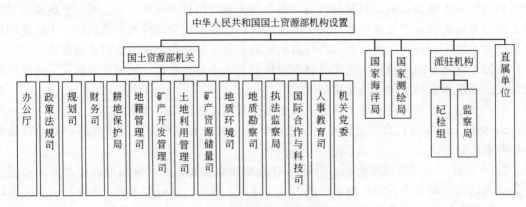

图 1-1　我国国土资源部的机构设置

（引自濮励杰《土地资源管理》）

行政区域内土地的统一管理。县级以上地方人民政府在土地管理方面的职能是根据省级以上人民政府下达的控制指标拟定用于房地产开发的土地使用权年度出让的总面积方案；依法批准划拨确属必要的建设用地的土地使用权。

市土地管理局的主要职能是：①拟定本市的土地利用规划、计划和土地后备资源开发规划；②审核使用土地的范围、数量；③实施土地监督；④负责办理以出让方式或划拨方式取得土地使用权的申请、登记，并进行核实及颁发土地使用权证书等。下属土地管理机关则为土地管理所。

国务院负责全国土地管理中关系重大问题的决定：负责批准征用基本农田、非基本农田的耕地 35 公顷以上，其他土地 70 公顷以上的国家建设用地；确定土地使用权的最高年限；规定土地使用权出让金上缴和使用的具体办法；规定基准地价、标定地价并公布具体办法；规定采取双方协议方式出让土地使用权的出让金的最低价等。

1.2.4.2　我国香港特别行政区的土地管理体制

香港特区行政政府现行行政管理机构设置序列是科、署、处。地政工务科是香港土地政策的研究和决策机构，设有土地政策小组、发展策略组。其主要工作是研究有关土地、公共工程和私人发展计划方面的政策，包括中、长期的土地发展策略，同时负责协调土地管理与特区政府其他机构之间的关系。

土地政策的执行机构是地政工务科下属的屋宇地政署，目前它主管全港地政，同时负责一切与土地开发有关的事务。屋宇地政署下设五个处：地政处、建筑物条例执行处、城市规划处、测绘处和行政处。

地政处主办土地批租事宜，办理回收工作，管理政府尚未批租的空地，执行土地批租契约条款等；建筑物条例执行处负责监督检查《建筑物条例》的执行；城市规划处主要是制定城市规划政策、规划标准与规范，组织编制法定分区计划大纲图和次区域发展规划以及为政府其他部门、顾问公司、咨询团体和市民提供有关城市规划的专业意见；测绘处主管土地测量、工程测量及香港各类地图绘制；行政处负责屋宇地政署行政、财政、技术资料、训练等工作。

其他与土地管理有关的机构主要有：田土注册处、差饷物业估价署、土地审裁处等。

1.2.4.3　国外土地管理体制的主要模式

目前国外土地管理机构的设置很不相同，下面简要介绍几个国家的情况。

（1）美国

美国于内政部内设土地管理局，主要负责对联邦政府土地的管理，并对州和私人土地进行协调。其主要职责是：地籍调查，土地利用规划，建立土地调查档案和土地管理信息系统，牧场管理，对国家经济发展提供有关服务，制定国家矿产开发和利用计划等。其他联邦城府机构也参与部分土地管理工作，如内政部印第安人事务管理局负责印第安人居留地的土地管理工作，城市规划委员会负责城市用地的管理工作，国防部负责军事用地的管理工作。

（2）英国

英国在中央一级没有设置统一的土地管理机构，而是由若干部委分类管理。农业用地由农渔食品部管理土地，其主要职责是负责农业用地的使用、统计、地籍管理与测绘土地分类图。森林和林业用地由林业委员会管理。城市用地由环境部管理。

（3）日本

日本政府十分重视土地管理工作，设立了全国城乡土地管理机构——国土厅。其主要职责是合理利用国土资源，均衡发展国土，以营造健康、文明、舒适的生活环境。国土厅下设长官官房、计划调整局、土地局、大都市圈整备局、地方振兴局、防灾局，其中土地局为主要土地管理执行机构。

国土厅土地局的主要职责包括：编制并实施全国城乡土地利用计划；控制土地交易，主要是防止土地投机行为；对休闲地管理，编制国土利用形态分类图表，统计各类用地数量和变化；管理地价；组织国土调查，调查分为地籍调查、分类调查和水域调查 3 种。为完成土地局职责，土地局下设四个职能课室：土地政策课、土地利用调整课、地价调整课和国土调查课。

本 章 小 结

土地包括自然和经济基本特性，城市土地可以从两方面理解：广义的城市土地是指城市行政区内陆和水域及其地上、地下的空间总称；狭义的城市土地是指城市市区，即城市建设用地。在我国，城市土地属于国家所有，城郊土地除有法律规定为国家所有外，多数属于集体所有。

在城市中，用于建设的土地主要是建造建筑物、构筑物，按其使用情况，分为居住用地、公共设施用地、工业用地、仓储用地、对外交通用地、道路广场用地、市政公用设施用地、绿化用地、特殊用地等。

土地管理的基本内容就是综合运用行政、经济、法律、技术等手段，科学地配置各项用地，包括用地数量结构和空间位置。在我国，城市土地管理的主要内容由地籍管理、土地权属管理、土地利用管理、土地市场管理四大部分构成。

我国土地基本制度包括：土地所有制度为社会主义土地公有制、土地使用制度为城镇国有土地使用制度和农村集体土地使用制度。

城镇国有土地使用制度的特点是：坚持城镇土地的国家所有制，在土地公有制的基础上实行土地所有权与土地使用权的分离，实现土地有偿使用并将土地使用权作为商品进入市场，通过市场对土地资源优化配置，最终使土地所有权在经济上得以实现。

目前采取的具体做法是：对土地使用权国家宏观调控、政府垄断经营，以协议、招标、拍卖的方式把规定了使用年限与用途的土地出让给使用者，使用期满将土地及地上建筑物与其他附着物收回。在使用期内，允许其转让、出租、抵押及其经营活动，国家运用价格、税收、金融等对其活动进行调控。

复习思考题

1. 什么是土地？土地与国土的区别？
2. 城市土地的特点是什么？
3. 城市土地用途有哪些类型？
4. 我国土地的基本制度是什么。
5. 我国土地的管理体制是什么。

参 考 文 献

[1] 王印才. 土地管理概论. 徐州：中国矿业大学出版社，1993.
[2] 李凌. 建设用地管理. 北京：化学工业出版社，2008.
[3] 毕宝德. 土地经济学. 北京：中国人民大学出版社，2007.
[4] 陆红生. 土地管理总论. 北京：中国农业出版社，2002.
[5] 丛屹. 中国城市土地使用制度的改革与创新. 北京：清华大学出版社，2007.

第2章 城市土地经济理论

本章要点

本章介绍了城市土地的供需理论、土地报酬递减规律、城市地租理论与地价理论、城市土地金融、城市土地收益与城市土地税收等，这些内容构成了城市土地经济学的基础理论。本章重点是土地报酬递减规律、马克思地租地价理论及城市土地税收。在平时学习、解释城市土地经济问题时，应自觉地运用这些理论去解决实际问题。

2.1 城市土地的供需理论

2.1.1 城市土地的供给

（1）城市土地供给的内涵

土地的供给通常分为自然供给和经济供给。土地中自然形成的可供人类利用的部分就是土地的自然供给，它包括已利用的土地资源和未来可以利用的土地资源，即后备土地资源。土地的经济供给是指在土地自然供给的基础上，投入劳动进行开发以后，成为人类可直接用于生产、生活各种用途上地的有效供给。

相应地，城市土地也可以分为自然供给和经济供给。城市土地的自然供给是指处于城市规划区范围内的所有土地。无论土地的利用状况如何，只要被国家征购，所有权转至国家，即成为城市土地的自然供给。城市土地的经济供给是指在其自然供给的基础上，投入劳动进行开发以后，成为可以直接用于城市建设的有效供给。

城市土地的自然供给与经济供给既有区别又有联系。自然供给是经济供给的基础，经济供给只能在自然供给的范围内变动。经济供给是变化的、有弹性的，可以在自然供给的基础上增加经济供给，并且不同用途土地的供给弹性是不同的。

由于城市土地经济供给具有较大的弹性，随着经济的发展和城市人口的增加，人们一直努力扩大土地的经济供给，以满足城市土地的需求。对城市土地而言，增加城市土地经济供给的途径主要有两种：一是通过减少其他用地（如农业用地）来绝对地增加城市土地面积，即以外延扩大的方式增加供给；另一种方式是增加土地投资或更加集约化利用现有的城市土地，在不增加城市土地面积数量的情况下，相对地扩大城市土地经济供给，这种方式称为内涵扩大方式。在现实的城市发展过程中的城市土地供给，外延式与内涵式两种方式是并存的，分别表现为城市土地的绝对数量扩张与城市土地供给的存量调整。

（2）城市土地供给的增量扩张

城市土地供给的增量扩张，是城市土地面积的增长，是任何一个国家或地区城市化过程的一个必然现象。我国 1987 年城市建成面积为 10816.5km²，到 2006 年底已经达到 33660km²，平均每年增加 1202.29km²。新增加的城市用地绝大部分来自农业用地的转变。

城市土地供给的增量扩张受到很大的限制，因为农业用地本身数量有限。在现有农业生产力水平下，扩大城市土地增量供给，则意味着用越来越少的土地为越来越多的城市人口提供粮食和农副产品。同时，城市在占用农业用地的同时，也要吸收原来依靠这些土地生活的农业人口。因为这些人口不具备从事非农生产的基本素质，所以这对于发展中国家来说尤为困难。而且由于农用地向建设用地转变的不可逆性，占用农用地扩大城市土地总量供给应尤为慎重。

农用地转化为城市土地，土地利用效率和集约程度都发生了很大的差别。从地方利益角度出发，城市土地利用的经济效益要远远高于农业用地，这样就造成了供给总量要大于需求量。这一条件为城市土地提供了大量而低廉的供给来源，也使得我国当前的城市土地供给以增量扩张为主。

（3）城市土地供给的存量调整

城市土地供给扩大的另一种方式即内涵式的扩大，是在土地面积不增加的情况下，通过增加土地投资或提高集约化利用的程度，提高土地的使用效率，实现相对增加城市土地的经济供给。这是城市土地利用的存量调整。具体表现为在原有建成区内对土地进行二次开发，如适度地增加资金和劳力的投入，提高容积率和增加建筑密度，改变旧城区的土地利用结构，消除影响土地利用的阻碍因素，完善基础设施等，使单位面积的土地具有更大的使用效率，从而达到内涵式扩大土地供给的目的。

但内涵式扩大城市土地供给也要受到技术水平和经济效益的限制。虽然相对用地而言，城市土地边际报酬的递减速度要慢得多，但是城市土地投资有一个界限，超过这个界限，在技术上是无法实现的。内涵式扩大城市土地需要提高土地的利用强度，才能有经济效益。随着城市土地利用强度的提高，不少城市土地的拆迁成本已经变得非常高，甚至使重新开发变得无利可求，所以人们更倾向于开发新地块，而不进行旧城改造，这阻碍了内涵式城市供给的增加。

我国正处于城市化的快速发展时期，对城市土地的需求日益增加。然而，我国国情决定了城市土地的供给受到多种制约，所以不能简单地依靠扩大城市范围增加城市土地，而应结合外延和内涵两种方式来增加城市土地供给。

2.1.2 城市土地的需求

供给就是要满足正常的土地需求。因此土地需求是个自变量，在土地供求上起基础决定作用。分析城市土地需求，有利于正确了解城市土地供给的服务。

（1）城市土地需求的构成

城市土地的需求由消费需求和投资需求两部分构成。城市土地的消费需求是发展对土地产生的需求，用来承载建筑物、构筑物、管道等城市基础设施。城市土地普通商品属性的一面。此外，城市土地还具有投资品的属性，可以通过转手，赚取买卖差价。由此产生的需求是城市土地的投资需求。

（2）城市土地需求的影响因素

影响城市土地需求的主要因素有经济发展、区位条件、人口数量、基础设施和公共服务。

经济发展状况是影响城市土地需求的最根本因素。经济发展的过程就是农业生产力提高的过程，农业生产力的提高使参与农业生产的劳动力逐渐减少，更多的劳动力转移到城市从事第二、三产业。经济越发展，城市就越发达，对城市土地的需求也就越多。

区位条件指城市所在的区位。城市所在的区位条件越优越，对该城市土地的需求就越大。城市的区位条件有自然的和经济的两个方面，自然的是指城市所在的地理位置（如沿海和内地），经济的是指城市所处区域的经济发展状况，以及城市在该区域的经济地位。如上海市既有沿海的自然区位条件，又有长三角经济中心的经济区位条件，而重庆只有长江上游经济中心的经济区位条件，所以，对上海土地的需求大于对重庆的需求。

人口数量是指城市常住人口及潜在的迁入人口。人口数量越大，对城市土地的需求也就越大。城市化进程不断推进，城市人口数量也不断增长，对城市土地的需求也就不断增长。因此，对城市土地的需求与城市化速度密切相关。我国正处于城市化高速发展时期，对城市土地的需求也快速增长。

基础设施是城市的"硬件"，包括市内和城际两部分。基础设施越完善，对城市土地的需求就越大。市内的基础设施可提高城市自身的运行效率，城际的则可提高城市群的运行效率。运行效率越高的城市，其创造价值的能力就越强，因此，对其土地的需求就越大。

公共服务是城市的"软件"，是指城市政府提供服务的能力和水平。公共服务对城市土地需求的影响是通过改变城市综合竞争力来实现的。公共服务水平高，综合竞争力强，就能吸引更多资金、人才等要素，从而间接增加对城市土地的需求。

2.1.3　城市土地的供求平衡

城市土地供求平衡是指城市发展的合理土地需求能够得到有效的保障。"合理"不包括对城市土地的投资需求。但正因为城市土地具有投资品属性，其需求膨胀。所以，当城市土地供不应求时，不能单纯地通过扩大供给来解决，而从控制需求入手，关键在于收取城市地租（包括绝对地租和级差地租），尽量压缩其投资获利空间。

（1）城市土地供求规律

城市土地的需求包括消费需求和投资需求两个部分，但这两种不同性质的需求遵循不同的规律。城市土地的消费需求是随土地价格的上升而减少，随土地地价下降而增加（见图2-1），这与一般商品的需求规律相同。城市土地的投资需求相反，随着地价的上升而增加，随着地价的下降而减少（见图2-2）。两种需求互叠加后，对城市土地需求取决于两种需求的权重，其走势是不确定的。

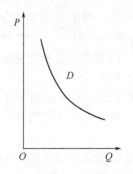
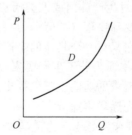

图 2-1　消费需求下城市土地 　　图 2-2　投资需求下城市土地
　　　　的供求规律图　　　　　　　　　　　的供求规律图

城市土地的供给遵循普通商品供给规律，供给量和价格正向相关。但在我国现行城市土地供给体制下，土地供给量是一个可控的外生变量，其大小并不由市场决定，而是由政府宏观调控的需要决定。

（2）城市土地供需平衡调控

在大多数的西方国家，虽然政府对城市土地供给实行总量控制，并通过城市规划进行用途管制，但在土地供求调控方面，均采用市场化形式，土地供给量及需求量主要由土地市场交易价格决定。这些国家对增量土地供给数量严格控制，由控制的土地供给曲线与需求曲线形成高地价，在市场机制的作用下抑制新增城市土地的需求，达到保护耕地和促使用地者集约使用城市存量土地的目的。

我国目前的新增建设用地只能通过土地征用方式进入供地环节，土地征用费用不是以市场价格为标准，而是大大低于市场价格，导致城市土地供给以增量供给为主，增量供给增长过快。

我国城市土地的供给调控，主要是供给增量土地实现的。增量是根据供求平衡状况确定的。但这种土地的供给调控，没有考虑到经济发展特殊时期的特殊的土地供求关系，也没有考虑到开发商的土地储备量。个别开发商大量囤积土地，削弱了政府对土地市场的调控能力。此时单纯的增加或减少土地供给都无法达到调控目的。

2.2 土地报酬递减规律

2.2.1 土地报酬递减规律的内涵

2.2.1.1 土地报酬递减规律

（1）定义

土地报酬递减规律是指在一定生产力水平和技术条件下，在一定土地面积上追加劳动和资本，所得的土地报酬由递增到递减的现象。土地报酬又称土地收益。在此，我们将土地报酬定义为对一定面积土地投入中某项变动要素的生产率。土地报酬有三种形态：实物形态报酬、价值形态报酬和价格形态报酬。土地报酬可分三种类型：总报酬、边际报酬和平均报酬。

（2）理解递减规律要注意的问题

① 土地报酬不同于土地肥力。土地报酬是指土地的产出与土地投入的对比关系，而土地肥力是指土地生产某种产品的潜在能力。因此，它们的变化模式是不同的。

②"在一定的生产力水平和技术条件下"。因为，从人类生产的历史看，随着技术进步，土地报酬是递增的，而只有在一定的生产过程中，技术一定，报酬变化才符合"递减规律"。

③ 不是针对生产部门或人类历史过程。报酬递减规律是针对某一个生产单位，在一定阶段，因投入变动要素（如劳动力）的数量不同，而导致的总产出量和变量要素的边际产量的变化。因此它只对一个具体的生产过程适用，而不能无限扩大。

④ 该理论本质为若干生产要素投入量保持不变，某变动要素的报酬变化规律。报酬递减其实是不变要素的功能全部发挥出来以后出现的情况。随变动要素投入的增加，变动要素的边际生产率先递增再递减。

⑤"递减规律"是生产力范畴，与生产关系、社会制度无关。它只是为人们找出资源的最佳组合和投入量提供了理论依据。

⑥"由递增到递减"。土地报酬递减规律实质反映了报酬先为递增然后递减的过程。如表 2-1 和图 2-3 所示。

（3）发展过程

① 英国经济学家威廉·配第：在 17 世纪中叶，最早注意土地报酬递减现象。发现一定面积土地生产力有一定限度，超过此限度，土地产出物的数量就不可能随劳动的增加而增加。

② 法国重农学派杜尔格：在 18 世纪 70 年代，最早详细描述土地报酬递减的内涵，但未将其提升为规律。

③ 英国农场主安德森：在 1777 年，最早注意科学因素对土地报酬递减现象的影响。

表 2-1　土地投入与土地报酬关系表

总投入	边际投入	总报酬	边际报酬	平均报酬
0		0		
1	1	7	7	7
2	1	20	13	10
3	1	31	11	10.3
4	1	37	6	9.25
5	1	38	1	7.6
6	1	35	−3	5.8

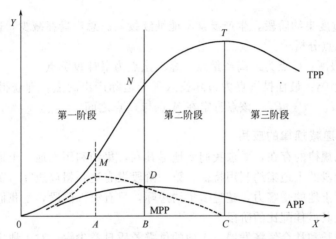

图 2-3　总报酬、平均报酬、边际报酬曲线图

④ 英国威斯特（E. West）：最早正式提出"土地报酬递减律"的概念。

⑤ 美国经济学家西尼尔：在 1836 年给这个规律的内涵添加了"农业生产技术保持不变"这一重要条件。

⑥ 美国经济学家克拉克（J. B. Clark）：引入"若干生产要素投入量保持不变"作为报酬递减律发生的又一条件。

⑦ 克拉克和马歇尔（A. Marshall）：引进生产函数后，将生产单位视作研究报酬变化的基点。

⑧ 布赖克（J. D. Black）：在《生产经济学导论》一书中，提出总产量曲线、边际产量曲线、平均产量曲线的概念和图解，突出变动要素生产率曲线，使土地报酬递减规律更加完整，并推广于一般经济生产领域。

⑨ 卡尔·马克思全面论述了土地报酬理论。

2.2.1.2　土地报酬变化的三阶段分析

（1）相关概念

设农业生产函数表示为：$Y = f(X_i) = f(X_1, X_2, \cdots, X_n)$

为了研究生产要素的最佳投入量，固定其他要素投入量，只研究一种生产要素与产出的关系，为此构造新函数 ϕ，Y 为总产量，X 为某一生产要素投入量，则：

$$Y = \phi(X) \tag{2-1}$$

于是有：

平均报酬（APP）＝Y/X。表示每单位投入生产出的产量。

边际报酬（MPP）＝d_Y/d_X。表示每增加一单位投入所引起的产出的变化量。研究报酬变化主要是研究边际产量。

生产弹性＝APP/MPP。表示报酬变化强弱和变化方向。

总报酬、平均报酬、边际报酬的变化曲线如图 2-3 所示。

（2）三阶段分析

① $O—A$ 阶段：粗放阶段，生产要素的投入量不能停。资源利用和生产潜力发挥很不充分。总产量和平均产量均未达到最高点，且总产量加速递增。

② $A—C$ 阶段：集约阶段，生产要素的合理投入期。总产量以递减速度增加，边际产量下降。B 点为边际产量与平均产量相等的点，也是边际产量与平均产量大小的分界点，没有实际的价值。

③ C 阶段：过度集约阶段，生产要素不能继续投入。总产量在减少，边际产量小于零。

（3）最佳投入点分析

① 考虑实物报酬：C 点为最高产量点，显然该点为最佳投资点。

② 考虑价格报酬：最佳投资点为边际投入等于边际产出的点，即获得土地利润的最大化的点，有：$d_Y/d_X＝P_X/P_Y$。该点肯定在 A 点与 C 点之间。

2.2.2 土地报酬递减规律的应用

土地报酬递减规律的存在，要求我们要地尽其利，集约利用土地。土地报酬三阶段分析已经说明了不同阶段的土地集约利用特征。第一阶段没有达到粗放边际，第三阶段变量资源投入过多，超越了土地的受容力，越过了集约边际，只有第二阶段，是我们寻求变量资源与固定资源投入量及其最佳配比的阶段。

随着人口的增长和社会经济发展，土地的供需矛盾日益尖锐，对土地实行集约经营势在必行。土地利用采用何种集约度取决于农产品的社会需求量、农业技术水平、农业投资能力、土地数量、土地质量、人地比例、交通条件、区位条件、土地受容力和土地生产效率等。一定技术条件下，土地资源与其他生产资源的最佳配合比例所能受容其他变量资源的数量多者称土地受容力大，反之，受容力小。受容力大的土地其土地集约利用潜力大。土地生产效率指所获报酬与所投成本的比例。从经济学原理讲，土地集约是有限度的。逾越这一限度则为过度经营。西方经济学将集约度的最高限度称为利用的集约边际，把集约度的最低限度称为利用的粗放边际。

一般来说，在不同区域和不同类型的土地上集约度存在着很大的差别，城市用地（特别是商业区中心）通常是高集约用地；而农用地、林地、牧地的集约度则依次较低。但其中各用地内又有集约与粗放之分。这除了用途、质量不同外，投入产出特别是科学技术的应用能力具有决定的作用。而现实的土地利用和农业生产通常是在技术不断进步但又相对稳定的趋势下发展的。当农产品需要量增长、而农业生产技术水平不断提高时，有了扩大投资和生产的能力。一般情况下土地报酬是递增的；但由于在一定时期内技术水平又是相对稳定的，加上人口增多对资源的压力及投资的相对不足或过量，往往造成对土地的不合理利用，又会经常出现报酬递减的现象，这种递增递减连续发生或交替出现的运动规律，在现实生活中是客观存在的，应该引起重视。因此，在社会经济与技术条件和生产力水平相对稳定的情况下，当我们年复一年地利用土地资源确定其开发利用的适宜投入变量资源的集约度及其最佳配合方案时，就有必要依据报酬递增递减的发展阶段，从中做出最优选择，以便确定和调节投入变量资源和固定资源（土地）的适当比例关系。

2.3　城市地租理论与地价理论

2.3.1　城市地租理论概述

2.3.1.1　地租的概念

马克思主义认为，地租是直接生产者在生产中所创造的剩余生产物被土地所有者占有的部分。地租是土地所有权在经济上实现的形式，是社会生产关系的反映。

任何社会，只要存在着土地所有者和不占有土地的直接生产者，后者在土地利用中有剩余生产物被前者所占有，就有产生地租的经济基础。历史上，奴隶社会、封建社会、资本主义社会都存在地租。现今中国的社会主义社会也存在地租。当然，不同社会制度下的地租，其社会性质是不同的。

马克思主义的地租理论是把资本主义按其形成条件和原因的不同，分为级差地租、绝对地租和垄断地租。前两类地租是资本主义地租的普遍形式，后一类地租（垄断地租）仅是个别条件下产生的资本主义地租的特殊形式。

资产阶级经济学回避地租所反映的社会经济关系的本质，把地租定义为"土地在生产利用中自然产生的或应该产生的经济报酬"，"地租……是一种经济剩余，即总产值或总收益减去总要素成本或总成本之后余下的那一部分"。并按照这种定义把地租分为契约地租和经济地租两类。契约地租也称商业地租，是指土地所有者将土地租给土地使用者，土地承租人与土地出租人签订租赁契约所确定的租金；经济地租也称理论地租，是指土地总收益扣除总成本的剩余部分，即利用土地所得超过成本的纯收入。

2.3.1.2　地租的产生与发展

地租是一个历史范畴，在不同的社会形态下，由于土地所有权性质不同，地租的性质、内容和形式也不同，体现着不同的社会生产关系。

地租是与土地所有权出现于广大耕地上同时产生的。最初出现的是奴隶制地租，这种地租是奴隶主剥削奴隶和自由民的结果，它表现为在优等土地上或易于利用的土地上进行生产的奴隶的较高劳动生产率，除了满足奴隶自身的最低需要外，尚有剩余生产被奴隶主占有；同时也表现在小农经济（自由民）对奴隶主的各种形式的赋役中。奴隶制以劳役地租为基本形式。

在封建制度下，地租反映的是地主剥削农民（农奴）的生产关系。在人身依附和超经济强制下，地租包含了直接生产者（佃农）的全部剩余生产物。封建地租在前期以实物地租为主，后期出现了货币地租。前资本主义地租（奴隶制地租、封建制地租）的共同特点是：土地所有者与生产者的直接对立；土地所有者占有直接生产者的全部剩余生产物，以至部分必要的生产物。

资本主义地租以货币地租为主要形式，所反映的经济关系与封建地租不同。资本主义地租不再是占有直接生产者的全部剩余生产物，而仅是其中的超额利润部分，平均利润部分由产业资本家占有。因此，资本主义地租反映的是土地所有者和产业资本家共同剥削雇佣工人的经济关系。

到了社会主义社会，虽已建立起土地共有制度，但由于仍然存在土地所有权的不同主体及其垄断以及土地所有权与使用权的分离，因此也就仍然存在着产生地租的经济条件。然而，由于社会主义土地公有制的实现，因而使社会主义地租反映的经济关系根本不同于资本主义地租和前资本主义地租。社会主义地租反映的是在国家、集体和个人三者根本利益一致的前提下，对土地收益的分配关系；同时，在社会主义地租还是国家用于调节社会生产和分配的经济杠杆。

2.3.1.3 城市地租理论

古典经济学以及 19 世纪上半叶有关地租的研究都是从生产关系的角度，主要对农业地租进行深入研究；而现代西方经济学则主要采取均衡分析、边际分析、供求分析和数量分析的方法，侧重研究地租量的形成、地租的作用等，并从市场和制度两方面入手，主要研究城市地租问题。

（1）现代西方经济学家地租理论

① 马歇尔的地租理论　马歇尔把土地的收益分成两部分：一是基于自然赋予的特性，而不是由人为的努力取得的收入，这是土地的纯收入，是真正的地租；二是对土地的投资使土地得到改良所获得的收入。他认为，地租也是受供求作用支配的，只不过它有一些特点。由于土地的供给是固定不变的，没有生产费用，也没有供给价格，因此，地租只受土地需求的影响，它的大小取决于土地的边际生产力。他从农业报酬递减趋势出发，认为耕种者对同一土地连续追加资本和劳动，农产品的总产量也会连续增加，但增加率是递减的。当减到报酬或农产品收益仅仅够偿付耕种者的开支和他自己的劳动这一点时，就是达到耕种边际。总产量抵偿耕种者支出所需的生产物的余额，就是他的"剩余生产物"，在一定条件下，这种"剩余生产物"就变为地租。

② 克拉克的地租理论　克拉克（J. B. clark，1900）认为，地租就是土地对产品的生产所作的一种贡献，即土地生产力的报酬。任何生产至少需要有两种生产要素互相结合才能进行生产。当两种生产要素（如土地和劳动）相结合生产一种产品时，每一种生产要素都对产品及价值作出了贡献。地租就是土地这个生产要素对产品及其价值所作贡献的报酬。为了确定共同参与生产的诸因素各自对产品生产所作的贡献，克拉克提出了生产要素的"边际产量"概念，即在一种生产要素（如土地）的数量既定不变的条件下，另一种生产要素（如劳动或资本）增加一单位而增加的产品总量。在边际收益递减规律的作用下，生产要素的边际产量也是递减的。克拉克认为可以用生产要素的边际产量决定要素价格的方法，来解决两个协作的生产要素之间的分配。如果在土地数量既定不变、劳动要素可变的假定下，通过计算出劳动的边际产量，决定出劳动的价格，然后再用产品的价格减去工资等生产费用，所得余额就是地租，归土地所有者所有。

③ 胡佛的地租理论　胡佛是美国土地利用学派的代表人物之一，他是第一个建立竞价曲线理论的学者。早期的学者分析城市问题时，一般将住宅或商业等不同用途的土地分开来处理，而胡佛则提出竞价曲线来说明不同使用者之间的关系，他从土地利用出发，建立土地供需函数，而土地供需函数是不同类型的城市土地使用者相互竞标的结果。因此，他最大的贡献在于其理论能同时处理许多不同类型土地使用的竞标。竞价曲线是需求曲线的一种，它表示买地者在任一区位愿意付出的代价。竞价曲线越陡峭表明土地使用者竞价能力越强，其选择区域越接近城市中心；竞价曲线越平缓表明土地使用者竞价能力较弱，其选择区域一般在城市中心的外围，如图 2-4 所示。一般来说，商业用途的竞价能力大于住宅用途的竞价能力。通过竞价曲线的设计和分析，胡佛认为，作为消费者，一般试图定居在生活安全、开支少、生活舒适的地方；作为生产者，他们则试图选择工作条件好、收入有保障的地方。

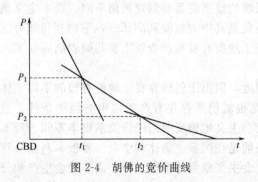

图 2-4　胡佛的竞价曲线

④ 阿朗索的地租理论　阿朗索构建包含交

通成本的土地竞价租金模型。该模型表明，当一个家庭要到城市定居时，最关心的问题可能是距离工作场所的远近和住宅或宅地面积之间的补偿关系，并且他们必须做出选择：在距市中心多远的地方，购买多大面积的住宅或宅地？由于家庭收入是固定的，每个家庭都希望以一定的支出获得最大的效用。假设家庭支出将用于土地投资（购买住房）、通勤费用和其他商品支出，那么，这个家庭的预算线就为：家庭收入＝土地投资＋通勤费用＋其他商品支出。对于一个家庭来说，区位的平衡取决于这三者之间的比例关系。阿朗索用竞价曲线来表示地价与距离的组合。他将竞价曲线定义为一组家庭在不同的距离都有能力支付而又保证同等满意度的价格曲线。如果地租按此曲线变化，那么，家庭就不会计较具体的区位。相对于不同的满意度水平，就会有一组竞价曲线。竞价曲线的位置越低，其满意度越高。

⑤ 萨缪尔森的地租理论　萨缪尔森认为，土地不同于其他要素的一个特性，就是它的总供给是由非经济力量决定的。土地的数量通常不随价格提高而增加，也不随价格下降而减少，土地的供给具有固定性和完全无弹性的特征。因此土地的供给曲线是一条与横轴垂直的线 S，它与需求曲线 D 相交于 E 点，这一点相应的地租就是土地的均衡价格，如图 2-5 所示。如果地租高于均衡价格，那么，所有企业所需土地量就会少于土地现有的供给量。一些土地所有者的土地就不能租出去，他们就不得不降低索价，从而压低地价。同理，地租也不能在均衡价格之下保持太长时间，否则，土地需求未得到满足的企业会提高出价，迫使地价回到均衡价格水平上。只有在均衡价格上，需求的土地总量恰好等于其供给量，市场才会处于均衡状态。

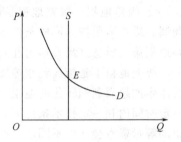

图 2-5　萨缪尔森的地租理论所确定的土地均衡价格

(2) 马克思主义地租理论

马克思主义的地租理论是在批判和继承古典经济学地租理论的基础上创立的，并赋予了地租理论崭新的科学内容。其理论特点在于指出了资本主义地租的本质是剩余价值的转化形式之一，阐明了资本主义地租的三种形式：绝对地租、级差地租与垄断地租。马克思主义地租理论对于研究城市地租同样适用。

① 绝对地租　由于土地所有权的垄断，不管租种任何等级的土地都必须缴纳的地租就是绝对地租。在资本主义经济发展过程中，农业技术总是落后于工业技术，因此农业的资本有机构成总是低于工业的资本有机构成，所以农产品的价值经常高于它的生产价格。如果产品按照价值出售，在农产品的价值和生产价格之间，从而在农产品的剩余价值和平均利润之间，就会出现一个差额。正是这个差额形成了农业中的绝对地租。见表 2-2。

表 2-2　级差地租 I 的形成及地租量

生产部门		资本有机构成	剩余价值/元	商品价值/元	利润率/%	平均利润率/%	生产价格/元	绝对地租/元
工业	食品	70c＋30v	30	130	30 → 20		120	0
	纺织	80c＋20v	20	120	20 → 20		120	0
	机械	90c＋10v	10	110	10 → 20		120	0
农业		60c＋40v	40	140	40	20	120	20

从表 2-2 可见，在工业中尽管几个部门的资本有机构成、利润率和价值不同，但经过竞争和资本的流动形成了相同的平均利润率和生产价格，即 20% 的平均利润率和 120 元的生产价格。而在农业部门中，由于资本有机构成低于工业部门为 60c＋40 v，其剩余价值为 40

元，商品价值为 140 元，比社会生产价格 120 元多 20 元。如农产品按价值 140 元出售，农业资本家就能多得 20 元的超额利润，作为绝对地租转归土地所有者。

那么，农产品为什么能够按价值出卖，而不按生产价格出卖呢？即为什么农业中的超额利润能够保留在农业部门内部，而不参加社会的利润平均化过程呢？这是因为，虽然在工业中资本有机构成低的部门（如食品加工业）的商品价值也高于生产价格，如果按照价值出卖，也能获得超额利润，但由于工业部门之间的竞争和资本的流动，使这种超额利润在利润平均化过程中逐步消失了。然而在资本主义农业中，由于存在着土地私有权的垄断，成为其他部门向农业转移资本的一个障碍，如果不向土地所有者缴纳绝对地租，资本就不能转向农业部门，即使最劣等的土地也是这样。

可见，农业资本有机构成低于社会平均资本有机构成，是农业中能够形成超额利润（绝对地租实体）的条件，而土地私有权的垄断，是使上述超额利润保留在农业部门内部并使之转化为绝对地租的原因。

② 级差地租　级差地租是由经营较优土地而获得的归土地所有者占有的那一部分超额利润。级差地租按其形成条件不同可分为两种形态：级差地租第一形态（级差地租Ⅰ）和级差地租第二形态（级差地租Ⅱ）。

级差地租Ⅰ是指投到相等面积、不同地块的等量资本，由于土地肥沃程度和位置不同，所产生的超额利润转化的地租。尽管土地的肥沃程度会受人类活动的影响而有所改变，但在一定时间内和一定技术条件下，不同地块的肥沃程度总是有差别的，这就决定了投入不同地块的等量资本会产生不同的生产率，从而使不同地块的单位产品的个别生产价格有所差别。见表 2-3。

表 2-3　级差地租Ⅰ的形成及地租量

土地等级	所耗资本/元	平均利润/元	产量/千克	个别生产价格/元		社会生产价格/元		级差地租Ⅰ/元
				每千克产品	全部产品	每千克产品	全部产品	
劣等地	100	20	200	0.6	120	0.6	120	0
中等地	100	20	250	0.48	120	0.6	150	30
优等地	100	20	300	0.4	120	0.6	180	60

从表 2-3 可见，面积相同的优、中、劣三块土地，虽然投资水平相同（均为 100 元），但由于肥沃程度不同，其产量分别为 300 千克、250 千克和 200 千克。均按 20% 的平均利润率计算，其单位产品的个别生产价格分别为 0.4 元、0.48 元和 0.6 元。在市场上如果以劣等地的个别生产价格（0.6 元）为社会生产价格，那么全部产品的社会生产价格就分别为 180 元、150 元和 120 元。由此，优、中等地就可以获得 60 元和 30 元的超额利润，转化为级差地租Ⅰ。

级差地租Ⅱ是指在同一地块上连续追加投资形成不同生产率所产生的超额利润转化成的地租。马克思不仅分析了级差地租的两种形式，还分析了这两种形式之间的联系。他认为，级差地租Ⅰ是级差地租Ⅱ的出发点。从历史上看，在生产力低下、未开垦的土地较多时，资本家首先进行粗放经营，级差地租主要采取Ⅰ的形式。随着生产力发展和资本积累，土地大部分被开发时，资本家就主要进行集约经营，级差地租主要采取Ⅱ的形式。土地所有者在订立租约时，也是从级差地租Ⅰ出发，逐步追加到级差地租Ⅱ。不管级差地租Ⅱ与级差地租Ⅰ如何不同，它都要以决定级差地租Ⅰ的最劣等地农产品的个别生产价格为基础进行比较。见

表 2-4。

表 2-4　级差地租 Ⅱ 的形成及地租量

土地等级	所耗资本/元	平均利润/元	产量/千克	个别生产价格/元		社会生产价格/元		级差地租 Ⅱ/元
				每千克产品	全部产品	每千克产品	全部产品	
劣等地	100	20	200	0.6	120	0.6	120	0
优等地	100	20	300	0.4	120	0.6	180	60（Ⅰ）
在优等地上追加投资	100	20	350	0.34	120	0.6	210	90（Ⅱ）

由表 2-4 可见，在优等地上追加投资 100 元，由于新投资的劳动生产率提高，每千克产品的个别生产价格降为 0.34 元。如产品仍按社会生产价格（即劣等地个别生产价格）每千克 0.6 元出售，全部产品可得 210 元，其中比劣等地全部产品价格 120 元多出的 90 元就是优等地追加投资所得超额利润，它将转化为级差地租 Ⅱ。

③ 垄断地租　马克思把绝对地租和级差地租称为"正常形式"的地租。除此之外，还有一种被马克思称为特殊形式的地租，即垄断地租。就农业垄断地租而言，垄断地租是指由某一特殊地块的产品的垄断价格带来的垄断超额利润所形成的地租。某些地块具有特别优越的自然条件，能够生产出某种名贵和稀有的产品。这种产品就可以按照不仅高于生产价格也高于价值的垄断价格出售。这种垄断价格既不以生产价格为基础，也不以价值为基础，而是由购买者的需要和支付能力决定。这种垄断价格超过价值的部分，就构成垄断超额利润。土地所有权的存在，决定了这种垄断超额利润最终转化为垄断地租归土地所有者占有。

2.3.1.4　城市地租来源

城市土地是城市经济活动和生产活动的基本生产资料，是城市人民得以生活和生存的基本物质条件。城市地租的形成与城市土地经济是紧密联系的。城市绝对地租的来源在形式上不同于农业绝对地租的来源，但城市绝对地租也是城市经济活动总剩余价值的一部分，这些经济活动包括工业、商业、交通运输业、房地产业等，不论哪种用地都必须支付地租。

① 城市商业用地地租来源　商业是城市经济的重要组成部分，其产品销售和服务都需要在特定的土地上进行。使用这些土地所支付的地租来源于商业企业经营利润。另外，城市商业土地等级的高低取决于地块周边人口密度、市内交通条件等因素。一般越是处于市中心，就越有利于商业企业经营。例如，处于繁华市中心的商业区内，其客流量远远高于其他地区，企业销售额也会随之上升，加快了资金周转速度，企业获得的利润就越高。这种增加的利润是由地理位置较优越产生的，它最终也将转化为土地级差地租。

② 城市住宅用地地租来源　城市居民住宅消费往往采取租赁或购买的形式，无论是哪种住宅消费形式，都必须使用一定的土地，也就是要为使用土地而支付地租。租赁消费方式的地租包含在住宅出租价格内，而出售住宅则包含在住宅价格中。另外，住宅用地的不同地理位置，对居住者工作生活是否方便、是否有利于居民生活健康，在程度上有很大差别。例如，住宅小区周边公交线路较多，说明该区位上道路通畅，居民外出、上班具有极高的便利性。又如，住宅建设过程中会扩大街道、小区内部及周边地区的绿地、水面面积，为居民提供优越的生态环境。这些有利于居住的区位特征最终会被资本化到住宅价格和土地价格中。

③ 城市工业用地地租来源　工业产品往往具有较高的附加值，工业厂房土地地租是这些附加值的一部分。由于城市工业用地的区位特征有很大差异，距离车站、码头、原料和产品销售市场近，一方面可以缩短原材料购买时间，降低运输成本；另一方面，商品的销售条件也会更便利，有利于提高交易额。显然，优越的区位条件将增加企业利润。由于增加的利

润是由区位条件差异所引起的，属于级差收益范畴，这级差收益最终要转变为级差地租。

2.3.2 城市地租的种类和特点

2.3.2.1 城市地租的种类

（1）城市级差地租

城市级差地租产生的条件、原因和形式，与农业级差地租相同，正如马克思所指出的那样："凡是有地租存在的地方，都有级差地租，而且这种级差地租都遵循着和农业级差地租相同的规律"。由此可知，城市级差地租产生的条件也是土地等级不同。只是这种等级的不同主要表现为土地位置距市中心的远近，交通是否便利，配套设施是否完善等。城市级差地租产生的原因也是土地经营权的垄断。城市土地经营权具有比农业土地更强的垄断性，一旦某一地块的经营权被确定下来，在其规定的经营期内对其他的经营主体具有排他性。城市级差地租的形式也分为级差地租Ⅰ和级差地租Ⅱ。

① 城市级差地租Ⅰ 假定有两个分别位于城市商业中心地段和较差地段经营面积相同的商业企业，经营者的经营管理水平也相同。如果把等量资本分别投资于这两个企业，由于前者所处位置交通便利、集聚经济等原因，会吸引相对较多的顾客，从而商品的销售速度（资金流转速度）较快，营业额及营业利润也相对较高。对工业企业而言，可能会由于所处位置交通便利、接近产品市场地或原材料地，支出运费较少而获得相对较多利润。这种由土地位置引起的相对较高的利润，在一定的条件下，会转化为地租。这种形式的地租就是城市级差地租Ⅰ。

② 城市级差地租Ⅱ 在城市一定面积的某土地上，在投资界限范围内连续追加投资，建筑面积由小到大（也可能是建筑质量由低到高），建筑产品总价值增加。由此产生的建筑产品总价值与总建筑生产成本（包含资本平均利润）之间的差额，构成业主的超额利润。这一超额利润在一定的条件下转化为地租。这种形式的地租就是城市级差地租Ⅱ。土地周围城市基础设施的建设，会改变该土地的经济地理位置，提高该土地上的城市级差地租Ⅰ；同时也会扩大该土地上的投资界限，提高土地（在经济上允许）的可利用强度，从而提高城市级差地租Ⅱ。城市级差地租Ⅱ不仅和土地的地基承载力有关，也和经济地理位置、规划容积率限制、建筑产品的市场供求有关。

（2）城市绝对地租

马克思指出："那些因对一部分土地享有权利而成为这种自然物所有者的人，就会以地租形式，从执行职能的资本那里把这种超额利润夺走"。由此可知，决定绝对地租是否存在的原因是土地所有权的垄断，而与土地的用途无关，所以农业用地存在着绝对地租，而城市用地也同样存在绝对地租。

城市绝对地租与农业绝对地租之间既有共同点，又有不同点。其共同点是：城市绝对地租与农业绝对地租具有相同的实体，都是超额利润即劳动者创造的剩余劳动的一部分。而且，城市绝对地租以农业地租为基础。由于城市土地与农村土地相邻，所以从城市到农村，地租的水平是逐渐变化的，并且城市边缘处土地的地租由周围农村土地的地租来确定，也就是说，城市地租额以与其毗邻的农业土地的地租额为最低界限。这一最低界限就是城市劣等地所能提供的绝对地租。必须指出，这仅是城市绝对地租的低限，而且不仅这种劣等地要提供绝对地租，其他更优的土地也要提供绝对地租。但城市劣等土地不提供城市级差地租，它们一般与周边的农业用地相接，处于城市的边缘地区。这样，城市中等地和优等地既要提供城市绝对地租，还要提供城市级差地租。那么，城市绝对地租的来源是什么呢？显然不是行业资本有机构成低，商品以高于其生产价格的价值出售的差额。由前面对现代资本主义农业绝对地租的讨论可知，这种绝对地租只能来源于垄断价格。具体来说，只要城市土地上建的这些工厂、商店、娱乐场所或银行等为社会所必需，那么它们所生产的商品和提供的劳务的市场价格，势必高于其成本价格加平均利润，这二者之间的差额就构成城市绝对地租的来源。

城市绝对地租与农业绝对地租之间的不同点：首先它们是由不同的产业提供的。城市土地作为第二、三产业活动的场所和基地，城市绝对地租是由使用城市土地的第二、三产业的企事业单位提供的。另外，地租量也不同。城市劣等地的绝对地租最低应该与面积相当的可比周边农业优等地所提供的全部地租相等，而不是等于该土地作为农业用地时的绝对地租量。

（3）城市垄断地租

所谓城市垄断地租，是指由于城市中某些特殊地块具有稀有功能，由对这些稀有功能的垄断所带来的生产经营商品的垄断价格所形成的垄断超额利润转化成的地租。它是继城市级差地租和绝对地租这两种基本的地租形式之外的又一种个别的、特殊的地租形式。马克思称垄断地租是一种以真正的垄断价格为基础的特殊形式的地租。由于垄断价格取决于购买者的购买欲望和支付能力，而与它的生产价格和价值关系不大，因此，具有这种购买欲望和支付能力的人越多，其价格也就越高，垄断地租就越多。那些由名牌名店形成的特殊地块和由名胜形成的特殊地块，如北京的全聚德烤鸭店所在地，杭州的西湖和苏州的虎丘等。许多人会慕名而来购买或旅游，由于这些特殊地块的土地经营权被某些企业垄断着，尽管这些地方的价格是垄断价格，人们也乐意购买。这种垄断价格会给生产经营者带来一个可观的超额利润，由此转化成的地租就是垄断地租。

垄断地租其实是一种特殊的级差地租。因为垄断地租产生的原因也是对土地经营权的垄断，只不过所垄断的不是一般土地的经营权，而是具有某种特殊优越条件的土地的经营权，另外，虽然垄断地租和绝对地租都与土地产品或土地上经营商品的垄断价格有关，但它们是不同的，因为垄断地租是垄断价格产生的地租，而绝对地租是垄断价格产生的原因，绝对地租产生的原因则是土地所有权的垄断。

2.3.2.2　城市地租的特点

与农业地租相比，城市地租既有地租的共性，也具有其特殊的性质，具体归纳如下。

（1）城市地租在量上一般应高于农业地租

城市土地是由农业土地转化而来的，而这种转化只有当土地所有者的收益大于其原来的收益时才会发生。城市作为周围农村的货物集散地和中心市场，处于区域的中心地的重要地位，使城市土地的开发程度和集约利用程度远远高于农村土地，因此其地租水平也高于周围的农业用地。对于城市级差地租Ⅱ来说更是这样，它在数量上要比农业级差地租Ⅱ大得多。由于农业生产受气候、技术等多方面的制约，使农产品的产量不可能成倍地提高，农业土地追加投资所产生的级差地租Ⅱ也不可能很大。而城市级差地租Ⅱ就不同了，由于随着技术的不断进步，新技术、新材料大量涌现，城市所能吸纳的投资也逐渐增加，同时，随着市政基础设施追加投资的落实，企业对原有营业用房的扩建、装修等追加投资的见效，其追加投资的效益会逐步提高，超额利润可能成倍增加，由此转化成的级差地租Ⅱ也会大幅度增长。

（2）区位级差地租是城市地租的主要形式

城市土地具有不同的地租形态，但对于城市土地的利用来说，土地区位起着特别重要的作用，因为土地区位影响着土地的利用功能分布，区位也影响土地使用者的选址决策和生产效益等。因为使用有利区位建筑地段的企业，如靠近销售市场，或者交通运输条件好，或者是处于经济文化中心，市场容量大，获得信息等特种资源容易而且费用较低，因此他们能大幅降低经营成本，提高效率，获得较高的超额利润。应该注意，这个位置指的是经营地块离城市中心位置的距离，这个中心指的是城市功能中心，而不是地理位置中心。如果以城市中心某一块地的地租作为标准地租，那么离标准地租地块的远近，将决定其地租的高低，城市中心的地租最高，离中心越远的地方，地租就越低。所以，与农业用地相比，城市土地地租的高低不是以肥力为主，而是以地理位置和离功能中心远近为主。

（3）商业地租是城市地租的典型形态

土地区位是影响城市土地利用的主要因素，评价城市中各类土地的利用的主要标准也是土地区位。但是，对于不同的城市用地类型，区位对它们的影响程度是不同的，有些对土地的区位较为敏感，而有些则不太敏感，而其中以商业用地对土地区位的反映最为敏感，在繁华的商业街区经营商业较之零星散落的商店更易吸引消费者，作为商业地租实体的超额利润是与商业企业所在位置决定的顾客密度及其营业额等指标成正相关的，由于受顾客密度的影响使商业地租从市中心繁华区向城市边缘区的递减幅度增大。而其他用地的地租的变化则较小或不明显，如某些工业用地从市中心向城市边缘的地租变化表现为平行线甚至为递增的变化规律。由此可知，商业地租的变化规律与通常我们所讲的城市地租的变化规律基本是一致的，也就是说，城市地租的决定主要是以商业地租的变化为依据的，所以，商业地租是城市地租的一种典型的形态。

（4）城市地租具有相当大的垄断性

城市垄断地租主要是由于占据较好位置而形成的垄断价格产生的。由于区位级差地租是城市地租的主要形式，而区位又具有不可移动性，这样就很容易通过土地所有权的垄断产生垄断地租。这种较好区位的土地一般被称为"黄金地段"，其地租要远远高于周围的土地，由于这种地段的形成是由于长时期投资积累的结果，一般这种情况比较难以改变，且随着时间的变化，地租一般不会下降，反而还会呈现不断上升的趋势。在实践中，城市中心区土地的供需缺口较大，比较农业用地具有更大的垄断性。

（5）城市土地投资的地租效应具有明显的外部性

城市的开发和建设需要大量的城市基础设施建设投资和房屋建设投资。在一般情况下，对城市建设投资的增加，都会带来相应地租的增加，而且这种效益不仅限于投资所在的地块，也会影响和带动周围地区的发展和租金的上升，呈现出明显的正外部性。如从城市与周围农村的关系来看，城市的发展对其城郊、周边的农村甚至小城市都有极大的促进和带动作用。

（6）城市地租比农业地租更具积累性

城市的形成是一个长期的历史过程。与农村土地投资相比，城市土地所需的投资量巨大，且一个城市的发展依赖于长期、不断的投资积累过程。随着对城市投资的积累，城市的功能不断完善，作用逐渐增强，地租也逐步增长。

2.3.3 地价理论

2.3.3.1 马克思主义地价形成理论

马克思的地价形成理论是对资产阶级古典经济学家地租地价理论的继承与批判，他肯定了资产阶级古典政治经济学派亚当·斯密和大卫·李嘉图等人关于地租理论的正确观点并对其错误进行了批判。它的形成以马克思建立的科学的完整的劳动价值论、生产价格论和剩余价值论为理论基础，认为土地价格是地租的资本化，从而赋予资本主义的地租地价以崭新的内容。我们可以把马克思的土地价格形成理论概括为以下几点。

（1）自然状态的土地虽然不是劳动产品，没有价值，但有使用价值，并存在价格马克思指出：未开垦的土地"没有价值，因为没有人类劳动物化在里面"。"土地不是劳动的产品，从而没有任何价值"。没有价值的土地为什么会成为买卖的对象，并具有价格呢？这是因为土地具有特殊的使用价值，在生产过程中，土地作为不可缺少的生产要素一经投入劳动，可以永续地提供产品和服务即产生地租。正因为有了地租，才产生了土地价格。马克思指出："实际上，这个购买价格不是土地的购买价格，而是土地所提供的地租的购买价格"。"地租的占有是土地所有权借以实现的经济形式，而地租又是以土地所有权，以某些个人对某些地块的所有权为前提。"

（2）土地价格的实质是地租的资本化

按照马克思的说法，"土地是生产者的主要工具，因此生产者不管按什么价格都必须购买它。"这是对小土地所有制而言的。对大土地所有者来说，则是因为在土地私有制的条件下，评价土地就能够取得地租收入。因此，当某个人要求地租收入或把地租的要求权转让给另一个人时，他自然要付出或索取相应的代价，这就是土地价格。所以，马克思指出："土地的价格当然不过是资本化的地租……即使在已耕地的价格上面，人们支付的也只是未来的地租。"在资本主义制度下，任何一定的货币收入都可以资本化。将地租按一定的利息率还原成一个资本量便是土地价格。马克思指出："资本化的地租表现为土地价格"。其公式为：

$$土地价格 = 地租 / 土地还原利率 \tag{2-2}$$

例如，一块土地的年地租量是 300 元，还原利率为 6%，那么，其价格就为 300/6% = 5000（元）。

（3）土地租金是出租土地的资本化收入

马克思指出，"对土地所有者本人来说，地租是他买进土地时所付出的或卖出土地时所能收回的资本的利息"。马克思进一步认为土地可分为土地物质和土地资本。这是因为土地没有人类劳动物化在里面，是没有价值的。但当土地在一定的劳动条件下，为人类永续地提供劳动产品和服务时，所固定在土地中的劳动便是土地资本。土地资本能为土地所有者带来利息和折旧，它是租金的一部分。抛开了土地资本或土地改良物价值的纯粹的自然土地称为土地物质，它给土地所有者带来真正的地租。土地资本的利息、折旧和真正的地租一样，都构成了土地所有者的收入，从而都决定土地价格。正如马克思所说："土地价格无非是出租土地的资本化的收入"。

2.3.3.2　西方经济学地价形成理论

（1）土地收益理论

土地收益理论认为，决定地价高低的根本原因在于土地所提供的收益的多少，土地价格是土地收益即地租的资本化。较有代表性的表述是伊利的"土地的收益是决定它的价值的基础"。在这里，地租是指经济地租，即土地总收益扣除总成本的余额。土地收益是指正常情况下的土地收益；处于最佳利用方向的土地收益；土地纯收益，它是总收益扣除生产成本及一切赋税后的剩余值。

伊利说：由于土地可以年复一年地产生收益，这便是"土地年收益系列"，或称为"地租流"。那么，"把预期的年收益系列资本化而成为一笔价值基金，这在经济学上就称为土地的资本价值，在流行词汇中则称为土地的售价。"他指出："应当注意，并不是资产价值决定收益，而是收益决定资本价值。"即土地价格就是土地收益的资本化。用公式表示为：

$$V = (R - C) / r \tag{2-3}$$

式中，V 为土地价格；R 为预期总收益，指在正常管理水平、正常市场状况、最佳土地利用形态时的收益；C 为预期总成本，包括各种税收、营运成本、建筑物折旧费等；r 为土地还原利率。

伊利认为，由于"未来的收益不如现在的收益那样受到欢迎，并且，未来的期限越远，就越不受重视……即为了求现利，情愿把将来的收益折扣出让……这种折扣率……就是现行的利率"。

（2）土地供求理论

另一种较为广泛被重视的理论是"土地价格的决定因素是土地的供给和需求"。18、19世纪之交的马尔萨斯、萨伊即持此说，后又由马歇尔、萨缪尔森等人所阐述。这种观点认为土地价格的成因，是土地的效用、土地供给的相对稀少性与有效需求的不断增长相互作用的结果。

野口悠纪雄认为，"土地服务和其他财富的服务不同，就是供给量并不依靠地租而是固定的，那是因为土地的存在数量是固定的，并且土地的机会成本是零（不靠利用土地的收益是不存在的）。为此，地租只是根据需求方面的因素而变动。"土地价格与土地的供给量成反比，与需求量成正比，当然，这必须有正常的竞争才能实现。在一般的价格决定中，土地的供给和需求都是能够改变的，价格是两者相互运动的结果。如图 2-6 所示。当市场条件发生了变化，如政府放宽土地投资的贷款限制，或减免房地产交易税费，从而刺激需求，使需求曲线右移，则市场价格上升；假定在需求不变的情况下，政府采取措施增大土地供给，如取消农用地保护制度，供给曲线便向右移，则市场价格下降。

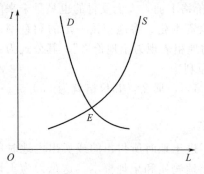

图 2-6　供给和需求共同
决定土地价格

土地供给既非完全无弹性，亦非有无限弹性。土地供给受各种因素的影响而时刻在变动，如产业结构的变动、土地供给计划的改变等。土地需求也随着经济的发展、人口的增加而变动。即使在地域性市场的短期分析中，两者的变动也同样存在。需求的扩大，致使价格上升，从而使供给的土地数量增加，而价格的进一步上升，又会导致需求减少，使价格回落。

（3）城市土地的竞标理论

阿伦索是英国著名的经济地理学家，成本市场学派的主要代表人之一，他的突出贡献在于将空间作为地租问题的一个核心进行探讨，并首次引进了区位平衡（location equilibrium）这一新古典主义概念，第一次将基地规模（size of site）加入地价分析，同时成功地解决了城市地租计算的理论方法问题，他所提出的"城市土地的竞标模型"是新古典主义地租模型中最杰出的代表。

阿伦索假设在一个平坦的没有任何地理差异的平原上，土地质量处处相等，每片土地都可以直接用于开发，并可在市场上进行自由贸易，买卖双方对土地市场都有充分的了解，卖方希望其收入大，买方希望其愿望能够得到最大限度的满足，同时还假设在该平原上有一个单一核心的城市，在该城市中，任何方向的交通都极为方便。在上述假设条件下，对家庭和企业从区位平衡角度进行研究，得出了城市地租模型，并提出了平衡区位地价的理论模型。

（4）影子价格理论

影子地价，实际上是从土地的有限性出发，在一定的配套资源约束条件下，求每增加一个单位土地资源可得到的最大经济效益。它主要是分析土地的机会成本，选择最大效益的机会成本来确定其计算价格。它的经济含义是反映土地利用的经济效益：一方面反映土地的劳动消耗，另一方面反映土地的稀缺程度（即供求关系）。影子地价采用边际分析方法，是土地的边际产品价格。因此，它不是按平均费用耗费所决定，而是按最大费用耗费来计算。即用边际费用来决定价格，利用数学规划方法，求得资源的最优配置。

影子价格主要是通过一般均衡分析或局部均衡分析来确定。它不仅取决于经济和社会目标，而且要与线性规划目标函数的经济内容紧密相连。如果目标函数是表示产品的总收入最大，则影子地价就表示在最优生产方案下，该单位土地资源的变化对产品总收入带来的改变量。影子地价，就是在一定部门增加一个单位和在另一个单位相应减少一个单位，对整个社会经济带来的利益或损失，即通过土地资源的改变看其对社会总效益带来的改变量。

2.4　城市土地金融

2.4.1　城市土地金融概述

城市土地平整、开发离不开金融支持，与土地相关的金融活动称之为城市土地金融，它是房地产业与金融业相结合的产物。城市土地金融是利用货币、信用等经济杠杆，推进土地开发和利用的重要经济手段，是城市金融体系的重要组成部分。

2.4.1.1　城市土地金融及相关概念

金融一般是指货币流通、信用及与之相关的各项经济活动的总称。金融业务是通过信用形式展开的。随着市场经济的发展，经济信用被视为市场经济运作的基石，是市场有序化的基本保证，其种类不断增多，根据信用参与者和信用形式的不同，信用可分为商业信用、银行信用、消费信用及国家信用，其中银行信用是信用活动的主体。

在现有的银行信用制度下，城市土地金融的概念如何界定呢？一般认为，城市土地金融是指利用各种信用方式、方法和工具，将土地开发和经营与金融支持相联系的各项经济活动。从现代经济发展的历程来看，经济活动离不开金融支持。因此，城市土地金融的基本任务就是以最有效的方法，为城市土地开发、经营与消费提供资金支持，促进房地产业健康、快速地发展。

2.4.1.2　城市土地金融的特点

土地商品具有稀缺性、固定性、增值性、永续利用性等特点，使得城市土地金融与其他类型金融相比具有鲜明的特点。

（1）债权可靠，安全性高

城市土地金融通常是以土地为担保。由于城市土地具有如下特点：第一，土地位置固定，不能移动。一般的商品都具有可移动性，而土地固定在一定的地方，位置不能移动。一旦抵押合同不能履行，债权人可以通过对土地的处置从而保证债权的实现。第二，土地具有自偿性。土地使用人可以通过对土地的经营不断地获得收入，从而具备不断地还本付息能力。第三，土地具有增值性。由于城市中的土地具有稀缺性，而土地的需求却随着生产力的发展和人口的增加而不断上升，在实行严格的土地供给政策的国家，城市土地资源紧缺的状况更加明显。从经济发展的总体趋势上看，土地具有极大的增值潜力。因此，以土地作为抵押物的城市土地金融具有极高的安全性。

（2）资金运用具有长期性

以土地为抵押而融通的资金多用于土地开发、改良、基础设施及厂房建设等方面，这些项目都是长期项目，一般需要 2～5 年，资金的占用时间比较长。在项目建设期间，资金只能不断地投入，却无法收回。即使对于出售的土地，买方也常采用分期付款的方式。而对于出租和经营的土地，投资回收期就更长。因此，城市土地信用贷款时间都比较长，国外金融机构对土地开发贷款项目有的长达 30～40 年。

（3）土地抵押是核心内容

在实际经济活动中城市土地金融的运作过程实际就是土地产权的流转过程，其中土地抵押是土地产权交易的核心。无论是实行土地私有制的国家，还是实行土地国有制的国家，土地所有权的可抵押性构成这些国家土地金融的内在基础。

（4）具有较强的政策效应

人多地少是我国的基本国情。近年来，我国耕地锐减的局面一直未得到根本性好转，其重要原因是城市化和工业化进程的加快、房地产开发占地与耕地保护之间的矛盾没有得到有效的解决。要在市场经济体制下，处理好城市发展与耕地保护之间的关系，就必须从现实出发，走集约用地的道路。因此，必须发挥国家的调控作用，使得土地金融成为政府推行土地政策和产业发展政策的重要工具。

（5）具有较大的灵活性

城市土地金融运行的模式可以采用贷款、投资、信托、租赁、基金、债券等多种形式，广泛吸收银行和民间资金用于城市土地开发和利用。因此，城市土地金融在实施上具有很强的操作性。

2.4.1.3　城市土地金融市场

城市土地金融市场是指从事与地产活动有关的各类资金交易的市场，包括各类住房储蓄存款、住房贷款、房地产抵押贷款、房地产公司（企业）与房地产金融机构的票据贴现和承兑以及有价证券的买卖活动，甚至包括与房地产有关的外汇交易等。

（1）城市土地金融市场的构成要素

城市土地金融市场由三个基本要素构成：资金供求者、市场中介和市场金融工具。

① 资金供求者　资金供求者是指城市土地金融市场上资金商品的买卖双方。由于土地涉及社会经济的各个方面，土地资金的供求主体也就具有多元性。具体包括家庭、政府部门、企业事业单位、中央银行、房地产金融机构等。

② 市场中介　城市土地金融市场中介包括交易商和经纪人。交易商与经纪人的主要区别在于：经纪人单纯代理买卖，收取一定的佣金或手续费；而交易商除了代理客户买卖外，还为自己买卖各种金融工具。城市土地金融机构是土地金融市场上的主要参与者，并扮演着特殊的中介角色。

③ 市场金融工具　城市土地金融市场工具是指可以在城市土地金融市场上同货币相交易的各种金融契约。资金交易与一般商品买卖不同，它必须借助于金融契约的形式，这些形式包括商业票据、土地金融债券、土地抵押债券、房地产股票、未到期的住房存款单等。证券化是城市土地金融市场工具的发展趋势。

（2）城市土地金融市场分类

① 按照市场交易方式进行分类　城市土地金融市场按照市场交易方式划分为协议信用市场和公开市场两大类。

a. 协议信用市场。协议信用市场的交易价格是特定的，即由交易双方在借贷协议中规定，所有交易都是由供需双方面对面按照自愿互利的原则进行，交易客户的范围也相对稳定。协议信用市场包括住房专项储蓄存款市场、零星货币存款市场、住房专项贷款市场、房地产抵押贷款市场。

b. 公开市场。公开市场包括货币市场和资本市场。货币市场就是短期资金市场。根据借贷与买卖的不同形式，货币市场分为短期证券市场、贴现市场和拆借市场。资本市场在我国又称为长期资金市场。资本市场有不同的划分方法。根据资本市场上有价证券的性质，资本市场分为股票市场、债券市场和住房抵押市场。

② 按照资金用途划分　城市土地金融市场按照资金用途可划分为如下几类。

　　a. 城市土地获取融资。对城市土地利用之前必须取得土地的所有权或使用权。为获得这些权利，必须对土地进行购买或租赁。城市土地金融用于土地的购买或租赁，可以称为城市土地获取融资。

　　b. 城市土地改良融资。获取某一块土地后，还不能直接开发利用，还必须通水、通电、通路以及土地整平，这些经济活动所涉及的资金融通，可以称为城市土地改良融资。

　　c. 城市土地开发融资。在改良后的土地上进行开发建设，如住宅、工业用房、基础设施等需要大量的投资，开发商或建设单位一般要借助信用杠杆获取开发所需要的资金。这些用于开发建设的资金融通，可以称为城市土地开发融资。

2.4.1.4　城市土地融资方式

　　城市土地融资的主体是房地产企业。这里所讲的土地融资，主要是银行贷款、证券融资、土地信托和租赁融资。

　　（1）银行贷款

　　银行贷款是指银行向房地产企业和购房居民发放的贷款，这是解决房地产业资金需求最传统、最普遍也是最主要的一种融资形式。在这种融资方式中，银行是贷方，是债权人；房地产企业或居民个人是借方，是债务人。借贷双方事前签订书面借款合同，到期还本付息或分期付款。随着市场经济的发展和房地产金融业的逐步完善，国外许多国家和地区不仅普通商业银行向房地产企业和购房者进行融资，还专门设立房地产专业银行，作为房地产金融市场上融资中介的主体。

　　房地产银行贷款可以分为三种类型：信誉贷款、保证贷款、房地产抵押贷款。信誉贷款是以借款人的品德、信誉、财务状况、预期收益等为依据发放的房地产贷款。保证贷款是指以第三方的信用作担保的房地产贷款。房地产抵押贷款是以土地使用权作为还本付息抵押的贷款。

　　（2）证券融资

　　证券融资是指通过房地产股票、房地产债券的发行和流通来融通房地产资金的有关金融活动。随着现代市场经济的发展，在发达国家，证券融资已成为土地融资的主要方式。

　　土地证券化运作，是土地经济运行的一个新领域。土地证券是土地金融工具或金融商品的一种形式，在土地证券化运作中而形成的土地金融市场是我国市场体系完善的一个重要方面。土地抵押证券及其流通土地是进行银行债务抵押的优质担保品。土地抵押，指债务人或第三人向债权人提供土地所有权或法律规定的土地使用权作为清偿债务的担保，而不转移土地占有的法律行为。土地抵押是土地抵押债务人获得资金和债权人减少风险的信用担保。从而在产生和流动土地金融商品（土地债券、股票、贷款契约等）的基础上，为土地流转和开发利用聚集资金。以土地抵押为基础发行和流通土地商品，也成为土地抵押进行融资运作的手段，如土地抵押债券和土地抵押信贷契约等。

　　（3）土地信托

　　土地信托是指货币或土地所有者基于对金融机构的信任，委托其代理购、建、租赁、经营土地及其证券的经济行为。在信托关系中，把货币或土地委托给他人管理和处置的一方称为"委托方"；接受委托的金融机构称"受托方"；被委托的土地或证券称为"委托标的物"；享受信托利益的人为"收益人"，收益人可以是自然人，也可以是法人。

　　（4）租赁融资

　　租赁可以划分为融资性租赁和经营性租赁两大类。本部分所探讨的租赁仅限于融资性租赁。融资性租赁又称为全额支付租赁，就是说在规定的支付阶段中，支付的租金足以补偿出租人的资本费用和利润。所以，这种租赁实际上是出租人向承租人提供的一种融资方式。租赁融资是一种新型的融资方式，手续简便，融资与使用同步，而且，由于租金在财务上是作为经营成本，可以在税前支付，所以，租赁融资在房地产领域获得了很快发展。

2.4.2　城市土地抵押贷款

2.4.2.1　城市土地抵押贷款概念

抵押是指债务人或第三人不转移对某一特定财产的占有，将该财产作为债权的担保，在债务人不履行债务时，债权人有权依照法律规定以该财产折价或者以拍卖、变卖该财产的价款优先受偿的一种债权担保方式。根据设定抵押权标的不同，可将抵押分为不动产抵押、动产抵押和权利抵押三类。

土地使用权抵押是指土地使用权人以土地使用权作为债权的担保，当债务人不履行债务时，债权人有权依照法律规定以该土地使用权折价或以拍卖、变卖方式处分抵押的土地使用权，并从所得价款中优先受偿的一种民事担保制度。从本质上说，土地使用权抵押应为权利抵押的一种。在我国，由于土地所有权不能转让，所以土地所有权不能作为抵押权的客体，但土地使用权在符合法律规定的条件下可以作为抵押权的客体。

城市土地抵押贷款是指银行以借款人或第三人拥有的土地使用权作为抵押而发放的贷款。城市土地抵押人在抵押期间不得随意处置受押土地，而银行作为抵押权人在抵押期间有权对抵押物进行监督和检查。在贷款期满后，贷款本金和利息若未被及时偿还，银行可以与借款人协商将抵押的土地折价或拍卖。若双方未能就抵押物处置及贷款偿还问题达成协议，银行可以向法院提起诉讼，通过法律途径清偿银行的贷款。

2.4.2.2　城市土地抵押贷款的种类

城市土地抵押贷款按不同的分类标准可划分成多种种类，下面讨论其中的主要三种。

（1）按贷款对象分类

① 企事业法人土地抵押贷款。这是贷款银行向实行独立经济核算并能承担经济责任和民事责任，符合土地抵押贷款条件的企事业法人发放的土地抵押贷款。

② 个人土地抵押贷款。这是贷款银行向符合条件规定的个人发放的土地抵押贷款。

（2）按贷款用途分类

① 房屋开发抵押贷款。房屋开发抵押贷款是土地开发经营企业拟开发土地的土地使用权作抵款。

② 购房抵押贷款。购房抵押贷款是指贷款的法人和个人所购房屋作抵押而发放的贷款。

③ 其他用途的城市土地抵押贷款。它是指贷款不是适用于所抵押土地的开发建设和购买生产性或消费性贷款的抵押。

（3）按贷款利率确定方式和计息方法分类

① 固定利率土地抵押贷款。

② 浮动利率土地抵押贷款。

③ 可调利率土地抵押贷款。

上述三种贷款在具体的计息上有复利计息和偿还本息有按月均还本息和非均还本息之分等。

2.4.2.3　城市土地抵押贷款的特征

城市土地抵押贷款是以土地作为抵押物而获得银行贷款的一种融资方式，与其他类型的贷款有明显的不同，其主要特征如下。

（1）以土地抵押为前提建立的贷款关系

抵押贷款是以抵押物的抵押为前提而建立起来的贷款关系，其他贷款关系则不以抵押物的抵押为前提。在一般情况下，借贷双方都不是为了直接获取城市土地资产，而是以土地作为抵押物而发生的借贷行为。对于城市土地抵押人而言，其目的是通过抵押获得购买城市土地的资金，实现对城市土地资产的拥有，而不是为了出售抵押的土地。对于银行而言，其取得城市土地抵押权的目的并不是要实际占有土地，而是为保障贷款的安全回收。土地抵押贷款的数量依赖于贷款项目的风险程度和土地的评估价值。

（2）在借贷过程中土地抵押权应具有的特征

① 以受押土地使用权不转移占有方式为前提　抵押人是以其合法的土地使用权向银行提供贷款履行的担保。抵押的土地必须是合法取得并依法享有处分权、没有权属争议的土地。如果存在土地纠纷或土地权属不清楚，则不能进行抵押。土地抵押期内抵押人仍享有土地占有权，实际控制和使用土地。

② 银行具有优先受偿的权利　抵押权的担保作用在于抵押权人通过实现抵押物的价值，优先受偿。优先受偿权保证抵押权人可以优先于其他债权人，以抵押物的价值满足自己的债权，从而体现出抵押权的担保作用。

③ 银行将获得抵押物价值受偿权　抵押权是一种担保物权，它以物的交换价值为内容。设定抵押权的目的不是为了取得抵押物的使用价值，而是为了取得物的价值，当债务人不履行债务时，抵押人有权将抵押的土地加以处分、变卖，但无权对土地占有和使用，只能以抵押的土地变卖所得的价款优先受偿。

2.4.2.4　城市土地抵押贷款的功能

土地是人类社会生产、生活的基本要素。随着城市化和工业化进程的加快，城市土地需求量快速提高，在客观上要求加大对土地开发、利用的金融支持力度。城市土地金融以土地为信用保证，以土地为抵押物来获取开发、利用资金，其主要功能如下。

（1）国家实施土地政策的工具

城市经济的快速发展需要大量土地，在城市土地扩张、土地利用效率和耕地保护等方面存在着尖锐的矛盾。城市扩张必然需要增加土地供给，如果土地供给增加过快，会导致土地价格下降，土地利用效率降低，反过来又会增加土地需求，这将不利于耕地保护。为提高土地利用效率，降低矛盾的尖锐度，可以通过土地金融来进行调节，即通过利率杠杆，鼓励提高土地利用效率，来达到节约土地、减少耕地占用的目标。因此，城市土地抵押贷款也是国家实施土地政策的工具。

（2）房地产业和建筑业发展的主要资金来源

抵押信贷为房地产的开发和建设注入大量资金，也为住房购买和投资提供资金支持。因此，抵押信贷在供给和需求两个方面支持房地产业和建筑业的发展。以美国为例，抵押信贷是美国住房建筑业兴衰的关键。而住房建筑产值约为 GNP 的 3%～4%。1983 年住房购买总值为 1286 亿美元，1983 年 1 至 11 月，抵押贷款余额累计为 1210 亿美元，这说明在住房购买与抵押信贷之间存在密切联系。美国、德国、日本等国家的银行业务中，用于土地开发、利用、经营方面的贷款和投资约占其贷款和投资总额的 1/3。

（3）熨平经济周期

在经济衰退时期，价格和利率呈下降趋势。房地产价格和信贷成本降低，在一定程度上会刺激住房购买和抵押信贷需求，从而可以部分抵消全社会固定资产投资下降对经济造成的负面影响，减缓经济衰退速度。在经济复苏阶段，工资增长较快，住房信贷需求增加，房地产价格开始上升，银行更乐于发放抵押贷款。抵押贷款的增加直接刺激住房建筑业的复苏，从而加快经济复苏的步伐。

抵押信贷为政府制订反周期计划提供了一个强有力的工具。政府通过改变利率或制定税收优惠政策来加强住房信贷的这种自发作用，会进一步缩小经济波动幅度，例如，在经济衰退时，可采取税前扣减所得的政策来鼓励银行发放更多的住房抵押贷款。

2.5 城市土地收益与城市土地税收

2.5.1 城市土地收益概述

土地收益，是指土地拥有者利用他对土地的权力而获得的收益。其获得收益的形式有两种：一种是土地拥有者通过自己直接经营而获得的收益；另一种是通过出让某些权力，由他人经营的收益中所获得的部分收入。实质上就是土地所有者依据其对土地的独占权所获得的地租。我国城市土地都归国家所有，当然由国家来收取、管理城市土地收益。城市土地收益是国家财政收入的一个重要组成部分，也是城市土地管理中的一项主要内容。

城市土地作为生产要素进入市场后，从静态看，它具有价值并表现为一定的市场价格。但城市土地作为一种特殊的商品，在流转过程中会实现价值的增值，同时也是一种高收益的投资品。因此，从动态的过程来看，在商品经济条件下，围绕着城市土地利用所发生的经济利益关系相当复杂。要实现城市土地资源的优化配置，就必须理顺城市土地使用中的这种经济关系。

2.5.1.1 城市土地利用中的增值收益及原因

一般说来，与城市土地利用有关的利益主体有：土地所有者、土地投资者、土地受益者、城市政府和中央政府。为设计土地收益的分配机制，首先必须搞清楚土地收益的原因。城市土地价值增值，是指由于城市经济发展的作用和土地投资的改良而形成的地租地价的上涨。总的说来，在经济发展的动态过程中，地租的增加和地价的上涨是一个普遍的趋势，这种趋势的直接后果便是城市土地收益的增加，使用城市土地可以获得更多的超额利润。城市土地价值增值的原因可以从宏观、中观、微观三个层次来进行分析。首先，从宏观上看，某个城市在一个时期内由于在经济发展要素上占有比其他城市更大的优势，从而刺激城市经济增长速度加快，引起这个城市的土地价格普遍上涨。例如，20 世纪 80 年代中国的沿海城市，在和平时期的开放型经济体制下，处于优越的对外开放位置，在同其他国家或地区的经济交往中，与内陆城市相比，具有更大的便利，由此引起城市经济发展速度大大加快，经济增长意味着国民生产总值和国民收入的增加，城市财政金融景气，经济繁荣，就业机会增加，物价、工资处于有利于经济发展的状态，城市土地利用效率和土地收益大幅度提高。有人把这种类型的土地增值称为宏观级差地租，形成条件是城市天然的优越地理位置和国家的宏观政策。

在中观层次上，城市土地价值增值的原因可归结为下面三个因素。

（1）城市基础设施的改善

城市土地资金投入渠道与数量的增加，投资的不断积累使各类城市用地更符合城市经济发展提出的要求，土地利用效益增加。如我国有些城市为吸引外资，大都采取"筑巢引鸟"的办法，即通过大量的土地资金投入，提高城市公共基础设施的完善程度，改善投资环境，土地价格也迅速上涨。

（2）城市人口的增加

由于农业用地转化为城市用地有一定的限度，当人口把有限的地面全部占用了的时候，对城市土地面积的限制就会引起地价的上涨。这事实上是土地供求的变化对地价的影响，一方面是城市土地需求的不断增加，另一方面是城市土地供给的稀缺。

（3）地方政府的税收政策

在分税制的国家里，企业和个人在不同的城市具有不同的税收负担，这对城市土地的价格水平也有一定的影响。个人和企业的税负水平低，该城市的吸引力大，投资的增加带动经济的增长速度和土地价格的上涨。反之，企业和个人不想扩大投资，土地需求减少，地价降低。

此外，还有许多因素可能影响城市土地的价格水平，如城市的对外交通网络的改善等，这些因素介于宏观与中观之间，很难严格区分开来。如果我们在微观的层次具体考察城市内某一特定区位的土地价值增值因素，则情况更加复杂，有时在整个城市土地的总体价值水平不变甚至下降的情形下，某一局部区位土地的价格却可能上涨，其原因可能如下。

（1）土地使用者对土地进行资金和劳动的投入

土地使用者对土地的合理利用本身就是对土地的改良，把物化劳动和活劳动凝结在土地当中，在增加土地效用的同时，也使土地价值增值。在这种情况下，土地增值不仅仅是资金、劳动的投入累计，而且还包括因投资而产生的效益。土地增值既指土地中土地资本的增加，也指土地使用效益增加所引起的土地价格上涨。

（2）地方城市政府的投入

对城市某一区域的道路、通信、商业网点、学校、医院、煤气管道等基础设施的配套建设，改善了这一区位的土地使用条件，会使土地价值增值。如上海世纪公园地铁二号线出口处附近土地的价格不断上涨的主要原因就是因为地铁的开通改变了该地区原来交通不便的状况。

（3）城市规划

某块土地如果其用途或规划设计要求发生了有利于使用者要求的变化，土地的价格将会上涨，如工业用地改为商业用地。

（4）土地效益的整体关联性

如城市政府机关办公地点迁移到一个新的地点，即使该地点原来土地的使用效益较低，也会使该地点周围的土地价格迅速上涨。这是因为城市土地利用具有整体功能的关联性和效益辐射作用，使得对某块土地的开发利用会对周围的土地产生十分有利的影响，引起土地价格上升。

2.5.1.2　城市土地收益的表现形式及主要渠道

前面仅仅从理论上分析了城市土地收益的形成及土地收益分配原则。但在现实中，城市土地收益的产生及表现形态多种多样。

（1）城市土地的出让收益及其分享

城市土地收益产生的第一个环节便是城市土地的出让收益。城市土地所有权属于国家，政府将城市土地有偿、有限期地出让给使用者，从而使土地进入了市场，统称为土地的一级市场。在城市土地的一级市场中，政府兼有城市土地"业主"和国家机关职能的双重身份。作为"业主"，政府将自己拥有的土地出让并追逐自己的利益。作为国家机关的职能，政府又要根据国民经济发展的需要和城市规划的要求有计划地控制城市土地的供应总量并合理调控土地出让价格。很明显，土地出让价格的高低直接影响国家和土地使用者的利益分配。

城市土地出让的收益分享有两个问题很值得探讨。一是如何构造对地方政府出让土地数量和价格的约束机制，城市土地收益应大部分留归地方政府，但必须对地方政府采取有效的约束机制。从各个国家的实际来看，任何一个国家都有相当数量的公有土地，大多数国家采取中央政府、地方政府、城市政府产权分立的制度，相互之间转让都要收费。在这种情况下，任何一级政府在出让自己名下的土地时，就要权衡自己的得失利弊，对出让数量和价格做出合理的决策。二是城市土地出让方式的选择。土地出让一般有拍卖、招标、协议出让三种方式。有人对中国城市土地出让的情况做过调查后认为，一块条件相同的土地，如果协议出让价格为100，则招标的价格可达到400，而拍卖的价格可以达到600。由此可见，在不考虑其他因素的情况下，尽量扩大招标、拍卖方式出让土地的比重，可以大量增加政府的土地收益。

　　另外，城市土地的外延扩大都是通过征用城市边缘区的农业用地转化而来的。当城市边缘区农业用地转化为城市用地时，其价值会发生几倍、几十倍的变化，这种价值变化来源于城市用地的整体功能性和政府对基础设施的投资，政府理应参与这种土地增值收益的分享。具体有两种方法：一是由政府出面统一以农业用地的价格征用土地，然后再以城市用地的价格出让给城市用地使用者，差额收益归政府所有；二是由城市土地使用者与农业用地所有者直接达成买卖交易，政府则以税收的形式把应归政府所有的收益集中起来。

　　（2）城市土地的开发收益及其分享

　　城市土地开发的投资量大，周期长，房地产开发比社会平均利润稍高，有利于房地产业的超前发展，加快城市建设的步伐。但房地产开发公司也要在竞争中"优胜劣汰"，经营得当的公司可以获得比社会平均利润稍高的利润，如果经营不当，则有可能亏损以至在竞争中遭到淘汰。因此，在城市土地开发过程中必须限制或消除开发企业的非经营因素而带来的过高利润。

　　（3）城市土地转让收益的分享

　　城市土地价值增值的直接表现是地价的增长，而城市土地价格上涨在很大程度上是由周围环境的改善、城市社会经济的发展决定的，当然对土地本身的投入也可以提高土地的价格。但是，从总体上讲，城市土地价格是周围环境丰度的指示器。从这种角度出发，政府理所当然要在土地价值增值中有收益。

　　城市土地价值的增值只有当城市土地被推上转让市场时，其增值才开始显示出来。土地所以能够进入转让过程，是因为原来的土地使用者要通过市场转让获得资本收益。对于城市土地使用权的新的购买者来说，如果没有对未来土地增值的预期，也不会把资本投到城市土地上来。由此可见，以投资者的身份，分享城市土地增值收益，是城市土地转让市场参与者的基本动力。因此，恰当的土地增值收益分享体制，是发展城市土地转让市场的核心环节。从各个国家的经验来看，政府分享城市土地增值收益的方法是对城市土地征收增值税。

2.5.2　城市土地税收概述

　　土地税收是指政府对个人和企业使用或转让土地而获得的收益进行无偿的、强制性课税的活动。土地税一般可分为狭义和广义两类。从狭义角度来讲，是指针对土地实体本身或其提供的服务所课征的赋税，如地价税、地租税、土地增值税等；从广义角度来讲，则不仅包括对土地本身及其提供的服务的课税，而且也包括对土地之上的建筑物、构筑物等土地改良物所课征的赋税，如房屋税、土地改良物税等。本文的土地税主要指狭义的土地税。

2.5.2.1　城市土地税收分类

　　（1）按照计税方法分类

　　按照计税方法，可分为以下三类。

　　① 按照税额计算方法划分。可以分为从量土地税和从价土地税。从量土地税是按照土地的面积单位确定税额，它不受价格变动影响，但却与课税对象的量有直接关系，如土地使用税。从价土地税是以土地的价格，或其所有权转移时的价格变化，或其提供的服务租金（即使用权价值）为计税依据，如土地增值税。

　　② 按照计税依据的类型划分。可分为土地价值税和土地租金税。前者是对土地的价值

课税，具有对存量财富课税的性质；后者则是对其提供的服务或使用权租金的课税，具有对流量财富课税的性质。

③ 按照税率随课税价值变化的方式划分。可分为累进税（如土地继承税和土地增值税）、累退税、比例税（如地租税）三种。

（2）按照土地产权是否流动分类

按照土地产权是否流动可分为转移性土地税和非转移性土地税。前者是指发生土地产权转移时课征的土地税，如土地增值税（有些地区不转移产权也需缴纳此税）、土地转让所得税、遗产税与赠与税、契税等，租金税作为一种对使用权转让的课税也可归入转移性土地税中。后者是指课税物不发生产权转移时所课征的赋税，如地价税、城市土地使用税等。

（3）按照税类归属划分

税收大类一般可分为流转税类、所得税类、财产税类、行为税类、资源税类、特定目的税类、农牧业税类等，在土地税收体系中主要包括所得税类、财产税类、行为税类、资源税类和特定目的税类。

① 所得税类　也叫收益税，课税对象为各种所得额，如土地转让所得税。

② 财产税类　财产税类是将土地当作财产来对待，以土地价值为计税依据进行的课税，如地价税等。

③ 行为税类　这里的"行为"并不是指一般意义上的行为，而是针对特定行为征税，其目的是体现特定政策的要求。在我国土地税收种类中，促进土地利用税、遗产税和赠与税、契税都属于行为税。

④ 资源税类　资源税类当然是针对资源开发征税，城镇土地是稀缺资源，对其利用也要征收资源税，如城市土地使用税。

⑤ 特定目的税类　它是指国家为了达到特定目的，对特定对象和特定行为发挥作用而征收的税种，如土地增值税。

（4）按照税负是否转移划分

根据税负是否容易转嫁为标准，可以把土地税收分为直接税和间接税两种。直接税是指土地税负不能转嫁于他人，由纳税人直接承担税负的税种，如城镇土地使用税。间接税是指土地税负可以转嫁于他人，纳税人只是间接承担税负，而真正的负税人并不是法定纳税人的税种。如征收土地增值税时，卖者可以将这部分费用转嫁给卖者，从而增加土地的购买成本，并可以导致房地产价格上涨，甚至引发通货膨胀。目前，在世界各国税收体系中以直接税为主，土地税收也是如此。

2.5.2.2　土地税税种性质及税类归属

城市土地税收种类主要有地租税、地价税和土地固定资产税、促进土地利用税、土地增值税与土地转让所得税、不动产继承或赠与税、契税等。从税收的社会经济效应方面考虑，土地经济学家普遍认为前四组土地税对土地资源的配置与利用效率以及土地财富的分配影响较大，开征这些土地税不仅会产生收入分配效应也会产生替代效应，从而影响资源配置的效率；而不动产继承税或赠与税主要的税收效应是收入分配效应，契税则只是表示政府机关对土地产权交易合法性的认可和对土地产权流动的保护，一般不会对资源配置与利用效率产生明显的影响。

（1）地价税和土地固定资产税：财产税类

地价税和土地固定资产税都是按土地价值征税，它们都属于财产税类。

① 土地固定资产税　在土地私有制经济里，由于土地被视为一种无折旧的私有资产或财产，因而政府向土地所有者课税是一种十分普遍的现象。这种以土地财产或土地资产为课

税对象，以土地价格为计税依据，而以土地所有者或持有者为纳税义务人的赋税被称为土地固定资产税。如日本的固定资产税是以土地、房屋等固定资产作为征税对象，把土地作为固定资产来征税，并在固定资产税中占有非常重要的地位。

②　地价税　地价税是指以土地的评估价或市场价为计税依据而征收的土地税。征收地价税旨在抑制土地过度集中、囤积和过度的投机交易，促进土地产权的适度流动和土地资源的有效利用。显然，地价税除了可以平抑地价上涨外，还可以推进土地保有征税的公平化和降低土地作为资产保有的有利性。

③　土地固定资产税和地价税的性质与归属　从税收的性质来看，两种土地税都具有如下特点：第一，均是对存量土地财产课税，这与所得税是对流量财富课税的性质明显不同；第二，属于经常税类。以地价税和土地固定资产税为主体的土地税收收入构成了政府，特别是地方政府的一种稳定和经常性的财政收入来源。第三，地价税和土地固定资产税带有直接税性质。

（2）土地增值税：特定目的税类

土地增值税是对有偿转让国有土地使用权及地上建筑物和其他附着物产权、取得增值性收入的单位和个人征收的一种税。土地增值税只有在土地使用权转让过程中土地出现增值时才能征收，因此，它属于所得税类。政府课征土地增值税的政策目的不仅仅是为达到均分土地财富的社会目标，同时也有防止地价飞涨、打击土地投机的经济政策目的。

（3）土地转让所得税：所得税类

土地转让所得税是对土地产权转让所得课征的税，是目前日本仍在实行的土地税种之一。从课税的目的和税收功能来看，土地转让所得税与土地增值税有些类似；从税种的归属来看，土地转让所得显然是所得税的一种。日本对土地转让所得采取了长期转让所得与短期转让所得区别征税的办法，而对短期转让所得采用了近乎禁止性的重税措施。对土地转让所得课以重税客观上起到了抑制地价过度上涨、打击土地投机的效果，但同时也存在着阻碍土地利用方式正常转换、抑制正常的土地资产性交易的重大缺陷。

（4）城镇土地使用税：资源税类

城镇土地使用税是对使用城镇土地的单位和个人征收的一种税，是我国目前在土地保有环节征收的唯一税种。城市土地使用税归属于调节土地级差收入的资源税，从征收范围看，包括城市和县镇范围内使用的一切属于国家和集体所有的土地。城镇土地使用税的计税依据是纳税人实际占用的土地面积。征税的目的是为了更合理地利用城镇土地，调节土地收入在国家、单位、个人三者间的分配，提高土地的使用效率。

（5）促进土地利用税：行为税类

促进土地利用税是指为了促进土地的有效利用而对土地不当利用行为所课征的、以地价为计税依据的惩罚性的土地税。对于城市土地来说，主要是促进城市土地利用的空地税。由于课征这类土地税是在一般意义上的地价税的基础上的课征，旨在对土地持有者的低效或无效的土地利用行为进行惩罚，刺激土地资源的有效利用。所以，它与作为财产税的地价税又有所不同，可以称为不当土地利用行为税，以此区别其他目的或性质的土地税种。

（6）遗产税和赠与税：行为税类

遗产税是以财产所有人死亡之后所遗留的财产为征税对象，向死亡者的继承人征收的一种税。赠与税是对财产所有人生前转移的财产课征的一种税。

有些国家为了防止纳税人通过赠与方式逃避遗产税，在征收遗产税的同时，对财产所有人生前赠与他人的财产补征赠与税，或者将二者合并为遗产和赠与税。赠与税与遗产税虽关系密切，但二者又有显著的区别。遗产税是对财产所有人死亡后转移的财产课税，赠与税是作为遗产税的补充税种而征收的。在私有制国家，土地是企业和个人拥有的主要财富之一，土地遗产税或赠与税也是土地税收体系中的重要组成部分。

遗产税课征的客体是死亡人所遗留的财产，也就是继承人所继承的财产，它是一种行为税，目的就是防止不劳而获。

（7）契税：行为税类

契税是在土地、房屋等不动产产权变更时，就当事人双方订立的契约而向产权受让人课征的一种交易税。不动产产权变更包括不动产的买卖、典当、赠与或交换等行为。契税的法律依据一般是契税条例。我国内地和台湾地区均开征此类税收。课征契税旨在确认不动产产权交易的合法性、利用政权力量确保由这种交易而产生的产权后果。显然，契税是一种财产行为税。契税的法律依据一般是"契税条例"。我国台湾地区契税条例规定，不动产由于买卖、赠与、分割或占有而取得所有权时须缴纳契税，但课征土地增值税的地区免交契税。由此可见，我国台湾地区的契税是针对不动产所有权转移行为而课征的行为税。台湾地区契税实行差别税率制：税率为 2.5%～7.5%，计税依据为不动产转移时订立的契约所载明的价格金额。

2.5.3 我国现行的城市土地税收体系

目前，我国直接对城市土地征收的税种主要有城镇土地使用税、土地增值税、契税、耕地占用税四种，它们分别属于资源税类、特定目的税类、财产税类和行为税类。

2.5.3.1 城镇土地使用税

我国城镇土地使用税是国家对城市、县镇、建制镇和工矿用地，按照实际占用面积征收的税种。根据 1988 年 7 月通过的《中华人民共和国城镇土地使用税暂行条例》，征收城镇土地使用税的工作从 1988 年 11 月 1 日起正式执行。城镇土地使用税的纳税人是指在城市、县镇、建制镇和城市工矿区范围内使用国有土地的企业和个人。租住公有住宅的住户不交土地使用税，居住自购的商品房住宅、私有住宅者都应依法缴税。征税的目的是为了更合理地利用城镇土地，调节土地级差收入在国家、企业、个人三者间的分配，提高土地的使用效率。

城镇土地使用税以纳税人的实际占用土地面积为计税依据，按照固定税额征收。购房者使用的国有土地不仅仅是住宅外墙皮以内的建筑面积，还包括院、公共走道等。业主分摊住宅楼宇的占地面积计税，税额的测定和分摊方法由各省、自治区、直辖市根据本地实际，组织测量，取得科学的依据，通过立法执行。为能使住户合理地负担税负，国家对城镇土地使用税按照城市规模的大小分别规定不同的税额。按每平方米税额计算，大城市 0.5～10 元，中等城市 0.4～8 元，小城市 0.3～8 元，县镇、建制镇、工矿区 0.2～4 元。城镇土地使用税一般按年计算，分期缴纳（分期标准为半年、一季度等）。税收工作由当地税务部门负责，缴纳期限由各地自行规定。

省、自治区、直辖市人民政府，应当在前条所列税额幅度内，根据市政建设状况、经济繁荣程度等条件，确定所辖地区的适用税额幅度。市、县人民政府应当根据实际情况，将本地区土地划分为若干等级，在省、自治区、直辖市人民政府确定的税额幅度内，制定相应的适用税额标准，报省、自治区、直辖市人民政府批准执行。经省、自治区、直辖市人民政府批准，经济落后地区土地使用税的适用税额标准可以适当降低，但降低额不得超过本条例第四条规定最低税额的 30%。经济发达地区土地使用税的适用税额标准可以适当提高，但须报经财政部批准。

1988 年制定的土地使用税暂行条例规定，下列土地免缴土地使用税：国家机关、人民团体、军队自用的土地；由国家财政部门拨付事业经费的单位自用的土地；宗教寺庙、公园、名胜古迹自用的土地；市政街道、广场、绿化地带等公共用地；直接用于农、林、牧、渔业的生产用地；经批准开山填海整治的土地和改造的废弃土地，从使用的月份起免缴土地使用税 5～10 年；由财政部另行规定免税的能源、交通、水利设施用地和其他用地。

土地使用税按年计算，分期缴纳。缴纳期限由省、自治区、直辖市人民政府确定。新征用的土地，依照下列规定缴纳土地使用税：征用的耕地，自批准征用之日起满一年时开始缴纳土地使用税；征用的非耕地，自批准征用次月起缴纳土地使用税。

2006 年 12 月，为加大对建设用地的税收调节力度，抑制建设用地的过度扩张，国务院发布《国务院关于修改〈城镇土地使用税暂行条例〉的决定》，对 1988 年国务院发布施行的《城镇土地使用税暂行条例》作了相应修改，提高了城镇土地使用税税额标准，将城镇土地使用税的征收范围扩大到外商投资企业和外国企业。其中，城镇土地使用税每平方米年税额比 1988 年提高 2 倍，每平方米年税额大城市为 1.5～30 元，中等城市为 1.2～24 元，小城市为 0.9～18 元，县城、建制镇、工矿区为 0.6～12 元。显然，提高城市土地使用税，进一步增加了城市土地保有成本，将有助于城市土地集约利用。

2.5.3.2　土地增值税

为了规范土地、房地产市场交易秩序，合理调节土地增值收益，维护国家权益，国务院于 1993 年 11 月 26 日颁布了《土地增值税暂行条例》，自 1994 年 1 月 1 日起施行。

土地增值税的纳税义务人为转让国有土地使用权、地上的建筑物及其附着物（以下简称转让房地产）并取得收入的单位和个人。土地增值税的征税范围为：转让国有土地使用权、地上的建筑物及其附着物并取得收入，即主要是对以出售或者其他方式有偿转让房地产的行为征税。不包括以继承、赠与方式无偿转让房地产的行为。土地增值税实行的是四级超率累进税率：增值额未超过扣除项目金额 50％ 的部分，税率为 30％；增值额超过扣除项目金额 50％、未超过 100％ 的部分，税率为 40％,；增值额超过扣除项目金额 100％、未超过 200％ 的部分，税率为 50％；增值额超过扣除项目金额 200％ 的部分，税率为 600％。

计算增值额的扣除项目，具体如下。

（1）取得土地使用权所支付的金额

它是指纳税人为取得土地使用权所支付的地价款和按国家统一规定交纳的有关费用。

（2）开发土地和新建房及配套设施（以下简称房地产开发）的成本

它是指纳税人房地产开发项目实际发生的成本（以下简称房地产开发成本），包括土地征用及拆迁补偿费、前期工程费、建筑安装工程费、基础设施费、公共配套设施费、开发间接费用。

① 土地征用及拆迁补偿费包括土地征用费、耕地占用税、劳动力安置费及有关地上、地下附着物拆迁补偿的净支出、安置动迁用房支出等。

② 前期工程费包括规划、设计、项目可行性研究和水文、地质、勘察、测绘、"三通一平"等支出。

③ 建筑安装工程费是指以出包方式支付给承包单位的建筑安装工程费，以自营方式发生的建筑安装工程费。

④ 基础设施费包括开发小区内道路、供水、供电、供气、排污、排洪、通信、照明、环卫、绿化等工程发生的支出。

⑤ 公共配套设施费包括不能有偿转让的开发小区内公共配套设施发生的支出。

⑥ 开发间接费用是指直接组织、管理开发项目发生的费用，包括工资、职工福利费、折旧费、修理费、办公费、水电费、劳动保护费、周转房摊销等。

（3）开发土地和新建房及配套设施的费用（以下简称房地产开发费用）

它是指与房地产开发项目有关的销售费用、管理费用、财务费用。财务费用中的利息支出，凡能够按转让房地产项目计算分摊并提供金融机构证明的，允许据实扣除，但最高不能超过按商业银行同类同期贷款利率计算的金额。

（4）旧房及建筑物的评估价格

它是指在转让已使用的房屋及建筑物时，由政府批准设立的房地产评估机构评定的重置成本价乘以成新度折扣率后的价格，评估价格须经当地税务机关确认。

（5）与转让房地产有关的税金

它是指在转让房地产时缴纳的营业税、城市维护建设税、印花税。因转让房地产缴纳的教育费附加，也可视同税金予以扣除。

（6）财政部规定的其他扣除项目

它主要指从事房地产开发的纳税人可按取得土地使用权所支付的金额和开发土地和新建房及配套设施的成本之和，加计 20% 扣除。

2.5.3.3 契税

契税是在土地、房屋权属发生转移时，对承受土地、房屋权属的单位和个人征收的一种税。契税属于地方税种。与其他税种相比，有两个特点：一是对买方征收的；二是房地产权属每转让一次，就要缴纳一次。我国于 1997 年颁布了《契税暂行条例》，该条例对契税征收的对象、计税依据、税率、免税土地类型作了详细规定。

契税征收的对象为：国有土地使用权出让、土地使用权转让（包括出售、赠与和交换）、房屋买卖、房屋赠与、房屋交换。

契税的计税依据如下。

① 国有土地使用权出让、土地使用权出售、房屋买卖，为成交价格。

② 土地使用权赠与、房屋赠与，由征收机关参照土地使用权出售、房屋买卖的市场价格核定。

③ 土地使用权交换、房屋交换，为所交换的土地使用权、房屋的价格的差额。

契税税率实行浮动税率，浮动范围为 3%～5%。契税的适用税率，由省、自治区、直辖市人民政府在前款规定的幅度内按照本地区的实际情况确定，并报财政部和国家税务总局备案。应纳税额计算公式：应纳税额＝计税依据×税率。应纳税额以人民币计算。转移土地、房屋权属以外汇结算的，按照纳税义务发生之日中国人民银行公布的人民币市场汇率中间价折合成人民币计算。

减征或者免征契税的土地类型如下。

① 国家机关、事业单位、社会团体、军事单位承受土地、房屋用于办公、教学、医疗、科研和军事设施的，免征。

② 因不可抗力灭失住房而重新购买住房的，酌情准予减征或者免征。

③ 财政部规定的其他减征、免征契税的项目。

2.5.3.4 耕地占用税

为了合理利用土地资源，加强土地管理，保护农用耕地，我国于 1987 年颁布了《耕地占用税暂行条例》。耕地占用税的纳税义务人为占用耕地建房或者从事其他非农业建设的单位和个人。耕地占用税以纳税人实际占用的耕地面积计税，按照规定税额一次性征收。

耕地占用税的税额分别为：

① 以县为单位（下同），人均耕地在 1 亩以下（含 1 亩）的地区，每平方米为 2～10 元。

② 人均耕地在 1～2 亩（含 2 亩）的地区，每平方米为 1.6～8 元。

③ 人均耕地在 2~3 亩（含 3 亩）的地区，每平方米为 1.3~6.5 元。

④ 人均耕地在 3 亩以上的地区，每平方米为 1~5 元。

农村居民占用耕地新建住宅，按上述规定税额减半征收。经济特区、经济技术开发区和经济发达、人均耕地特别少的地区，适用税额可以适当提高，但是最高不得超过上述规定税额的 50%。各地适用税额，由省、自治区、直辖市人民政府在上述规定税额范围内，根据本地区情况具体核定。

2.5.3.5 营业税、城市维护建设税和教育费附加

① 营业税是对提供应税劳务、转让无形资产和销售不动产的单位和个人开征的一种税。销售不动产的营业税税率为 5%。

② 城市维护建设税（以下简称城建税）是随增值税、消费税和营业税附征并专门用于城市维护建设的一种特别目的税。

城建税实行的是地区差别税率，按照纳税人所在地的不同，税率分别规定为 7%、5%、1% 三个档次，具体是：纳税人所在地在城市市区的，税率为 7%；在县城、建制镇的，税率为 5%；不在城市市区、县城、建制镇的，税率为 1%。

③ 教育费附加是随增值税、消费税和营业税附征并专门用于教育的一种特别目的税。教育费附加的税率在城市一般为营业税的 3%。

营业税、城市维护建设税和教育费附加通常也称作"两税一费"。

2.5.3.6 印花税

印花税是对商事活动、产权转移、权利、许可证照等行为而书立、领受的应税凭证征收的一种税。

房地产租赁合同的印花税为租赁金额的 0.1%，由合同当事人缴纳；房地产转让合同（包括买卖、赠与、交换等）的印花税为转让价格的 0.05%，由立据人缴纳；房地产抵押贷款合同的印花税为借贷金额的 0.005%，由合同当事人缴纳；房地产权证的印花税为每件 5 元，由领受人缴纳。

2.5.3.7 物业税

所谓物业税又称财产税或地产税，主要是针对土地、房屋等不动产，要求其承租人或所有者每年都要缴纳一定税款，而应缴纳的税值会随着不动产市场价值的升高而提高。比如说公路、地铁等开通后，沿线的房地产价格就会随之提高，相应地，物业税也要提高。

目前，世界上大多数成熟的市场经济国家都对房地产征收物业税，并以财产的持有作为课税前提、以财产的价值为计税依据。依据国际惯例，物业税多属于地方税，是国家财政稳定而重要的来源。

物业税改革的基本框架是，将现行的房产税、城市房地产税、土地增值税以及土地出让金等税费合并，转化为房产保有阶段统一收取的物业税，并使物业税的总体规模与之保持基本相当。这样一来，物业税一旦开征，将对地方政府、消费者、投机者的经济行为产生不小的冲击。

目前，我国尚未开展物业税的征收工作，但在物业税的模拟"空转"已经在北京、深圳、重庆、辽宁、江苏、宁夏、安徽、河南、福建、天津等省市试点，虽然没有实际征税，但一切步骤和真实收税流程相同，由财政部门、房产部门以及土地管理部门共同参与，统计物业数量，并进行评估和税收统计。

本 章 小 结

随着经济的发展和城市人口的增加，人们一直努力扩大土地的经济供给，以满足城市土

地的需求。对城市土地而言，增加城市土地经济供给的途径主要有两种：一是通过减少其他用地（如农业用地）来绝对地增加城市土地面积，即以外延扩大的方式增加供给；另一种方式是增加土地投资或更加集约化利用现有的城市土地，在不增加城市土地面积数量的情况下，相对地扩大城市土地经济供给。

城市土地的需求由消费需求和投资需求两部分构成。城市土地的消费需求是随土地价格的上升而减少，随土地地价下降而增加，这与一般商品的需求规律相同。城市土地的投资需求相反，随着地价的上升而增加，随着地价的下降而减少。

土地报酬递减规律的存在，要求我们要地尽其利，集约利用土地。随着人口的增长和社会经济发展，土地的供需矛盾日益尖锐，对土地实行集约经营势在必行。

马克思主义认为，地租是直接生产者在生产中所创造的剩余生产物被土地所有者占有的部分。地租是土地所有权在经济上实现的形式，是社会生产关系的反映。并指出了资本主义地租的本质是剩余价值的转化形式之一，阐明了资本主义地租的三种形式：绝对地租、级差地租与垄断地租。马克思主义地租理论对于研究城市地租同样适用。

复习思考题

1. 土地的经济供给与自然供给的联系与区别？
2. 何为土地报酬递减规律？城市土地集约利用的内涵是什么？
3. 试判断城市绝对地租、级差地租、垄断地租的异同。
4. 城市地租的特点有哪些？
5. 马克思主义地价形成理论主要有哪些内容？
6. 简述城市土地金融的特点。
7. 目前我国直接对城市土地征收的税种有哪些？

参 考 文 献

[1] 郑荣禄. 中国城市土地经济分析. 昆明：云南大学出版社，1996.
[2] 王霞等. 城市土地经济学. 上海：复旦大学出版社，2004.
[3] 何方. 城市土地经济与利用. 上海：同济大学出版社，2004.
[4] 刘书楷. 土地经济学. 徐州：中国矿业大学出版社，1993.
[5] 毕宝德. 土地经济学（第 4 版）. 北京：中国人民大学出版社，2004.
[6] 周京奎. 城市土地经济学. 北京：北京大学出版社，2007.
[7] 谢经荣等. 房地产经济学. 北京：中国人民大学出版社，2002.
[8] 王金福. 房地产经济学. 大连：东北财经大学出版社，2002.
[9] 曹振良等. 房地产经济学通论. 北京：北京大学出版社，2003.
[10] 王克强等. 土地经济学. 上海：上海财经大学出版社，2005.
[11] 李玲. 土地经济学. 北京：中国大地出版社，1999.
[12] 钟兰祥. 城市经营中土地供给的问题及对策研究. 硕士学位论文，2008.

第3章　城市土地权属管理

本章要点

土地产权问题是土地制度的核心问题，是有关土地财产的一切权利的总和。本章从土地权利基本理论入手，对我国土地权利体系，城市土地确权管理进行了介绍和阐述；对城市土地权属纠纷的调处程序和方法进行了介绍并辅之以案例。通过本章的学习，重点了解土地产权的基本概念和所有权与使用权以及其他权利方面的法律制度，掌握城市土地确权管理的内容，为正确解决土地权属争议奠定理论基础。

3.1　土地权利基本理论

3.1.1　土地产权概述

3.1.1.1　土地产权概念

土地产权问题是土地制度的核心问题。正如生产资料归谁所有决定着一个社会的生产关系性质一样，土地归谁所有也就决定了这个社会土地制度的性质。

土地产权是有关土地财产的一切权利的总和。一般用"权利束"（a bundle of rights）加以描绘，即土地产权包括一系列各具特色的权利，它们可以分散拥有，当聚合在一起时代表一个"权利束"，它包括土地所有权、土地使用权、土地租赁权、土地抵押权、土地继承权、地役权等多项权利。

土地产权，简称地权，也称土地的权利，是土地法律制度的核心内容，属不动产物权范畴。土地产权是以土地的所有权为基础、以合法占有权为标志、以登记造册为要件的一项独立的财产权，它不以实际占有为准，而是以是否合法登记为准。土地的产权体现于权利人按照法律的规定可以直接支配土地的权利。所谓支配，就是直接对土地实施取得利益的各种行为。权利人对土地的直接支配，体现为土地权利的四项基本权能：占有、使用、收益和处分。权能是指权利人行使权利的各种可能性。

占有指对土地事实上的管领，也即实际控制的权能。它总是表现为一种持续的状态。如房地产开发企业在开发过程中对土地的实际占用等。

使用指按照土地的性能和用途利用土地，从而实现利益的权能。如房地产开发企业在依法取得的土地上开发建设商品房。

收益指获取土地利用带来的经济收入。可以通过以下两种方式实现：一是利用土地的自然属性获得收益，如在耕地上种植农作物直接收获粮食；二是依一定法律关系的存在而获得收益，如把土地出租而收取租金等。

处分指权利人依法对土地进行处置，从而决定土地命运的权能。包括事实上的处分与法律上的处分。事实上的处分指对土地进行实质上的变形、改造等物理上的事实行为，如对土地进行平整等。法律上的处分指使土地权利发生变动的法律行为，如房地产开发企业将开发建设完成的商品房出售给购房者导致土地使用权的转让等，处分权能在这里更多地指法律上的处分。

3.1.1.2 财产权、物权、不动产物权

对土地权利的理解，必须把它放在国家法律规定的财产权体系等这一大背景下考察。首先对财产权、物权、不动产物权等内容进行介绍，进而对土地权利的特征进行分析和阐述。

（1）财产权

调整土地权利的法律，除了国家的根本大法——宪法外，最基本的法律就是民法。我国民法主要调整两种社会关系，一是平等主体之间的财产关系，二是平等主体之间的人身关系。与此相对应，由民法规定和调整的民事权利主要可分为两类，即财产权和人身权。财产权是指通常可以以金钱衡量其价值的利益为内容的民事权利，如物权、债权等。人身权是指以与权利主体的人身不可分离的人身利益为内容的民事权利。如生命权、健康权、名誉权等。《民法通则》第五章民事权利中规定了财产所有权和与财产所有权有关的财产权，土地权利即属民事权利中的财产权范畴。

（2）物权

物权是财产权的一种。财产权可进一步分为物权（准物权）和债权。分别由物权法和债权法规范和调整。物权作为一个大陆法系民法上的概念，早在罗马法中就有出现，一直沿用至今，已较为成熟；同时《民法通则》第五章第一节财产所有权和与财产所有权有关的财产权中规定的大多数权利，符合物权的基本特征，民法学界普遍认为这些权利属于物权，因而并不影响我们从理论上对物权和物权法进行讨论。随着我国经济体制改革的深化，特别是社会主义市场经济的发展，2007 年 3 月 16 日第十届全国人民代表大会第五次会议通过的《物权法》的颁布解了燃眉之急。《物权法》所称物权，是指权利人依法对特定的物享有直接支配和排他的权利，包括所有权、用益物权和担保物权。可以从以下四个方面把握。

① 物权是一种财产权。它具有直接的财产内容。

② 物权是以一定的物为客体的财产权。以无形财产或给付为标的的权利，不是物权。同时物权的标的只能是一定的物，要么是权利人合法所有的自有物，要么是权利人根据法律、合同所支配的他人的物。

③ 物权是支配型财产权。财产权可分为两种类型，请求型财产权和支配型财产权。请求型财产权如因合同、侵权行为等发生的债权，权利人必须通过义务人给付财产，才能实现利益。支配型财产权则是权利人不需请求他人给付财产，自己支配标的物即直接实现财产利益的权利。

④ 物权可分为按照自己的意志支配自有物的物权和依照授权支配他人的物的物权。前者叫自物权，后者叫他物权。

债权是和物权并列而言的。关于债权，我国《民法通则》第八十四条对债做了规定："债是按照合同的约定或者法律的规定，在当事人之间产生的特定的权利和义务关系"。进一步说，债是指特定当事人之间的一种特定的权利和义务关系。在这种民事法律关系中，一方享有请求他方为一定行为或不为一定行为的权利，而他方则负有满足该项请求的义务。

物权和债权都是财产权，都是民法调整财产关系的结果。但是二者又有区别：

首先，从反映的社会关系看，二者的性质不同。债反映动态的财产关系，即财产流转关系，也就是财产由一个主体转移给另一个主体的关系；物权则主要反映静态的财产关系，也就是财产的归属关系所有权是财产流转的前提和结果，债则是财产流转的法律表现。

其次，从法律关系的主体上看，二者的主体范围不同。债是特定的当事人之间的法律关系，其主体双方都是特定的。债权人的权利原则上只对债务人发生效力，所以民法理论上将债称为相对的法律关系，将债权称为对人权。而物权关系是特定的权利主体和不特定的义务主体之间的一种法律关系，即物权关系中的义务主体是不特定的。物权人的权利对所有人以

外的一切人都发生效力。因此，民法理论上将物权关系称为绝对法律关系，将物权称为对世权。例如，在合同之债中，买方（债权人）和卖方（债务人）都是特定的，买方只能对卖方主张权利，而作为财产所有关系中的物权人有权向侵犯其权利的任何人主张权利。

第三，从法律关系的客体上看，二者的客体范围不同。债的客体可以是物，也可以是行为等；而物权的客体只能是物，不包括行为。

第四，从法律关系的内容上看，二者的内容不同。债权人的权利主要不是体现在自己实施某种行为的可能性上，而是要求债务人为一定行为或不为一定行为。在一般情况下，债权人权利的实现须依靠债务人的行为。例如，买受人作为债权人，有权取得出卖物的所有权，但他只能通过出卖人将出卖物的所有权转让给他才能实现其权利，并不能直接取得或支配该物。而所有人所享有的权利则主要是自己实现某种行为的可能性，物权人对自己的财产可依法直接占有、使用、收益和处分，不需借助于他人的行为，就可以实现自己的权利。

第五，从法律关系的发生上看，二者发生的原因不同。债是按照合同的约定或者依照法律的规定产生的。产生债的法律事实既可以是合法行为，也可以是不合法的行为；而物权关系一般只能根据合法行为发生。

（3）不动产物权

按照不同的标准，可以对物权进行分类。

根据权利人是对自有物享有物权还是对他人所有的物享有物权，可将物权分为自物权和他物权。自物权是指权利人依法对自有物享有的物权。所有权是唯一的自物权种类。他物权是指权利人根据法律或合同的具体规定，对他人所有之物享有的物权。所有权之外的其他物权就是他物权。

根据物权是否从属于其他权利而存在，可将物权分为主物权和从物权。主物权是指独立存在、不从属于其他权利的物权。如所有权、使用权等。从物权是指从属于其他权利，并为所从属的权利服务的物权，如抵押权等。

根据物权标的是动产还是不动产，可将物权分为动产物权和不动产物权。动产物权是标的为动产的物权，不动产物权是标的为不动产的物权。土地属不动产，土地权利主要属不动产物权范畴。

民法关于动产与不动产的分类方法，是先决定不动产，然后不动产之外的物均属于动产。我国《担保法》第九十二条规定："本法所称不动产是指土地以及房屋、林木等地上定着物"。可见我国的不动产范围包括土地、房屋和林木等地上定着物。

之所以把物权划分为动产物权和不动产物权，是因为二者在法律上存在着诸多不同。主要表现在以下几个方面：一是权利让与的方式不同。动产物权的转让一般不要求书面形式，依交付生效；而不动产物权的转让则一般采用书面形式，依登记生效。二是在设定担保物权和用益物权上不同。一般说来，在动产之上设定质权，在不动产上设定抵押权，留置权只能成立于动产，而用益物权只能成立于不动产。三是不动产涉诉的，一般适用不动产所在地法。

3.1.2 我国土地产权的特性

土地产权的特性如下。

① 具有排他性即土地产权可以是个体独自拥有，也可由某些人共同享有，而排斥所有其他人对该项财产的权利。因此，界定产权十分必要。

所谓土地权利的排他性包括两方面的意思：一是某一特定的土地上不能有两个或两个以上互不相容的土地权利。就土地所有权来说，任何一块土地上都只能有一个所有权，不能有两个所有权；二是土地权利的排他性还指土地权利具有直接排除不法妨碍的性能。土地权利人在行使土地权利的过程中如果遇到不法妨碍，可以凭借土地权利直接请求妨碍人排除妨碍或消除可能发生妨碍的因素。

② 土地产权客体必须具备可占用性和价值性　土地产权客体指能被占用而且可以带来利益的土地。在全球陆地上有近 50％的面积是永久冰盖物、干旱、沙漠地、岩石、沼泽、高寒等难以利用或无法利用的土地。这些土地不能视为财产，自然状态下的空气无法行使排他权利，也不能称为财产。

③ 土地权利是对世权。从土地权利的效力来看，土地权利是对世权。所谓对世权，也称绝对权，是能够请求一般人不为一定行为的权利，亦即以权利人之外的一切人为义务人的权利。它有两个特点：一是权利义务人不是特定的人，而是不特定的一般人；二是义务人所要履行的义务是对该权利的容忍、尊重和不侵扰，属于消极的不作为，而不是积极的作为。土地权利对任何人都有约束力，权利人之外的一切人都是义务人，都不得干扰权利人依法行使土地权利。债权则不同，债权不是对世权，而是对人权。债权的义务人不是一般人，而是特定人，它只对存在债权关系的某个或某些人有约束力，债权关系之外的其他人则不受债权的约束。

④ 土地产权必须经过登记，才能得到法律的承认，并受到法律的保护。土地权利必须由法规定，这来源于"物权法定"原则。所谓物权法定，是指物权（包括土地权利）的种类、效力、变动要件、保护方法等都只能由法律规定，而不容许当事人自行创设。"物权法定"是物权立法的基本原则，之所以必须"物权法定"，是因为物权是支配性财产权，是绝对权，物权人之外的一切人都是义务人，都必须尊重而不得干预、侵扰权利人依法行使权利，因而物权的种类、变动等，对社会其他成员、对社会和国家都有直接关系。因此，在土地产权合法流转时，必须依照法定程序，到土地产权管理部门办理产权变更登记手续，否则，土地产权无法律保护凭证。

⑤ 土地权利的变动一般采取登记的公示方式。按照民法物权法的有关规定，物权的变动必须采取公示的方式。所谓公示，就是将物权变动的意思和内容向社会公众显示。对动产来讲，动产物权的变动以交付为公示方式。交付是动产物权的法定公示方式。土地属不动产，对于土地这样的不动产则不然，由于其位置固定不可移动，买方无法将土地转移至安全的地方，加上土地的归属和利用对社会经济的发展影响重大，为了保障土地正常的财产归属和流转关系，一般采用登记的方式作为土地等不动产的法定公示方式，即土地权利的变动必须经国家主管机关办理登记才能生效。

3.2　我国土地的权利体系

3.2.1　权利体系的设置

土地权利体系设置是指由国家对土地权利的种类和内容做出规定。

随着社会经济的发展，人们在土地上发生的关系越来越复杂，这种关系必须借助于规定和创设各种各样的权利来规范和理顺，也就是说需要国家站在全社会的角度对土地权利体系进行设计，对土地权利的种类和内容做出安排和规定，从而可以满足社会经济发展的需要。土地权利体系设置在土地制度的构建中占有极其重要的地位。对土地应当设置哪些权利，权利的内容是什么，一般都是由法律明确规定的。例如，一块土地，其物质实体虽然只有一个，但其上的权利可以有多种，如一块土地可以是国家所有，即该块土地上附设国家所有权，同时它也可以为某企业所使用，则该企业对这块土地拥有使用权，企业还可以将其对这块土地的使用权向银行抵押以获得银行贷款，那么银行便对这块土地拥有了抵押权。不同的国家和地区，其土地权利体系的设置往往是不同的。如日本的土地权利有所有权、地上权、借地权、凭借权、借用权、地役权等；我国台湾地区的土地权利体系有所有权、典权、抵押权、地上权、永佃权、地役权等；荷兰在土地上设定的权利体系有所有权、地役权、用益权、永佃权、地上权和抵押权等。这里需要说明的是，不同的国家和地区，其土地权利体系设置的不同，不仅仅体现在土地权利种类的不同上，而且还表现在，即使是同一种类的土地权利，其具体内容往往也是不一样的。

同一国家和地区，在不同的社会制度下，或在不同的社会经济发展阶段，其土地权利体系的设置也往往不同。比较典型的例子是，我国刚解放时期的土地权利有所有权和他项权，所有权包括国有、乡村公有、私有，他项权包括典权、抵押权等；而经过半个世纪的制度变迁，我国现行的土地权利有所有权、使用权、他项权利。所有权包括国家所有权、集体所有权；使用权包括出让国有土地使用权、划拨国有土地使用权等；从操作登记上，他项权利包括抵押权、租赁权等。

3.2.2 我国的土地权利体系

（1）所有权体系

根据我国《宪法》第 10 条的规定，我国现行土地的所有权有两种，即国家所有和集体所有。

国家土地所有权的性质一般是指是公权还是私权。单从国家这个主体身份上看，国家具有政治权利主体和财产所有权主体的双重身份。只有在特殊情况下，国家才作为民事主体参与民事法律关系。特殊情况主要包括，发行公债，接受无人继承的遗产等。而行使土地所有权时，国家不是民事主体身份。因为首先，按照我国法律，土地所有权禁止转让，私权主体是可以自由处分其财产的。国有土地不能算作财产，因为财产的概念是随着交易的出现而产生的，其前提是私有，即具有可让予性。因此，国家土地所有权是一种公权利。

在社会主义建立之初，国家所有被称为全民所有，是社会主义的经济基础。全民所有形式上讲就是全体人民是所有者，但全体人民在法律上并不是一个所有者，而建立在公权利基础之上的《土地管理法》，也不可能是私法。

（2）土地利用权体系

利用权并不是一个规范的法律概念，它不过是所有权以外的土地权利的总称。我国土地利用权的种类主要有：土地使用权和土地租赁权、土地抵押权、地役权、空间权、耕作权等土地他项权利。

土地使用权是我国整个土地利用权体系的核心。目前，无论是国有土地还是集体土地，大多是通过使用权的转移来达到利用土地的目的，法律对使用权的规定，相比之下，也最为详细。土地使用权早在计划经济时期就已经产生，但当时其仅仅是所有权的一项权能，而不是独立的物权。土地使用权独立出来始于 1990 年国务院第 55 号令，即《城镇国有土地使用权出让和转让暂行条例》，根据该条例的规定，土地使用权已经登记，就具有对抗一般人的法律效力，并且可以转让、出租和抵押。至此，土地使用权已经具有物权的性质。

目前我国土地使用权法律体系由两个方面构成，即国有土地使用权体系和集体土地使用权体系。

国有土地使用权取得的方式如下：出让国有土地使用权、划拨国有土地使用权、租赁土地使用权；另外，还有两类特殊主体享有的土地使用权，即外商投资企业场地使用权和城市私房用地使用权。集体土地使用权分为：农地使用权、宅基地使用权、乡镇企业用地使用权、乡村公益用地使用权。

土地租赁权实际是指土地使用权租赁。是指土地使用者作为出租人将土地使用权随同地上建筑物、其他附着物租赁给承租人使用，由承租人向出租人支付租金的行为。租赁权的客体是土地使用权，依据土地使用权而产生的一项权利。按照该条例租赁土地使用权应具有出让国有土地使用权的条件（虽然一些划拨国有土地使用权也可以出租），出租人必须履行土地使用权出让合同。即意味着出租土地使用权是出让国有土地使用权权利客体的延续，虽然权利内容不同，但权利的行使范围及限制具有约束力和覆盖性，出租除应受制于出让使用权的限制以外，还受其自身的性质的限制。例如承租人转租土地使用权的，应经土地使用权人的同意。未按照土地使用权出让合同规定的期限和条件投资开发、利用土地的，土地使用权不得出租。

土地抵押权指的是土地使用权抵押。这里的土地使用权抵押是指土地使用权人以土地使用权作为履行债务的担保，当使用权人到期不履行债务或宣告破产时，抵押权人有权处分土地使用权，从中优先受偿。我国土地所有权属于国家，土地本身不能成为抵押权的标的。通过处分抵押权取得的土地使用权，要受土地所有权的限制，表现为土地使用权合同规定的条件和期限。但设立土地使用权抵押，有利于土地开发。土地使用权抵押的目的是通过抵押获得贷款，并利用贷款开发土地。土地使用权抵押制度可以使金融业渗透到房地产业之中，保障了房地产业发展过程中的资金需求，同时也促进了金融业的发展。

关于我国土地使用权的抵押的法律规定，分散在《土地管理法》、《担保法》、《城镇国有土地使用权出让和转让暂行条例》、《城市房地产管理法》、《城市房地产抵押管理办法》、《农村集体土地使用权抵押登记的若干规定》等。

其他土地权利在目前的土地法律中尚没有规定。比如，土地典权、地上权、地役权等。值得一提的是在《民法通则》中，规定了相邻权制度，作为处理相邻不动产关系的法律依据。但是，相邻权只发生在相邻土地使用权人之间，由于行使相邻权有严格的条件限制，相邻权已经不能胜任复杂的土地使用关系。例如对非相邻的土地的通行、取水、排水等使用收益，不属于相邻权调整范围，目前还没有获得保护的法律依据。只有设立地役权，才能解决此类问题。从我国现行法的制度设计上看，属于现代地役权内容的某些权利，一些单行法分别作了规定，例如采矿权、取水权、捕捞权、狩猎权、伐木权等。但是地役权的范围广泛，而规则相对一致。采用目前这种零散规定的做法，一是有遗漏，二是不统一，三是不便掌握。因此对地役权进行统一立法应当是未来需做的工作。

3.3　城市土地确权管理

土地所有权是设定于土地之上的各种权利中最核心的一种财产权利，确定一宗土地的所有权，首先要确定该宗土地的所有权的归属。我国《土地管理法》规定，"中华人民共和国实行土地的社会主义公有制，即全民所有制和劳动群众集体所有制。"这意味着，我国只存在两种土地所有权制度，即国家土地所有权和集体土地所有权。因此，确定土地所有权归属包括两个方面的问题：一是确定属于国家土地所有权的客体；二是确定属于集体土地所有权的主体和客体。

3.3.1　城市土地所有权的确定

（1）土地所有权概念

土地所有权是国家或农民集体依法对归其所有的土地所享有的具有支配性和绝对性的权

利。一般来说，土地所有权属于财产所有权的范畴。理解土地所有权的概念，应当掌握以下几个基本要点。

第一，权利主体，按照我国现行制度，土地所有权的主体为国家或农民集体。也就是说，我国有两种土地所有权，即国家土地所有权和集体土地所有权。根据宪法，我国实行土地公有制，所以不存在土地的私人所有权。

第二，权利客体（标的物），即归国家或者特定农民集体所有的土地。

第三，权利性质，即支配性和绝对性。首先，所有权是对标的物全面支配的权利。这种支配表现为所有权人对标的物的全面占有、使用、收益和处分。其次，所有权是对抗一切人的权利，即要求一切人不行为以及排斥他人对标的物的不法占有、使用、收益和处分行为的权利。

按照19世纪初期的民法观念，所有权制度的价值观念是个人主义和自由主义。所以，所有权的绝对尊重成为民法的基本原则之一。19世纪晚期以来，尤其是20世纪两次世界大战以后，由于社会利益作为一种价值载体被引入所有权制度，所有权的理念也发生了一些变化。也即所有权为受法律限制的权利。

土地所有权相对于一般财产所有权而言有特殊性。首先，土地作为一种自然资源，是人类最基本、最重要的生存条件，具有不可替代性。其次，土地作为人类社会中最基本的生产资料，具有稀缺性。由此导致土地的归属和利用对于一国经济制度、政治制度的确定和运行具有极其重要的影响。而在资本主义社会，土地大多归私人所有或持有，因此，国家对私人土地所有权或地产权的限制远远超过对其他私人财产权的限制，以实现土地所有权的社会性功效。

（2）城市土地所有权的主体、客体和内容

我国实行土地公有制，国有土地所有权的唯一主体是国家，因此，我国的土地所有权制度与资本主义的土地所有权制度具有重大的区别。我国的土地所有权具有以下特征：

① 主体的特定性　在我国，国家和农民集体以外的民事主体，不能成为土地所有权人。

② 交易的禁止性　在我国，土地所有权不能以任何形式进行交易。

③ 权属的稳定性　在我国，由于主体的稳定性和交易的禁止性，故土地所有权处于高度稳定的状态。

④ 权能的分离性　在我国，在土地所有权高度稳定的情况下，为实现土地资源的有效利用，需要将土地使用权从土地所有权中分离出来。

我国国有土地所有权的客体是一切属于国家所有的土地。

城市土地所有权客体包含在国家土地所有权的客体之中，包括以下内容。

① 城市市区，即建成区的土地属于国家所有。

② 农村和城市郊区中已经被国家依法没收、征收、征购、征用为国有的土地属于国家所有。

③ 在城市建成区内或城市建成区边缘，存在农村集体经济组织，但该组织农民集体所拥有的土地全部变为建设用地的，国家可以依法将农村集体经济组织全部成员转为城镇居民，原属于其成员集体所有的土地转变为国有土地，用地者对该幅土地享有划拨国有土地使用权。

④ 依法确定的林地、草地、荒山、荒地、滩涂及其他土地属于国家所有。但不属于城市土地。

国有土地所有权的内容是指依照法律规定，国家在行使土地所有权的过程中形成的权利和义务。在我国，根据《土地管理法》第2条规定："国家所有国有土地所有权由国务院代表国家行使"，即是指国务院代表国家依法行使对国有土地的占有、使用、收益和处分的权利。

3.3.2　城市土地使用权的确定

（1）土地使用权概念

土地使用权是指使用土地的单位和个人在法律所允许的范围内对依法交由其使用的国有土地和农民集体所有土地的占有、使用、收益以及依法部分处分的权利。《土地管理法》第9条规定，土地使用权分为国有土地使用权和农民集体所有土地使用权。

（2）城市土地所有权的主体、客体和内容

我国国有土地使用权的主体，根据《土地管理法》第9条规定，境内外法人、非法人组织和自然人都可依法取得土地使用权。

在我国现行立法中，1986年颁布的《民法通则》第80条第1款规定"国家所有的土地，可以依法由全民所有制单位使用，也可以依法确定由集体所有制单位使用"，没有提到非公有制单位和个人。同年颁布的《土地管理法》第7条规定"国有土地可以依法确定给全民所有制单位或者集体所有制单位使用，国有土地和集体所有的土地可以依法确定给个人使用"，增加了个人，但仍未包括非公有制单位。1990年发布的《城镇国有土地使用权出让和转让暂行条例》第3条规定："中华人民共和国境内外的公司、企业、其他组织和个人，除法律规定者外，均可依照本条例的规定取得土地使用权，进行土地开发、利用、经营。"对用地单位不再区分所有制，也不分境内外，并且包括了个人，使国有土地使用权的主体进一步扩大。1998年修订后的《土地管理法》第9条规定"国有土地和农民集体所有的土地，可以依法确定给单位或者个人使用"，肯定了1990年的改革成果。

我国国有土地使用权的客体是国家依法提供给单位和个人使用的国有土地。

国有土地使用权的内容是指国有土地使用权主体在依法行使土地使用权过程中形成的权利和义务。《土地管理法》第9条规定："使用土地的单位和个人，有保护、管理和合理利用土地的义务。"第56条规定："建设单位使用国有土地的，应当按照土地使用权出让等有偿使用合同的约定或者土地使用权划拨批准文件的规定使用土地。"

（3）国有土地使用权的确认

① 国有土地使用权的取得　国有土地使用权的取得方式：a.有偿取得方式，是指土地使用者通过向国家支付土地使用权出让金或缴纳土地有偿使用费以取得国有土地使用权。根据我国《城市房地产管理法》和《城市国有土地使用权出让、转让暂行条例》的规定，有偿方式中还包括土地使用权作价入股、土地使用权出租等方式。b.无偿取得方式，是指土地使用者在没有支付土地使用权出让金或国有土地使用费的情况下，由国家通过行政划拨的方式而取得国有土地使用权。《土地管理法》第54条规定，下列建设用地，经县级以上人民政府依法批准，可以以划拨方式取得：国家机关用地和军事用地；城市基础设施用地和公益事业用地；国家重点扶持的能源、交通、水利等基础设施用地；法律、行政法规规定的其他用地。c.依法承包经营取得，单位（如国营农场）或个人可以依法承包国有土地，从事种植业、林业、畜牧业、渔业生产，取得国有土地使用权。d.依照法律、政策规定取得，《土地管理法实施条例》第17条规定，经县级以上人民政府批准，开发未确定土地使用权的国有荒山、荒地、荒滩从事种植业、林业、畜牧业或渔业生产的，可以确定给开发单位或者个人使用，使用期限最长不得超过50年。

② 国有土地使用权的确认　根据《土地管理法》第11条规定："单位和个人依法使用的国有土地，由县级以上地方人民政府登记造册，核发证书，确认使用权。

③ 国有土地使用权的收回 按照《土地管理法》第 58 条规定，有下列情形之一的，由有关人民政府土地行政主管部门报经原批准用地的人民政府或者有批准权的人民政府批准，可以收回国有土地使用权：因公共利益需要使用土地的；为实施城市规划进行旧城区改造，需调整使用土地的；土地出让等有偿使用合同约定的使用期限届满，土地使用者未申请续期或者申请续期未获批准的；因单位撤销、迁移等原因，停止使用原划拨的国有土地的；公路、铁路、机场、矿场等经核准报废的。

（4）房屋基地使用权的按份享有

城市化速度加快，城市人口增长对建筑面积增长的需求及土地面积的有限性，为提高土地利用率，建筑物不断向高空发展，建筑物的结构也日趋复杂。随着房屋的商品化，高层建筑物被区分为多个部分或者单元出售，建筑物的所有权由单一主体享有变为多个权利主体共有，共有人享有该幢房屋的所有权，成为同幢异产房屋的区分所有权人。根据《城镇国有土地使用权出让和转让暂行条例》第 21 条第 1 款的规定，同一房屋的区分所有权人享有该房屋使用范围内的基地使用权。这种基地使用权的共有，属于按份共有。因此，各区分所有权人可取得根据其房屋面积计算的基地使用权份额。各区分所有权人对其拥有的房屋面积和基地使用权份额独立行使处分权和承担缴纳税费等义务。

一般说来，房地产开发商在通过有偿方式取得土地使用权后建造楼房，楼房建成后，房地产开发商享有基地使用权。但楼房按"套"或者"单元"出售后，购房者成为整幢楼房的区分所有权人，享有所购置部分的房屋所有权。购房者享有房屋所有权的同时，享有所购房屋的部分基地使用权。

基地使用权份额的计算方法：1982 年《国家经委关于建筑面积计算规则》、1995 年建设部发布的《商品房销售面积计算及公用建筑面积分摊规则》、1998 年国家质量技术监督局发布的《商品房销售面积测量与计算计量技术规范》等法律规范为本《通则》规定基地使用权分摊提供了重要参考。

根据有关的现行规定和实践中的通行做法，以建筑面积作为计算分摊份额的系数依据计算基地使用权分摊份额的方法较为简便稳妥。现行法律和法规对于房屋区分所有权人享有建筑面积的计算，已提供了可操作的标准及方法。需要说明的是，当楼房分割出售而由不同权利主体享有时，购房者既对所购买的套内或者单元内的建筑面积享有专有所有权，又对楼房的公用部分建筑面积享有共有权。前一部分的所有权完全归属于单个购房者，而后一部分的使用权则需要全体购房者分摊。若楼区土地面积分配给多幢楼房，作为基数的土地总面积应为楼房地基所占区域的土地面积；若楼区内只有一幢楼房，作为基数的土地总面积则为整个楼区的总面积。

计算公式中，购房建筑面积包括了房屋所有权人所购房屋的建筑面积即套内建筑面积与应分摊的公用面积之和，可参考《商品房销售面积计算及公用建筑面积分摊规则》第 5、6、8 条的规定；可销售建筑总面积可参考《商品房销售面积计算及公用建筑面积分摊规则》第 4 条整幢房屋建筑面积的规定，"可销售"排除了房屋销售面积中不能分割出售给区分所有权人的部分，如小区会所、购物中心等，其产权由物业管理机构统一管理。土地总面积依具体情形可以是楼房基地所占土地面积，也可以是楼区总面积。

3.3.3 其他权利的确定

3.3.3.1 土地其他权利概述

（1）土地其他权利的含义

土地其他权利是在土地所有权和土地使用权以外依法律、合同或者其他合法行为设定的土地权利。

1989 年国家土地管理局制定的《土地登记规则》第 2 条第一次正式采用了土地他项权利的用语。《确定土地所有权和使用权的若干规定》中也曾多处提及土地他项权利。1995 年的《土地登记规则》第 2 条对土地他项权利做出解释，将其界定为土地使用权和土地所有权以外的土地权利。该条规定土地他项权利包括抵押权、承租权以及法律、行政法规规定需要登记的其他土地权利。

我国的土地他项权利有如下特点。

① 土地他项权利是在他人土地上享有的权利。也就是说，土地他项权利的客体是他人土地所有权、使用权的客体。在这种情况下，土地他项权利不仅有对抗一般人的效力，即能够排斥其他任何人的不法干涉和妨碍，而且有特别对抗土地所有权人、使用权人的效力，即能够对后者的某些权利行使加以必要的限制。

② 土地他项权利的主体是土地所有权人、使用权人以外的，与土地所有权人、使用权人之间存在着某种法律关系的民事主体。这些关系可以是法律、行政法规设定的，也可以是法律行为（当事人之间的协议）或者其他合法行为设定的。建立这些法律关系的共同目的，就是维护他项权利人对该土地享有的某种合法利益。

③ 土地他项权利不受一物一权主义的限制。在同一土地上，只能有一个所有权，并且这个所有权只能派生一个土地使用权，但是这并不妨碍在同一土地上设立多种甚至同种多个的他项权利。例如，一块土地，其四邻均享有通行权，其使用权人可将其分段出租，也可以在其上设置数个抵押权。所以，土地他项权利可以同时满足多种的和多人的土地利用需求。

④ 土地他项权利依存于土地所有权、使用权，又是对该所有权、使用权的一种限制。这种限制，表现为他项权利人对土地为某种利用行为的权利，或者他项权利人请求土地所有权人、使用权人在利用该土地时为某种行为或不为某种行为的权利。

⑤ 土地他项权利是长期存续的权利，因而通常有加以登记的必要。

土地他项权利的意义在于对土地所有权、使用权以外的各种长期性土地权利进行确认和管理，以充分保护土地所有权人、使用权人以外的人们在土地上的各种合法使用权益，维持与土地有关的各种民事关系的稳定有序，从而协调多方面的土地利用需求，促进土地的合理有效利用，并维护社会安定。

（2）土地他项权利的取得与分类

① 土地他项权利的法律关系主体和客体　《确定土地所有权和使用权的若干规定》中规定的当事人实际上是指土地他项权利取得合同一方的土地他项权利人和另一方的土地所有权人、土地使用权人。土地他项权利是在已经确定了土地所有权和土地使用权的土地上享有的权利，以土地所有权和土地使用权的存在为前提，通常以土地所有权和土地使用权的客体为客体。权利人可依一定方式自土地所有权人、土地使用权人取得土地他项权利，从而与土地所有权人、土地使用权人之间产生某种法律关系如土地使用权抵押关系、租赁关系。

② 土地他项权利的取得方式　土地他项权利因其具体权利类型不同，取得方式亦有差别。根据《确定土地所有权和使用权的若干规定》，作为民事财产权利的一种，土地他项权利可以通过以下方式取得：a. 基于法律、行政法规的直接规定取得，如《确定土地所有权和使用权的若干规定》第 9 条（电力通讯经营单位享有的他项权利）、第 54 条（立体交叉和平面交叉使用土地时享有的他项权利）。b. 根据与土地所有权人或者土地使用权人订立的协议取得。c. 基于其他合法行为取得。根据法理和实践，取得土地他项权利的依据还可以是行政行为（政府决定）、司法行为（法院判决）等，例如，市政部门关于建设地下铁路的决定，政府批准电信公司利用某企业使用的国有土地敷设地下电缆，法院在处理土地相邻纠纷

时依法做出的确权判决。

③ 土地他项权利的分类 《土地登记规则》第2条第2款规定土地他项权利包括抵押权、承租权以及法律、行政法规规定需要登记的其他土地权利。这里所说的"其他土地权利",从我国目前的情况看,主要有地役权、空中权、地下权、土地借用权和耕作权。

(3)土地他项权利的内容及限制

土地他项权利人可以依法或者依约定对土地实施某种利用行为。

土地他项权利人可以依法律或者约定请求土地所有权人、使用权人在利用该土地时为某种行为或者不为某种行为;有权排除土地所有权人、使用权人或者第三人对其权利的侵害。

土地他项权利人取得、行使权利不得违反法律规定的义务及权利设定时约定的义务,不得给土地所有权人、使用权人造成超出合理限度的或者本来应当且能够避免的损害。

从权利内容的角度可以将土地他项权利分为积极他项权利和消极他项权利。积极他项权利指他项权利人于他人土地上为一定行为的权利,如抵押权人的抵押物处分权、地役权人的通行权、引水权、排水权等。消极他项权利,指为保障自己在地上工作物或者相邻物上的合法利益而请求土地所有权人、使用权人不为一定土地利用行为的权利,如电力设施所有权人禁止妨害输电线路安全的权利,邻地的禁止妨碍采光权、禁止妨碍观望权等。

积极他项权利,按权利性质分,可分为用益性他项权利和担保性他项权利。用益性他项权利是指按照特定需要而使用他人土地的权利,如租赁权、地役权、耕作权。担保性他项权利是指为保证债务履行而在他人土地上设立的物权负担,目前仅有抵押权一种。这里所说的"他人土地",是指他人拥有土地所有权或者土地使用权的地块。

用益性他项权利又可分为工作物维持权和行为权。工作物维持权指在他人土地上建立和维持某种建筑物或其他固定设施的权利。我国现有的空中权和地下权即属于工作物维持权。行为权包括两类,一是在他人土地上实施通行、取水、引水、排水等利用行为的权利,二是在他人土地上维持工作物的权利。

担保性他项权利的特点是对土地使用权人的权利处分构成一定限制,并赋予担保权人在债务不履行情况下请求司法扣押和变卖标的物受偿的权利。这种权利具有一定的长期性。根据现行土地登记规则,土地抵押应作为他项权利予以登记和管理。

他项权利产生相对人的消极义务(即不作为的义务)。积极他项权利产生相对人的不妨碍义务。也就是说,为保护他项权利人在他人土地上的合理利用需求,实现土地资源的充分有效利用,土地所有权人、土地使用权人及第三人不得妨碍他项权利人利用土地、侵害工作物或者实施有损土地他项权利人合法利益的其他行为。消极他项权利产生土地所有权人、土地使用权人的容忍义务,即不为一定的土地利用行为,以保障土地他项权利人在该土地上的合法权益。

另一方面,他项权利人也必须尊重土地所有权人、土地使用权人的合法权益。为了平衡各方利益,实现权利的公平保护,土地他项权利人行使权利不得违反强行法的禁止性规定和双方设定权利时约定的义务。对超出合理限度的使用或者本来应当且能够避免而未能避免所造成的损害承担损害赔偿责任。

3.3.3.2 土地抵押权

(1)土地抵押权定义

抵押是债务人或者第三人以担保债务清偿为目的,不转移占有而就自己财产为债权人设定担保物权。

土地抵押权是土地使用权人在法律许可的范围内不移转土地占有而将土地使用权作为债权担保,在债务人不履行债务时,债权人有权对土地使用权及其上建筑物、其他附着物依法进行处分，并以处分所得的价款优先受偿的担保性土地他项权利。

土地抵押权具备抵押权的共同属性，适用抵押权制度的基本规则。但土地抵押权是设立于土地之上的权利和负担，属于土地权利的范畴，又要适用土地权利制度的有关规则，并符合国家的土地政策。因此，应从以下几个特点对土地抵押权定义进行理解。

① 土地抵押不是实物抵押而是权利抵押。在我国，土地所有权不具有流转性，地产市场流转的只是土地使用权。因此，土地抵押权的标的是土地使用权而不是土地本身；土地抵押权的成立和存续依赖于土地使用权的法律存在而不是土地的自然存在。

② 抵押权的客体是法律允许转让的土地使用权，即权利客体的限制性。首先，土地所有权不得抵押。其次，土地使用权可以抵押，但必须是法律允许转让的土地使用权。因为，抵押权实现的结果必然是土地使用权的转移，而我国法律对一部分土地使用权的转让有禁止性或者限制性的规定，如果这部分土地使用权允许抵押，实际上就等于突破了这些规定。例如，划拨国有土地使用权不具有可流转性，因而不允许抵押。乡镇企业用地使用权不能脱离厂房等建筑物单独转让，因而也不能单独用于抵押。

③ 抵押人必须是享有土地使用权的债务人或第三人。在土地使用权与所有权相分离而独立设定的情况下，所有权人不得在该土地上另行设定抵押权。例如，对于已经发包的土地，集体经济组织不具有以抵押人身份为他人提供土地使用权抵押的资格。

④ 土地使用权抵押不影响土地上其他权利人的权利。土地使用权抵押的效力，仅限于抵押人享有的物上权利，不涉及第三人在该土地上享有的物权，如工作物所有权、种植物所有权、房屋或土地租赁权以及各种土地他项权利。

（2）土地抵押权的客体

根据我国《担保法》规定，下列权利可以依法设定土地抵押权：

① 法律允许单独流转的国有土地使用权；

② 依法以国有土地上的房屋抵押的，被抵押的房屋占用范围内的国有土地使用权；

③ 依法承包并经登记的集体荒地的土地使用权；

④ 农村集体经济组织投资设立的企业的厂房等建筑物抵押的，其占用范围内的乡（镇）村企业集体土地使用权。

国有土地使用权可以抵押的，包括以下两种情况。

一是根据《担保法》第 34 条第 3 项和《城市房地产管理法》第 47 条第 2 款的规定，采取出让方式取得的国有土地使用权可以抵押。出让国有土地使用权可以连同地上建筑物一并抵押，也可以在无地上建筑物的情况下单独抵押。

二是根据《担保法》第 36 条第 1 款、《城市房地产管理法》第 47 条第 1 款和《城镇国有土地使用权出让和转让暂行条例》第 33 条的规定，国有土地上的房屋抵押时，其占用范围内的土地使用权同时抵押。这里的国有土地使用权，不以出让国有土地使用权为限。

（3）土地抵押权的主体

接受以抵押担保债务清偿的债权人称为抵押权人。抵押权的设定需要由债权人与债务人或第三人签订以债务人或第三人的财产为抵押物的抵押合同。抵押合同合法成立并经登记生效后，债权人取得抵押权人的法律地位。

抵押权人与债权人虽为同一人，但属于两种法律关系主体。抵押权人属于物权法意义上的权利主体，其享有的权利，从性质、内容到实现条件和方法，都不同于债权法意义上的权利主体即债权人。但是，不可忽视的是，抵押权与被担保的债权之间有着密切的联系。抵押权的目的是担保债务履行，保障债权实现。因此，抵押权对于所担保的债权有附属性；一旦被担保的债权因债务清偿或其他原因而消灭，抵押权也随之终止。同时也要看到，抵押权具有强化债权地位的意义。

（4）土地抵押权的取得

以土地使用权及其上建筑物、其他附着物抵押的，土地使用权人应当与抵押权人订立书面的抵押合同并办理抵押物的登记。以具有使用期限的土地使用权抵押的，其土地抵押权的期限不得超过土地使用权的使用期限减去土地使用权人已经使用期限后的剩余期限。

根据现行法律、法规的规定，土地抵押权的取得必须签订书面形式的抵押合同，并办理抵押登记。抵押登记是抵押合同生效和抵押权人取得抵押权的必要条件。土地使用权的抵押是权利抵押，不以转移物之占有为必要。所以，其权利现状的变动以及未来的权利转移都只能通过土地登记的记载来加以确认和实现。而且，土地登记具有公示作用，可以使土地适用权抵押的事实公诸于世，既有利于保护抵押权人的权益，也有利于保障交易安全，保护第三人利益和维护社会经济秩序。

用于抵押的土地使用权人有期限的，使用权人仅可以在权利存续期限内设定抵押权。因此，以有使用期限的土地使用权抵押的，抵押权的期限超过土地使用权的剩余年限的，登记机关不予登记，故其设定的抵押不能生效。

（5）土地抵押权的终止

土地抵押权实现以前，土地抵押权因下列情形而终止：

① 土地使用权所担保的债务因清偿而消灭的；

② 抵押权人免除土地使用权所担保的债务的；

③ 经抵押权人同意，抵押人以替代担保取代该土地使用权抵押的；

④ 抵押合同或者被担保的主债权合同依法归于无效或者被撤销的；

⑤ 抵押的国有土地使用权因国家收回、期限届满或者土地灭失而终止的；

⑥ 抵押的集体土地使用权因国家征用、集体土地所有者收回、期限届满或者土地灭失而终止的；

⑦ 随同地上建筑物、其他附着物抵押的土地使用权因该建筑物、附着物的消灭而终止的。

依照上述第⑤、⑥、⑦种情形终止土地抵押权的，抵押权人可以要求抵押人提供同等价值的替代担保。抵押人依据土地使用权获得补偿或赔偿的，抵押权人可以要求抵押人提前清偿所担保的债权；抵押人获得不动产置换或补偿的，抵押人应当与抵押权人以新获得的产权为抵押标的物，重新签订抵押合同。

一项土地抵押权终止，不影响同一土地上其他抵押权的效力。土地抵押权终止，应办理抵押权注销登记。土地抵押权实现，土地抵押权人对抵押物依法处分，并以所得的价款优先受偿后，设立于土地使用权之上的抵押权随即消灭，经抵押权实现而处分的土地使用权，再转让后不再负担任何抵押权。

3.3.3.3　土地承租权

（1）土地承租权的定义

土地承租权是土地承租人按期向土地使用权人支付租金而取得的一定期限内对土地使用、收益的土地他项权利。

《城镇国有土地使用权出让和转让暂行条例》第28条和《划拨国有土地使用权管理暂行办法》第9条规定了土地使用权出租的定义。这些规定是土地承租权的基本法律依据。

关于土地承租权的定义，主要有以下几个要点。

① 权利客体　作为土地他项权利的承租权以土地使用权的存在为前提。

② 权利内容　土地使用权出租后，承租人取得对土地排他地占有、使用的权利。基于

对标的物的直接支配地位，土地承租权应属于用益物权的性质。

③ 租金义务　承租人在取得承租权的同时，承担支付租金的义务。履行租金义务是承租权存续的必要条件。也就是说，承租人不履行租金义务的，出租人有权解除租赁关系，从而使承租权归于终止。

④ 权利期限　"租期"是租赁合同的一个重要条款。在以土地开发为目的的租赁合同中，往往还有关于开发期限和条件的约定。这种约定对于促进土地有效和高效利用，具有积极的意义。

（2）土地承租权的客体

下列权利可以与土地上的建筑物、其他附着物同时出租，设定土地承租权：

① 依法或者依合同约定进行投资开发的国有土地使用权；

② 依法可以流转的城市私房用地使用权。

没有建筑物、其他附着物但有独立支配价值的国有土地使用权可以单独出租，设定土地承租权。

现行土地立法的有关规定表明，国有土地使用权出租后可以设定土地承租权。

为了防止土地的投机膨胀和无计划地滥用，现行法已规定，按规定或者约定的期限和条件完成投资开发的，土地使用权才可转让。同样地，为了防止开发商不搞开发，将囤积土地用以租赁以牟取高额暴利，也应当对用于出租的国有土地使用权范围加以限制。《城镇国有土地使用权出让和转让暂行条例》第 28 条对此仅做了原则性规定，要求土地使用权人依据土地使用权出让合同规定的期限和条件投资开发、利用土地。至于土地使用权人将土地开发到何种程度才可出租，法律尚未作明确规定，一般由各地根据具体情况而定。如有的地方规定除地价款外，投入开发建设的资金已达到出让合同约定投资的 25% 的即可出租；上海则要求达至约定投资的 100% 才可。这些做法对完善土地承租权的立法有积极意义。

若对土地的投资开发不属于房屋建设工程，仅属于成片开发土地的，依现行法的某些规定，只要达到"三通一平"，达到场地平整，形成工业用地或其他建设用地条件的，便形成可以单独出租的土地使用权。

（3）土地承租权的取得

① 合同的形式和登记　土地使用权人应当依法与土地承租权人签订书面租赁合同，并依法办理租赁登记备案；不办理登记备案的，不得对抗善意第三人。

《城镇国有土地使用权出让和转让暂行条例》第 29 条、第 31 条和《城市房地产管理法》第 53 条要求土地使用权出租必须签订合同且须办理登记。土地使用权出租合同在出租人与承租人之间形成的是一种债权关系。因此，土地使用权租赁合同以书面合同为生效要件。租赁合同生效后，产生的是请求权而不是物权。请求权是对人权，即债权人要求债务人履行给付义务的权利。可见，仅有租赁合同尚不足以取得作为用益物权的土地承租权。而根据我国法律，取得土地物权的条件不是标的物的交付，而是办理登记。土地承租权也是如此。具体说，办理了租赁登记的，即使尚未交付土地，承租人仍为已经取得土地承租权；如果出租人事后将土地另行出租给善意第三人并交付了标的物，已登记的承租人仍有权请求法律保护，强制取得对标的物占有。反之，如果没有办理租赁登记，即使承租人已经取得对标的物的占有，他仍然得不到物权法上的保护；如果事后出租人将土地另租给善意第三人并且办理了租赁登记，则该承租人不能对抗第三人取得该土地的主张，而只能在交出土地以后请求出租人支付违约赔偿。

所谓善意第三人，即不知情的第三人。所谓不知情，在这里就是指不知该租赁合同之存在。如果第三人明知或应知该租赁合同之存在，则为恶意；恶意侵害他人合同关系在现代民法上属于一种侵权行为，故恶意第三人不受法律保护。但是，在实践中，如果不借助登记制度，证明第三人的恶意十分困难。在实行土地租赁合同登记的情况下，由于登记的公示效力，凡是已经登记的合同，均视为第三人已知或应知。所以，一般说来，没有办理土地租赁登记的承租人，很难取得对抗第三人的法律地位。

② 关于租金　土地使用权人应当与土地承租权人在租赁合同中约定租金数额、支付方式、期限等条款，并可以约定租金浮动的比例与方法。租金调整时，租赁合同中约定有租金浮动的比例和方法的，依其约定；无约定的，由租赁双方协商确定。在租赁期限内，因情势变更，需要变更租金及租金浮动的比例和方法的，经租赁合同双方当事人协商解决；协商不成的，可以申请仲裁或者向人民法院起诉。

土地使用权通常与其上建筑物、其他附着物同时租赁。依意思自治原则，土地承租人所支付的租金，结合土地的级差效益，可参照《城市私有房屋管理条例》第 16 条的规定。

③ 关于租赁期限　土地承租期限应当在租赁合同中约定，租赁合同中没有约定或约定不明的，出租人可随时要求收回租赁物使用权，承租人也可随时要求退租，但应当给对方必要的准备时间。以具有使用期限的土地使用权出租的，土地承租期限不得超过土地使用权的使用期限减去土地使用权人已使用期限后的剩余期限；以没有使用期限的土地使用权出租的，土地承租权的期限不得超过二十年。

土地承租权的存续期限原则上以当事人在租赁合同中的约定为准；无约定的，可参照《合同法》第 62 条的规定处理。但无论采取何种方式，以有使用期限的使用权出租的，土地承租权均不得超过土地使用权的使用期限减去已使用时间后的剩余年限。

(4) 土地承租权的内容及限制

① 土地承租权的基本内容　土地租赁是土地使用权人在保留土地合法使用权的条件下，承租权人在一定期限内以支付租金为对价对土地进行使用和收益，因此，土地承租权人享有对租用土地的占有权、使用权、收益权。土地承租权人不享有土地使用权，无权行使转让或者抵押等处分权。依《合同法》第 224 条的规定，经土地使用权人的同意，土地承租权人可以将之转租，转租期限不得超过承租期限。

② 土地承租期间新增建筑物的归属　按照房屋所有权与土地使用权主体统一的原则，应当确定土地上建筑物、其他附着物的所有权归属。土地使用权出租后，承租人仅享有租期内对土地的占有、使用、收益，但并非土地使用权人；原土地使用权出让合同仍由作为出租人的土地使用权人继续履行，租期届满而土地使用权未届期时，出租人有权收回土地使用权，土地上承租人投资建造的建筑物、其他附着物自然归属于出租人。而租赁土地使用权人投资建造的地上建筑物、其他附着物，依土地使用权与房屋所有权主体统一和"房地一致"的原则，其所有权归属于该租赁土地使用权人。这两者的区别应予以注意。

③ 土地承租期间使用权转移对承租权的效果　土地使用权人将其权利出租后，在租赁期内又将其权利转让、抵押的，仍需保护原承租人的利益，维护原租赁合同的效力。按照传统民法的概念，所有权、抵押权属物权，而租赁权属债权，二者为不同性质的权利，且物权优于债权。而现代民法为保护承租人的权益，创设"买卖不破租赁"原则，使承租人的租赁权具有物权地位，这就是所谓"租赁权物权化"的现象。土地使用权出租后，出租人可以通过出卖、交换、赠与等方式转让已出租的土地使用权，变更土地使用权的主体，也可将已出租的土地使用权抵押，但为了保护承租人的权益，应当适用《合同法》第 229 条确认的"买卖不破租赁"原则，维护原租赁合同的效力。

④ 承租人的优先购买权　根据《合同法》第 230 条的规定，确认承租人的优先购买权。法律为保护承租人的权益，赋予其此种特权。因租赁合同为持续性合同，出让国有土地使用

权的承租人对土地进行了一定的投资，故需要对租赁物长期使用和收益。对此，法律应当加以特殊保护，以鼓励承租人进行投资，实现土地资源的高效利用。因此，法律规定在出租人转让出让国有土地使用权时，承租人享有同等条件下的优先购买权。出租人应在出售前的合理期限内通知承租人。"合理期限"视具体情况而定。出租人未尽通知义务而转让土地使用权的，承租人可以请求人民法院撤销已生效的法律行为。撤销前已发生的权利转移，对承租人不生效力。土地承租权的登记备案具有对抗第三人的效力。未经登记备案的土地承租权人不享有优先购买权。

　　⑤ 出租人的交付义务　　出租人依约应将土地的占有和使用提供给土地承租权人而未按期提供，但尚未造成土地租赁合同提前终止的，出租人应当承担违约责任；由此造成土地承租权人损失的，应负赔偿责任。《城市房屋租赁管理办法》第 20 条对此有明确的规定。

　　⑥ 承租人的租金义务　　土地使用权的取得以向土地使用权人支付一定数额的租金为对价，根据租赁合同对租金支付方式、数额、期限的约定，土地承租人负有按约定支付租金的义务。土地承租权人不缴纳、不足额缴纳租金或者不按期缴纳租金，未达法定期限，没有被收回土地承租权的，土地承租权人应当支付违约金，承担违约责任。《城市房屋租赁管理办法》第 22 条即规定了承租权人的租金缴纳义务。

　　⑦ 承租人遵守土地使用权出让合同的义务　　《划拨国有土地使用权管理暂行办法》第 21 条的规定表明，土地使用权出租后，承租人应遵守土地使用权出让合同规定的合理利用土地的义务，不得随意改变原有的土地的用途；需要改变土地使用权合同规定用途内容的，必须征得出租人的同意，并依法经过审批，重新签订土地使用权出让合同，调整出让金，办理登记手续。

　　(5) 土地承租权的终止

　　① 租期届满　　承租期限届满，土地承租权人提出续租的，经出租人同意，双方续签或者重新签订租赁合同。承租期限届满，承租权人未提出续租或者提出续租未获同意的，租赁关系终止，出租人无偿收回土地使用权。承租权人在承租土地上投资建造的建筑物、其他附着物由土地使用权人无偿收回。

　　依《合同法》第 214 条第 2 款的规定，租期届满，承租人可以申请续租。经土地使用权人的同意，土地使用权人应当与土地承租权人重新签订土地租赁合同，但续租期限不得超过20 年。

　　承租期限届满，承租权人未申请续租或申请续租未获批准的，租赁关系终止，土地使用权及其上建筑物、其他附着物的所有权由土地使用权人无偿收回。由于法律和合同对土地租赁期限已有明确规定，承租人在决定其承租期间的投资行为应当对投资的回收和回报以及相关的风险有合理的预期。因此，当承租期限届满时，承租权人通常已经通过对土地的占有、使用而获得了预期的利益；即使未能实现投资利益，也应当由承租人承担风险，故其投资建造的地上建筑物、其他附着物应随土地使用权一并由土地使用权人无偿收回（如果租赁期满时，土地使用权也期满并且未延期，则由土地所有权人收回）。

　　如果出租人对建筑物、其他附着物无利用需要，且拆除要付出巨额费用，应由承租人负责拆除，或者由出租人予以拆除，承租人负担拆除费用。

　　② 提前终止租赁关系　　根据《城市公有房屋管理规定》第 26 条、《城市私有房屋管理条例》第 21 条关于租赁合同因承租人的原因提前终止的规定，承租期限内，土地承租权人有下列行为之一的，租赁关系提前终止，土地承租权人承担违约责任，出租人可以无偿收回租赁物：

a. 擅自改变租赁物用途的；

b. 转让、抵押土地承租权的；

c. 擅自将土地承租权转租的；

d. 利用租赁物进行非法活动，损害公共利益的；

e. 租金按月支付时，无正当理由累计六个月不缴纳的或者按年支付时，无正当理由累计两年不缴纳的；

f. 其他严重损害出租人权益的。

对此，土地承租权人应负违约责任。出租人收回土地使用权时，根据房地一致原则，土地上建筑物的所有权归属于出租人。因此，土地承租权人违约时，出租人可一并无偿收回土地上的建筑物，而无须给予任何补偿。

依《城市房地产管理法》第 19、20 条的规定，租赁合同双方都应当按照合同约定承担相应的义务，违约者应承担违约责任。房地产租赁格式合同中规定，出租人有下列情形之一的，承租权人可以解除合同：①未按合同规定对租赁物维修的；②逾期交付租赁物达六个月以上的；③超出合同之外对承租人提出无理要求的。参照这一规定，本部分第 2 款列举了出租人严重违约的情形。根据"房地一致"原则，出租人有权收回土地使用权及土地上的建筑物、其他附着物。

因土地使用权人非法处分租赁物或有其他严重违反法律、行政法规行为的，土地所有者无偿强制收回租赁物，租赁关系提前终止，出租人应负违约责任。

因土地使用权人严重违反法律、合同约定，租赁关系提前终止的，租赁物随使用权被收回。但对于承租权人投资建造的土地上建筑物、其他附着物，应当依照国家有关房地产评估的有关规定依法进行评估。出租人根据评估价值给予承租权人适当的补偿，并应退还承租人已缴纳的剩余租期的租金。

租赁合同双方当事人协商一致，提前终止租赁关系的，租赁物由出租人收回，关于土地使用权及土地上建筑物的补偿以及土地承租权人已缴纳租金的返还，依双方的约定处理。

租赁关系终止，土地使用权人收回土地的，应当向土地登记机关办理相应的登记备案手续。

③ 因其他原因提前终止租赁关系　因公共利益或者土地灭失土地所有者收回土地使用权的，土地承租权提前终止。土地使用权人应当退还土地承租权人已经缴纳的剩余期限的租金。出租人获得货币补偿或者作价补偿的，应当将所得补偿的一部分依据承租权人对土地的投资或者开发程度支付给承租权人；出租人获得产权调换的，应当与土地承租权人重新签订租赁合同，将调换所得的土地使用权出租给承租权人。

承租权是土地承租人以向土地使用权人支付租金为代价而取得的财产权利。土地上承租权的取得以该土地上设定土地使用权为前提，土地使用权的终止必然导致承租权的消灭。因土地所有者收回土地使用权，土地承租关系提前终止的，使用权人应退还土地承租权人已缴纳的使用期限的租金。

土地使用权人因上述原因获得货币补偿或者作价补偿的，使用权人应当根据承租权人对土地的投资开发情况将所得补偿的一部分支付给承租权人。

3.3.3.4　地役权

（1）地役权概述

地役权是指为自己土地利用的需要，而对他人土地加以支配的权利。地役权的主体通常为需役地的所有权人，因同一宗土地上只有一个所有权，因此，大陆法系国家地役权的成立以两宗土地即需役地和供役地的存在为必要。供役地指他人提供给地役权人使用的土地；需役地指地役权人为自己土地使用的便利而使用的他人土地。

《物权法》第 156 条规定："地役权人有权按照合同约定，利用他人的不动产，以提高自己的不动产的效益。前款所称他人的不动产为供役地，自己的不动产为需役地。"第 157 条规定："设立地役权，当事人应当采取书面形式订立地役权合同"。

地役权具有如下特征。

① 是为使用需役地而限制供役地权利人的一项独立的用益物权。供役地权利人通常负有"容忍"或"不作为"的义务。

② 具有从属性。从属性即地役权从属于需役地所有权。当土地所有权移转时，地役权随之移转；地役权也不能与需役地所有权分割而单独移转。因地役权的存续以需役地的存在为前提，地役权并非对供役地土地所有权的限制和需役地所有权的扩张，而是为使用需役地提供便利的一项独立物权。因此，地役权人不可自己保留需役地的所有权而单独将地役权转让给他人；也不可自己保留地役权，而单独将需役地所有权让与他人或将两种权利分别让与第三人。地役权须与需役地所有权一起而不能与之分离单独的成为需役地上其他土地权利如抵押权的标的，否则需役地上其他土地权利的行使将导致地役权与需役地所有权的分离。

③ 地役权的不可分性。地役权与需役地、供役地不可分离，即使供役地与需役地被分割，地役权仍在分割后的需役地、供役地的各部分上存在。因为地役权是为了需役地整体使用的方便而利用供役地整体的权利，地役权的效力应限于需役地、供役地的整体，虽需役地或供役地被分割，若为需役地使用便利而使用供役地的必要仍然存在，或者供役地为满足需役地的需要仍具有使用价值的，地役权应在需役地、供役地被分割后的各个部分继续存在。若地役权是为特定需役地使用的便利而在特定供役地上享有的权利，则需役地或供役地被分割后，与地役权享有或行使无关的部分，地役权在其上消灭。

（2）地役权与相邻关系

相邻关系是本着团结互助、公平合理的精神，处理发生于不动产相邻各方的权利冲突，要求相邻各方对他人行使权利予以容忍，而对自己权利行使加以限制所形成的法律关系。从权利的角度，相邻关系可称为相邻权。相邻权是指相毗邻不动产的所有人或使用人，为方便自己不动产的使用，在法律规定的范围和限度内，利用他人所有或使用的相邻不动产的权利。

地役权的成立以相邻关系为基础，其行使应遵循相邻关系的准则，且地役权与相邻权在内容上也颇为相似，均是利用邻地为自己使用土地提供便利，反映了因土地相邻而在土地利用过程中的权利义务关系，但两者具有本质上的不同。

① 相邻权是要求他方在行使所有权时容忍自己的某种有益行为或者制止他方的某种有害行为的权利，不是一项独立的用益物权，其本质是对相邻不动产所有人或使用人行使权利的限制与扩张，应属所有权的范畴。地役权是为特定土地的利益而使用他人土地的权利，主要依当事人之间设定地役权的合同发生，属用益物权范畴。

② 相邻权的适用范围不仅包括相邻不动产之间的关系，而且包括相邻建筑物等之间的关系，且以相毗邻的土地所有权人和使用权人的存在为必要；而地役权只反映土地的相邻关系且不以需役地与供役地相互毗邻为限度，该两宗土地既可以是相邻的，也可以是不相邻的，只要有事实上利用的需要，都可以设定地役权。

③ 相邻权是法律为规范并保护相邻的良好秩序而设，是强加于相邻土地所有者的义务，属法定权利，在不给邻人造成损害的前提下，权利人可以对相邻不动产直接行使其权利；而地役权则是基于需役地的某种特殊要求，而与供役地权利人协议取得。

④ 相邻权是法律对相邻土地利用关系进行最低限度调节的结果，不存在有偿问题，而

地役权是相邻权调节之外的一种更为宽泛的权利，可以有偿，也可无偿。

（3）地役权的取得

地役权原始取得的方式有：①依法律规定，包括民法和各种特别法的规定，以及有关的司法解释；②依合同，即供役地所有权人或使用权人与需役地所有权人或使用权人之间就成立地役权而缔结的有偿合同或无偿合同；③依习惯，即根据约定俗成的规则或惯例，某种地役权为当地居民所普遍承认（这种情况主要存在于农村地区）；④依长期持续利用的事实，即根据事实上存在的土地利用关系，通过默示同意之推断，或依据公平原则，而确认地役权成立。

地役权可以因需役地所有权、使用权的转移而转移。至于转移的原因，可以是需役地的征用，也可以是需役地使用权的出让、转让、出租、投资或者继承。

（4）地役权人的权利和义务

地役权人的权利，可分为积极权利和消极权利。其中，积极权利即对供役地的利用权。这种利用权，按不同的权利内容，可分为占有状态的利用和非占有状态的利用。例如，在他人土地上建设并维持水渠，是占有状态的利用；在他人土地上通行，是非占有状态的利用。一般地说，利用要借助于一定的积极行为。所以，当供役地的所有权人、使用权人或者第三人妨碍地役权人实施必要的利用行为时，该地役权人有权请求排除妨害。

地役权人的消极权利，是指限制或禁止供役地所有权人、使用权人在该土地上实施一定行为的权利。禁止妨碍通风、禁止妨碍采光、禁止工程作业等，都是消极的权利。附随地役权通常是消极权利。例如，引水权人有权限制或禁止供役地所有权人、使用权人筑坝截流的行为。

地役权人行使权利时，应当尊重供役地所有人、使用人的合法权益，尽可能地避免损害的发生。因行使地役权而不得不造成损害的，应本着公平原则，给予适当的补偿。因行使权利的方式不当或者对避免损害的发生欠缺必要的注意的，应当对所造成的损失承担赔偿责任。例如，在供役地上进行引水管道维修的，应尽可能减少对该土地上的植物、建筑物的损害；如果未尽到保护他人财产的必要注意，应当对由此造成的损失，承担赔偿责任。

（5）地役权的消灭

地役权消灭时，供役地所有权人、使用权人承担的义务和所受的限制随之消灭。地役权消灭的原因主要有如下几下。

① 需役地丧失对供役地的利用需要　例如，需役地对供役地的建筑物地役权因建筑物被拆除而消灭。又如，需役地由农地改为建设用地，其原先以灌溉为目的而在供役地上设立的引水权即归于消灭。

② 需役地对地役权利用的不能　这里所说的利用不能，包括事实上的不能和法律上的不能。例如，供役地因河道干涸而失去供水能力，或因山体滑坡道路阻隔而无法通行，为事实上的利用不能；供役地被征为军事禁区而不许邻人通行，为法律上的不能。但是，在利用可能重新出现时，仍不妨重新设立地役权。

③ 权利期限届满　依合同而取得的地役权，在合同规定的权利存续期间届满时归于消灭。

④ 地役权人放弃权利　地役权人以明示的意思表示放弃其地役权的，其地役权消灭。但是，已经登记的地役权，除有放弃的表示外，还须履行注销手续，方可发生权利消灭的效力。

⑤ 混同　需役地和供役地的所有权或者使用权归于同一民事主体时（如地役权人取得供役地的所有权或者使用权，或者供役地的所有权人、使用权人取得需役地的所有权或使用

权），地役权因混同而消灭。

3.4　城市土地权属纠纷的调处

3.4.1　城市土地权属纠纷概述

土地权属纠纷，是指土地所有权或者使用权归属争议，它是特定范围内有关土地权利归属的民事纠纷。包括两种情况：一是对现有权属界级的争议；二是依法取得的土地所有权或使用权受到侵害时引起的权属纠纷。

3.4.1.1　土地权属纠纷

（1）土地权属纠纷的类型和范围

土地权属纠纷的主体范围比较广泛，归纳起来，包括以下几种：国有土地所有者与集体土地所有者之间；集体土地所有者之间，即村农民集体之间、村内两个以上经济组织之间，乡（镇）农民集体之间，及其相互之间发生的土地所有权争议；国有土地使用者之间；集体土地使用者之间；国有土地所有者与集体土地使用者之间。这里没有包括国有土地使用者与集体土地使用者之间的土地争议，原因在于集体土地使用者享有土地使用权的物权化程度不高，缺乏充分的财产权地位，所以，在发生这类争议时一般由集体土地所有者出面解决。

当前涉及比较多的纠纷有以下情形：

① 军队与地方单位之间土地权属问题；

② 涉及宗教团体的土地权属问题；

③ 涉及铁路部门的土地权属问题；

④ 涉及水利部门的土地权属问题；

⑤ 涉及民航、石油、冶金等部门的土地权属问题；

⑥ 个人宅基地土地权属问题；

⑦ 其他。

（2）土地权属纠纷产生原因

土地权属争议产生的原因很多，但多数是因历史遗留下来的问题所引起的，这种情况在集体组织之间的土地权属关系中十分常见。引起这类争议的主要原因有：①历史上乡、村、社、队、场因合并、分割、改变隶属关系等行政建制变化遗留的权属未定、权属不清；②因过去的土地开发、征地退耕、兴办或停办企事业、有组织移民形成的权属不清；③因过去无偿占用或"一平二调"造成的权属争议；④地界不明，包括过去无偿划拨荒山、荒地时未计算面积和划定地界，历史上无地界标志或地界标志不明，新划地界不清或不合理，兴修水利、平整土地、开荒、更改河道等造成地界变化；⑤征收土地审批手续不完备，界线不清引起的纠纷等情形。

3.4.1.2　土地侵权纠纷

土地侵权纠纷包括集体土地所有权、国有或集体土地使用权及土地他项权利受到侵犯而引起的纠纷。如超过批准征地数量占用农民土地，擅自将农民集体所有的土地使用权出让、转让或者出租用于非农业建设，则构成对集体土地所有权的侵犯；在他人的土地上建设声音建筑，构成对他人之土地使用权的侵犯；违反《电力保护条例》、《石油天然气保护条例》等，在石油、天然气、电力设施保护区内种植危及电力设施安全的植物，则构成对土地项权利的侵犯。

3.4.1.3　土地侵权纠纷与土地权属争议的区别

土地侵权纠纷不同于土地权属纠纷。前者是在土地权属已经确定的情况下发生的侵犯土地权利行为而引起的纠纷；后者则是土地权属不明导致的纠纷。

① 土地侵权纠纷与权属争议的解决方式有所不同

其一，侵权纠纷的解决，当事人可以采取行政调处解决，也可以直接向人民法院提起民事诉讼；

其二，侵权纠纷不受行政处理后 30 日的诉讼时效的限制；

其三，在侵权纠纷中，被侵权人对行政调处不服的，应以侵权人为被告提起民事诉讼。而对土地权属争议的政府处理不服的，应以处理争议的政府为被告，提起行政诉讼。

② 土地权属争议与土地侵权纠纷的处理结果不同　土地权属争议以确定土地的权利归属为处理结果；而土地侵权行为适用民法中一般侵权行为的规定，侵权人应退还土地。因侵权人主观上有过错的，侵权人在土地上营建的建筑物或其他设施应当归属于被侵权人。被侵权人要求侵权人拆除其非法营建的建筑物或其他设施的，侵权人负有拆除义务。侵权人除承担上述民事责任外，依法还应当承担其他行政责任或刑事责任的，按有关法律、法规的规定执行。

3.4.2　城市土地权属纠纷的调处

3.4.2.1　土地权属纠纷调处的原则

土地不动产具有基础性的特点，发生权属争议时，解决过程中除了遵循一般民事和行政案件中所贯彻的原则外，还要体现土地案件自身的特点。具体而言，应遵循以下原则。

① 从实际出发，尊重历史的原则。

② 现有利益保护的原则。

③ 诉讼解决以行政处理为前置的原则。

④ 远期证据服从近期证据的原则。

3.4.2.2　土地权属纠纷调处的法律依据

调处城市土地权属纠纷的主要法律文件如下：《宪法》、《民法通则》、《土地管理法》、《土地管理法实施条例》、《闲置土地处置办法》、《基本农田保护条例》、《土地利用年度计划管理办法》、《建设用地审查报批管理办法》、《文物保护法》、《水法》、《矿产资源法》、《国家建设征用土地条例》、《行政区域边界争议处理条例》等。

3.4.2.3　土地权属争议处理程序

土地权属纠纷的调处的一般程序如下。

（1）当事人协商解决

即土地权属纠纷发生后，由当事人在自愿、互谅基础上，按照有关法律规定，在不损害他人权益的前提下，直接进行磋商，自行解决纠纷的办法。协商解决后，当事人双方应签订协议。该协议由当事人自愿执行，没有法律约束力。如果当事人一方反悔，拒绝执行，另一方可以诉请人民政府土地管理部门进行调处。

（2）人民政府调处

人民政府土地管理部门受理土地纠纷，一般采用调解和行政制裁两种方式调处。

① 调解　即由第三者从中调停，促使纠纷当事人和解的一种方式。土地纠纷由土地管理部门进行调解，属于行政调解。它是根据《土地管理法》授权进行的，具有行政效力。调解的程序是：a. 受理土地纠纷当事人的申诉；b. 进行地权纠纷的调查；c. 调解；d. 签订调解协议书。要加盖主持调解机关的公章，协议书送达后，当事人均应自觉遵守。

对经过调解不能达成协议的，或者调解书送达前一方或双方反悔的，国土资源行政主管部门应当及时提出处理意见，报人民政府做出处理决定。

② 行政裁决　是仲裁的一种形式，是有关机构以第三者身份，依照法律对纠纷做出公正的具有约束力的处理决定。

裁决的程序是：a. 当事人提出书面形式的裁决申请；b. 在做出裁决前，再次进行调解；c. 调解不成的，进行裁决。裁决书要写明以下内容：当事人姓名、地址或代理人、代理人姓名、职务；申诉理由、争议事实和要求；裁决认定的事实、理由和适用法律；裁决结果和裁决费用的负担；不服裁决的起诉期限等。

当事人根据协议，处理决定或裁决结果，向土地管理机关申请登记，换取新的土地证。

3.4.3　城市土地权属纠纷案例分析

案情介绍

1978 年在某省商业批发机构合并时，某专用仓库被划拨给申请人某某供应站接管。1984 年某市建设 A 大道时，该市道路建设指挥部与申请人签订协议书，拆迁了仓库北部建筑 2918 平方米，市道路建设指挥部补偿申请人 15 万元。

1992 年，某市政府（以下简称被申请人）决定开发建设市"行政中心和金融中心"。按照项目建设规划，市银行办公大楼占用申请人仓库用地 18 亩，为第一期工程；行政中心为第二期工程，其配套的集中供热中心规划使用申请人仓库用地 12.82 亩（即现争议土地）。市拆迁办与申请人于 1992 年 7 月 7 日就建设一期工程达成拆迁协议，协议除规定了对地面建筑物和附属物进行分类折价补偿外，还明确了占用多少土地偿还多少土地的原则。按照协议规定，建设单位对第一期工程银行办公大楼占用申请人 18 亩土地上的建筑物和附属物补偿申请人 2190425.20 元。1995 年 6 月 6 日，市拆迁办为减少征地手续，经请示建设领导小组组长同意后，在该市 B 路和 C 路交叉口西南角征用了 32.4 亩耕地交付申请人使用，作为对一期工程银行办公大楼占用申请人的 18 亩土地和二期工程集中供热中心准备占用申请人的 12.82 亩土地进行的补偿。第一期工程建成后，市政府决定东迁，二期工程"行政中心"不再建设，作为配套工程的集中供热中心便成为缓建工程。因此，已进行过土地补偿安置的现争议土地上的建筑物一直未予拆迁。申请人于 1997 年 5 月 21 日就现争议土地办理了土地使用证。被申请人于 2002 年 3 月 13 日做出决定注销申请人取得的《国有土地使用证》。申请人对此不服，于 2002 年 5 月 17 日向省政府申请行政复议。

案例评析

被申请人注销申请人持有的争议土地的土地使用证是正确的，申请人提出的被申请人征用并交付其使用的 32.4 亩土地，是对 1984 年建设 A 大道占地 19.7 亩以及 1992 年建设银行办公大楼占地 18 亩进行的补偿，现争议土地没有补偿的意见是不正确的。1984 年的拆迁与1995 年的土地补偿没有关系；被申请人 1995 年 6 月征用土地 32.4 亩是对 1992 年建设银行办公大楼占用申请人的 18 亩土地和原计划建设集中供热中心准备占用申请人的 12.82 亩土地进行的补偿安置。

理由是：①被申请人征用土地的批复明确载明："……作为建设金融中心及安置拆迁单位用地。"因此，征用来的土地是建设金融中心需要拆迁的单位的安置用地，与 1984 年建设A 大道毫无关系。②1984 年 10 月 25 日某市道路建设指挥部为修建 A 大道拆迁申请人 2918平方米建筑物已补偿给申请人 15 万元，按当时法律规定不需再给予土地补偿。③某市土地管理局划拨文件和建设用地规划许可证明确载明划拨给申请人使用的国有土地是作为申请人仓库迁建用地。说明现争议土地作为仓库用地的一部分，已经被安置补偿。④1995 年 8 月10 日召开的建设开发领导小组会议纪要提到"银行南侧换热站位置的拆迁由拆迁办尽快办理拆迁手续"证明了现争议土地已作补偿安置，否则不会拆迁；某市城市建设拆迁管理办公室出具的证明和原建设开发领导小组组长以及市城市建设拆迁管理办公室的证人证言，也证实了现争议土地已作补偿安置的事实。⑤申请人在办理现争议土地使用证时，不仅隐瞒了争议土地已经被安置补偿的事实，而且没有提供土地权属来源证明。

综上所述，申请人在被申请人已做过土地补偿的情况下仍然对争议土地申请办理国有土地使用证是不妥当的。根据《××省实施〈土地管理法〉办法》第十一条规定："土地登记和颁发土地证书后发现有错登、漏登或有违法情节的，原登记发证机关应当依法更正，收回或注销原发土地证书，换发新的土地证书。"被申请人决定注销申请人《国有土地使用证》的行为，认定事实清楚，证据基本确凿，适用依据正确，程序合法，内容适当。

依照《行政复议法》第二十八条第一款第一项之规定，该省政府依法维持了被申请人注销申请人《国有土地使用证》的行政行为。（引自中国法律网）

本 章 小 结

土地产权问题是土地制度的核心问题。正如生产资料归谁所有决定着一个社会的生产关系性质一样，土地归谁所有也就决定了这个社会土地制度的性质。土地产权是有关土地财产的一切权利的总和。它包括土地所有权、土地使用权、土地租赁权、土地抵押权、土地继承权、地役权等多项权利。

土地权利有四项基本权能：占有、使用、收益和处分。

我国土地所有权体系根据我国《宪法》第10条的规定，我国现行土地的所有权有两种，即国家所有和集体所有。

我国土地利用权的种类主要有：土地使用权和土地租赁权、土地抵押权、地役权、空间权、耕作权等土地他项权利。

我国《土地管理法》规定，"中华人民共和国实行土地的社会主义公有制，即全民所有制和劳动群众集体所有制。"这意味着，我国只存在两种土地所有权制度，即国家土地所有权和集体土地所有权。因此，确定土地所有权归属包括两个方面的问题：一是确定属于国家土地所有权的客体；二是确定属于集体土地所有权的主体和客体。

《土地管理法》第9条规定，土地使用权分为国有土地使用权和农民集体所有土地使用权。"使用土地的单位和个人，有保护、管理和合理利用土地的义务。"第56条规定："建设单位使用国有土地的，应当按照土地使用权出让等有偿使用合同的约定或者土地使用权划拨批准文件的规定使用土地。"

城市多层、高层住宅房屋基地使用权根据《城镇国有土地使用权出让和转让暂行条例》第21条第1款的规定，同一房屋的区分所有权人享有该房屋使用范围内的基地使用权。这种基地使用权的共有，属于按份共有。因此，各区分所有权人可取得根据其房屋面积计算的基地使用权份额。

土地其他权利是在土地所有权和土地使用权以外依法律、合同或者其他合法行为设定的土地权利。《土地登记规则》第2条规定土地他项权利包括抵押权、承租权以及法律、行政法规规定需要登记的其他土地权利。

土地权属纠纷是指土地所有权或者使用权归属争议，它是特定范围内有关土地权利归属的民事纠纷。包括两种情况：一是依法取得的土地所有权或使用权受到侵害时引起的权属纠纷；二是对现有权属界线的争议。

土地权属纠纷的调处的一般程序如下：

（1）当事人协商解决；

（2）人民政府调处一般采用调解和行政制裁两种方式调处。

① 调解　即由第三者从中调解，促使纠纷当事人和解的一种方式。

② 行政制裁　是仲裁的一种形式，是有关机构以第三者身份，依照法律对纠纷做出公正的具有约束力的处理决定。

复习思考题

1. 土地所有制、土地所有权及使用权的涵义。
2. 土地产权的特性是什么？
3. 物权与债权的区别是什么？
4. 简述我国国有土地使用权以外的承租权与抵押权的区别。
5. 城市房屋基地使用权如何划分的？
6. 对土地权属纠纷调处的一般程序。

参 考 文 献

[1]　陆红生.土地管理学总论.北京：中国农业出版社，2003.
[2]　周京奎.城市土地经济学.北京：北京大学出版社，2007.
[3]　王霞.城市土地经济学.上海：复旦大学出版社，2004.
[4]　毕宝德.土地经济学.北京：中国人民大学出版社，2007.
[5]　丛屹.中国城市土地使用制度的改革与创新，北京：清华大学出版社，2007.
[6]　樊志全.土地权利理论与方法.北京：中国农业出版社，2005.
[7]　濮励杰，彭补拙.土地资源管理.南京：南京大学出版社，2002.

第4章 城市地籍管理

本章要点

地籍管理不仅是国家行政管理的重要内容，也是国家土地管理的基础性工作，搞好地籍管理对于合理、有效地利用有限的国土资源，促进国民经济持续稳定发展具有重要的意义。城市地籍管理是按照管理对象的不同分类，针对城市范围内土地进行管理的一个部分。本章介绍了地籍的基本概念、分类与功能，地籍管理的主要内容，遵循原则与采用方法，介绍了土地调查的内容、方法与程序以及土地登记的原则、内容与程序等。本章重点是城市地籍管理的基础理论与土地登记的主要内容，以及开展土地调查的一般程序与开展城镇土地分等定级的方法。通过本章学习，需要了解城市地籍管理的基本概念，熟悉土地调查的分类内容与程序，掌握城镇土地分等定级的方法，具备土地登记工作的能力。

4.1 城市地籍管理概述

4.1.1 城市地籍

4.1.1.1 地籍含义

地籍中地是指土地，为地球表层的陆地部分，包括海洋滩涂和内陆部分，籍有簿册、清册、登记之说，地籍最简要的说法就是土地登记册。地籍一词在国外最早来自拉丁文的"caput"和"capitastrum"，即"课税对象"和"课税对象登记簿册"。我国辞海中把地籍称为："中国历代政府登记土地作为田赋根据的册籍"。

在我国历史上就有"税由籍来，籍为税设"的说法。因此，最初设立地籍就是为征税而建立的一种田赋清册或者簿册，即按田亩征税课目而设置的簿册，其主要内容是应纳税的土地面积、土壤质量及土地税额的登记。在美国，地籍是关于一宗地的位置、四至、类型、所有权、估价和法律状况的公开记录。日本则认为地籍是对于每笔土地的位置、地号、地类、面积、所有者的调查与确认的结果加以记载的簿册。我国台湾在1997年新版地政大词典中，把地籍称为测量各宗土地之方位、界址、形状并计算面积大小，同时查明土地之坐落、类别、土地权利状况与使用情况等，记载于图册，以便明了土地状况、确定土地权属而为课征土地税及实施土地政策之依据。国际地籍与土地登记组织提出的地籍含义是：在中央政府控制下根据地籍测量测得的宗地登记图册。

随着社会的发展，地籍的内容已经有很大扩展，现代地籍已经超出了仅作课税对象的登记清册之用，包括了土地产权登记、土地分类面积统计和土地等级、土地价格等也成为清册的重要内容。因此，地籍在课税为目的的基础上，扩大为土地产权登记和土地利用的重要依据。同时，随着科学技术水平的发展与社会进步的要求，现代地籍已经逐步向运用电子计算机技术建立地籍信息系统的方向发展。

从以上地籍叙述的基础上，可以把地籍概念归纳如下：地籍是指国家为了一定的目的而对土地的位置、界址、权属、数量、质量、地价和用途等基本情况进行记载的图簿册。

4.1.1.2　地籍分类

随着地籍使用范围的不断扩大，地籍的内涵也更加宽广，类别的划分也更趋于合理。一般来说，地籍按照发展阶段、对象、目的和内容进行分类。

（1）按照地籍的发展阶段，划分为税收地籍、产权地籍和多用途地籍

税收地籍是发达国家早期建立的主要是为课税服务的登记簿册，税收地籍仅仅具有为税收服务的功能。税收地籍记载的主要内容包含纳税人的姓名、地址和纳税土地面积以及为确定税率的土地等级等。

随着经济的发展，土地买卖日益频繁和公开化，促使税收地籍向产权地籍发展。产权地籍也称法律地籍，是为保障土地权益进行的土地产权登记的簿册，最重要的任务是保护土地所有者、使用者的合法权益和防止土地投机。产权地籍记载的主要内容为宗地的界线和界址点的精确位置以及产权登记的准确面积等。

多用途地籍，也称现代地籍，是税收地籍和产权地籍的进一步发展，不仅为课税和产权登记服务，更重要的是为各项土地利用和土地保护，为全面、科学管理土地提供信息服务。随着科学技术的发展，特别是电子计算机和遥感技术的发展和广泛应用，地籍的内容及其应用范围也大为扩展，远远突破了税收地籍和产权地籍的局限，并逐步向技术、经济、法律综合方面发展，其手段也逐步被光电、遥感、电子计算机和缩微技术等所代替。

（2）按地籍的特点和任务，可分为初始地籍和日常地籍

土地的数量、质量、杠界及其空间分布和利用、使用状况，都是动态的，地籍必须始终保持现势性。根据土地特性和地籍连续性的特点，为了经常保持地籍资料的现势性，国家必须建立初始地籍和日常地籍。

所谓初始地籍是指在某一时期内，对县以上行政辖内全部土地进行全面调查后，最初建立的图册，而不是指历史上的第一本簿册。日常地籍是针对土地数量、质量、权属及其分布和利用、使用情况的变化，以初始地籍为基数，进行修正、补充和更新的地籍。初始地籍是基础，日常地籍是对初始地籍的补充、更新和修正，初始地籍和日常地籍是地籍不可分割的完整体系。

（3）按地籍行政管理的层次，分为国家和基层地籍

一般将县级以上各级土地管理部门所从事的地籍工作称为国家地籍，基层地籍是指县级以下的乡镇土地管理所和村级生产单位以及其他非农业建设单位所从事的地籍工作。国家地籍是以集体土地所有权单位的土地和国有土地的一级土地使用权单位的土地为对象的地籍，而基层地籍是以集体土地使用者的土地和国有土地的二级使用者的土地为对象的地籍。从地籍的作用来说，基层地籍主要服务于对土地利用或使用的指导和监督，国家地籍则主要服务于土地权属的国家统一管理，他们之间相互衔接、相互补充，形成一个完整体系。

（4）按照地域可划分为城镇地籍和农村地籍

根据城镇土地和农村土地的职能、特点和权属的区别，地籍可以分为城镇地籍和农村地籍两种类型。城镇地籍的对象是城市和建制镇的城区土地以及独立于城镇以外的工矿企业、铁路、交通等用地，城镇地籍是在城镇地籍调查的基础上，开展城镇用地土地登记后建立的地籍，以宗地作为地籍单元。农村地籍的对象是城镇郊区及农村集体所有土地，国营农场使用的国有土地和农村居民点用地等。农村地籍是在土地利用现状调查的基础上建立的地籍，以地类和土地权属作为地籍单元。由于城镇土地利用率、集约化程度高，建筑物密集，土地价值高，位置和交通条件所形成的级差收益悬殊，城镇地籍一般需要用更大比例尺（1∶500）的图纸，其数据及界址的获取要求采用精确度高的测量方法和面积量算的方法。

4.1.1.3　地籍的功能

（1）服务于国家土地管理

地籍资料记录了土地的数量、质量、权属状况等的信息，是合理组织土地利用与调整土地关系的基本依据，因此地籍是土地管理的基础。地籍所提供的土地使用状况与界址界限资料是合理配置土地资源的基本依据；地籍所提供的土地数量、质量及其分布变化情况的资料是编制土地利用总体规划、合理组织土地利用的基础。地籍提供的土地面积、质量、等级、价格、位置等方面的资料是征收土地税收的根本。

（2）保障土地产权权益

地籍的核心是土地权属，地籍管理的核心是土地权属管理。地籍所记载的土地权属界址线、界址点、权属来源及其变更资料是调解土地纠纷、化解土地冲突、维护社会主义土地公有制与保护土地产权合法权益的基础资料。

（3）为国家生产建设服务

地籍为编制国民经济发展计划提供基础资料，进行土地利用方面的产出效能的效益分析，据此指导国家的生产和建设。地籍所记载的有关土地资源的社会经济状况、土地数量、质量及其分布状况与变化的资料图件，为编制国民经济发展计划和土地使用年度计划提供了基础资料。

（4）为土地使用制度的改革服务

为改革与完善土地使用制度提供基础资料。我国土地使用制度改革的第一步是变无偿、无限期、无流动的土地使用方式为有偿、有限期、有流动的土地使用制度。为保证土地有偿使用制度的顺利推进，合理制定各项土地使用费的标准和土地课税额的大小是一项基础性的工作，这些完全需要依据完整的地籍资料。反映宗地的面积大小、用途、等级状况的地籍，为改革与完善土地使用制度提供了基础资料。

（5）为城镇房产交易服务

城镇房地产交易以房产的买卖和租赁为主。土地及其土地上的房屋建筑都属于不动产。地籍对于房产的认定、买卖、租赁及其他形式的转让活动，都是不可少的依据。同时，地籍还为建立和健全房产档案、解决房产争执和处理房产交易过程中出现的某些不公平现象等提供了参考依据。

4.1.2　城市地籍管理

4.1.2.1　地籍管理的概念

地籍管理是国家为建立地籍和研究土地的自然、权属和经济状况而开展的包括地籍调查、土地登记、土地统计和土地分等定级为主要内容的一系列工作措施的总称。地籍管理是地籍工作体系的总称。地籍管理的核心是土地权属管理。所谓土地的自然状况主要指土地的位置、四至、形状、地貌、坡度、土壤、植被、面积大小等；土地权属主要包括权属性质、权属来源、权属界址、权利状况等；土地的经济状况主要指土地等级、评估地价、土地用途等。地籍工作体系主要包括土地调查、土地登记、土地统计、地籍信息系统等。

地籍管理是国家为获得地籍资料而采取的一项运用行政、技术、法律等手段的综合性国家措施，在不同国家、不同历史时期，地籍管理所承担的历史使命是不同的，因此，地籍管理带有鲜明的阶级性，是一项服务于体现国家统治阶级意志的土地制度。在我国社会主义市场经济条件下，地籍管理的主要任务是：为巩固和维护土地的社会主义公有制原则，保护土地所有者和使用者的合法土地权益，促进土地的合理开发、利用、整治、保护，编制土地利用总体规划和土地利用年度计划，制定和实施土地的法律法规和土地政策等提供土地自然、经济、法规方面的基础资料和依据。

4.1.2.2　地籍管理的原则

为保证地籍管理工作的顺利进行，取得预期的效果，地籍管理必须遵循以下基本原则。

（1）统一性原则

地籍管理必须按照国家有关土地管理和地籍管理方面的统一法律法规和技术规范进行，地籍管理的内容和方法由国家统一制定，内容和方法的统一，政策和要求的统一，标准和规范的统一，即地籍的图、表、卡、册的格式、项目、内容、分类体系、申报程序等都要按照国家统一要求，有关土地的分类系统及标准，统计、登记的单位和程序等服从国家统一规定。

（2）连续性和系统性原则

地籍资料是一个动态变化的资料，土地面积、用途、利用状况随时可能发生变化，土地的权属状况也会发生转移，保持地籍资料的连续性、系统性和现势性是开展地籍管理的基础。所谓连续性是要求地籍管理的基本文件应该是有关土地数量、质量和权属等状况的连续记载资料。系统性要求各时期地籍资料相互联系，形成体系，无中断，无割裂。现势性要求地籍资料根据变更情况及时更新，准确反映当前实际的地籍要素状况。

（3）可靠性和精确性原则

地籍资料是有关土地所有者、土地使用者权益及利害冲突关系的根本资料，是确认土地权属、调解土地纠纷、化解土地冲突的基础资料和根本依据，带有法律文件的属性，因此，保证地籍资料的可靠性十分重要。地籍基础资料必须是具有一定精度要求的测量、调查和土地分等定级的成果资料，宗地的界址线、界址拐点的位置，土地登记的面积等必须要求精确无误，并与实地相互一致。

（4）概括性和完整性原则

地籍资料的概括性和完整性是根据属地管理的原则，要求地籍管理的对象必须是完整的土地区域空间，包括管辖范围内的全部土地。如全国的地籍资料必须覆盖全国土地；省级、县级和县级以下的地籍资料的覆盖面，必须分别是省级、县级和县级以下的乡镇村的行政区域范围内的全部土地，宗地或地块的地籍也必须保持一宗地或一个地块的完整性。地籍资料应包括国家所规定的全部资料，要求地区之间或地块间的地籍资料不应该出现间断、重复或遗漏的现象。

4.1.2.3　地籍管理的内容

地籍管理的内容是与一定社会生产方式相适应的，一方面取决于社会生产水平及与其相适应的生产关系的变革，同时与一个国家土地制度的历史演变息息相关。在一定的社会生产方式条件下，地籍管理作为一项国家的地政措施，有特定的内容体系。现阶段，根据我国的国情和建设的需要，地籍管理主要内容包括土地调查、土地登记、土地统计、土地分等定级和地籍档案管理。

（1）土地调查

土地调查是以查清土地的数量、质量、分布、使用和权属状况以及土地要素的动态变化而进行的调查。根据土地调查内容的侧重点不同，可以分为土地利用现状调查、地籍调查和土地条件调查。

（2）土地登记

土地登记是国家按照法律规定的程序将土地权属、土地用途、面积、使用条件、等级、价格等情况记录于专门的簿册的一种法律行为。按照法律的规定，我国的土地登记主要开展国有土地使用权、集体土地所有权和集体土地使用权以及土地他项权利的登记工作。按照登记类型的不同，可以分为初始登记和变更登记。

（3）土地统计

土地统计是国家对土地的数量、质量、分布、利用和权属状况等进行系统、全面、连续的调查、分类、整理和分析，提供土地统计资料的制度。土地统计是社会经济统计中的一个重要组成部分，但由于统计对象的不同又有别于一般生产资料的统计。土地统计的基本任务是对土地权属、利用类别、土地质量和土地面积等进行统计分析，为国家提供统计资料，实行统计监督。

（4）土地分等定级

土地分等定级是在土地利用分类和土地条件调查的基础上，根据土地的自然、经济条件，运用地租、地价理论确定各类土地的等级和基准地价的过程。土地分等定级可为合理制定土地税费、确定土地补偿标准、制定土地经济政策和合理组织土地利用提供科学的依据。

（5）地籍档案管理

地籍档案管理是指以地籍管理活动的历史记录、文件、图册为对象所进行的收集、整理、鉴定、保留、统计、提供利用和编制等各项工作的总称。凡是在地籍活动中直接形成的，以文字、数字、图表、声像等形式反映地籍管理活动，具有保存价值的历史记录，都是地籍档案。

地籍管理的内容不是一成不变的，其各项内容也不是相互孤立的，而是需要相互联系和衔接的。地籍管理内容将随着社会经济的迅速发展和国家对地籍资料需求的增长而不断变化和完善。

4.1.2.4 地籍管理的方法

（1）行政方法

为了保证地籍管理各项措施的实施，国家不仅要强化行政手段，促进地籍管理工作的规范化、制度化和科学化，而且还要制定必要的政策、规章等。所谓行政手段就是依靠行政机构的权威，发布规定、条例、规程等，并按照行政系统和层次进行管理活动。实质是通过行政组织中的行政主导力和行政执行力来进行管理。如《土地利用现状调查技术规程》、《城镇地籍调查规程》、《土地登记规则》、《土地统计报表制度》等都属于行政手段的范畴。

（2）经济方法

经济方法是依据客观经济规律，运用各种经济措施，调节各种不同经济利益主体之间的经济关系，以求获取最佳的社会效益和经济效益的一种手段。常用的经济手段有价格信号、税收杠杆、信贷政策、行政罚款等。同时，运用经济手段要兼顾国家、集体、个人三者利益以及中央与地方之间的利益，并与其他行政、法律、技术等手段相结合。

（3）法律方法

法律方法的本质是上层建筑通过体现统治阶级的意识，反向作用于经济基础，通过地籍管理方面的立法方式来实现。如在1998年12月修订的《土地管理法实施条例》中设立了有关土地调查、土地登记、土地确权、土地统计、土地动态监测等条款，先后制定了《土地登记规则》、《确定土地所有权的若干规定》等。2007年3月第十届全国人民代表大会第五次会议通过的《物权法》，其中涉及专项的不动产登记条款，以及中华人民共和国国土资源部令第40号，于2008年2月开始实施的《土地登记办法》。

（4）技术方法

地籍管理中的地籍测量、地籍调查、航片的调绘和转绘、面积测算、绘制地籍图和宗地图、土地利用动态监测以及建立地籍信息系统等，都离不开测绘、遥感和计算机等技术手段。当前的技术方法主要包括测绘方法、图册方法和电子计算机方法。

上述各种方法在地籍管理中应当综合应用、相互补充。行政手段能够自上而下地保证法律、经济、计算手段的贯彻执行、法律手段为其他手段的运用提供了保证作用，维护了各权利人的合法权益；经济手段能促进土地的合理利用、开发、保护与整治，取得最佳的经济效益与社会效益；技术手段能保证获取的信息资料更加的准确、可靠，保证其他各项方法手段的运用更加科学、合理。

4.2　土地调查

4.2.1　土地调查概述

改革开放以来，随着我国经济社会的可持续发展和工业化、城镇化步伐加快，全国土地资源利用状况有了很大变化，但仍存在着土地分类标准不统一、土地信息不健全等问题。土地调查是摸清我国土地家底的国情国力调查，也是进一步加强和改善土地管理的基础工作。因此，通过土地调查，全面查清全国土地利用状况，掌握真实的土地基础数据尤为重要。

首先，土地调查为科学制定发展战略和规划、促进可持续发展提供依据。随着经济的发展，我国人多地少的矛盾日益冲突。为保障可持续发展，必须统筹考虑吃饭和建设的问题。搞好土地调查，摸清全国土地利用状况，是合理利用和有效保护土地资源的基础。

其次，土地调查为严格土地管理加强土地调控提供依据。掌握真实可靠的土地数据，既是当前落实最严格土地管理制度的需要，也是促进耕地和基本农田保护的需要，还是把好土地闸门、加强宏观调控的需要。

再次，土地调查为合理使用土地、优化空间布局提供依据。通过土地调查，查清各类土地使用情况，既可以为节约集约用地打下基础，也能掌握土地利用程度和承载能力，为合理划分主体功能区划提供依据。

最后，土地调查为完善市场经济体制、理顺土地权属关系提供依据。土地市场是要素市场的重要组成部分。通过土地调查，弄清农村和城市土地所有权使用权的归属，有利于规范和发展现代土地市场，提高土地资源的配置效率。

科学、有效地组织实施土地调查是保证土地调查数据的准确性和及时性的基础。土地调查的内容主要包括三项内容：土地利用现状及变化情况，包括地类、位置、面积、分布等状况；土地权属及变化情况，包括土地的所有权和使用权状况；土地条件，包括土地的自然条件、社会经济条件等状况。

土地调查采用全面调查的方法，综合运用实地调查统计、遥感监测等手段。为实现全面查清土地利用状况，掌握真实的土地基础数据，满足经济社会发展及国土资源管理需要的目标，土地调查需要采用全面调查的方法，充分应用航空、航天遥感技术手段。土地调查采用《土地利用现状分类》国家标准、统一的技术规程和按照国家统一标准制作的调查基础图件。土地调查成果包括数据、图件、文字、数据库成果。

土地调查按照调查内容的不同可分为地籍调查、土地利用现状调查和土地条件调查，其任务是为土地管理提供基础资料。

4.2.2　城市地籍调查

4.2.2.1　地籍调查的概念

地籍调查是按照国家的法律规定，运用科学的方法，调查土地及其附着物的位置、权属、数量、质量和利用情况，以图、簿表现，用以满足土地登记的需要的一项调查工作。城市地籍调查也称城镇地籍调查，是对城镇、村庄范围内部土地的权属、位置、数量、质量和利用状况等进行调查。

　　土地是国家实行宏观调控，编制国民经济计划的基本依据与基础，保持土地资料的现势性、科学、合理、有效地搞好土地管理工作，必须按规定的程序和方法建立起科学的地籍制度，开展地籍调查工作。地籍调查是对宗地基本信息的收集工作，反映的现状信息最基本的主要是两个方面：一是土地的数量及其在国民经济各部门，各权属单位间的分配状况；二是土地的质量及其使用情况。

　　地籍调查是一个动态变化的工作，根据调查时间及任务的不同，分为初始地籍调查和变更地籍调查。初始地籍调查是指对调查区范围内全部土地在初始登记之前进行的地籍调查。初始地籍调查一般要在无地籍资料或地籍资料比较散乱、严重缺乏、陈旧的状况下，以县为单位进行的调查工作，不是特指历史上的第一次地籍调查。变更地籍调查是指为了保持地籍的现势性和及时掌握地籍信息的动态变化而进行的经常性的地籍调查，是在初始地籍调查的基础上进行的，是地籍管理的经常性工作。

4.2.2.2　地籍调查的内容

　　地籍调查的单元是宗地，宗地是地籍管理的基础单位，所谓宗地是指被同一权属界址线包围而在功能上具有独立性的土地面积单元。宗地的划分原则为方便权属管理，一般一宗地由一个土地使用单位使用。如果一个相对独立的自然地块同时由两个或两个以上的土地使用者共同使用，其间又难以划分界线，这种情况下把这个地块确认为一宗地，称为混合宗。

　　地籍调查的内容可概括为土地权属调查和地籍测量。土地权属调查是针对土地所有权人或使用权人的申请，对土地位置、界址等使用情况进行实地核定、调查和勘丈。通过对宗地权属及其权利所及的界限的调查，在现场标定宗地界址位置，绘制宗地草图，调查用途，填写地籍调查表，为地籍测量提供工作草图和依据。土地权属调查内容主要包含土地权属性质、土地权属信息、土地的位置、土地权利的限制情况等。地籍测量是在土地权属调查的基础上，借助仪器，以科学方法，在区域内测量每宗地的权属界线、位置、形状及地类界线等，计算面积，绘制地籍图，为土地登记提供依据。地籍测量的主要内容有地籍控制测量、界址测量、地籍图测绘和面积量算，其实质是解决土地及其附着物的空间定位和数量问题。

4.2.2.3　地籍调查的程序

　　地籍调查是一项综合性的系统工程，政策性、法律性和技术性都很强，工作量大，难度高，必须在充分准备、周密计划的基础上进行。要结合本地的实际提出任务，确定范围、选用方法、经费落实、人员组织、时间安排和实施步骤。地籍调查的实施可大体分为五个阶段：

　　（1）准备工作

　　① 组织准备　开展地籍调查的市（县）有必要成立以主管市（县）长为组长的地籍调查、土地登记的领导小组，领导小组负责领导地籍调查、登记工作，研究地籍调查、土地登记中的重大问题，特别是研究、确定、仲裁土地权属问题。

　　② 收集资料　将原有资料尽量收集齐全，并对其进行分析整理，要收集的主要资料有：原有的地籍资料，经过初审的土地申报材料；测量控制点资料，已有的大比例尺地形图、航摄资料；土地利用现状调查，非农业建设用地清查资料；房屋普查及工业普查中有关土地的资料；土地征用、划拨、出让、转让等档案资料；土地登记申请书及其权属证明材料；其他有关资料。

　　③ 调查范围的确定　城镇、村庄地籍调查范围要与土地利用现状调查范围相互衔接，不重不漏，所以调查范围应以明显地物为界，并在比例尺为 1∶2000～1∶10000 的地形图上标绘出来。若有较大比例尺航片，应在航片上勾划调查范围。

④ 调查技术设计　技术人员应根据已有资料和实地调查的情况进行地籍调查项目技术设计。主要内容包括：调查地区的地理位置和用地特点；地籍调查工作程序及组织实施方案；地籍控制网点的布设和施测方法，以及坐标系统的选择；地籍图的规格、比例尺和分幅方法的选定；地籍测量方法的选用；地籍调查成果的质量标准、精度要求和依据的确定。

⑤ 表册、仪器和工具准备　按照规程要求的统一格式准备所需表格及簿册（加地籍调查表、测量记录表等）。所需仪器和用品取决于所采用的地籍测量方法，若有新拍摄的大比例尺航片或新测的大比例尺地形图，地籍测量任务又比较简单，可以准备使用较简单的工具（如钢尺或皮尺、卡规、比例尺等）。在无图或图已较陈旧的情况下要准备采用地籍测量方法，则需准备全站仪等。

⑥ 技术培训　培训的主要内容是：有关地籍的政策法规、技术规程，明确调查任务，学习调查方法、要求和操作要领，以确保地籍调查的质量。

（2）外业调查

外业调查包括权属调查和地籍测量两项内容。权属调查是根据土地登记申请人（法人、自然人）的申请和对申请材料初审的结果而进行的调查，即对土地的位置、界址、权属、用途等进行实地核定、调查和勘丈。外业调查结果的记录，须经土地登记申请人的认定。根据调查依法认定的权属界址和使用现状，必须按《城镇地籍调查规程》要求进行实地的勘丈或测量，并确定各地籍要素的空间位置。

（3）内业工作

在外业工作的基础上，进行室内量算面积，绘制宗地图和地籍图，整理地籍档案资料。

（4）检查验收

检查验收是地籍调查工作的一个重要环节，其任务在于保证地籍调查成果的质量并对其进行评定。检查验收实行作业人员自检、作业组互检、作业队专检、上级主管部门验收的多级检查验收制度。自检按照作业工序分别进行，每完成一道工序即随时对本工序进行全面检查。互检的主要检查项目与自检相同，先进行内业检查，后进行外业检查。专检是指对经过自检和互检的调查成果进行全面的内业检查和外业检查。

检查验收需对成果质量进行评定。首先对文字材料、权属调查、控制测量、细部测量和地籍图等五部分资料进行评定，然后按各单项检查得分合计评定成果等级。

（5）成果资料

地籍调查成果应包括：地籍调查技术设计书；地籍调查表及调查草图（附界址点间距，丈量原始记录）；地籍平面控制测量原始记录、控制点网图、平差计算资料及成果等；地籍勘丈原始记录；解析界址点成果表；地籍原图；地籍复制图（着墨二底图）；宗地图；地籍图分幅接合表；以街道为单位宗地面积汇总表；城镇土地分类面积统计表；地籍调查技术报告；检查验收报告。

4.2.3　土地利用现状调查

4.2.3.1　土地利用现状调查的概念

土地利用现状调查是指以县域为单位，查清各类用地的面积、分布和利用状况，并自下而上，逐级汇总为省级、全国土地总面积及其分类面积而进行的土地资源调查。土地利用现状调查分概查和详查两种。土地利用概查是为满足国家编制国民经济长远规划、制定农业区划和农业生产规划的急需而进行的土地利用现状调查。土地利用详查是为国家计划部门提供各类用地的详细准确数据，为土地管理部门提供基础资料而进行的调查。

4.2.3.2　土地利用现状调查的内容

土地利用现状调查的基本单元是图斑。所谓图斑是指在实地属于同一种土地利用类型、属于同一权属单位、同在一个图幅内且外围为固定实物界线的封闭地块。图斑是地类划分的最小范围，在量算面积时，图斑又是最小的量算单位和量算单元。

土地利用现状调查是以县（市）为单位进行的，主要任务是分县（市）查清各权属单位的土地总面积和分类面积及其分布状况，并逐级汇总各乡（镇、街道）、县（市）行政区的土地总面积和分类面积及其分布状况，为建立土地登记、统计制度和科学管理土地提供依据。

根据调查的目的，土地利用现状调查主要包括：①查清村和农、林、牧、渔场以及厂矿、机关、团体、学校等企事业单位的土地权属界线和村以上各级行政辖区范围界线。②查清土地利用类型及分布，并量算出各地类面积。③按土地权属单位及行政辖区范围汇总面积和各地类面积。④编制分幅土地权属界线图和县、乡两级土地利用现状图。⑤调查、总结土地权属及土地利用的经验和教训，提出合理的土地利用建议。

4.2.3.3 土地利用现状调查的程序

土地利用现状调查工作是一项庞大而复杂的系统工程，为确保工作符合技术规程要求的精度及速度，必须有条不紊地按内容的先后顺序开展工作，才能达到预期目的。按照县级土地利用现状详查工作的特点和规律，将其工作分为四个阶段进行。第一阶段为准备工作阶段；第二阶段为外业工作阶段；第三阶段为内业工作阶段；第四阶段为成果检查验收阶段。

（1）准备工作阶段

调查的准备工作包括调查申请、组织准备、资料准备和仪器设备准备等内容。

① 调查申请 具备了调查条件的县（市），由县级土地管理部门编写《土地利用现状调查任务申请书》，也可与初始土地登记、初始土地统计一并申请，编写《土地利用现状调查和登记、统计任务申请书》，其主要内容包括：全县基本情况；需用哪些图件资料；组织机构及技术力量情况；调查计划及经费预算等。申请书要经县级人民政府同意，然后报上级土地管理部门审批，经批准后立即着手组织其他工作的准备。

② 组织准备 包括建立领导机构、组织专业队伍、开展技术培训、建立工作责任制等内容。领导机构主要负责组织专业技术队伍、筹集经费、审定工作计划、协调部门关系、裁定土地权属等重大问题。专业队伍由专业技术人员组成，进行必要的分工，形成技术指导组、工作作业组、面积统计组、图件遍绘组等。为增强工作人员的责任感，要建立各种工作责任制，如技术承包责任制、资料保管责任制、阶段检查验收制、资料保管责任制等。同时，调查开始前要进行必要的培训，学习技术规程，掌握调查过程、作业方法和技术方法，掌握调绘方法，熟练操作技术。

③ 资料准备 包括收集、整理、分析各种图件资料、权属证明文件以及社会、自然、经济统计资料。常见的图件资料有航片、地形图、影像平面图、彩红外片和大像幅多光谱航片等。权属证明文件的收集材料包括土地权属文件、征用土地文件、清理违法占地的处理文据、用地单位的权源证明等。为便于分析土地利用现状及划分土地类型，应向有关业务部门收集各种专业调查资料、社会经济方面的统计资料和土地利用的经验与教训等资料。

④ 仪器和设备的准备 调查前要准备好调查必需的仪器、工具和设备。包括配备必要的测绘仪器、测绘工具、计算工具等；印制各种调查手簿、表格；准备必要的生活、交通和劳动用品等。

（2）外业工作阶段

外业工作阶段包括调绘前的准备工作、航片的室内预判、外业调绘、外业补测、航片的整饰与接边等内容。调绘前的准备工作和航片的室内预判，都是为了减少野外工作量，保证野外调绘和补测工作的顺利进行。调绘、补测是外业工作的核心，是对变更的权属界线及各种地物要素进行绘注和修补测等工作。航片的整饰和接边是对经外业调绘和补测的航片进行整饰拼接工作，是内业工作的基础。

① 调绘前的准备工作　调绘前的准备工作包括：同名地物点的选择、调绘面积线的划分和预求航片平均比例尺等。同名地物点指分别在航片及地形图上的相同地物点，如现状地物交会点、独立地物点等，留作内业转绘的纠正点使用。

② 航片的室内预判　为减少外业调绘的工作量，在外业调绘之前，应根据航片上的地物标志，与熟悉当地情况的人一同进行室内预判，并可通过透明薄膜把航片上反映出来的土地权属界线、行政界线、居民地外围、各地类界线蒙绘出来。

③ 外业调绘　外业调绘是土地利用现状调查外业的主要工作，包括境界和土地权属界的调查、地类和线状地物调绘等。通过外业调绘和补测，将地类界线、权属界线、行政界线、地物界线以及线状地物等调绘到航片上。外业调绘时所用的图件多为航片和地形图。航片调绘是指在研究航片影像与地物、地貌内在联系的基础上进行的判读、调查和绘注等工作。

④ 外业补测　当地物发生变化或出现新增地物时，为了保持图件的现势性，需要进行野外简易测量，成为外业补测。当地物、地貌变化范围不大时采用一般补测；当地物、地貌变化范围超过 1/3 以上时，则需进行重测或重摄。

在实际的工作过程中，外业补测与外业调绘是结合进行的。在外业调绘与补测取得阶段成果后，需要填写外业调查手簿，记录内容一般有：辅以必要附图的外业调查内容；土地的权属性质以及利用状况；小于最小调绘图斑的地类实际面积；线状地物实测数据以及归属问题。

⑤ 航片的整饰与接边　调绘补测好的航片均应整饰，并根据实际地形将航片拼接。

（3）内业工作阶段

土地利用现状调查的内业工作，包括航片成图、面积量算、成果整理等。航片转绘和面积量算是内业工作的中心内容。成果整理包括面积的汇总统计、土地利用现状图、权属界线图的编制及土地利用现状调查报告或者说明书的编写等。

① 航片成图　航片成图就是将标绘在航片上的外业调绘与补测成果，按照土地利用现状调查规程规定的精度及方法，消除航片上的影像误差和投影误差并按一定的比例尺，将航片绘制成地形图或平面图。绘制的图件经过检查符合精度要求后，便可作为量算面积和编绘土地利用现状图及分幅土地权属接线图的工作底图。

② 土地面积量算　在底图上，量算每个土地权属单位的土地总面积及各类地类面积。土地面积量算包括控制面积量算、碎部面积量算和面积统计汇总三项工作。

③ 编绘图件　在底图上，进行土地利用现状图和分幅土地权属界线图的编绘。

④ 编写土地利用现状调查报告或说明书　土地利用现状调查工作结束后，需编写土地利用现状调查报告和乡（镇、街道）土地利用现状调查说明书，它们是对土地利用现状调查情况的说明，也是调查工作的总结和结果的分析应用。

（4）成果检查验收阶段

土地利用现状调查成果验收的一般内容包括：外业调绘与补测、航片成图、面积量算、统计汇总、图件绘制、调查报告和档案材料整理等项目。土地利用现状调查成果实行省、县、作业组三级检查和省、县二级验收制度。首先由作业组自检和互检，然后县对作业组成果检查验收，最后省检查验收县的成果。土地利用现状调查成果的检查验收必须以土地利用现状调查技术规程及其补充规定的各项规定为准。凡按规程进行调查，作业项目达到规定精度要求的成果即为合格成果。

4.2.4 土地条件调查
4.2.4.1 土地条件调查概述

土地能作为资源被人类加以利用，主要是因为土地有一定的质量表现。土地质量是土地相对于特定用途表现出效果的优良程度。土地质量总是与土地用途相关联的，其适宜的用途受土地本身的性状和环境条件的影响。土地性状是指土地在自然、社会和经济方面的性质与状态，是判断土地质量水平的依据。土地开发和利用的评价、土地生产潜力的评价、土地等级的评价都必须以土地性状为基础。土地性状通常以土地的一些可度量或可测定的属性作为指标衡量，土地的属性包括土地的自然属性和土地的社会属性。土地条件调查，也称土地质量调查，指对土地的自然条件和社会经济条件的调查，并据此评定土地质量，进行土地分等定级和估价。

4.2.4.2 土地条件调查的内容

城市土地是城市社会经济活动的载体，是自然、经济、社会等各种要素综合影响的产物。城市土地社会经济条件调查的主要内容包括地理位置、繁华程度、交通条件、基础设施条件和环境条件等。调查的方法主要是到政府各有关职能部门收集资料并加以分析利用，对个别不足部分可配合对方做补充调查。

① 地理位置 调查收集有关土地相对于城市中心、城镇、工矿区、风景区、港口、车站的位置与大致距离等资料。

② 繁华程度 繁华程度是土地区位的重要因素之一，主要调查内容包括商服中心的位置、数量和范围，商服中心的商店总数、零售额、利润值、占地面积、职工人数等。

③ 交通条件 包括对道路状况、公共交通条件和对外交通条件的调查。

④ 基础设施条件 城市基础设施条件指供水、排水、供电、供气、电信和供暖等设施的条件调查。

⑤ 环境条件 环境条件调查主要包括对城市污染状况调查、自然地理条件调查以及绿地覆盖程度调查。

⑥ 人口状况 主要调查人口状况、劳动力数量、人均土地拥有量、人口密度等资料。

4.2.4.3 土地条件调查的程序

（1）准备工作

① 确定调查对象、目的和范围 在开展土地条件调查任务之前，首先应明确所调查土地对象的用途，区分工业、商业、住宅用地，针对不同对象，选择对应的调查方法。在明确调查目的以后，还要确定被调查土地区域的范围以及调查成果所要达到的精度，为制订工作计划、拟订技术规程、合理配置人员以及设备奠定基础。

② 制定技术规程 根据土地条件调查的要求、区域特点以及调查精度要求，需要制定一个技术上有统一规定、统一标准，需参加调查人员共同遵守的规程。技术规程主要包括：a. 调查的性质、规模和精度要求；b. 确定土地条件调查项目、指标以及指标的技术性规定；c. 预期成果内容与基本要求；d. 工作需要的仪器设备等装备要求；e. 拟订工作时间进度、日程安排以及经费预算等。

③ 收集分析资料 收集调查区内的自然因素资料、社会经济发展水平统计资料、各类成果资料，在此基础上进行必要的提取、汇总、统计、分析等工作，获取指标评价阶段所需基础数据，保证调查工作的顺利进行。

④ 组织专业队伍 由于土地条件调查具有较强的专业性，若要保证高质量地完成任务，必须组建专业调查队伍。根据调查对象不同，专业调查队伍应由相关专业的技术人员组成，一般包括土地、土壤、经济、生态及计算机应用方面的专业人员。

（2）外业调查

外业调查主要是在已收集的相关资料图片的基础上，运用外业观测、实地调查、走访问卷等形式对资料进行补充、完善和验证。土地的社会经济条件调查以收集、分析相关资料、图件为主，外业调查通过走访、问卷方式进行。土地条件调查重点应选择调查区内具有代表性的地段做典型调查，将现有资料与待调查区的情况进行对比，依据实地调查数据对已有资料进行修订。

（3）资料和基础图件的确定

通过收集资料和外业调查阶段的工作，已获取大量土地自然条件和社会经济条件的第一手资料，需要进行整理，去伪存真、去粗取精、归纳分类。同时，充分利用现有的地形图、影像图、土地利用现状图、土壤图、土地类型图等资料，结合外业调查结果，清绘、编制土地条件调查底图，以此作为土地条件调查的配套成果资料。

（4）提供调查成果

提交土地条件调查成果具体内容主要包括：①根据土地条件调查的目的和要求，结合不同地区特点，选择土地条件调查项目；②编制土地条件调查成果图件；③撰写土地条件调查报告。

4.3　土地分等定级

4.3.1　土地分等定级概述

4.3.1.1　土地分等定级概念

土地分等定级是在特定的目的下，对土地的自然属性和经济属性进行综合鉴定，并使鉴定结果等级化的过程，是以获得土地质量状况为目的的一项地籍管理工作。

按照城乡土地的不同特点，土地分等定级可以分为城镇土地分等定级和农用土地分等定级。城镇土地分等定级是根据城镇土地的经济和自然两个方面的属性及其在社会经济活动中的地位和作用，综合评定和划分城镇土地等级。城镇土地等级是揭示城镇不同区位条件下，土地价值的差异规律的表现形式。

为了反映土地质量的差异，土地分等定级采用"等"和"级"两个层次的划分体系。城镇土地等反映全国城镇之间土地的地域差异。它是将各城镇看作一个点，研究整个城镇在各种社会、自然、经济条件影响下，从整体上表现出的土地差异。土地等的顺序在全国范围内的各城镇之间统一排列。城镇土地级反映城镇内部的土地区位条件和利用效益的差异。它是将每个城镇看作一个面，通过分析投资于该城镇内部不同地段的土地上的资本、自然条件、经济活动程度和频率等条件得到的土地收益的差异，并据此划分出土地级别的高低。土地级的顺序在每个城镇内部排列，不同城镇的土地级别不具有可比较性。

4.3.1.2　土地分等定级的原则

为了使土地分等定级在理论上体现科学性、方法上体现合理性、成果应用上体现使用性和易操作性，土地分等定级工作应遵循以下原则。

（1）综合分析原则

土地分等定级应对影响土地质量的各种经济、社会、自然因素进行综合分析，按照差异划分土地等级，使划分的土地等级既要反映土地在经济效益上的差异，也要体现经济、社会、生态等综合效益的差异。

（2）主导因素原则

土地分等定级应根据影响土地优劣的因素种类及其作用的差异，重点分析对土地等级起控制作用和主导作用的因素，突出主导因素的影响来评定土地等级。

（3）地域分异原则

土地的地域差异规律是土地的自然和社会各个因素不同组合的结果，它反映了地域间土地生产力或利用效益上的差别。在土地分等定级中应掌握土地区位条件和特性的分布与组合规律，并分析各个由于区位条件不同而形成的地域分异状况，将类似地域归同一土地等级。

（4）级差收益原则

土地分等定级是对土地质量、土地价值等级化的结果，土地等级应具有等级间差异的显著性。这就要求在初步划分的土地等级上对有关行业进行级差收益的测算，以级差收益测算值作为确定土地等级数目和了解行业级差收益的重要参考依据。

（5）定性与定量相结合的原则

土地分等定级尽量把经验性的、定性的分析进行量化，以定量计算为主，必要时才对某些现阶段难以定量的社会、经济因素采用定性分析，减少人为的随意性，增加科学性，提高土地分等定级的精确度。

4.3.1.3 城镇土地分等定级的方法

城镇土地分等定级目前主要有三种，即多因素综合评定法、级差收益测定法和地价分区定级方法。

（1）多因素综合评定法

该法通过对城镇土地在社会经济中所表现出的各种特征进行综合考虑，揭示城镇土地的使用价值及其在空间分布的差异性，进而划分出土地级别。指导思想是从影响城镇土地使用价值或质量的原因着眼，采用由原因到结果，由投入到产出的思维方法，通过系统地综合地分析各类因素和因子对土地质量的作用强度，推论土地质量在空间分布上的优劣差异。

（2）级差收益测定法

该法通过测定级差收益来确定土地级别。指导思想是从土地的产出，即企业的利润入手，认为土地级别由土地的级差收益体现，级差收益又是企业利润的一部分，所以由土地区位差异所产生的土地级差收益完全可以通过企业利润反映出来。级差收益测定法主要对发挥土地最大使用效益的商业企业利润进行分析，从中剔除非土地因素加资金、劳动力等带来的影响，建立合适的经济模型，测算土地的级差收益，进而划分出土地级别。

（3）地价分区定级方法

该法的指导思想是根据地价水平高低在城镇地域空间上的分布划分地价区块，确定地价区间，进而划分出土地级别。

由于以上三种方法各有优缺点，在实际土地定级中，应根据实际情况将各种方法结合使用。

4.3.2 城镇土地分等

4.3.2.1 城镇土地分等的内容

城镇土地分等的工作内容包括：①城镇土地分等准备工作及外业调查；②城镇土地分等因素选取、资料整理及定量化；③城镇分值计算及土地等初步划分；④验证、调整分等初步结果，评定城镇土地等；⑤编制城镇土地分等成果；⑥城镇土地分等成果验收；⑦成果应用和更新。

4.3.2.2 城镇土地分等的程序

（1）准备工作

① 编写城镇土地分等任务书，报上级土地行政主管部门审批；②组建一支稳定的专业

技术队伍；③配备必要的设备，准备各种工作表格与工作图件。

（2）资料收集

资料收集是土地分等工作的重要环节，要求收集资料准确、客观、全面，一般需要收集的资料包括：①土地分等基本资料；②土地分等区位资料；③城镇集聚规模资料；④城镇基础设施资料；⑤城镇用地投入产出水平资料；⑥区域经济发展水平资料；⑦区域综合服务能力资料；⑧土地供应潜力资料。

（3）分等因素选择

① 因素因子构成　城镇土地分等因素是指对城镇土地等有重大影响，并能体现城镇间土地区位差异的经济、社会、自然条件，一般分成因素、因子两个层次。

② 因素因子选择原则　选择指标值变化较大，而且对城镇土地质量有显著影响的因素因子；因素因子的综合能客观反映评价区域内城镇土地等的高低；选取对未来城镇土地利用有影响的因素因子；选取较易获取资料和较易量化指标的因素因子。

③ 因素因子选取的方法　根据重要程度选取分等必须选择的因素因子；宜用特尔斐法来选取因素因子，也可用主成分分析法等作为辅助手段。

（4）城镇土地分等因素因子权重的确定

权重反映分等因素因子对城镇土地质量的影响程度。权重确定的原则为：①权重值与因素对土地质量影响的大小成正比，数值在0～1之间，各选定因素的权重值之和为1；②因素所涉及的因子权重值在0～1之间，每个因素对应的选定因子的权重值之和为1；③权重值可选用特尔斐测定法、因素成对比较法或层次分析法确定，也可以用特尔斐测定法结合其他方法来确定。

（5）城镇土地分等资料整理

根据资料收集调查的8个类别，分别进行整理，形成相应的计算表。其中有一些类别从调查资料中即可整理成表，个别的需作适当加工。

① 城镇区位资料的整理。城镇交通条件指数反映城镇交通区位的优劣程度，可在统计各种对外交通手段基础上，对城镇所涉及的各种交通方式分别打分，将城镇各项得分累加，以此作为城镇交通条件指数；城镇对外辐射能力指数，反映城镇对外辐射的能力，可通过城镇所在区域的货运、客运总量来计算。

② 区域经济发展水平资料的整理、需就国内生产总值综合指数、地方财政收入综合指数、全社会固定资产投资综合指数、社会消费品销售总额综合指数，以及外贸出口额综合指数进行整理。第一，国内生产总值综合指数计算，通过对城镇所在区域的三项指标（全年国内生产总值、人均国内生产总值、3～5年内国内生产总值年均增长率）综合来实现。第二，地方财政收入综合指数计算的三项指标为：全年地方财政收入、人均地方财政收入和3～5年内地方财政收入年均增长率。第三，全社会固定资产投资综合指数依据两项指标（全年全社会固定资产投资、人均全社会固定资产投资）来计算。第四，社会消费品零售总额综合指数计算运用的是三项指标：即全年全社会消费品零售总额、人均社会消费品零售总额和3～5年内社会消费品零售总额年均增长率。第五，外贸出口额综合指数计算，计算用指标为全年外贸出口额和人均外贸出口额两项指标。

（6）城镇土地等的初步划定

① 土地等初步划分的基本原理。城镇土地等初步划分的基本依据是分等对象的综合分值。分值计算运用多因素综合计价法。分等对象的综合分值计算，必须从因子指标的标准化开始，经过因素分值计算，自下而上逐层进行。

② 城镇土地分等对象的因子分值计算。在城镇土地分等因素整理的基础上，采用位序

标准化和极值标准化的方法，分别计算分等对象的因子分值，因子分值应在 $0\sim100$ 之间，因子分值越大，表示分等对象受相应因子的影响程度越高。

因子分值计算公式主要有以下两类方法。

a. 位序标准化的公式为：

$$Y_{ij} = 100 \times X_{ij}/n \tag{4-1}$$

式中　Y_{ij}——第 i 个分等对象的第 j 项因子分值；

　　　　X_{ij}——各分等对象按第 j 项因子指标值大小进行排序；

　　　　X_{ij}——排序后第 i 个分等对象的排序；

　　　　n——参加分等的城镇个数。

b. 标准化的公式为：

$$Y_{ij} = 100 \times a(j) \times (X_{ij} - X_j)/(X_{max} - X_{min}) \tag{4-2}$$

式中　Y_{ij}——第 i 个分等对象的第 j 项因子分值；

$a(j)$，X_j——当第 j 项因子指标与土地利用效益正相关时 $a(j)=1$ 且 $X_j=X_{min}$；

　　　　　　当第 j 项因子指标与土地利用效益负相关时 $a(j)=-1$ 且 $X_j=X_{max}$；

　　　　X_{ij}——第 i 个分等对象第 j 项指标值；

　　　　X_{max}——各分等对象 X_{ij} 指标的最大值；

　　　　X_{min}——各分等对象 X_{ij} 指标的最小值。

运用上述位序标准化公式及极值标准化公式对各因素对应的因子指标分别进行处理，计算出各因子的分值。

③ 城镇土地分等对象的因素分值计算。分等对象的因素分值按照下式计算：

$$F_{ik} = \sum_{i=1}^{n}(W_{kj} \times Y_{ij}) \tag{4-3}$$

式中　F_{ik}——第 i 个分等对象第 k 个因素分值；

　　　　W_{kj}——第 j 项因子列应上层第 k 个因素的权重值；

　　　　Y_{ij}——第 i 个分等对象第 j 项因子的分值；

　　　　n——第 k 个因素包含的因子个数。

④ 城镇土地分等对象的综合分值计算。分等对象综合分值按照下式计算：

$$S_i = \sum_{i=1}^{n}(W_k \times F_{ik}) \tag{4-4}$$

式中　S_i——第 i 个分等对象的综合分值；

　　　　W_k——第 k 个因素的权重值；

　　　　F_{ik}——第 i 个分等对象第 k 个因素分值；

　　　　n——因素个数。

⑤ 城镇土地等的初步划分

a. 城镇土地等初步划分原则。城镇土地等按照综合分值分布状况划分，不同土地等对应不同的综合分值区间，按从优到劣的顺序对应于 1、2、3…、M 等别值（M 为正整数）；土地等的数目，依不同区域的行政级别、所包含的城镇数量、差异复杂程度而定，一般规定：省（自治区）3~8 等，直辖市 3~5 等，省级以下区域 2~5 等，全国和跨省级区域依实际情况而定。

b. 城镇土地等初步划分方法。土地等根据综合分值，可以采用如下方法的一种或多种方法进行城镇土地等的初步划分：数轴法，将综合分值点标绘在数轴上，选择点数稀少处作为等间分界；总分频率曲线法，对综合分值进行频率统计，绘制频率直方图，按土地利用效果的实际状况选择频率曲线波谷处作为等间分界。

（7）城镇土地分等成果验证与确定

城镇土地分等成果的验证可以采用市场资料分等和聚类分析方法分等中的一种或多种方法。在城镇土地等初步划分的基础上，经过上述方法验证后，形成基本的分等方案，然后进行专家咨询和征求意见，最终做出调整并确定土地等别。

（8）城镇土地分等图件编制

城镇土地分等图件包括资料图、成果图（土地等别图和中间成果图）。其中土地等别图必须编制，资料图和中间成果图根据需要编制。资料图指城镇土地分等验证过程中涉及的辅助图件，要求明确分布情况，定位要准确。中间成果图包括城镇土地分等因素分值图和因子分值图。

4.3.3　城镇土地定级

城镇土地定级是以城镇内部的土地质量状况为具体工作对象，目的是全面系统地评价城镇内部的土地质量，掌握城镇内部土地质量级别的数量结构及空间分布状况。

4.3.3.1　城镇土地定级工作程序

城镇土地定级工作的一般操作程序为：①准备工作；②资料收集；③定级因素选择与权重测定；④因素作用分的计算；⑤单元划分与单元总分值的计算；⑥土地级别的划分；⑦级别边界图落实与级别图编制；⑧面积量算；⑨成果验收、整理、归档。

4.3.3.2　定级因素选择与权重确定

（1）定级因素选择

定级因素是指对土地级别有重大影响，并能体现土地区位差异的经济、社会和自然的条件。为保证选定的因素确实能反映土地质量的优劣，满足定级工作的需要，确定的因素应遵循基本原则：①因素指标值有较大的变化范围；②选择的因素对不同区位的土地影响有较大的差异；③不同类型的土地（综合用地、商业用地、住宅用地和工业用地）应选择相应的定级因素。按照以上的因素选择原则，在定级过程中可供选择的定级因素主要有繁华程度、交通条件、基础设施、环境条件以及人口状况（表 4-1）。

表 4-1　城镇土地综合因素定级表

定级因素	繁华程度	交通条件			基本设施		环境状况			人口状况
项目	商服繁华影响度	道路通达度	公交便捷度	对外交通便利度	网络密度	生活设施完善度	公用设施完备度	环境质量优劣度	文体设施影响度	绿地覆盖度	自然条件优越度	人口密度
选择性	必选	至少选一		备选		至少选一		备选				备选
重要性	1	2 或 3				3 或 2		4 或 5				5 或 4
权重值	0.2～0.4	0.05～0.3				0.05～0.3		0.03～0.2				0.02～0.15

（2）定级因素权重的确定

定级因素的权重是该因素对土地质量影响程度的体现。定级因素权重一般应满足下列要求：①权重值的大小与因素对土地质量的影响成正比。权重值越大，因素对土地质量的影响越大。②各因素权重值在 0～100 或 0～1 之间赋值，各选定因素的权重值之和必须分别等于100 或 1。③因素权重确定方法通常有三种，分别为特尔斐测定法、因素成对比较法和层次分析法。其中特尔斐测定法是一种常用的技术测定方法，也能客观地综合多数专家经验与主观判断的技巧，它能对大量非技术性的无法定量分析的因素作出概率估算并将概率估算结果告诉专家，充分发挥信息反馈和信息控制的作用，使分散的评估意见逐渐收敛，最后集中在协调一致的评估结果上。该方法自 1964 年由美国兰德公司的道尔奇和赫尔曼发明以来，诸多领域的实践证明它是一种有效的方法。

4.3.3.3 土地定级单元的划分

定级单元是评定土地级别的基本空间单位和各定级因素分值计算的基础，是内部土地特性和区位条件相对均一的地块，同一单元内的同一主要因素分值差异不得大于或等于 $100/(n+1)$（n 为拟划分的土地级数）。单元边界一般由线状地物或权属界线组成，但商服中心、文体设施、交通枢纽等整体起作用的区域，不能分割为不同的单元。定级单元的面积一般在 5~25 公顷之间。

常用的定级单元划分方法有以下几种。

① 主导因素判定法　主导因素即对土地级别有重大影响，在定级因素权重体系中所占权重较大的因素。划分单元时，选择两个以上的主导因素，作为划分单元、检测单元内部均值的标准。根据主导因素分值变化规律特点，选择突变曲线段、突变点的位置作为单元边界，结合城市结构和其他定级因素分值变化特点，把因素得分基本一致的区域，划为一个单元。

② 网格法　网格法是以一定大小的网格作为定级单元。其中固定网格法的网格面积大小统一，将面积与几何形状相同的网格覆盖整个定级区域，网格不再变动。动态网格法与固定网格法的不同在于其网格大小可以变化。先选用一定大小的网格覆盖定级区域，作为切分的单元体系，然后根据单元内部均值程度要求，对超标的单元以四等分加密网格，调整网格大小，多次重复上述工作直到单元内部差异满足要求为止。

③ 均质地域法　城市地域中存在的与周围毗邻地域存在明显职能差别的连续地段，即为均质地域，如商业区、住宅区、工厂区。在这些区域，定级因素对其影响的差异较小，以此作为定级单元的划分单元方法，称为均质地域法。实践中不常单独采用此法，常常与其他方法结合使用。

④ 主导因素判定法和均质地域法结合划分单元。

4.3.3.4 土地定级因素分值的计算

分值的计算可按以下两种情况进行：第一种情况，若定级因素对土地质量的影响仅与因素指标值有关，其分值计算步骤为（以绿地覆盖率为例）：

（1）计算绿地覆盖度指标值

$$V_i = S_i/S \tag{4-5}$$

式中　V_i——某区域或单元的绿地覆盖率；

S_i——区域或单元的绿地面积；

S——区域或单元的总面积。

（2）绿地覆盖度作用分

$$F_i = 100(X_i - X_{\min})/(X_{\max} - X_i) \tag{4-6}$$

式中　F_i——绿地覆盖度作用分；

X_i——单元的绿地覆盖率；

$X_{\min}$——定级区域内绿地覆盖度指标的最小值；

$X_{\max}$——定级区域内绿地覆盖指标的最大值。

第二种情况，若因素对土地质量的影响既与因素涉及的呈点、现状分布的设施规模等有关，又与土地和设施的相对距离有关，其分值计算步骤以商服繁华度、公交便捷度为例。

（1）商服繁华度作用分的计算

① 划分商服中心等级。城镇内商服中心通常划分为市级中心、区级中心、小区级中心

和街区级中心四个等级。不同等级的商服中心具有不同的功能层次，如市级中心是为全市镇服务的，区级中心是为城镇内某个区域范围服务，小区级中心是为某个居民小区服务，街区级中心是为某个街区服务。一般商服中心的级别越高，包含的功能层次就越多。商服繁华对地块的影响程度随距离增加而递减，递减情况服从指数衰减规律，用公式表示为：

$$f_i = F^{(1-r)} \tag{4-7}$$

式中　f_i——繁华影响度衰减分值；

　　　F——某级作用分；

　　　r——相对距离（商服中心距某地块实际距离 d_i 与某中心服务半径 d 之比，其值在 $0 \sim 1$ 之间变化）。

② 确定商服中心规模指数。商服中心规模指数按照下式计算：

$$M_i = 100(a_i / a_{max}) \tag{4-8}$$

式中　M_i——某商服中心的规模指数；

　　　a_i——该商服中心的经济指标（销售总额、总利润或单位面积销售额、利润值等）实际值或平均值；

　　　a_{max}——全市最高级商服中心的经济指标。

③ 计算商服繁华作用分

$$F_i = M_i - M_j \tag{4-9}$$

$$F_{min} = M_{min} \tag{4-10}$$

式中　F_i——某级商服繁华作用分；

　　　M_i——某级中心规模指数；

　　　M_j——次一级中心规模指数；

　　　F_{min}——最低级中心的商服繁华作用分；

　　　M_{min}——最低级商服中心规模指数。

④ 确定商服中心的服务半径和相对距离

商服中心服务半径按照下式确定：市级商服中心的服务半径＝市级中心到连片建成区边缘的最大距离；各级中心服务半径＝同级商服中心的最大服务距离。相对距离的计算公式为：

$$r = d_i / d \quad (0 \leqslant r \leqslant 1) \tag{4-11}$$

式中　r——相对距离；

　　　d_i——某级中心服务半径内某点距离中心的实际距离；

　　　d——该商服中心的服务半径。

⑤ 计算各距离上的作用分值：将相对距离 r，某级作用分 F，代入式（4-7）中，从而计算各距离上的作用分值。

（2）公交便捷度作用分计算

公交便捷度一般用交通线路的多少、车流量的大小和站点的多少来衡量，通常地块与站点的距离越近，便捷度就越高。公交便捷度分值的计算方法如下：

① 计算站流量和公交便捷度作用分。站流量取一定区域内各个公交站点的每小时停车量之和。公交便捷度作用分按下式计算：

$$F_i = 100 b_i / b_{max} \tag{4-12}$$

式中　F_i——公交便捷作用分；

　　　b_i——某站流量值；

　　　b_{max}——最大公交站流量值。

② 计算公交站点服务半径和相对距离。公交站点服务半径以站点为原点，统一在 0.3～0.8 千米之间确定。相对距离按下式计算：

$$r = d_i/d \quad (0 \leqslant r \leqslant 1) \tag{4-13}$$

式中　r——相对距离；

　　d_i——服务半径内某点距站点的实际距离；

　　d——公交站点的服务半径。

③ 运用公式(4-7)计算在不同相对距离上各档次公交便捷作用分值。

4.3.3.5　土地级别初步划分

（1）计算单元总分值

土地定级单元总分值计算采用因素加权分值方法，计算公式如下：

$$P = \sum_{i=1}^{n} W_i f_i \tag{4-14}$$

式中　P——定级单元总分；

　　W_i——某定级因素权重；

　　f_i——某项因素的分值；

　　n——定级因素的数目。

（2）初步划定土地级别

土地级别按总分值变化状况划分，不同的土地级别对应不同的总分值区间。任何一个总分值只能对应一个土地级别。土地级别高低与土地质量优劣的对应关系基本一致。尽可能保持自然地块与权属单位的完整性。级间边界尽量采用具有地域突变特征的自然界线及人工界线。级别间应渐变过渡。土地级数目，依不同城镇规模及复杂程度而定，一般大城市 5～10级，中等城市 4～7级，小城市 3～5级。

土地级别划分方法有：①总分数轴确定法，以总分值绘制于数轴上，按土地优劣的实际情况，选择点数稀少处为级间分界；②总分频率曲线法，对总分值作频率统计，绘制频率直方图，按土地优劣的实际情况，选择频率曲线分布突变处为级间分界；③总分剖面图法，沿城镇若干方向作总分变化剖面，按土地优劣的实际情况，以剖面线突变段作为级间分界。

4.3.3.6　级差收益测算

通过级差收益测算，检验土地级别初步划分是否合理，如果不合理，则需重新调整初步划分的级别，直至合理；如果合理则进行下一步工作。

4.3.3.7　级别边界落实、成果整理、验收

有 1:500 或 1:1000 图件的城镇，可在室内按土地利用现状确定土地级别边界；没有大比例尺图件的城镇，分级工作底图上的土地级别界，必须实地落实或核对每一处的土地级别边界，并附文字详细说明级别边界经过的地点。土地级别界线确定后，要编制土地级别图，进行面积量算、成果验收、归档工作。

4.4　土地登记

4.4.1　土地登记概述

4.4.1.1　土地登记的概念

土地登记是指将国有土地使用权、集体土地所有权、集体使用权和土地抵押权、地役权以及按照法律、法规规定需要登记的其他土地权利记载于土地登记簿公示的行为。土地登记

遵循的是法律对土地权利的认定规定，因此土地登记是一种法律行为，但它也体现了国家行政权利对土地权属关系的合理干预，因而也是一种行政行为通过土地登记明晰土地产权，保护权利人的利益。

4.4.1.2 土地登记的对象

土地登记系指对所有权和使用权的登记。土地登记的对象是土地所有权、土地使用权和他项权利。国有土地使用权包括国有建设用地使用权和国有农用地使用权；集体土地使用权，包括集体建设用地使用权、宅基地使用权和集体农用地使用权（不含土地承包经营权）。土地登记是以宗地为基本单元，所谓宗地是指被权属界址线所封闭的地块或空间。土地登记是以宗地为单位进行注册登记的，即实行一宗地一卡一证制度。

4.4.1.3 土地登记的分类

土地登记按登记的时间和任务不同，可分为土地总登记、初始土地登记、变更土地登记、注销登记和其他登记。

土地总登记，是指在一定时间内对辖区全部土地或者特定区域内的土地进行的全面登记。土地总登记一般在以下两种情况下发生：一是对从未进行过土地登记的地区进行；二是原有登记需要全面更新的，如土地整理或国家法律、政策发生重大变化等需要对原已登记过的区域进行全面的重新登记。土地总登记是土地初始登记、变更登记、注销登记以及其他土地登记的基础，通过土地登记建立起来的辖区内每宗土地的表、册、卡、簿是以后土地初始登记、变更登记、注销登记以及其他土地登记的依据。

初始土地登记是指土地总登记之外对设立的土地权利进行的登记。初始登记一般发生在土地总登记之后，对某宗地上新设定的某种权利的登记，具有经常性与分散性的特点。初始土地登记的类型主要包括：划拨国有土地使用权初始登记；出让国有土地使用权初始登记；国家出资（入股）国有土地使用权初始登记；国家租赁国有土地使用权初始登记；授权经营国有土地使用权初始登记；集体土地所有权初始登记；集体土地使用权初始登记；土地抵押权初始登记；地役权初始登记。

变更土地登记是指因土地权利人发生变化，或者因土地权利人姓名或者名称、地址和土地用途等内容发生变更而进行的登记。变更登记是以总登记或初始登记为基础，只要涉及登记的内容发生变化，包括权利人、地址、土地用途、面积等发生变更都应该进行变更登记。

注销登记是指因土地权利的消灭等而进行的登记。注销登记一般有以下几类适用情形：集体所有土地依法被全部征收的集体土地所有权、集体土地使用权；国家组织移民后不再使用的原农民集体土地所有权、集体土地使用权；因自然灾害等原因造成土地权利灭失的土地使用权或者土地所有权；县级以上人民政府依法收回国有土地使用权的国有土地；国有土地使用权出让或者租赁期限届满，未申请续期或续期申请未获批准的国有土地使用权；因债权实现解除抵押等而产生的抵押权注销登记，以及因地役权终止产生的地役权注销登记。

其他登记包括更正登记、异议登记、预告登记和查封登记。更正登记是指已完成初始或者变更土地登记的结果有误或有遗漏时，由权利人和利害关系人申请或由土地登记机关依职权更正原登记内容的土地登记。异议登记是指登记机关将事实上的权利人以及利害关系人对土地登记簿记载的权利所提出的异议记入登记簿的行为。预告登记主要是指为保全一项请求权而进行的不动产登记，该请求权所要达到的目的是在将来发生不动产物权的变动。预告登记是不动产登记的特殊类型，所登记的是将来发生不动产物权变动的请求权。预告登记的本质是使被登记的请求权具有物权的效力。查封登记是登记机关根据人民法院提供的查封裁定书和协助执行通知书，将查封或者预查封的情况在土地登记簿上加以记载。

4.4.1.4 土地登记的意义

土地登记在我国国民经济和社会生活中有着十分重要的意义。

首先，土地登记确认了土地权属关系，是维护土地的社会主义公有制，保护土地所有者、使用者的合法权益的法律保障。通过土地登记，确定了国家所有土地和集体所有土地的产权；分清了土地所有权和土地使用权的产权关系，界定了国家、集体、个人在土地上的权益范围，这就为保护土地权利人的合法权益提供了依据。土地权利一经土地登记即受法律保护，任何人不得侵占，为保护土地权利人的合法权益提供了法律保证。同样的，通过土地登记，集体土地的权益也就可以得到有力的保护。

其次，土地登记是土地实现全面、依法、统一、科学管理的一个重要条件。我国实行城乡土地统一管理，这在《土地管理法》第五条中有明确规定"国务院土地行政主管部门统一负责全国土地的管理及监督工作"。而土地登记是统一管理工作的最基本的内容，统一管理最基本的体现就是土地登记。

第三，土地登记建立了约束机制，是对房地产市场实施有效管理的关键措施。土地登记是依法规范房地产市场秩序至关重要的环节，是确认并保护土地产权的重要措施。每一宗地都要核准，每发生一次交易就要办理一次登记。这样，政府对房地产市场才能实施有效的监督、管理，并使之规范化。

第四，土地登记是土地登记部门掌握土地动态变化的一个重要信息源，是土地管理职能的一项必要的内容，是土地管理业务主要基础性工作，是促进人民安定团结、国家长治久安的有力一环。

4.4.2 土地登记的法律依据

土地登记是确定土地权属的国家法律行为，其最根本的要求是依照法律的规定进行，包括土地权利种类、权利和义务，确权规定以及确权和登记程序，我国土地登记遵循有关法律规定进行：

4.4.2.1 对土地所有权、土地使用权等权利确定的有关规定

（1）《宪法》中有专门的条款对土地所有制、土地权利等做出了相应的规定，具体有：

第六条规定：中华人民共和国的社会主义经济制度的基础是生产资料的社会主义公有制，即全民所有制和劳动群众集体所有制。

第九条规定：矿藏、水流、森林、山岭、草原、荒地、滩涂等自然资源，都属于国家所有，即全民所有；由法律规定属于集体所有的森林和山岭、草原、荒地、滩涂除外。

第十条规定：城市的土地属于国家所有。农村和城市郊区的土地，除由法律规定属于国家所有的以外，属于集体所有，宅基地和自留地、自留山，也属于集体所有。

（2）《民法通则》对土地权属及不动产相邻权的规定：

《民法通则》第七十四条规定：集体所有的土地依照法律属于村农民集体所有，由农业生产合作社等村农业集体经济组织或者村民委员会经营、管理。已经属于乡（镇）农民集体经济组织所有的，可以属于乡（镇）农民集体所有。

第八十条规定：国家所有的土地，可以依法由全民所有制单位使用，也可以依法确定给集体所有制单位使用……

第八十三条规定：不动产的相邻各方，应当按照有利生产、方便生活、团结互助、公平合理的精神，正确处理截水、排水、通行、通风、采光等方面的相邻关系。给相邻方造成妨碍或者损失的，应当停止侵害，排除妨碍，赔偿损失。

（3）《土地管理法》中，对确认土地权利、开展土地权利、开展土地登记、土地调查工

作等都有详细的规定，具体有：

第二条规定：中华人民共和国实行土地的社会主义公有制，即全民所有制和劳动群众集体所有制。

第八条规定：城市市区的土地属于国家所有。农村和城市郊区的土地，除由法律规定属于国家所有的以外的自留地、自留山，属于农民集体所有。

第九条规定：国有土地和农民集体所有土地，可以依法确定给单位或者个人使用的，单位和个人有保护、管理和合理利用土地的义务。

第十条规定：农民集体所有的土地依法属于村农民集体所有的，由村集体经济组织或者村民委员会经营、管理；已经分别属于村内两个以上农村集体经济组织的农民集体所有的，由村内各该农村集体经济组织或者村民小组经营、管理；已经属于乡（镇）农民集体所有的，由乡（镇）农村集体经济组织经营、管理。

4.4.2.2　对土地登记的规定

（1）《物权法》对不动产登记进行了专门的规定

第九条　不动产物权的设立、变更、转让和消灭，经依法登记，发生效力；未经登记，不发生效力，但法律另有规定的除外。

第十条　不动产登记，由不动产所在地的登记机构办理。国家对不动产实行统一登记制度。统一登记的范围、登记机构和登记办法，由法律、行政法规规定。

第十四条　不动产物权的设立、变更、转让和消灭，依照法律规定应当登记的，自记载于不动产登记簿时发生效力。

第十六条　不动产登记簿是物权归属和内容的根据。不动产登记簿由登记机构管理。

第十七条　不动产权属证书是权利人享有该不动产物权的证明。不动产权属证书记载的事项，应当与不动产登记簿一致；记载不一致的，除有证据证明不动产登记簿确有错误外，以不动产登记簿为准。

第十九条　权利人、利害关系人认为不动产登记簿记载的事项错误的，可以申请更正登记。不动产登记簿记载的权利人书面同意更正或者有证据证明登记确有错误的，登记机构应当予以更正。

不动产登记簿记载的权利人不同意更正的，利害关系人可以申请异议登记。登记机构予以异议登记的，申请人在异议登记之日起十五日内不起诉，异议登记失效。异议登记不当，造成权利人损害的，权利人可以向申请人请求损害赔偿。

（2）《土地管理法》对土地登记的内容与方式进行了界定，具体为

第十一条规定：农民集体所有的土地，由县级人民政府登记造册，核发证书，确认所有权。

农民集体所有的土地依法用于非农业建设的，由县级人民政府登记造册，核发证书，确认建设用地使用权。

单位和个人依法使用的国有土地，由县级以上人民政府登记造册，核发证书，确认使用权；其中，中央国家机关使用的国有土地的具体登记发证机关，由国务院确定。

确认林地、草原的所有权或者使用权，确认水面、滩涂的养殖使用权，分别依照《森林法》、《草原法》和《渔业法》的有关规定办理。

第十二条规定：依法改变土地权属和用途的，应当办理上地变更登记手续。

第十三条规定依法登记的土地的所有权和使用权受法律保护，任何单位和个人不得侵犯。

（3）《土地管理法实施条例》的相关规定

第六条规定：依法改变土地所有权、使用权的，因依法转让地上建筑物、构筑物等附着物导致土地使用权转移的，必须向土地所在地的县级以上地方人民政府土地行政主管理部门提出土地变更登记申请，由原土地登记机关依法进行土地依法改变土地用途，必须持批准文件，向土地所在的县级以上人民政府土地行政主管部门提出土地变更登记申请，由原土地登记机关依法进行变更登记。

第七条规定：依照《土地管理法》的有关规定收回用地单位的土地使用权，由原土地登记机关注销土地登记。

土地使用权有偿使用合同约定的使用期限届满，土地使用者未申请续期或者虽申请续期未获批准的，由原土地登记机关注销土地登记。

（4）《城镇国有土地使用权出让和转用暂行条例》涉及土地登记的具体条款

第七条规定：土地使用权出让、转让、出租、抵押、终止及有关的地上建筑物和其他附着物的登记，由政府土地管理部门、房产管理部门依照法律和国务院的有关规定办理。

第十六条规定：土地使用者支付全部土地使用权出让金后，应当依照规定办理登记，领取土地使用证，取得土地使用权。

第十八条规定：土地使用者需要改变土地使用权出让合同规定的土地用途的，应当征得出让方同意并经土地管理部门和城市规划部门批准，依照本章的有关规定重新签订土地使用权出让合同，调整土地使用权出让金，并办理登记。

第二十五条规定：土地使用权和地上建筑物、其他附着物所有权转让，应当按照规定办理过户登记。土地使用权和地上建筑物、其他附着物所有权分割转让的，应当经市、县人民政府土地管理部门和房产管理部门批准，并依照规定办理过户登记。

第三十一条规定：土地使用权和地上建筑物、其他附着物出租，出租人应当按照规定办理登记。

第三十六条规定：抵押人到期未能履行债务或者在抵押合同期间宣告解散、破产的，抵押权人有权依照国家法律、法规和抵押合同的规定处分抵押财产，因处分抵押财产而取得土地使用权和地上建筑物、其他附着物所有权的，应当依照规定办理过户登记。

第三十八条规定：抵押权因债务清偿或者其他原因而消灭的，应当依照规定办理注销抵押登记。

第四十条规定：土地使用权期满，土地使用权及其地上建筑物、其他附着物所有权由国家无偿取得。土地使用者应当交还土地使用证，并依照规定办理注销登记。

（5）《城市房地产管理法》

第五十九条规定：国家实行土地使用权和房屋所有权登记发证制度。

第六十条规定：以出让或者划拨方式取得土地使用权，应当向县级以上地方人民政府土地管理部门申请登记，经县级以上地方人民政府土地管理部门核实，由同级人民政府颁发土地使用权证书。

在依法取得的房地产开发用地上建成房屋的，应当凭土地使用权证书向县级以上地方人民政府房产管理部门申请登记，由县级以上地方人民政府房产管理部门核实并颁发房屋所有权证书。

房地产转让或者变更时，应当向县级以上地方人民政府房产管理部门申请房产变更登记，并凭变更后的房产所有权证书向同级人民政府土地管理部门申请土地使用权变更登记，经同级人民政府土地管理部门核实，由同级人民政府更换或者更改土地使用权证书。

第六十一条规定：房地产抵押时，应当向县级以上地方人民政府规定的部门办理抵押登记。因处分抵押房地产而取得土地使用权利房屋所有权的，应当依照本章规定办理过户登记。

（6）《担保法》规定了土地抵押的范围、抵押登记效力等

第三十四条规定：下列财产可以抵押：

抵押人依法有权处分的国有土地使用权、房屋和其他地上定着物；

抵押人依法承包并经发包方同意抵押的荒山、荒沟、荒丘、荒滩等荒地的土地使用权。

第三十六条规定：以依法取得的国有土地上的房屋抵押的，该房屋占用范围内的国有土地使用权同时抵押。

以出让方式取得的国有土地使用权抵押的，应当将抵押时该国有土地上的房屋同时抵押。

乡（镇）、村企业的土地使用权不得单独抵押。以乡（镇）、村企业的厂房等建筑物抵押的，其占用范围内的土地使用权同时抵押。

第三十七条规定：下列财产不得抵押。

（一）土地所有权。

（二）耕地、宅基地、自留地、自留山等集体所有的土地使用权，但本法第三十四条第（五）项、第三十六条第三款规定的除外。

第四十二条规定：办理抵押物登记的部门如下：

（一）以无地上定着物的土地使用权抵押的，为核发土地使用权证的土地管理部门。

（二）以城市房地产或者乡（镇）、村企业的厂房等建筑抵押的，为县级以上地方人民政府规定的部门。

4.4.2.3　对土地登记违法行为处理的法律规定

（1）《土地管理法》

第八十二条规定：不依照本法规定办理土地变更登记的，由县级以上人民政府土地行政主管部门责令其限期办理。

（2）《土地登记办法》

第七十三条规定：当事人伪造土地权利证书的，由县级以上人民政府国土资源行政主管部门依法没收伪造的土地权利证书；情节严重构成犯罪的，依法追究刑事责任。

第七十四条规定：国土资源行政主管部门工作人员在土地登记工作中玩忽职守、滥用职权、徇私舞弊的，依法给予行政处分；构成犯罪的，依法追究刑事责任。

4.4.3　土地登记的特点与原则

4.4.3.1　土地登记的特点

我国现行采用的土地登记制度是一种法律登记制度，既有权利登记制度的特点，又参考了托伦斯登记制的内容，如登记的公信力、申请的实质审查、发放权利证书等。它以国家强制力为后盾，是一种积极主动的行政法律行为。

（1）形式立法

土地权利非经登记不发生效力，土地登记是土地权利变动的生效要件，即土地权利变动（土地所有权、使用权、土地他项权利的取得、变更、丧失）只有到土地登记机关登记后，才产生法律上的后果。

（2）实质审查

土地登记机关对登记义务人提出的土地登记申请，不仅要审查申请所必须具备的形式要件，而且还要对所申请登记的权利或权利变动事项是否符合国家的有关法律和政策，能否成立等情况进行审查。

（3）登记的公信力

土地权利一经登记即具有法律效力，即使登记在土地登记簿上的土地权利或权利变动事项按照实体法不成立或无效，对于善意取得土地权利的第三人仍然具有法律效力，善意第三人取得的土地权利不可推翻，不负返还义务。

（4）颁发权利凭证

土地登记机关将土地权利和权利变动事项登记到土地登记簿上后，还要向土地权利人颁发土地权利证书，主要有国有土地使用证、集体土地所有证、集体土地使用证、土地他项权利证明书，作为由土地权利人持有的享有该土地权利的法律凭证。土地权利证书是土地登记卡部分内容的副本。

4.4.3.2　土地登记的原则

（1）依法登记的原则

我国实行的土地登记，其依据就是现行的法律、法规。土地权利人在维护自己的利益时需要依据法律条款；土地登记工作人员在执行公务时，也要依据法律来规范自己的行为。申请人必须提供登记依据，申请内容必须经过审查，核准后方能确权登记。这些要求正是为了维护土地登记在法律上的严肃性和公正性。

（2）属地登记的原则

土地登记的主体必须统一。土地登记应该由土地所在地的登记机构统一进行登记，而不应因权利人身份不同而在同一区域内由不同级别的登记机关进行登记发证。土地抵押权、地役权的登记机关，必须与该土地所有权和使用权登记机关相一致，不得在另一登记机关分别进行登记。通过属地登记的方式，维护了登记的权威性，提高了登记结果的准确性。

（3）申请的原则

土地权利人要求政府土地管理部门保护自己的合法权益，必须采用书面形式做出明确的意思表示，即提出登记的申请。申请方式有权利人单独申请和权利人与义务人共同申请两种。

（4）审查原则

土地登记是一项严肃的法律行为，必须严格审查，未经过审查的土地权利不允许登记。土地登记规定的审查有三个层次，一是初审，由土地登记工作人员负责；二是审核，由土地管理部门负责人负责；三是批准，由政府负责人负责。

（5）土地权利保护的原则

明确规定依法登记的国有土地使用权、集体土地所有权和集体土地使用权、土地抵押权、地役权受法律保护，任何单位和个人不得侵犯。县级以上人民政府国土资源行政主管部门应当加强土地登记结果的信息系统和数据库建设，实现国家和地方土地登记结果的信息共享和异地查询。国家实行土地登记资料公开查询制度。土地权利人、利害关系人可以申请查询土地登记资料，国土资源行政主管部门应当提供。

4.4.4　土地登记的内容与程序

4.4.4.1　土地登记的内容

土地登记的内容是指反映在土地登记簿内的土地登记对象质和量方面的要素，主要包括土地权属性质与来源、土地权利主体、土地权利客体以及与这三方面直接相关的其他内容。土地权利主体包括土地所有者、土地使用者以及他项权利者；土地权利客体包括土地使用期限、土地面积、土地坐落地点及四至、土地用途、土地等级、土地价格、建筑占地面积、建筑容积率、建筑密度、建筑物类型等。

（1）土地权属性质与来源

我国实行的是土地的社会主义公有制，按照有关法律法规，我国的土地权属性质分为：国有土地所有权、集体土地所有权、国有土地使用权、集体土地使用权以及土地他项权利等。由于我国土地除集体所有土地外，均为国家所有，而且把不能证明为集体所有的土地均认为是国家所有，因此在实际的土地登记簿记录的只有集体土地所有权登记，不把国家土地所有权作为登记的内容。另外，对于土地他项权利（如租赁权、抵押权），在土地登记簿上一般把它记载在"登记的其他内容及变更登记事项"栏，而不记载在"土地权属性质"栏。

土地的权属来源是指土地所有者或使用者最初取得土地的方式。新中国成立以来，土地所有制和管理体制历经变化，土地权利的产生和变更时间的历史背景和所处地域是影响土地权属来源的两个主要因素。按照土地权属产生和变更的方式分类，主要包括国家土地所有权来源、集体土地所有权来源、国有土地使用权来源、集体土地使用权来源，各方式对应参照相关法律法规规定执行。土地权利人申请土地登记时，应当提交有关的土地权属来源证明文件，如上级部门的批准文件、房产证、主管部门证明、四邻证明等。土地权属来源合法是确认土地权属、进行土地登记的必要条件。只有根据合法的土地权属来源证明，土地登记机关才能确定土地权属的性质，并进而在土地登记簿上予以登记。

（2）土地登记的权利主体

土地登记的权利主体指土地的权利人，包括集体土地所有权人、国有土地使用人、集体土地使用权人和他项权利人。集体土地所有权人是特定的，为农村农民集体；集体土地使用权人一般是本集体内部成员或单位，只有在符合相关法律规定的特定条件下才可以是其他人；国有土地使用权人、土地他项权利人可以是自然人、法人和其他组织。

（3）土地登记的权利客体

土地权利客体主要包括土地的权属界址、土地面积、土地用途、土地等级和价格、土地使用条件等。

① 土地权属界址　土地权属界址是指某一权属单位的土地的位置和范围，或是某一土地权属单位所有或使用的土地权属界线。反映在实地上，界址表现为界址点及其界标；反映在地籍图上，界址表现为界址点符号及其编号和界址点连线；反映在地籍调查簿册上，是各界址点的坐标或相对位置说明。权属界址通过实地权属调查和地籍测量取得。权属调查确定的界址点，要经相邻宗地的权利人认界、签字，埋设界址标桩。

权属界址清楚无争议是进行注册登记、确认土地权属的必要条件。实行界址点与地籍图、地籍调查表、界址点文字描述应该一致，界址不清，或存在土地权属界址争议的，必须依法查清处理后，才能进行土地登记。

② 土地面积　土地面积是指宗地权属界址线范围内的土地面积。土地面积是由土地权属界址确定的。土地权属界址一经确定，土地权属面积随之确定。一般来讲，如果某一宗地的权属证明文件上的界址范围与实地一致，而面积不一致的，一律以界址范围为准更正土地面积数据。土地面积可以根据权利人对宗地的使用情况，分为独用面积、共用面积、共用分摊面积。土地权属面积准确，才能正确反映土地的价值，维护国家、集体和土地权利人的经济利益。

③ 土地用途　土地用途一般指土地权利人按照规定对其权利范围内的土地的利用方式。土地用途重要反映土地的功能，土地地类则反映土地的利用结构，具体到一宗地时，二者内容才是相同的。城市土地的用途主要受城市规划制约，在土地登记时，登记到城镇土地分类中的二级地类。城镇土地分类划分为 10 个一级地类，24 个二级地类。申请登记的土地用途必须符合有关规定，城镇土地用途应与城市规划和环境规划和环境保护相协调，土地权利人任意改变土地用途和闲置土地都是违法行为。

④ 土地等级和价格   城镇土地分等定级采用"等"和"级"两个层次划分体系。土地等反映全国城镇之间土地的地域性差异；土地级反映一个城镇内部土地的区位条件和利用效益的差异。土地等级反映某一宗地的质量优劣程度，决定土地产权的价值。

土地价格是土地价值在经济上的体现。土地价格体系一般包括基准地价、标定地价和其他地价（如出让底价、申报地价、交易价格、抵押价格、入股价格等）。

土地等级作为土地登记的内容，变动相对较慢，而土地价格则变动较快。目前，土地的标定地价、出让地价、转让地价、申报地价、抵押价格、入股价格都属于应当进行登记的内容。

⑤ 土地使用条件   土地使用条件是土地产权的重要组成部分，直接关系到土地权利的价格。因此，严格界定土地使用条件并予以登记十分重要。土地使用条件包括建筑占地面积、建筑限高、建筑密度、容积率等。土地使用条件重要来源于城镇规划的限定、土地使用权有偿出让合同中的规定和用地批准文件的规定三个方面。

4.4.4.2 土地登记的一般程序

不同类型的土地登记在登记的具体程序上虽然有所不同，但从最一般的意义上说，土地登记的程序可分为土地登记申请、权属审核、注册登记、颁发或更换证书等四个步骤。

（1）土地登记申请

土地登记申请是土地权利人或土地权利变动当事人按照规定的土地登记机关申请其土地权利状况或权利变动事项，请求在土地登记簿上予以注册登记的行为。按照《土地登记办法》的新规定，当事人在申请土地登记时就必须提交土地权属来源证明、地籍调查表、宗地图及宗地界址坐标等必要材料，其中申请人提交的地籍调查表、宗地图及宗地界址坐标，可以委托有资质的专业技术单位进行地籍调查获得。

申请人申请土地登记，应当根据不同的登记事项提交以下材料：土地登记申请书；申请人身份证明材料；土地权属来源证明；地籍调查表、宗地图及宗地界址坐标；地上附着物权属证明；法律法规规定的完税或者减免税凭证；其他证明材料。

（2）权属审核

权属审核是土地登记机关对申请人提交的证明文件资料和地籍调查资料的完备性、准确性、合法性进行审核，决定对申请登记的土地权利和权利变动事项，是否准予登记。权属审核是土地登记的核心环节。

（3）注册登记

注册登记是指土地登记机关按照人民政府对土地登记的批准意见，对批准土地登记的土地所有权、使用权、或他项权利进行登卡、装簿、造册的工作程序。它既是一种行政行为，又是一种的法律行为。一经注册登记，土地权利即产生法律效力，不可随意更改。国家实行土地登记人员持证上岗制度。从事土地权属审核和登记审查的工作人员，应当取得国务院国土行政主管部门颁发的土地登记上岗证书。注册登记人员包括经办人和审核人。

（4）颁发或更换证书

土地权利证书是土地权利人享有土地权利的证明。目前我国的土地权利证书包括：《国有土地使用证》、《集体土地所有证》、《集体土地使用证》、《土地他项权利证明书》。土地权利证书以宗地为单位根据土地登记簿的内容填写，对共有一宗土地的，应当为两个以上土地权利人分别填写土地权利证书。

国土资源行政主管部门应当自受理土地登记申请之日起二十日内，办结土地登记审查手续，特殊情况需要延期的一般总时间不超过三十天。土地登记形成的文件资料，有国土资源行政主管部门负责管理，土地登记申请书、土地登记审批表、土地登记归户卡和土地登记簿的式样统一规定制作。

4.4.5　土地登记案例分析

案例一：土地登记有误的，应注销原土地登记，重新确权后再登记

案情介绍

申请人：某菜市场

被申请人：某铁路局

1958 年由原甲市服务厅、商业厅和铁道部管理局联合发文，将铁路系统设在甲市地区的供应站全部移交当地的商业服务部门接管经营，甲市车站老官房的供应站由市蔬菜食品杂货公司（市蔬菜公司前身）接管使用，1987 年菜市场与蔬菜公司脱钩，市蔬菜公司将该处房地产的一部分移交给了申请人。1989 年原市房地产管理处为申请人颁发了房屋所有权证，2001 年市政府为申请人颁发了国有土地使用证。1993 年市人民政府根据解放时接收敌伪地产的资料为市铁路局颁发了国有土地使用证，因两次登记按照不同的权属资料进行，重叠发证，争议面积 1294.22 平方米。2002 年 11 月 4 日市人民政府注销了两个国有土地使用证。市国土资源局根据《土地管理法》第十六条规定，为双方当事人进行了调解，但调节未获成功。

根据调查结果和 1958 年铁路与地方的移交文件以及《确定土地所有权和使用权》的若干规定第二十六条："土地使用权确定给直接使用土地的具有法人资格的单位和个人。但法律、法规、政策和本规定另有规定的除外。"第二十七条："土地使用者经国家依法划拨、出让或解放初期接受、沿用，或通过依法转让、继承、接受地上建筑物等方式用国有土地的，可以确定国有土地使用权。"的规定，将争议土地的国有土地使用权确定给市蔬菜公司和某菜市场，面积为 1294.22 平方米。

案例评析

本案例为土地登记有误，造成土地权属争议，其原因为土地登记时登记机关分别按照不同的（接收和移交）权属来源文件进行登记，未对实际用地情况进行调查，造成重复发证，土地权利人分别依据已颁发的土地证书主张权利。争议发生后，注销土地证书是处理争议的前提；处理时，依据铁路和地方移交的正式文件确认移交结果，并根据确定土地所有权和使用权的若干规定第二十六条、第二十七条形成处理意见。中华人民共和国建立后，铁道系统接收了大量的铁道、站场用地，由于历史原因部分土地已被铁道系统以外的单位和人使用。这类用地的土地权属争议不仅涉及如何维护土地权利人合法权利，也涉及铁路和地方的关系问题，而且由于多数没有正式的移交、批准文件，处理难度极大。对这类争议如何妥善处理，是各级国土资源管理部门应当认真研究的问题。

案例二：先颁土地证后补用地审批的行为严重违反土地登记法定程序

案情介绍

上诉人（原审原告）：姬某

被上诉人（原审被告）：某县人民政府

被上诉人（原审第三人）：毕某

1990 年，江苏某市毕某居住的房屋用地被列入村庄统一规划范围，需另行审批宅基地。1991 年 4 月 4 日，乡土地所和规划办分别为其办理了《乡镇村民申请宅基地报批表》、《居民建房用地许可证》以及《村镇建设工程准建证》。该批准的宅基地位置在原审原告姬某的自留地范围内，占用了姬某原自留地 0.365 亩。双方为此产生纠纷，后经村组调解，由毕某

以其承包地相应的面积补偿给姬某，但没有依法办理交换变更手续，后又由毕某所属生产队收回。至1994年5月，毕某在报批的宅基地范围内建房。2003年1月，姬某以乡人民政府为被告提起行政诉讼，要求撤销毕某持有的《居民建房用地许可证》。2003年3月2日，乡人民政府以越权审批为由自行做出《关于撤销毕某宅基地批文的决定》，撤销了乡土地所于1991年4月4日颁发给毕某的用地和建房手续，姬某撤回起诉。2003年5月26日，某县人民政府为毕某颁发了诉争土地的《集体土地使用证》。2003年8月6日，该县政府在毕某的宅基地审批表上签署"同意补办使用"字样。姬某不服提起行政复议，2004年12月，市人民政府做出复议决定，维持某县人民政府为毕某颁发的《集体土地使用证》，姬某遂提起行政诉讼。

一审法院认为，村委会根据村庄规划的需要，对村集体所有的土地统一进行调整，符合村民自治以及土地合理利用的需要。本案诉争土地，依乡村规划已形成村庄建设用地。而且，原告姬某在第三人毕某建房之初已经村组调解，由第三人另行补偿土地。鉴于第三人按照乡村规划建房已达十年之久，以及第三人原用地手续被撤销的事实，被告某县人民政府基于第三人的申请以及所在村镇的意见，在履行地籍调查后，为第三人补办住宅建设用地审批手续，并无不当。第三人所持《集体土地使用证》的落款日期早于被告实际审批日期，属被告工作失误所致，被告应予补正并在今后的工作中引以为戒。但该程序的瑕疵并未影响到被诉行政行为实体的公正，仅以此而判决撤销有悖行政效率。关于原告要求赔偿其树木于1994年被第三人毁坏所造成经济损失的诉请，无事实和法律依据，且与本案被诉行政行为无关联，依法不予审查。依法判决驳回原告姬某要求撤销被告某县人民政府为第三人毕某颁发的《集体土地使用证》的诉讼请求。

二审法院经审理认为，被上诉人某县人民政府依法具有对本辖区农村村民住宅用地进行审批和颁发集体土地使用证的法定职权。被上诉人毕某使用的宅基地原审批手续已经被依法撤销，被上诉人为毕某现实际使用的宅基地进行补办审批手续，颁发集体土地使用证，应严格依照法定程序办理。但其在为原审第三人补办《集体土地使用证》时，存在先颁发《集体土地使用证》，后补办有关用地审批手续的情况。根据《江苏省土地登记办法》第十二条、第十五条、第十六条的规定，被上诉人的该颁发集体土地使用证的具体行政行为程序倒置，严重违反法律规定，应视为被上诉人做出该具体行政行为时没有证据、依据。被上诉人主张此行为是因上级检查需要的理由不能成立，本院不予支持。一审认定第三人所持《集体土地使用证》的落款日期早于实际审批日期，是被上诉人工作失误，属于程序上的瑕疵，显属不当。依法判决：（一）撤销一审行政判决；（二）撤销某县人民政府2003年5月26日为毕某颁发的《集体土地使用证》。

案例评析

村民建房用地的审批和权属登记是土地管理部门日常管理工作中的一项重要内容，由于历史的积习，我国农村村民形成了较为浓重的"惜土、恋土"情结，土地管理部门尤其需要注意强化依法管理，改变过去重实体轻程序的行政执法观念，努力做到土地管理的法治化。

依据国家和地方土地管理法律、法规规定，村民建房应依法先经有权土地管理部门审批，而后进行土地使用权登记，这是正当程序的基本要求。本案中，被上诉人某县人民政府先为土地使用者颁发土地使用证，后补办用地审批手续，明显严重违反了法定程序。

本案有两个法律问题值得思考：

第一是村庄规划中需调整村民原使用土地如何进行补偿的问题。村庄规划中需调整村民原使用土地如何进行补偿等处理问题是目前村庄规划实施中遇到的较为普遍的问题，也是土地管理中不可回避的问题。村庄建设规划依法编制后，在实施过程中，不可避免地会遇到需要拆除村民不符合规划的土地上建筑物或者附着物，但相关规划及土地管理法律中对此情况没有作出较为完善、明确规定。无论从法律上还是从社会公众观念中自然公平、正义角度考虑，为了村庄公益需要拆除村民建筑物或者附着物，均应当给予合理的补偿。这需要村农民集体在编制和实施村庄规划过程中予以充分考虑，也是土地管理部门在进行村庄建设用地管理中必须先行处理面对的问题。现行《土地管理法》可以比照的规定是第六十五条的规定，"为乡（镇）村公共设施和公益事业建设，需要使用土地的"，"农村集体经济组织报经原批准用地的人民政府批准，可以收回土地使用权"，但"应当给予适当补偿"。本案中，村庄规划的实施需拆除毕某房屋，毕某急需建房使用宅基地，村组安排毕某使用上诉人姬某的"自留地"，应先行处理好如何收回姬某使用的"自留地"问题，给予合理补偿后，报经乡或者县人民政府批准予以收回。

第二是关于如何补办审批手续的问题，根据《土地管理法》相关规定，村民建房需使用宅基地须依法报经县级人民政府批准，未批先建属于违法用地，依法应受处罚。但现行《土地管理法》第七十七条规定的"限期拆除"处罚种类过于严厉，没有充分考虑村民用地实际需要。本案中，原审第三人毕某已建房屋用地是先经乡人民政府审批，虽然乡政府越权审批无效，但其本人没有过错，且符合规划要求，不应受到处罚，县级政府可以依法为其补办审批手续，而后颁发土地使用权证。

本 章 小 结

地籍是指国家为了一定的目的而对土地的位置、界址、权属、数量、质量、地价和用途等基本情况进行记载的图簿册。地籍最初是为征税而建立的一种田赋清册或簿册，其主要内容是应纳税的土地面积、土壤质量及土地税额的登记。随着社会的发展，地籍的内容已经有很大扩展，现代地籍已经超出了仅作课税对象的登记清册之用，土地产权登记、土地分类面积统计和土地等级、土地价格等也成为清册的重要内容。因此，地籍在以课税为目的的基础上，扩大为土地产权登记和土地利用的重要依据。地籍的种类繁多，按照地籍的发展阶段，划分为税收地籍、产权地籍和多用途地籍；按地籍的特点和任务，可分为初始地籍和日常地籍；按地籍行政管理的层次，分为国家和基层地籍；按照地域可划分为城镇地籍和农村地籍。

地籍管理是国家为建立地籍和研究土地的自然、权属和经济状况而开展的包括地籍调查、土地登记、土地统计和土地分等定级为主要内容的一系列工作措施的总称。地籍管理是地籍工作体系的总称。地籍管理的核心是土地权属管理。地籍管理带有鲜明的阶级性，体现统治阶级的意志，社会主义条件下的地籍管理主要为社会主义公有制服务。现代地籍管理综合运用行政手段、经济手段、法律手段、技术手段，遵循统一性、连贯性、可靠性、完整性的基本原则。

土地调查是查清全国土地利用状况，掌握准确的土地管理基础数据，合理有效地利用土地资源的重要手段。土地调查采用全面调查的方法，综合运用实地调查统计、遥感监测等手段。土地调查按照调查内容的不同可分为地籍调查、土地利用现状调查和土地条件调查。

城市地籍调查也称城镇地籍调查，是对城镇、村庄范围内部土地的权属、位置、数量、质量和利用状况等进行调查。地籍调查的单元是宗地，内容可概括为土地权属调查和地籍测量。地籍调查的实施可大体分为五个阶段：准备工作、外业调查、内业工作、检查验收和成果资料整理。

土地利用现状调查是指以县域为单位，查清各类用地的面积、分布和利用状况，并自下而上，逐级汇总为省级、全国土地总面积及其分类面积而进行的土地资源调查。土地利用现状调查分概查和详查两种。土地利用现状调查的基本单元是图斑，主要任务是分县（市）查清各权属单位的土地总面积和分类面积及其分布状况，分为准备工作阶段、外业工作阶段、内业工作、成果检查验收阶段四个步骤。

土地条件调查，也称土地质量调查，指对土地的自然条件和社会经济条件的调查，并据此评定土地质量，进行土地分等定级和估价。土地条件调查一般程序为：准备工作—外业调查—资料和基础图件的确定—提供调查成果。

城镇土地分等定级是根据城镇土地的经济和自然两个方面的属性及其在社会经济活动中的地位和作用，综合评定和划分城镇土地等级。城镇土地分等定级遵循综合分析原则、主导因素原则、地域分异原则、级差收益原则、定量与定性相结合的原则，主要采用多因素综合评定法、级差收益测定法、地价分区定级方法。

城镇土地等反映全国城镇之间土地的地域差异，土地等的顺序在全国范围内的各城镇之间统一排列。城镇土地分等工作内容包括：城镇土地分等准备工作及外业调查；城镇土地分等因素选取、资料整理及定量化；城镇分值计算及土地等初步划分；验证、调整分等初步结果，评定城镇土地等；编制城镇土地分等成果；城镇土地分等成果验收；成果应用和更新。

城镇土地级反映城镇内部的土地区位条件和利用效益的差异，土地级的顺序在每个城镇内部排列，不同城镇的土地级别不具有可比较性。城镇土地定级工作的一般操作程序为：准备工作；资料收集；定级因素选择与权重测定；因素作用分的计算；单元划分与单元总分值的计算；土地级别的划分；级别边界图落实与级别图编制；面积量算；成果验收、整理、归档。

土地登记是指将国有土地使用权、集体土地所有权、集体土地使用权和土地抵押权、地役权依照法律法规规定需要登记的其他土地权利记载于土地登记簿的公示的行为。土地登记的对象是土地所有权、土地使用权和他项权利。土地登记按登记的时间和任务不同，可分为土地总登记、初始登记、变更登记、注销登记和其他登记。土地登记既是行政行为，也是一种法律行为，土地登记具有明确的法律依据与法律效力。我国的土地登记具有形式立法、实质审查、登记的公信力和颁发权利证书等鲜明特点，遵循依法、属地登记、申请、审查、土地权利保护等基本原则。

土地登记的内容是指反映在土地登记簿内的土地登记对象质和量方面的要素，主要包括土地权属性质与来源、土地权利主体、土地权利客体以及与这三方面直接相关的其他内容。土地权利主体包括土地所有者、土地使用者以及他项权利者；土地权利客体包括土地使用期限、土地面积、土地坐落地点及四至、土地用途、土地等级、土地价格、建筑占地面积、建筑容积率、建筑密度、建筑物类型等。

复习思考题

1. 简述地籍调查的主要内容？
2. 城镇土地分等的主要内容有哪些？
3. 我国土地登记的原则与特点？
4. 简述土地初始登记与变更登记的联系与区别？
5. 查阅相关资料，了解我国现行土地分等与定级中主要存在哪些问题？

参 考 文 献

[1] 卢新海. 城市土地管理与经营. 北京：科学出版社，2006.
[2] 简德三. 地籍管理. 上海：上海财经大学出版社，2006.

［3］　林增杰．地籍学．北京：科学出版社，2006.

［4］　张洪甫．土地管理典型案例评析．北京：中国大地出版社，2006.

［5］　国土资源部地籍管理司．农村土地权属争议调处案例选．北京：中国农业出版社，2008.

［6］　陆红生．土地管理学总论．北京：中国农业出版社，2002.

［7］　叶公强．地籍管理．北京：中国农业出版社，2002.

［8］　王万茂．地籍管理．北京：中国地质出版社，2000.

第5章 建设用地管理

本章要点

建设用地是我国三大地类之一，随着城市化进程的逐步推入，建设用地需求越来越大，但人多地少，耕地后备资源匮乏，这一基本国情又决定了我们必须实行最严格的土地管理制度，缓解建设用地供给与需求之间的矛盾。本章介绍了我国建设用地的概念、分类、条件分析与评定、内容等，并结合我国土地法律法规，阐述建设用地的计划管理和规划管理、建设用地的供应管理、建设用地的审批管理、征地管理、土地使用权划拨管理、临时建设用地管理、农村建设用地管理等内容。本章重点是建设用地的供应管理、征地管理。通过本章学习，对我国的建设用地状况能全面了解，熟悉建设用地管理及内容，熟悉征地制度，掌握土地用途管制制度在我国土地管理中的重要作用。

5.1 建设用地管理概述

建设用地管理是指国家调整建设用地关系，合理组织建设用地利用而采取的行政、法律、经济和工程的综合性措施。

5.1.1 建设用地概述

5.1.1.1 建设用地的概念

土地作为一种重要的资源，一直被用于人类生活、生产的各个方面，例如建造住宅、工厂、工矿、交通设施、军事设施等，这类用于建造建筑物及构筑物的土地即为建设用地，其中，建筑物是指人工建筑而成，由建筑材料、建筑构配件和建筑设备等组成的整体物，一般是指人们进行生产、生活或其他活动的房屋或场所，如工业建筑、民用建筑、农业建筑和园林建筑等；构筑物是指房屋以外的建筑物，人们一般不直接在其内进行生产和生活活动，如水塔、烟囱、栈桥、堤坝、挡土墙、蓄水池和囤仓等。

5.1.1.2 建设用地的特性

国家编制土地利用总体规划，规定了土地用途，将土地分为农用地、建设用地和未利用地，建设用地相对其他土地用途，有如下主要特点。

（1）建设用地利用的承载性与非生态性

建设用地是利用了土地的承载功能，而不是生产功能，建设用地性能高低与土地肥力无关，因此，考虑到建设用地的非生态性，选址时除了考虑地质构造等与承载功能相关的因素外，尽可能选取水土条件相对较差的土地，以发挥土地的最大效用。

（2）建设用地的高度密集性

农用地或未利用地变为建设用地后，就具有利用的高度集约性和高密度性，可以产生更高的经济效益，引起地价上涨，这也是人们热衷于将农用地转为建设用地的原因之一。因此，为了保护农用地，提高综合效益，必须采取严格的土地用途管制。

（3）建设用地的区位性

建设用地的选择，地理位置十分重要。交通条件、人口密度、地质条件、矿产资源分布等都决定了建设用地的具体用途。如繁华地块适宜用作商业用地，环境优美、交通便利的地块可优先作为住宅用地，而工矿企业建设用地，要么靠近原材料产地、要么靠近市场等。

（4）建设用地的稳定性和相对不可逆性

建筑物或构筑物一旦建成就可以使用很长的年限，所以建设用地较为稳定，但也正因为如此，建设用地再复垦为农用地则十分困难，因此，将农用地转为建设用地需充分论证，科学安排。所以应"严格限制农用地转为建设用地，控制建设用地总量，对耕地实行特殊保护"。

（5）建设用地的扩张性

随着经济、人口的发展，人们对建设用地的需求越来越大，建设用地呈现快速扩张的趋势（2009 年新增建设用地 25265.69 公顷，比 2008 年增加 16.7%），对农业用地构成了巨大的威胁。

5.1.1.3　建设用地的分类

（1）按照建设用地的权属性质分类

即按土地的产权性质划分，我国建设用地可以分为国家（国有）建设用地和农村集体建设用地两大类。国家建设用地是指国家所有的用于基础设施、经济、文化、国防建设以及举办各项社会公益事业所需占用的建设用地，包括关键机关、部队、团体、学校以及企事业（包括国有农场）等一切建设工程需要占用的土地。农村集体建设用地是指建筑物、构筑物占有的所有权属于农村集体经济组织的农民集体所有的土地，包括乡（镇）村企业用地、乡（镇）村公共设施和社会公益事业的集体土地、农民住宅使用的集体土地。

（2）按全国土地分类体系分类

国土资源部于 2001 年制定了城乡统一的全国土地分类体系，并于 2002 年 1 月 1 日起在全国试行。在该体系中，建设用地分为商服用地、工矿仓储用地、公用设施用地、公共建筑用地、住宅用地、交通运输用地、水利设施用地、特殊用地等 8 个二级类，32 个三级类。

（3）按建设用地用途分类

可分为农业建设用地和非农业建设用地。

（4）按建设项目使用的期限分类

按建设用地使用期限可分为永久性建设用地和临时性建设用地。临时性建设用地是指在实施建设过程中需要临时使用的土地。

（5）按建设项目用地的规模分类

可分为大型项目建设用地、中型项目建设用地、小型项目建设用地。

（6）按附着物的性质分类

可分为建筑物用地和构筑物用地。

（7）按建设用地的状况分类

可分为增量建设用地和存量建设用地。

5.1.2　城市建设用地的条件分析与评定

城市建设用地使用不但受气候、水文、地质等自然条件的影响，还受交通条件、人口密度等社会经济因素的制约，因此，城市建设用地使用不仅属于自然范畴，它还属于社会经济范畴，其使用条件需从以下几方面综合分析和评定，即自然条件评价、建设条件评价和经济评价。

5.1.2.1 城市建设用地的自然条件评价

城市建设用地的自然条件评价主要从工程地质、水文、气候、地形和用地适宜性等几个方面进行。

（1）工程地质条件

① 建筑土质与地基承载力 建设用地范围内各种地基的承载能力，对城市建设用地选择和各类工程建设项目的合理布置以及工程建设的经济性，影响非常大。

② 地形条件 不同的建设用地的地形条件，对建设规划布局、道路的走向和线型、各项基础设施的建设、建筑群体的布置、城市的形态、轮廓与面貌等，均会产生一定程度的影响。

③ 冲沟 冲沟是由间断流水在地层表面冲刷形成的沟槽。冲沟切割用地，使之支离破碎，造成严重的水土流失，对土地的使用十分不利，道路的走向往往受其限制而增加线路长度和增设跨沟工程，给工程建设带来困难。规划前应弄清冲沟的分布、坡度、活动状况，以及冲沟的发育条件，以便建设中及时采取相应的治理措施。

④ 滑坡与崩塌 滑坡与崩塌是一种物理工程地质现象。滑坡是由于斜坡上大量滑坡体（土体或岩体）在风化、地下水以及重力作用下，沿一定的滑动面向下滑动而造成的，常发生在山区或丘陵地区。崩塌的成因主要是由山坡岩层或上层的层面相对滑动，造成山坡体失去稳定而塌落。

⑤ 岩溶 地下溶洞有时分布范围很广、洞穴空间高大，对建筑工程结构的稳定性造成极大伤害。在城市用地选择时要查清溶洞的分布、深度及其构造特点，然后确定城市布局和地面工程建设用地的选择。

⑥ 地震 大多数地震是由地壳断裂构造运动引起的。所以，了解和分析当地的地质构造非常重要。掌握活动断裂带的分布，对城市规划与建设的防震大有好处。在强震区一般不宜设置城市；地震断裂带上一般可设置绿化带，不得进行城市建筑的建设，同时也不能作为城市的主要交通干道。

（2）水文及水文地质条件

① 水文条件 江河湖泊等地面水体，不但可作为城市水源，同时它还在水路运输、改善气候、稀释污水以及美化环境等方面发挥作用。但某些水文条件也可能给城市带来不利影响，例如洪水隐患，年水量的不均匀性，水流对沿岸的冲刷，以及河床泥沙淤积等。在建设规划中应处理好用地选择、总体布局以及堤防工程建设等方面的问题，同时区别城市不同地区，采用不同的洪水设计标准，从而充分利用土地，合理布设城市布局和节约建设投资。

② 水文地质条件 水文地质条件一般是指地下水的存在形式，含水层的厚度、矿化度、硬度、水温及水的流动状态等条件。地下水倘若过量开采，就会使地下水位大幅度下降，这样漏斗外围的污染物质极易流向漏斗中心，使水质变坏；甚至还会造成水源枯竭和引起地面沉陷，这对城市的防汛与排水均不利，而且会对地面建筑及各项管网工程造成破坏。

（3）气候条件

① 太阳辐射 分析研究城市所在地区的太阳运行规律和辐射强度，这对于建筑的日照标准、建筑朝向、建筑间距的确定，建筑的遮阳设施以及各项工程的采暖设施的设置，提供了规划设计的依据。

② 风向 风对城市规划与建设有着多方面的影响，尤其城市环境保护与风向的关系更为密切。风是地面大气的水平移动，由风向与风速两个量表示。风向就是风吹来的方向，表示风向最基本的一个特征指标叫风向频率。风速是指单位时间内风所移动的距离，表示风速最基本的一个特征指标叫平均风速。平均风速是按每个风向的风速累计平均值来表示的。根

据城市多年风向观测记录汇总所绘制的风向频率图和平均风速图又称风向玫瑰图。

③ 气温　气温对于城市规划与建设也有影响。城市由于建筑密集，生产与生活活动过程散发大量热量，往往出现市区气温比郊外高的现象，即所谓热岛效应，尤其在大城市中更为突出。为改善城市环境条件，减少炎热季节市区增温，在规划布局时，可增设大面积水体和绿地，加强对气温的调节作用。

④ 降水与湿度　降水是指降雨、降雪、降雹、降霜等气候现象的总称。降水量的大小和降水强度对城市较为突出的影响是排水设施。湿度的高低与降水的多少有着密切的联系。相对湿度又随地区或季节的不同而异。一般城市因大量人工建筑物与构筑物覆盖，相对湿度比城市郊区要低。湿度的大小还对城市某些工业生产工艺有所影响，同时又与居住环境是否舒适有联系。

（4）地形条件

不同建设用地的地形条件，对建设规划布局、道路的走向和线型、各项基础设施的建设、建筑群体的布置、城市的形态、轮廓与面貌等，均会产生一定程度的影响。

（5）城市用地适宜性评价

城市用地适宜性评价就是以城市建设用地为基础，综合各项用地的自然条件以及整个用地的工程措施的可能性与经济性，对用地质量进行的评价。城市用地适宜性的评价是在调查研究各项自然环境条件的基础上，按城市规划与建设的需要确定用地的适宜性程度，为正确选择和合理组织城市建设和发展用地提供依据。

根据城市用地适宜性评价结论，一般可将建设用地分为三类。

一类用地：即适于修建的用地。这类用地一般具有地形平坦、规整、坡度适宜，地质条件良好，没有被洪水淹没的危险，自然环境条件较为优越等特点，是能适应城市各项设施建设要求的用地。这类用地一般不需或只需稍加简单的工程准备措施，就可以进行修建。

二类用地：即基本上可以修建的用地。这类用地由于受某种或某几种不利条件的影响，需要采取一定的工程措施改善其条件后，才适于修建的用地。这类用地对城市设施或工程项目的布置有一定的限制。

三类用地：即不适于修建的用地。这类用地一般说来用地条件极差。

5.1.2.2　城市用地的建设条件评价

城市用地的建设条件是指组成城市各项物质要素的现有状况与它们在近期内建设或改进的可能以及它们的服务水平与质量。与建设用地的自然条件评价相比，城市用地的建设条件评价更强调人为因素的影响。城市用地的建设条件评价一般包括城市用地布局结构评价、城市市政设施和公共服务设施评价以及社会、经济构成评价三个方面。

（1）城市用地布局结构评价

① 城市用地布局结构是否合理，主要体现在城市各功能部分的组合与构成的关系，以及所反映的城市总体运营的效率与和谐性。一般城市越大，越难以改动。

② 城市用地布局结构能否适应发展，城市布局结构形态是封闭的，还是开放的，将对城市整体的增长、调整或改变的可能性产生影响。

③ 城市用地分布对生态环境的影响，主要体现在城市工业排放物所造成的环境污染与城市布局的矛盾，这一矛盾往往影响到城市用地价值，同时为改变污染状况而需要更多的资金投入。

④ 城市内外交通系统结构的协调性、矛盾与潜力，城市对外铁路、公路、水道、港口及空港等站场、线路的分布，将对城市用地结构形态产生深刻的影响。同时，城市内部道路交通系统的完善及与对外交通系统在结构上的衔接和协调性，不仅影响到建成区自身的用地

功能，还对城市进一步扩展的方向和用地选择形成制约。

⑤ 城市用地结构是否体现出城市性质的要求，或是反映出城市特定自然地理环境和历史文化积淀的特色等。

（2）城市市政设施和公共服务设施评价

城市市政设施和公共服务设施的建设现状，包括城市市政设施和公共服务设施的质量、数量、容量与改造利用的潜力等，都将影响到土地的利用及旧区再开发的可能性与经济性。

在公共服务设施方面，包括商业服务、文化教育、邮电、医疗卫生等设施，它们的分布、配套及质量等。无论是在用地本身，还是作为邻近用地开发的环境，都是土地利用的重要衡量条件，尤其是在旧区改建方面，土地利用的价值往往要视旧有住宅和各种公共服务设施以及改建后所能得益的多寡来决定。

在市政设施方面，包括现有的道路、桥梁、给水、排水、供电、煤气等管网、厂站的分布及其容量等方面。它们是土地开发的重要基础条件，影响着城市发展的格局。

（3）社会、经济构成评价

城市经济的发展水平、城市的产业结构和相应的就业结构都将影响城市用地的功能组织和各种用地的数量结构。

影响土地利用的社会构成状况主要表现在人口结构及其分布的密度，以及城市各项物质设施的分布及其容量，以及居民需求之间的适应性。在城市人口高密度地区，常常不得不进行人口疏解，人口分布的疏或密，将反映出土地利用的强度与效益。当旧区改建时，高密度人口地区常会带来安置拆迁居民的困难。

5.1.2.3　城市用地的经济评价

城市用地经济评价是指根据城市土地的经济和自然两方面的属性及其在城市社会经济活动中所产生的作用，综合评定土地质量优劣差异，为土地使用与安排提供依据。

（1）城市土地的基本特征

① 土地承载性　土地承载性是城市土地最基本的自然属性，它对城市发展和建设的影响主要反映在其物理属性方面，而与其自身的肥沃程度无关。

② 区位　城市土地由于不可移动，导致了区位的极端重要性。城市土地区位的涵义，除包括以地理坐标表示的几何位置外，更重要的是经济地理位置，即某一地段与周围经济环境的相互关系。它既包括有形的区位，如土地距就业中心远近，也包括无形的因素，如经济发展水平、社会文化环境等。

（2）区位评价

① 根据区位条件对土地的作用方式，建立城市土地评价的基本思路　在城市土地中，区位条件差异造成土地利用效益的差别，从而影响地租地价水平的高低；相反，地租地价水平的高低又决定着土地使用者的区位选择，二者形成互动的循环，最终形成土地收益和租金都趋向最高用途水平的合理空间结构。根据我国土地使用制度实施的实际情况，以决定土地质量优劣的区位因素为主要依据，采用土地分等定级即级差收益测算的方法进行城市土地评价，是较为切实可行的途径。

② 从分析区位条件入手，取得土地评价的因素因子体系　区位理论中的合理区位模式都是在一定假设前提下，通过选择区位因素，并分析它们对各类经济活动的影响来建立的。不过，城市土地评价因素的选择是根据城市实际情况而非假设。影响城市土地经济评价的因素不仅多样复杂，而且具有不同的层次。

从以上分析可以看出，城市用地的经济评价必须结合自然条件的评价和建设条件的评价，这三方面在许多地方是穿插在一起而不是孤立的，因此经济评价实为综合评价。

5.1.3　建设用地管理概述

建设用地管理是土地管理工作中极其重要的组成部分，是认真贯彻"十分珍惜和合理利用每寸土地，切实保护耕地"这一基本国策的主要阵地。建设用地管理需进行建设用地关系调整。调整建设用地关系，主要是指建设用地权属的确立与变更，以及调整建设用地的供应、使用过程中的分配与再分配关系，促进建设用地的用途管制、高效利用，实现可持续发展。合理组织建设用地是指对建设用地的使用进行组织、利用、控制和监督。

5.1.3.1　建设用地管理的基本原则

我国人口众多，土地绝对数量较大，但可利用的相对数量较小，人均占有耕地数量相对很少。人多地少的基本国情决定了要对建设用地实行严格控制，建设用地管理一般应遵循以下原则。

（1）统一管理的原则

根据《土地管理法》，我国实行建设用地统一管理的原则。从土地管理关系上看，下级服从上级，地方服从中央，在同一地区，统一由土地行政主管部门管理。即实行统一的法律和政策，由统一的管理部门负责管理，制定统一的规划、计划和建设用地指标，对土地的征用、转用、供应、监督实行统一管理。严格依照《土地管理法》，禁止政出多门，禁止多头批地，各级政府必须严格按照法律规定的批准权限和用地申报程序审批建设用地，杜绝建设用地浪费的现象。

（2）符合总体规划、实行计划管理的原则

土地利用总体规划和建设用地的计划管理是宏观土地市场管理的一项重要调控措施。城市建设用地的规模和使用，特别是农用地转为建设用地应当遵循土地利用总体规划的要求，严格实行土地用途管制。各级人民政府应当加强土地利用计划管理，实行建设用地总量控制。国家依据国民经济发展计划和土地利用总体规划，每年给省、市、自治区下达指令性计划指标，然后省、市、自治区层层分解下达，同时对具体项目供地，按照规定的用地限额及用途指标执行。建设用地管理首先要做好编制计划工作，实行建设用地总量控制，保证耕地总量的动态平衡。

（3）农业用地优先的原则

我国人均耕地少，耕地后备资源不足，为保证粮食安全，必须满足我国农业生产用地，建设用地尽可能少占或不占耕地。

（4）节约、集约用地的原则

我国人多地少，"十分珍惜和合理利用土地，切实保护耕地"是我国必须长期坚持的一项基本国策，强化节约利用土地、提高土地集约利用水平是解决目前土地供需矛盾的重要途径之一，建设用地管理必须适应"粗放型向集约型"的根本转变。土地行政主管部门要充分认识严格土地管理的极端重要性，落实建设用地指标时，应在综合考虑国家经济发展状况、土地资源状况、当前社会经济活动采用的先进技术和工艺平均水平等情况下，对建设项目用地规模做出的定性和定量的规定，制定并完善各类用地指标，尽量少占土地，特别是耕地，城市建设应当充分挖掘现有建设用地的潜能，防止浪费土地的现象发生，最大限度地集约用地，提高土地的利用效率。

（5）有偿使用的原则

1988 年通过修改《宪法》和《土地管理法》，1990 年国务院颁布了《城镇国有土地使用出让和转让暂行条例》，我国国有土地有偿使用制度正式建立。我国逐步从过去长期实行的"无偿、无限期、无流动"土地使用制度，转向以"有偿、有限期、有流动"为特征的有偿使用制度，使国家土地所有权在经济上得以体现。除法律规定采用划拨方式外，建设用地的获得一律采用协议、招标、拍卖、挂牌等有偿出让的方式，特别是商业、旅游、娱乐、写字楼及商品住宅等经营性开发的建设项目用地，须通过招标、拍卖或挂牌方式取得。土地的有偿使用制度是适应市场经济，体现土地资产特点，防止国有资产流失，促进土地资源合理配置的重要手段。

5.1.3.2 建设用地管理的内容

建设用地管理内容主要包括：建设用地的规划和计划管理、建设用地的供应管理、建设用地征用管理、农村建设用地管理和建设用地的信息管理与监测等方面。

（1）建设用地的规划和计划管理

土地利用规划和计划是建设用地管理的基本依据，土地行政管理部门进行建设用地的规划和计划管理的主要内容包括：①编制土地利用总体规划、土地利用年度计划，建立健全建设用地管理的宏观调控体系；②参与建设项目的前期用地审查，依法进行建设用地的审批，建设用地的批后跟踪管理，推行建设用地的全面管理；③会同有关部门拟订建设用地管理的行政法规、管理办法和技术指标规范。土地的使用首先要看是否符合土地利用总体规划，其次要看是否符合土地利用年度计划的要求。

（2）建设用地的供应管理

建设用地的供应是国家将土地使用权提供给建设单位的过程，我国建设用地的供应方式主要包括行政划拨和有偿使用两大类。根据《城市房地产管理法》第十三条规定土地使用权出让，可以采取拍卖、招标或者双方协议的方式；依据《城镇国有土地使用权出让和转让暂行条例》第十二条规定，土地使用权出让的最高年限：居住用地 70 年；工业工地 50 年；教育、科技、文化、卫生、体育用地 50 年；商业、旅游、娱乐用地 40 年；综合或者其他用地 50 年。

（3）建设用地的征用管理

"国家为了公共利益的需要，可以依法对土地实行征收或者征用并给予补偿"，国家在建设过程中需要使用农民集体土地的，应实行土地征用手续，将集体土地转为国家所有，并给予补偿。若"建设占用土地，涉及农用地转为建设用地的，应当办理农用地转用审批手续"。这是我国的一项基本土地使用制度。

（4）农村建设用地管理

农村建设用地是指城镇建设规划区以外，由乡（镇）集体和农民个人投资的各项生产、生活和社会公共设施以及公益事业建设所需要使用的土地。包括乡镇企业用地、宅基地、村镇公共设施建设用地等。

（5）建设用地的信息管理与监测

在建设用地审批过程中，政府用地管理部门必须综合土地利用总体规划、基本农田保护、土地利用现状等多种信息进行分析，需要对历史用地档案资料进行管理、查询、统计等工作。传统的人工信息管理方式在完成上述工作中存在极大困难，须借助科技手段对建设用地资料进行管理。因此，国家进行建设用地管理时要求"建立全国土地管理信息系统，对土地利用状况进行动态监测"。其内容包括：①利用遥感数据对全国建设用地进行监测，特别是对重点区域的建设占地实施动态监测；②建立建设用地管理数据库，对建设用地实施信息化管理。

5.2 建设用地的计划管理与规划管理

为贯彻"十分珍惜和合理利用每寸土地，切实保护耕地"的基本国策，我国对各项建设用地实行计划管理，《土地管理法》规定："各级人民政府应当加强土地利用计划管理，实行建设用地总量控制。

5.2.1 建设用地计划管理

5.2.1.1 建设用地计划管理的概念

建设用地计划管理是指国家按照上地利用计划米讲行建设用地管理的活动。建设用地计划是国民经济和社会发展计划中土地利用计划的组成部分，是加强土地资源宏观管理、调控固定资产投资规模和实施产业政策的重要措施，是审核建设项目可行性研究报告评估，初步设计及审批建设用地的重要依据。

5.2.1.2 建设用地计划管理的体系

完整的建设用地计划包括年限较长的土地利用总体规划、五年用地计划和年度用地计划的规划、计划体系。土地利用总体规划是体现土地综合利用、保护耕地的纲要，是编制五年用地计划的重要依据；五年用地计划是分阶段落实土地利用总体规划的中间环节，是指导编制年度用地计划的依据；年度用地计划是按照五年用地计划编制的分年度执行计划。目前，在实践中应用较多的是土地利用总体规划和土地利用年度计划。

5.2.1.3 建设用地计划管理的编制

（1）土地利用总体规划编制

土地利用总体规划分为国家、省、市、县和乡（镇）五级。根据需要可编制跨行政区域的土地利用总体规划。村庄土地利用总体规划是乡（镇）土地利用总体规划的重要内容。各地应当在编制乡（镇）土地利用总体规划时对村庄土地利用的总体布局作出科学规划和统筹安排。

土地利用总体规划编制前，国土资源行政主管部门应当对现行规划的实施情况进行评估，开展基础调查、重大问题研究等前期工作，组织编制土地利用总体规划大纲。国土资源行政主管部门依据经审查通过的土地利用总体规划大纲，编制土地利用总体规划。

土地利用总体规划编制的一般程序：①准备工作阶段；②调查研究阶段；③编制方案阶段；④上报审批阶段（图5-1）。

① 准备工作阶段：成立规划领导小组和规划办公室，拟订规划工作方案和工作计划，并报同级人民政府批准。落实规划经费和人员以及进行业务培训等。

② 调查研究阶段：根据需要，在收集和调查有关文件、资料基础上，进行专项研究，包括区位背景与发展态势分析，土地利用现状分析，土地适宜性评价，城镇化水平分析，土地需求量预测，土地利用问题、规划目标与战略确定等，并进行必要的外业调查核实。

③ 编制方案阶段：在调查研究的基础上，拟订用地指标，编制供选方案，确定用地分区和主要用地项目的布局，编绘总体规划图，编写总体规划报告。

④ 上报审批阶段：规划报告编写完成以后，要履行审批手续，形成一个规范性文件。根据审批手续，规划（送、审稿）必须提交同级人民政府通过，报省级以上人民政府审批，最后由同级人民政府正式公布实施。

（2）土地利用年度计划的编制

土地利用年度计划是国家对计划年度农用地转用量、土地开发整理补充耕地量和耕地保有量的具体安排。

土地利用年度计划的编制，是为了加强土地管理，实施土地利用总体规划，控制建设用地总量，引导集约用地，切实保护耕地，保证社会经济的可持续发展，其编制时间与国民经济和社会发展规划相同。土地利用年度计划管理制度包括土地利用年度计划的编制、报批、执行和监督。

计划编制过程一般是：①提出土地利用年度计划建议；②编制土地利用年度计划草案；③土地利用年度计划草案下达各地参照执行；④正式执行批准的土地利用年度计划（图5-2）。

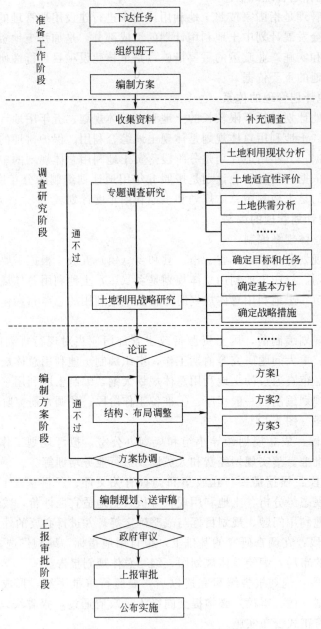

图 5-1　土地利用总体规划编制流程

① 提出土地利用年度计划建议　县级以上地方人民政府国土资源管理部门会同有关部门，按照国家的统一部署，提出本地的土地利用年度计划建议，经同级人民政府审查后，报上一级人民政府国土资源管理部门。各省、自治区、直辖市的土地利用年度计划建议，应当于每年 10 月 10 日前报国土资源部，同时抄报国家发展和改革委员会。

计划单列市、新疆生产建设兵团的土地利用年度计划建议在相关省、自治区的计划建议

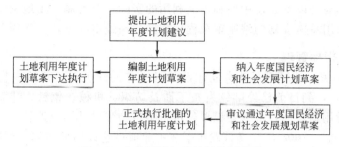

图 5-2　土地利用年度计划编制流程

中单列。

　　国务院各部门（含计划单列的大型工业联合企业和企业集团及军队）建设项目用地计划，报国务院计划部门和土地管理部门，同时抄报建设项目所在地的省级计划部门和土地管理部门。省级计划和土地管理部门在编报用地计划时，应把用地计划包括在内。涉及农用地转用的，由行业主管部门于上年 9 月 25 日前，按项目向国土资源部提出计划建议，同时抄送项目拟使用土地所在地的省、自治区、直辖市国土资源管理部门、发展和改革部门。

　　② 编制土地利用年度计划草案　国土资源部会同国家发展和改革委员会，在各地和国务院有关部门提出土地利用年度计划建议的基础上，汇总提出全国用地计划建议，编制全国土地利用年度计划草案，纳入年度国民经济和社会发展规划草案。

　　③ 土地利用年度计划草案下达各地参照执行　国土资源部会同国家发展和改革委员会将土地利用年度计划草案上报国务院，经国务院审定后，下达各地参照执行。

　　④ 正式执行批准的土地利用年度计划　全国人大审议通过国民经济和社会发展规划草案后，按批准的土地利用年度计划正式执行，由各级计划部门负责下达。各级土地管理部门按照用地计划下达执行计划，抄送同级计划部门。土地管理部门下达的执行计划必须与各级计划部门的计划相一致。

5.2.1.4　建设用地计划管理的审批

　　土地利用总体规划实行分级审批。省、自治区、直辖市的土地利用总体规划，报国务院批准。省、自治区人民政府所在地的市、人口在一百万以上的城市以及国务院指定的城市的土地利用总体规划，经省、自治区人民政府审查同意后，报国务院批准，除此规定以外的土地利用总体规划，逐级上报省、自治区、直辖市人民政府批准；其中，乡（镇）土地利用总体规划可以由省级人民政府授权的设区的市、自治州人民政府批准。

　　土地利用总体规划审查报批，分为土地利用总体规划大纲审查和土地利用总体规划审查报批两个阶段。

　　土地利用总体规划大纲经本级人民政府审查同意后，逐级上报审批机关同级的国土资源行政主管部门审查。国土资源行政主管部门应当对土地利用总体规划大纲的指导思想、战略定位、基础数据、规划目标、土地利用结构与空间布局调整等内容进行审查。

　　土地利用总体规划大纲通过审查后，有关国土资源行政主管部门依据大纲，编制土地利用总体规划。土地利用总体规划按照下级规划服从上级规划的原则，自下而上审查报批。有关国土资源行政主管部门应当自收到人民政府转来的下级土地利用总体规划之日起 5 个工作日内，征求有关部门和单位意见，并自收到有关部门和单位的意见之日起 15 个工作日内，完成规划审查工作。国土资源行政主管部门应当根据审查情况和相关部门意见，提出明确的审查结论，提请有批准权的人民政府审批。

　　《土地管理法》规定：土地利用年度计划，根据国民经济和社会发展计划、国家产业规划、土地利用总体规划以及建设用地和土地利用的实际状况编制。土地利用年度计划的编制审批程序与土地利用总体规划的编制审批程序相同，一经审批下达，必须严格执行。

5.2.2 建设用地指标管理

1988 年，原国家土地管理局就会同建设部组织有关行业部门开始编制分行业的《工程项目建设用地指标》，到目前已经陆续发布了涉及纺织、机械、钢铁、建材等 22 个行业 26 项工程项目的建设用地指标，成为建设单位进行项目初步设计、土地管理部门审核建设项目用地规模的重要依据，2008 年又修订发布了《工业项目建设用地控制指标》，对加强用地管理、促进建设用地特别是工业用地的集约利用起到了重要作用。

建设用地指标是指在平均先进的生产工艺、规划设计、技术经济水平和通常的场地条件下，一个建设项目（或单项工程）的主体工程和配套工程所需占用的额定土地面积；是适用于各类工程项目的全国统一指标。

建设项目用地指标一般可以分为总体和单项建设用地指标两个层次。总体建设用地指标，是指按设计任务书和初步设计文件规定的一个独立、完整项目的总平面用地定额指标。如矿山、电厂、钢铁厂的总用地定额指标。单项用地定额指标，指在建设项目中有独立设计、可以独立发挥效益的各个单项工程的用地定额指标。如大型企业的主要装置和分厂、民航机场的跑道等。主要为计算建设项目所需用地面积、建设项目的选址、总平面设计和按合理方案征拨用地服务。它是建设项目评估、编审项目建议书、设计任务书的依据；是编审初步设计文件，确定建设项目用地规模，以及核定审批用地面积的尺度。对于检验项目的用地投资和用地计划，以及在开展项目用地选址招标、投标和征地费用包干等项工作中加强建设用地管理和监督，具有指导作用。

建设用地指标的编制纳入工程建设标准定额计划，由建设部统一管理，具体编制工作由国家土地管理局负责组织。

5.2.3 城市建设用地规划管理

5.2.3.1 城市建设用地规划与土地利用规划的关系

城市规划是根据国民经济发展规划，在全面研究区域经济的基础上，根据城市的历史和自然条件确定城市性质和规模及城市各部分的组成，并对各用地种类加以全面组织和合理安排，为生产和生活创造良好环境的形态布局规划。土地利用规划是为了选择和实施最佳的土地方案，对土地和水资源潜力、土地利用的各种方案以及经济和社会条件，进行系统评价的过程。两者既存在区别也存在联系。

从内容、方法和成果看，城市规划和土地利用规划各成体系，并分别由建设部门和土地管理部门负责制定和实施。

从空间范围看，土地利用规划的范围比城市规划范围大，它要对规划区内全部土地的利用结构及其空间布局（包括城镇体系的用地布局）做出长期的合理安排，城市规划是土地利用规划的一个专项规划。城市用地只是土地利用规划中的一种用地类型，城市规划与土地利用规划的关系是点与面、局部与整体的关系。因此，虽然两种规划分别由不同的部门完成，但城市规划中有关城镇体系的用地布局、城市用地规模和用地选择、各项建设用地指标，以及城市发展方向等应当和土地利用规划相协调。同时，土地利用规划也应当考虑城市发展和建设的要求，为城市、村镇的发展建设等创造良好的用地条件。

5.2.3.2 城市建设用地规划管理内容

城市建设用地规划实施管理的内容主要包括以下几个方面：①建设项目选址；②建设用地规划管理；③建设工程管理；④工程建设规划设计管理；⑤国有土地使用权出让转让的规

划管理等。

5.2.3.3　城市用地规划的编制与审批

根据城镇体系的不同，一般全国城镇体系规划由国务院城市规划行政主管部门组织编制；省域城镇体系规划由省或自治区人民政府组织编制；城市人民政府组织编制城市规划；县级以上人民政府组织编制县级以上人民政府所在地镇的城市规划。

城市规划实行分级审批，按照《城市规划法》规定的审批权限，分别出国务院、省级人民政府和市级人民政府审批。

5.3　建设用地的供应

5.3.1　建设用地供应的概念

建设用地供应是指土地行政主管部门依据国家法律法规与政策，将建设用地提供给建设用地单位的过程。我国土地的社会主义公有制有全民所有和劳动群众集体所有两种形式，根据所有权和使用权相分离的原则，供地即为国家或集体以土地所有者的身份，依据年度土地供应计划，以出让和划拨等方式提供建设用地使用权的行为即为建设用地供应。建设用地供应主要涉及是否提供建设用地、提供建设用地的方式、提供建设用地的数量、提供建设用地的位置以及提供建设用地所需要的条件等问题。

5.3.2　建设用地供应的依据

5.3.2.1　建设用地供地的依据

依据国家有关规定，对于新建、扩建和改建的建设项目，有不同的供地政策。一般分为以下三类。

(1) 国家鼓励类项目——可以供地，甚至要积极供地。

(2) 国家限制类项目——限制供地。

按照《限制用地项目目录》（简称《限制目录》）（详见附录 1），限制提供建设用地主要集中在对需全国范围内统筹规划布局的，涉及国防安全和国家利益的，生产能力过剩需要总量控制的，大量损毁土地资源或以土壤为生产原料的，需要低于国家规定地价出让、出租土地的，按照法律法规限制的其他建设项目。凡列入《限制目录》第一至第十类的建设项目或者采用所列工艺技术、装备的建设项目，各级国土资源管理部门和投资管理部门一律不得办理相关手续；凡列入《限制目录》第十一至第十四类的建设项目，必须符合目录规定条件，各级国土资源管理部门和投资管理部门方可办理相关手续。

2006 年目录与 1999 年的目录相比，在其他项目一类中，变化最大的是，机动车交易市场、家具城、建材城等大型商业设施项目，大型游乐设施、主题公园（影视城）、仿古城项目，低密度、大套型住宅项目（指住宅小区建筑容积率低于 1.0、单套住房建筑面积超过 144 平方米的住宅项目），赛车场项目，公墓项目，机动车训练场项目等六类项目不仅被列入限制用地项目，而且禁止占用耕地，亦不得通过先行办理城市分批次农用地转用等形式变相占用耕地。

(3) 国家禁止类项目——禁止供地。

按照《禁止用地项目目录》（简称《禁止目录》）（详见附录 2），禁止提供建设用地主要集中在危害国家安全或者损害社会公共利益的，国家产业政策明令淘汰的生产方式、产品和工艺所涉及的，国家产业政策规定禁止投资的，按照法律法规规定禁止的其他建设项目。依次涉及煤炭、石油天然气和化工、信息产业、钢铁、有色金属、黄金、建材、医药、机械制造、船舶制造、轻工、纺织、烟草、消防及其他项目。凡列入《禁止目录》的建设项目或者采用所列工艺技术、装备的建设项目，各级国土资源管理部门和投资管理部门一律不得办理相关手续。

按照国务院批准的《产业结构调整指导目录》，凡采用明令淘汰的落后工艺技术、装备或者生产明令淘汰产品的建设项目，各级国土资源管理部门和投资管理部门一律不得办理相关手续。

2006 年目录与 1999 年目录相比，在其他项目中，增加了别墅类房地产开发、高尔夫球场、赛马场项目，党政机关、国有企业、事业单位新建培训中心项目，未依法取得探矿权的矿产资源勘查项目，未依法取得采矿权的矿产资源开采项目等六类项目。

各地可根据本地区实际情况，在符合《限制目录》和《禁止目录》的前提下，制定本地的《限制目录》和《禁止目录》。国土资源部、国家发展改革委将根据宏观调控需要，依据《产业结构调整指导目录》和国家产业政策、土地供应政策，适时修订《限制目录》和《禁止目录》。《限制目录》和《禁止目录》执行中的问题由国土资源部和国家发展改革委研究处理。

5.3.2.2 建设用地供地的方式

在计划经济条件下，我国实行的是划拨用地方式。随着社会主义市场经济体制的建立，土地作为生产要素进入市场，土地的供应方式以有偿使用方式为主，有偿使用和划拨方式并存。

（1）划拨方式供地。《土地管理法》第五十四条规定的 4 大类用地可采取划拨供地的方式。凡具体列入《划拨用地目录》（详见附录 3）的，可按划拨方式供地。

（2）有偿使用方式供地。除划拨方式供应建设用地以外的所有建设项目，要按有偿方式提供土地。有偿使用的形式包括：国有土地使用权出让、出租和作价出资或者入股。

（3）依法使用集体土地。可以使用集体土地的建设项目包括以下几种。

① 农民个人建房，但在两处建住宅是禁止的。

② 乡（镇）村公共设施、公益事业建设：可以使用本集体的或者使用其他集体经济组织所有的土地。

③ 乡（镇）企业：主要有 3 种类型，一是乡（镇）企业使用本乡（镇）集体所有的土地；二是村办企业使用本集体所有的土地；三是农村集体经济组织使用本集体所有的土地与其他单位、个人以土地使用权入股、联营等形式共同举办乡（镇）企业。

5.3.2.3 建设用地供地的具体位置

根据土地利用总体规划、城市规划、村庄和集镇规划，决定供地的具体位置。

5.3.2.4 建设用地供地时间

根据建设时间和土地供应年度计划，决定供地时间。

5.3.2.5 建设用地供地数量

根据国家规定的具体建设用地定额指标，决定供地数量。

5.3.3 建设用地供地的流程

5.3.3.1 经营性用地的供地程序

经农用地转用征收及合法收回的经营性用地，按以下程序供地：

① 委托经注册的土地估价中介机构或事业性土地估价评估机构进行地价评估；

② 对公开出让的底价、保证金、公告媒体、出让金交付方式等进行集体会审；

③ 拟订土地供应方案；

④ 对拟公开出让的经营性用地进行实地踏勘；

⑤ 土地供应方案报批；

⑥ 发布经营性用地公开出让公告；

⑦ 接受咨询、审查报名资格；

⑧ 组织招标拍卖挂牌出让活动，签署成交确认书；

⑨ 签订土地出让合同，交纳土地出让金；

⑩ 领取批准手续。

5.3.3.2　划拨用地的供地程序

经农用地转用征收及合法收回的土地符合协议出让条件的按以下程序供地：

① 拟订土地供应方案；

② 对项目用地进行实地踏勘；

③ 土地供应方案公示；

④ 土地供应方案报批；

⑤ 签署划拨决定书，交纳土地相关税费；

⑥ 领取批准手续。

其中，供地方案由市、县人民政府土地行政主管部门对建设用地单位的申请、审查认为可以供地后，用地单位方可拟订供地方案（涉及农用地转用和征地的，同时拟订方案）。供地方案要件包括：计划主管部门的项目意见；规划部门提供的规划意见；土地征用方案公告、征地协议书；具体建设项目用地申请书；建设项目用地红线图；建设项目规划红线图；地价评估报告等。

供地方案符合下列条件的，土地行政主管部门方可报人民政府批准：

①符合国家的土地供应政策；②申请用地面积符合建设用地标准和集约用地的要求；③划拨方式供地，符合法定的划拨用地条件；④以有偿使用方式供地的，供地的方式、年限、有偿使用费的标准、数额符合规定；⑤只占用国有未利用土地的，必须符合规划、界址清楚、面积准确。

若申请的用地：①不涉及农用地转用和征地的，按一般建设用地的审批权限执行；②涉及征地的，同征地的审批权限；③不涉及征地但涉及农用地转用的，同农用地转用的审批权限。

供地方案批准并且实现征地后，可正式供地。若 ①以划拨方式供地的由市、县政府土地行政主管部门向建设单位颁发《国有土地划拨决定书》和《建设用地批准书》，依照规定办理土地登记。②以有偿方式提供国有土地使用权的由市、县政府土地行政主管部门按报批的土地有偿使用合同草案，与用地单位签订正式合同，并颁发《建设用地批准书》，用地单位按规定交清土地有偿使用费后，颁发《国有土地使用证》。其中以拍卖和招标形式供地的，组织拍卖、招标。③依法使用集体土地的由市、县土地行政主管部门与用地单位签订《建设使用集体土地协议书》，并颁发《建设用地批准书》。

5.4　建设用地的审批

5.4.1　建设用地审批制度

新的建设用地审批制度设立农用地转用、土地征用、具体项目用地审批的相应程序，主要包括以下内容。

（1）实行建设用地预审

建设单位在可行性研究阶段向建设项目批准机关的同级国土资源部门提出预审，国土资源部门根据土地利用总体规划和国家土地供应政策进行预审，并出具预审报告。

（2）强化农用地转用审批

涉及农用地转用的，建设单位应申请办理农用地转用审批手续，提出占用农用地初步方案，占用耕地的，应提出补充耕地初步方案，同时承担补充耕地的义务。

（3）规范土地征用审批

建设项目需占用农村集体建设用地的，应办理土地征用审批手续，提出方案，并承担相应义务。

（4）集中审批权限

现行《土地管理法》将农用地转用及征地审批权上收至省级以上人民政府，省会城市的审批权上收至国务院。农村村民申请使用宅基地的，改为由乡（镇）人民政府审核，县级人民政府批准；宅基地使用涉及农用地的，也要办理农用地转用审批手续，审批权同样在省级以上人民政府。

（5）完善报批手续

规划的"圈"内土地，必须先由县级人民政府按照土地利用总体规划分批次报省级以上人民政府办理农用地转用、土地征用审批手续后，方可统筹安排具体建设项目用地，即必须先"批发"后"零售"，而"圈"外建设用地，仍以项目为单位上报，由省级以上人民政府审批。

（6）实行项目用地审批

具体建设项目用地审批是建设项目落实到具体地块的最后审批环节。"圈"内用地在已批准的农用地转用范围内，由市、县人民政府在省政府规定的权限范围内具体确定；"圈"外具体建设项目用地审批一般由省级以上人民政府审批。

（7）明确供地方式

根据《土地管理法》规定，项目性质不同，实行土地出让等有偿使用和划拨使用等不同供应方式。

5.4.2 建设用地的审查报批管理

建设用地审批主要程序分"圈"外、"圈"内，分别如下。

（1）单独选址（圈外用地）的程序：①用地单位提出预申请；②建设单位持有关材料，向市、县国土资源部门提出用地申请；③市、县国土资源管理部门拟订供用地方案；④方案经同级政府审核同意后逐级上报到有批准权的政府批准；⑤方案批准后，由市、县政府组织实施，向建设单位颁发《建设用地批准书》；⑥土地登记，颁发土地使用证。

（2）规划区建设用地（圈内用地）的分批次报批的程序分两个阶段：

① 第1阶段：a. 拟订方案，市、县国土资源部门根据土地利用年度计划拟订方案，并报同级政府审核同意后，逐级上报到有批准权的政府；b. 审查报批；c. 实施：方案批准后，由市、县政府组织实施，按具体建设项目分别供地。

② 第2阶段：和圈外用地的报批程序基本一致，包括预审、拟订方案、实施和土地登记等步骤。

为规范建设用地审查报批工作，国土资源部制订了《建设用地审查报批管理办法》，其主要条款如下。

① 建设项目可行性论证时，建设单位应当向建设项目批准机关的同级土地行政主管部门提出用地预申请。受理预申请的土地行政主管部门应当根据土地利用总体规划和国家土

供应政策，对建设项目的有关事项进行预审，出具建设项目用地预审报告。

②在土地利用总体规划确定的城市建设用地范围外，单独选址的建设项目使用土地的，建设单位应当向土地所在地的市、县人民政府土地行政主管部门提出用地申请。

③在土地利用总体规划确定的城市建设用地范围内，实施城市规划占用土地的，由市、县人民政府土地行政主管部门拟订农用地转用方案、补充耕地方案和征用土地方案，编制建设项目用地呈报说明书，经同级人民政府审核同意后，报上一级土地行政主管部门审查。

在土地利用总体规划确定的村庄、集镇建设用地范围内，为实施村庄和集镇规划占用土地的，由县、市人民政府土地行政主管部门拟订农用地转用方案、补充耕地方案，编制建设项目用地呈报说明书，经同级人民政府审核后，报上一级土地行政主管部门审查。

④建设只占用国有农用地的，市、县人民政府土地行政主管部门只需拟订农用地转用方案、补充耕地方案和供地方案。

建设只占用农民集体所有建设用地的，市、县人民政府土地管理部门只需拟订征用土地方案和供地方案。

建设只需占用国有未利用地，按照《土地管理法实施条例》第二十四条规定应由国务院批准的，市、县人民政府土地行政主管部门只需拟订供地方案；其他建设项目使用国有未利用地的，按照省、自治区、直辖市的规定办理。

有批准权的人民政府土地行政主管部门要实行内部会审制度，审查期限最多30个工作日。审查内容为材料是否齐全、用地是否符合条件等。同时填写建设项目用地审查意见表，符合要求的方可报政府。有批准权的人民政府予以批准，批准形式一般是文件批复。

5.5　建设用地的征收和征用

土地征收是指国家为了公共利益的需要，通过行政主体利用国家强制力，按照法律规定的程序，将一定范围的集体土地所有权强制转为国家所有，并依法给予相应补偿的一种法律行为。我国的土地征收具有如下特征。

（1）土地征收是一种政府行为

土地征用是政府的专有权利，其他单位和个人都没有征地权，但为了保护集体土地所有权人的合法权益，政府不能滥用权利，必须依法行使。

（2）土地征收具有强制性

国家为了公共利益需要，一旦确定征收，被征地单位必须服从，不得阻挠。

（3）土地征收必须遵循法定程序

土地征收作为一项严重影响相对人财产权的国家强制制度，必须得有有效的制约制度。为此，法律规定了严格的征收程序，包括申报、批准、公告、实施和监督等，这些程序是任何土地征收行为都必须遵守的，否则，就是违法征地，实施单位要承担相应的法律责任。

（4）土地征用具有补偿性

土地是被征地农民集体和农民的基本生产资料，一旦失去了土地，农民将失去生存的依靠。因此，必须对被征地单位支付补偿费，造成劳动力剩余的必须予以安置。

（5）土地征用具有公开性

征收行为必须向社会公开，接受社会的公开监督。

土地征用是指国家为了公共利益的需要，给予法律规定的特殊原因，在不改变土地所有权的前提下，通过行政主体运用国家强制手段依法取得一定时期土地使用权的一种行政行为。从现行法律规定来看，土地征用具有以下特征。

① 土地征用的对象是土地的使用权，既包括国有土地使用权，也包括集体土地使用权。

② 土地征用是一种强制行为，由于征用的目的是特定条件下的公共利益，因此，在征用行为实施时不需征得权利人同意即可实施。

③ 土地征用行为实施的条件是法定的，并有着严格的范围限制。根据法律规定，只有在因抢险、救灾等紧急需要的前提下，具有法定权限的机关按照法定程序才能实施征用，这几个条件缺一不可。

④ 土地征用是具有一定期限的，在特定任务完成（或法定条件解除）后，土地使用权应当及时归还。

⑤ 土地征用造成权利人损失的，应当给予一定的补偿。

5.5.1　征收和征用的区别和联系

征收和征用，是国家强行取得公民和法人的财产权或者使用公民和法人的财产制度。二者既有共同之处，又有不同之处。共同之处在于，都是为了公共利益需要；都要经过法定程序；都具有强制性；都要依法给予补偿；而被征收的单位（个人）必须服从，不得抗拒。

两者主要区别如下。

① 征收针对的是土地所有权，是国家强制从被征地人手中剥夺所有权，其结果是物权发生转移，集体土地所有权消失；而征用针对的是土地使用权，是在紧急情况下对土地的强制使用，只是土地使用权的临时转移或限制，特定条件消失后，土地使用权归还原权利人。

② 土地征收过程在实施过程中要严格遵循相关程序；而土地征用，对程序相对较宽松，可以先行用地。

③ 由于土地征用不涉及所有权的转移，在紧急状态消失后土地使用权要归还，权利人损失相对较小，因此，补偿主要针对征用前的实物状态或价值状态予以恢复，标准相对较低；土地征收涉及所有权的转移，权利损失较大，需按国家标准及地方经济发展水平对相关单位及人员予以补偿，补偿标准也较高。

④ 征收强调基于公共利益的需要，土地征用在强调公益性质的同时，还要求存在紧急状态和紧急需要，如抢险、救灾等临时性的紧急状态，其目的的限制更为严格。

我国《宪法》和《土地管理法》2004 年修正或修改前，没有区分上述两种不同的情形，统称"征用"。修正后的宪法对征收与征用的概念已严加区分，《土地管理法》也作了相应规定："国家为了公共利益的需要，可以依法对土地实行征收或者征用并给予补偿。"2007 年的《物权法》，也明确了土地征收和征用的区别。

5.5.2　征收土地的审批

征收土地是一种政府行为，只有国务院和省级人民政府有权批准，其他任何单位和个人，包括市、县人民政府都没有权限。为严格保证土地征收依法进行，制止违法越权批地，法律中规定了严格的土地征收审批权限。在土地征收中，审批机关必须严格依照权限批地，严禁将单个建设项目用地分拆审批。

5.5.2.1　征地审批的权限

《土地管理法》第五十三条规定："经批准的建设项目需要使用国有建设用地的，建设单位应当持法律、行政法规规定的有关文件，向有批准权的县级以上人民政府土地行政主管部门提出建设用地申请，经土地行政主管部门审查，报本级人民政府批准"。因此，建设项目征用和划拨土地只能向法定的土地管理部门申请，经土地管理部门根据有关规定审查报批后，由具有批准权限的本级人民政府批准。征地是一种政府行为，只有国务院和省级人民政府有权批准，其他任何单位和个人，包括市、县人民政府都没有征地权。

（1）农用地转为建设用地的审批

根据《土地管理法》第四十四条，规定了农用地转为建设用地的审批权限。

①省、自治区、直辖市人民政府批准的道路、管线工程和大型基础设施建设项目、国务院批准的建设项目占用土地，涉及农用地转为建设用地的，由国务院批准。

②在土地利用总体规划确定的城市和村庄、集镇建设用地规模范围内，为实施该规划而将农用地转为建设用地的，按土地利用年度计划分批次由原批准土地利用总体规划的机关批准。在已批准的农用地转用范围内，具体建设项目用地可以由市、县人民政府批准。

③凡上述规定以外的建设项目占用土地，涉及农用地转为建设用地的，由省、自治区、直辖市人民政府批准，省级以下人民政府不再有审批权限。

（2）征收集体土地审批权限

根据《土地管理法》第四十五条，规定了征用土地的审批权限。根据规定，征收土地批准权限如下。

①征收基本农田和基本农田以外的耕地超过 35 公顷的，其他土地超过 70 公顷的，由国务院批准。

②征收上述第一款规定以外的土地的，由省、自治区、直辖市人民政府批准，并报国务院备案。

③征收农用地的，应当依照《土地管理法》规定先行办理农用地转用审批。其中，经国务院批准农用地转用的，同时办理征地审批手续。不再另行办理征地审批；经省、自治区、直辖市人民政府在征地批准权限内批准农用地转用的，同时办理征地审批手续，不再另行办理征地审批，超过征地批准权限的，应当依照上述第一款的规定另行办理征地审批。

5.5.2.2　征收土地审批程序

征收土地审批是法律赋予土地管理部门的重要职能，也是建设用地管理人员的职责。征地审批依据包括《土地管理法》、《土地管理法实施条例》等土地管理法律、法规和有关规定，以及土地利用总体规划和年度计划、用地定额指标和技术规范等，各省根据国家的法律法规也制定了相应审批程序。征收土地一般按以下流程实施：申请用地——审查——拟订征地方案——上报审批——批复——实施——登记发证。

（1）申请用地

建设单位持批准的建设项目可行性研究报告或县级以上人民政府批准的有关文件，向县级以上人民政府土地行政主管部门提出项目建设用地申请。

（2）审查

土地行政主管部门会同有关部门进行审查按照审核标准对已受理的用地申报资料审核，如符合条件，组织现场踏勘、测量。

（3）拟订征地方案

县、市土地行政主管部门组织建设单位和被征地单位（或国有土地原使用单位）及有关部门拟订土地补偿安置方案并主持签订征地初步协议。

（4）上报审批

先报本级人民政府审核签署意见，后逐级上报有批准权限的上级政府批准。

（5）批复

具有批准权的国土资源部门先审查，复核用地计划指标，核定用地数量，审定征地协议等，后报同级人民政府审批，对符合条件的，由国土资源行政主管部门代批准机关下文批复。省政府批复后，建设单位根据批准用地面积及缴费标准交纳相关费用。

（6）实施

《土地管理法》第四十八条规定："征地补偿安置方案确定后，有关地方人民政府应当公告，并听取被征地的农村集体经济组织和农民的意见。"因此，被征土地所在地的市、县人民政府应在收到征地批复文件起 10 个工作日内进行征地公告，并发布征地补偿安置方案公告，听取被征地单位和个人意见，最后签订征地补偿安置协议，充分考虑，维护征地者、被征地者的合法权益。

（7）登记发证

建设项目竣工验收后，由用地单位向县、市土地行政主管部门进行土地登记申请。经土地行政主管部门审核、注册登记后，颁发土地使用证，作为使用土地的法律凭证。

5.5.3　征收土地的补偿与安置

《土地管理法》第四十七条规定：征收土地的，按照被征收土地的原用途给予补偿。这种补偿费是建设单位因征用土地而依法向被征单位支付的各项费用的总和，它不是一般意义上地价，需包括对与土地相关的人和物的补偿以及对剩余劳动力的安置，而且必须以妥善安置被征地群众的生产和生活为前提，兼顾国家和被征地单位利益。

补偿费是因征用土地而直接发生的费用，以直接向被征单位支付的土地补偿费和安置费用为主体构成。征收耕地的补偿费用包括以下几个方面。

5.5.3.1　土地补偿费

土地补偿费是国家建设征用土地时，为补偿被征地单位的经济损失而支付的款项。其实质是对农民在被征用之土地上长期投工、投资的补偿，该项费用只能由被征地单位用于再生产投资，可视土地使用者或者土地承包者对土地的投入情况给予适当补偿，被征地的农村集体经济组织应当将征收土地的补偿费用的收支状况向本集体经济组织的成员公布，接受监督。土地补偿费的标准因地类的不同而有区别。

如征收耕地产生的土地补偿费，为该耕地被征收前 3 年平均年产值的 6～10 倍，其中年产值按被征地前 3 年平均产量和国家规定的价格计算；若征收城市郊区菜地的，除支付土地补偿费外，还要根据《国家建设征用菜地缴纳新菜地开发建设基金暂行办法》的规定，缴纳新菜地开发建设基金。所谓城市郊区菜地，是指城市郊区为供应城市居民吃菜，连续 3 年以上常种菜或者养殖鱼虾的商品菜地和精养鱼塘。

新菜地开发建设基金的标准，因城市人口的多少有所不同。新菜地开发建设基金按城市规模大小，有不同收取标准：根据城市的规模规定每亩缴纳 3000～10000 元，即征用 100 万人口（不含郊县人口，仅指市区和郊区的非农业人口，下同）以上的城市郊区菜地每亩收取 7000～10000 元；征用 50 万～100 万人口城市菜地每亩收取 5000～7000 元，在京、津、沪所管辖县征用为供应直辖市居民吃菜的菜地，也按该标准缴纳。征用 50 万人口以下的城市郊区菜地每亩收取 3000～5000 元。

5.5.3.2　地上附着物和青苗补偿费

青苗一般指长在地上，且处于生长期尚未成熟的农作物。地面附着物通常是指房屋、树木、水井等因自然或人工而与土地结合在一起，附着于土地之上的物。青苗和地上附着物，一般都是土地所有者或土地使用者投工、投资的产物。土地被征后，青苗往往要被毁掉，地面附着物要被移走或拆掉，也因此会带来经济损失。因此，用地单位要向青苗或地面附着物的所有人支付青苗或地上附着物补偿费。被征用土地的附着物和青苗的补偿费标准，由省、自治区、直辖市人民政府自行制定。凡在协商征地方案后抢种的农作物、树木和抢建的设施，一律不予补偿。

青苗补偿标准：对刚刚播种的农作物，按季产值的 1/3 补偿工本费。对于成长期的农作物，最高按一季作物产值补偿。对于粮食、油料和蔬菜青苗，能得到收获的，不予补偿。

多年生的经济林木：要尽量移植，由用地单位给付移植费；如不能移植必须砍伐的，由用地单位按实际价值补偿。对于成材树木，由树的所有者自行砍伐，不予补偿。

房屋拆迁补偿：拆迁房屋按"拆什么，补什么，拆多少补多少，不低于原来水平"的原则，对所拆迁的房屋，按其原有建筑的结构类型和建筑面积，给予合理补偿。补偿的标准按各地区现行价格分别制定。

电话线、电力线、自来水、排灌站、桥梁、涵洞、铺石道路、水泥地等，参照建筑造价，由土地管理部门与被征单位具体商讨确定有关补偿、迁移和复建事宜。

征用土地需要迁移铁路、公路、高压电线、通讯线、广播线等，要根据具体情况和有关部门进行协商，编制投资概算，列入初步设计概算报批。拆迁农田水利设施及其他配套建筑物、水井、人工鱼塘、养殖场、坟墓、厕所、猪圈等的补偿，参照有关标准，付给迁移费或补偿费。

地上附着物补偿费：谁拆迁或迁建的，支付给谁，自行拆迁的，支付给附着物的所有者；青苗、林木、果树补偿给所有者。

5.5.3.3　安置补助费

安置补助费是指安置以土地为主要生产资料并取得收入的农业人口所需支付的补助金额。其主要目的是帮助失去土地的农民解决就业问题及其他生活方面的困难。

安置补助费，按照需要安置的农业人口数计算。需要安置的农业人口数，按照被征收的耕地数量除以征地前被征收单位平均每人占有耕地的数量计算。每一个需要安置的农业人口的安置补助费标准，为该耕地被征收前三年平均年产值的 4～6 倍。但是，每公顷被征收耕地的安置补助费，最高不得超过被征收前 3 年平均年产值的 15 倍。具体计算公式如下：

$$安置补助费＝被征用耕地前三年平均年产值×补偿倍数$$

征地的安置补助费标准，由省、自治区、直辖市参照征收耕地的安置补助费标准规定，各地规定的补偿费标准不尽相同，实践中应按当地规定的标准执行。

由于我国地域辽阔，人口各地分布不均，经济社会发展水平各地差异较大，如果按照规定的标准支付土地补偿费和安置补助费后，尚不能使需要安置的农民保证原有生活水平的，经省、自治区、直辖市人民政府批准，可以适当提高标准，但土地补偿费和安置补助费之和，不得超过土地被征前 3 年平均产值的 30 倍。安置补助费是谁负责安置，谁管理、使用，不安置的支付给需要安置的人员。但农村集体经济组织和村民委员会应与自谋职业的农民签订协议。

5.5.3.4　其他规定

（1）占用基本农田保护区耕地开垦费

《基本农田保护条例》规定："基本农田保护区经依法划定后，任何单位和个人不得改变或者占用。国家能源、交通、水利、军事设施等重点建设项目选址确实无法避开基本农田保护区，需要占用基本农田，涉及农用地转用或者征用土地的，必须经国务院批准"。"经国务院批准占用基本农田的，当地人民政府应当按照国务院的批准文件修改土地利用总体规划，并补充划入数量和质量相当的基本农田。占用单位应当按照占多少、垦多少的原则，负责开垦与所占基本农田的数量与质量相当的耕地；没有条件开垦或者开垦的耕地不符合要求的，应当按照省、自治区、直辖市的规定缴纳耕地开垦费，专款用于开垦新的耕地。""占用基本农田的单位应当按照县级以上地方人民政府的要求，将所占用基本农田耕作层的土壤用于新开垦耕地、劣质地或者其他耕地的土壤改良。"

《土地管理法》规定："国家保护耕地，严格控制耕地转为非耕地，国家实行占用耕地补偿制度。非农业建设经批准占用耕地的，按照占多少、垦多少的原则，由占用耕地的单位负责开垦与所占用耕地的数量和质量相当的耕地；没有条件开垦或者开垦的耕地不符合要求的，应当按照省、自治区、直辖市的规定缴纳耕地开垦费，专款用于开垦新的耕地"。"省、自治区、直辖市人民政府应当制定开垦耕地计划，监督占用耕地的单位按照计划开垦耕地或者按照计划组织开垦耕地，并进行验收"，"县级以上地方人民政府可以要求占用耕地的单位将所占耕地耕作层的土壤用于新开垦耕地、劣质地或者其他耕地的土壤改良。"

（2）临时用地补偿费

工程项目需要临时使用国有土地或者农民集体所有的土地，应当先经有关城市规划行政主管部门同意，由县级以上人民政府土地行政主管部门批准后方可使用。经批准后，同农村集体经济组织签订临时用地协议，并按该土地前3年平均年产值逐年给予补偿。临时用地逐年累计的补偿费最高不得超过按征用该块土地标准计算的土地补偿费用和安置补助费的总和。

（3）《土地管理法》规定：大中型水利、水电工程建设征收土地的补偿费标准和移民安置办法，由国务院另行规定。

（4）税费

① 土地管理费　一般按征地费总额的1%～4%提取。具体收取比例按征地数量的多少、征地工作的难度等实际情况，由地方政府确定。

② 耕地占用税　按实际批准占用的土地面积计税，由当地财政部门负责收取。征税范围包括占用耕地、园地、鱼塘或其他按当地财政部门规定需纳税的土地，税额以县为单位按人均占用耕地多少，并参照经济发展情况确定。

（5）农转非和劳动力安置

因征地造成的剩余劳动力和农转非人员不断增加，从而使征地速度和国家建设受到影响，因此，各地政府应在《土地管理法》的基础上又制定了具体的政策规定。

5.5.4　耕地保护制度

5.5.4.1　耕地及其分类

耕地是指种植农作物，经常进行耕锄的田地，包括熟地、新开荒地、休闲地、草田轮作地、连续三年撂荒未满3年的耕地；以种植农作物为主，并附带种植果树、桑树和其他林地的土地；耕种三年以上的滩地和海涂。耕地中包括南方宽小于1米，北方宽小于2米的沟、渠、路和田埂。

根据不同的自然条件和社会生产条件，耕地可分为：灌溉水田、望天田、水浇地、旱地和菜地5个二级类。其中灌溉水田是指有水源保证和灌溉设施，在一般年景能正常灌溉，用以种植水稻、莲藕、席草等水生作物的耕地，包括灌溉的水旱轮作地；望天田是指无灌溉工程设施，主要依靠天然降雨，用以种植水稻、莲藕、席草等水生作物的耕地。包括无灌溉设施的水旱轮作地；水浇地指水田、菜地以外，有固定灌溉设施，在一般年景能保浇一次水以上的耕地；旱地指无灌溉设施、靠天然江水生长作物的耕地，仅靠引洪淤灌的耕地；菜地指种植蔬菜为主的耕地，包括温室和塑料大棚用地。

5.5.4.2　我国耕地资源状况

我国耕地总特点：①人均少，质量低，分布不均匀，后备资源开发利用困难；②随着经济的发展，耕地减少情况严重：基础设施建设、城市外延无节制扩张、农民建房等都占用大量耕地；③由于人们的不合理利用，耕地退化比较严重，如：荒漠化、盐渍化、酸化、肥力减退、水土流失等。作为农业生产和为人们提供食品的基础，耕地正受到严重的威胁，因此，保护耕地不仅关系到农业的长期稳定，而且对整个国民经济快速发展有举足轻重的作用。

5.5.4.3　耕地保护管理的内容

鉴于耕地资源的状况，我国实行严格的耕地保护政策，"十分珍惜和合理利用每寸土地，切实保护耕地"，是我国长期坚持的一项基本国策，主要措施如下。

（1）建立严格的土地用途管制制度

土地用途管制制度是指国家为保证土地资源的合理利用，促进经济、社会和环境的协调发展，通过编制土地利用规划，规定土地用途，明确土地使用条件，并要求土地所有者、使用者必须严格按照规划确定的用途和条件使用土地的制度。土地用途管制制度包括：土地按用途进行合理分类，通过土地利用规划规定土地用途和土地使用条件，土地等级注明土地用途，对用途变更实行审批许可制，实行土地利用监督管理，对违反土地利用规划的行为严格查处等，土地用途管制制度是目前世界上土地管理制度较为完善的国家和地区广泛采用的土地管理制度。

（2）强化耕地占补平衡管理

耕地占补平衡也可叫做耕地总量动态平衡，是指通过采取各种措施，保证耕地总面积在一定时期内满足社会和经济发展的需要，是保证耕地总量不减少的重要制度。根据《2010年国民经济和社会发展规划》，到 2010 年，我国的粮食总产量要达到 5400 亿～5600 亿千克。按照现有的生产水平，为达到这一目标，耕地数量只能增，不能减，在这种情况下，为保持耕地总量不减少，我国《土地管理法》第三十一条明确规定：国家实行占用耕地补偿制度。非农业建设经批准占用耕地的，按照"占多少，垦多少"的原则，由占用耕地的单位负责开垦与所占用耕地的数量和质量相当的耕地。对于"圈"外用地，原则上先补后占；"圈"内用地，必须先补后占。

根据《土地管理法》的规定，保持耕地总量动态平衡实行省级政府负责制。如果某一省级行政区域内耕地总量减少，则由国务院责令在规定期限内组织开垦与所减少耕地的数量与质量相当的耕地，并由国务院土地管理部门会同农业行政主管部门验收。个别省级行政区域内确因国土后备资源匮乏，新增建设用地后，新开垦耕地的数量不足以补偿所占用耕地的数量的，必须根据国务院批准减免本行政区域内开垦耕地的数量，进行异地开垦。

（3）严格执行城市用地规模审核制度

严格控制城镇用地规模，实行用地规模服从土地利用总体规划、城镇建设项目服从城镇总体规划的"双重"管理，充分挖掘现有建设用地潜力，逐步实现土地利用方式由外延发展向内涵挖潜转变，才能切实保护城郊结合部的耕地资源。

（4）建立有效的土地收益分配机制

建立有效的土地收益分配机制，关键是要认真执行和落实《土地管理法》的有关规定，确保新增用地的有关费用按标准缴足到位，使新增用地特别是占用耕地的总费用较以往真正有大幅度的提高，从而抑制整个建设用地的扩张。因此，一是要严格执行《土地管理法》确定的征地费用标准和耕地开垦费标准；二是要执行好财政部与国土资源部联合发布的《新增建设用地土地有偿使用费缴使用管理办法》，确保足额、及时收缴；三是要建立保护耕地利益奖惩和补偿制度。

（5）大力开展土地整理，提高耕地利用集约度，提高耕地质量

根据《土地管理法》：国家鼓励土地整理。县、乡（镇）人民政府应当组织农村集体经济组织，按照土地利用总体规划，对田、水、路、林、村综合整治，提高耕地质量，增加有效耕地面积，改善农业生产条件和生态环境。我国农村各类零星闲散土地，形状不规则耕

地，废弃坑塘等数量较大，自然村落零散、占地量大。按照规划，进行综合整治，可以大大提高耕地质量，增加耕地面积；地方各级人民政府应当采取措施，改造中、低产田，整治闲散地和废弃地。同时国家鼓励单位和个人开发未确定使用权的国有荒山、荒地、荒滩从事种植业、林业、畜牧业、渔业生产的，经县级以上人民政府依法批准，可以确定给开发单位或者个人长期使用。

（6）建立耕地保护动态监测系统

《土地管理法》第三十条规定：国家建立全国土地管理信息系统，对土地利用状况进行动态监测。建立监测系统，主要是：①加强完善土地变更登记，及时汇总，及时输入，这是信息库更新的重要来源；②建立合理的观察网，进行定期或定点观察；③建立完善的反馈体系，以便不断获取和检验信息。同时，应当充分应用现代 GIS、GPS、RS 手段，及时监测和更改耕地变化情况，为耕地保护决策提供依据。

5.5.4.4 农用地转用管理

农用地是指直接用于农业生产的土地。农用地可分为：耕地、园地、林地、牧草地、农田水利用地、养殖水面等。

农用地转用是现状的农用地按照土地利用总体规划和国家规定的批准权限报批后转变为建设用地的行为，又称为农用地转为建设用地。

农用地转用是《土地管理法》重要的内容，通过土地用途管制，严格控制农用地特别是耕地转为建设用地，农用地转用也成为土地用途管制制度的关键环节，是实施土地用途管制的重要手段。由于农用地市场价格远远低于商业用地、工业用地等建设用地，市场对农用地转用有巨大的驱动力，因此，必须严格执行农用地转用的规划控制和政府部门的审批制度，农用地转为建设用地的依据主要包括：土地利用总体规划、土地利用年度计划和建设用地供应政策等，否则，土地用途管制就很难实现。《土地管理法》规定："建设占用土地，涉及农用地转为建设用地的，应当办理农用地转用审批手续"。本章第五节介绍了农用地转用的审批权限。

5.5.4.5 基本农田保护制度

基本农田是按照一定时期人口和社会经济发展对农产品的需求，依据土地利用总体规划确定的不得占用的质量好、产量高、生产潜力大且集中连片的耕地。

《土地管理法》第三十四条规定："国家实行基本农田保护制度"。各省、自治区、直辖市划定的基本农田应当占本行政区域内耕地的百分之八十以上。基本农田保护区以乡（镇）为单位进行划区定界，由县级人民政府土地行政主管部门会同同级农业行政主管部门组织实施。

划入基本农田保护区的耕地包括：①经国务院有关主管部门或者县级以上地方人民政府批准确定的粮、棉、油生产基地内的耕地；②有良好的水利与水土保持设施的耕地，正在实施改造计划以及可以改造的中、低产田；③蔬菜生产基地；④农业科研、教学试验田；⑤国务院规定应当划入基本农田保护区的其他耕地。根据土地利用总体规划，铁路、公路等交通沿线，城市和村庄、集镇建设周边的耕地，应优先划入基本农田保护区，需要退耕还林、还牧、还湖的耕地，不应划入基本农田保护区。基本农田保护区依法划定后，除特殊情况须经国务院批准外，任何单位和个人不得占用保护区内的耕地，也不得改变保护区的界线。

国家对基本农田的保护主要体现在以下几个方面。

① 地方各级人民政府应当采取措施，确保土地利用总体规划确定的本行政区域内基本农田的数量不减少。

② 基本农田保护区经依法划定后，任何单位和个人不得改变或占用。国家能源、交通、水利、军事设施等重点建设项目选址确实无法避开基本农田保护区，需要占用基本农田，涉

及农用地转用或者征用的，必须经国务院批准。经国务院批准占用基本农田的，占用单位应按国家规定实行"耕地占补平衡"。

③ 禁止占用耕地建窑、建坟或者擅自在耕地上建房、挖砂、采石、采矿、取土等破坏基本农田的活动。禁止任何单位和个人占用基本农田发展林果业和挖塘养鱼。

④ 禁止任何单位和个人闲置、荒芜耕地。已经办理审批手续的非农业建设占用耕地，一年内不用而又可以耕种并收获的，应当由原耕种该幅耕地的集体或者个人恢复耕种，也可以由用地单位组织耕种；一年以上未动工建设的，应当按照省、自治区、直辖市的规定缴纳闲置费；连续两年未使用的，经原批准机关批准，由县级以上人民政府无偿收回用地单位的土地使用权；该幅土地原为农民集体所有的，应当交由原农村集体经济组织恢复耕种，重新划入基本农田保护区。承包经营基本农田的单位或者个人连续两年弃耕抛荒的，原发包单位应当终止承包合同，收回发包的基本农田。

5.5.5　土地征收案例分析

案例一：福建省 A 市越权批准征地案

案情介绍

福建省 A 市经济开发总公司机械工程公司于 1995 年投资 A 市公路改造工程，完工后 A 政府欠该公司 1400 万元。为了解决欠款问题，A 市政府决定分片征地给该公司开发。1997 年 3 月 28 日，市政府批准征用该市 B 村集体土地 50 亩（耕地 26.8 亩、非耕地 23.2 亩），划拨给经济开发总公司机械工程公司作为综合性项目用地。同日，批准征用 B 村集体土地 50 亩（耕地 28.8 亩、非耕地 21.2 亩），划拨给 A 市经济开发总公司锅炉建筑安装队作为住宅、办公、仓库等项目用地。两公司都与该村村委会签订了征地协议并支付了征地补偿费。两公司都是独立的企业法人，都挂靠经济开发总公司，性质为集体所有制企业，法定代表人为同一人，且两单位取得的土地毗邻连片。

由于 B 村部分群众不同意用地，致使用地单位无法进场施工。直到 2000 年 8 月，用地单位进场施工时，才发现政府批地时将所批地块的权属弄错，这两块地当中有部分土地（耕地 28.8 亩）不属于 B 村而属于附近的 C 村。于是该市政府将"同意征用 B 村耕地 28.8 亩，非耕地 21.2 亩"，更正为"同意征用 C 村耕地 28.8 亩，B 村非耕地 21.2 亩"。此后用地单位根据批文进行推填土地，而被征地村民认为该批地文件存在越权批地，批地文件中权属弄错，有瑕疵，属于无效文件。村民阻拦用地单位施工并纷纷上访。

案例评析

这是一起 1998 年《土地管理法》修正法（目前最新的是 2004 年修正法）与旧法（1986 年）衔接使用的一个有关征地审批的案例。在这起案件中，存在两个主要的问题。一个是 A 市政府是否存在化整为零，越权批地的行为；另一个是 2000 年 A 市政府的纠错文件是否有效，有没有法律效力。

本案中，市政府为了解决欠款问题，先后分两次批给经济开发总公司下属挂靠单位各 50 亩，以抵作公路改造工程所欠 1400 万元的债务。市政府所批土地为同一村的相邻连片土地，且划拨给具有同一法人代表的企业，市政府的批地行为已经非常明显地在规避法律，是"化整为零"，越权批地的典型。旧《土地管理法》第 26 条规定："一个建设项目需要使用土地，应当根据总体设计一次申请批准，不得化整为零。分期建设的项目，应当分期征地，不得先征待用。"A 市的做法已经与旧《土地管理法》中该条款相抵触，其行为属非法行为。1998 年《土地管理法》上收了征用土地的审批权，但是这种越权批地的违法行为仍不鲜见。比如说在集体建设用地的审批中，审批土地明为农用地，但这些地块在建设转用前先行抛荒，然后再以未利用地或荒地等形式进行审批。另外在一些其他非农建设用地审批中，化整为零的审批方式仍然存在。因此，上级人民政府在进行审批审查过程中，一定要严格把关，认真核实，一经发现有关部门的违法行为，要及时查处，撤消类似的行政行为。

其二，假如说 A 市政府的审批征地行为不存在越权批地的情况下，其在 2000 年做出纠错文件又是否有效呢？假使如此，尽管市政府的批地文件将部分土地的权属弄错，但整个批地行政行为主体是合法的，程序是合法的，权属正确的 21.2 亩的 B 村部分土地还是合法有效的。C 村的 28.8 亩的征用土地，征地单位未与 C 村签订任何征地补偿协议，未进行征地补偿，征地程序不合法，征用 C 村土地的行政行为是违法行为，因此，征用 C 村的部分土地，其审批属无效审批。但是，在本案中，市政府于 2000 年 8 月又将"同意征用 B 村耕地 28.8 亩，非耕地 21.2 亩"，更正为"同意征用 C 村耕地 28.8 亩，B 村非耕地 21.2 亩"。市政府的纠错文件是在新《土地管理法》颁布之后作出的。1997 年的审批文件中征用 C 村部分土地已属无效文件，那么他在做出纠错文件之后，相当于又作出了一个批准征地行政行为。在 1999 年 1 月 1 日新法实施之后，市政府就已经丧失了农用地的征用审批权利，他又怎么可能在 2000 年做出批地行为呢？很显然，市政府的纠错文件同样是一个无效文件，没有任何法律效力。

案例二：征收土地必须公告

案情介绍

某市新区管理委员会为实施金港大道等建设项目，需征转农用地，涉及大港镇北角村 15 组等范围内的集体土地。为此，市人民政府向省国土资源厅提交了建设用地项目呈报材料及农用地转用方案、补充耕地方案、征地方案，并得到省政府的批准。2003 年 12 月 30 日，省国土资源厅向某市人民政府下发了《关于批准某市 2003 年度第 23 批次城镇建设用地的通知》。赵某的私有房产坐落于大港镇北角村 15 组，使用的土地系集体土地，在金港大道项目征用农用地范围内。因赵某与新区管理委员会就安置补偿事宜未能达成协议，某市国土资源局遂于 2004 年 2 月 24 日发出责令交地通知书，责令赵某办理相关安置补偿手续，并于 15 日内交出土地。赵某逾期不办理，市国土资源局于同年 3 月 23 日发出责令交地决定书，再次要求赵某办理相关手续，并于 7 日内交出土地。赵某到期未履行，并向人民法院提出行政诉讼。区人民法院判决驳回了赵某的诉讼请求，赵某上诉后，市中级人民法院 2004 年 10 月 15 日判决驳回上诉，维持一审判决后，原告的房屋被强制拆除。

法院另查明，2002 年 6 月 14 日，新区管委会以自己的名义曾发布公告，内容是："因新港大道工程建设需要，征用大港镇观塘村、北角村部分村民小组的土地。具体位置：东至捆山河两岸附近，西至港中路，路副南北宽约 70 米（详见现场边界沟）。凡此范围的农作物、坟墓及各种附着物应在 6 月 20 日前清理完毕，不得继续种植，各种补偿费用请到村委会结付，迁坟新址请到大港镇民政部门办理相关手续，逾期将作为无主处理。"

2004 年 12 月 22 日，赵某以市人民政府没有履行公告的法定职责为由，向市中级人民法院提出行政诉讼，请求人民法院判决确认被告市人民政府的行为违法，判令被告限期依法公告。

一审法院经审理认为，被告某市人民政府具有对征收土地进行公告的法定职责。2003 年 12 月 30 日，省国土资源厅下发了《关于批准某市 2003 年度第 23 批次城镇建设用地的通知》后，某市人民政府没有就此发布过相关征收土地的公告，不符合法律规定。但在土地征收实施操作过程中，原告赵某对自己房屋坐落的土地在征收范围内是明知的，新区管理委员会也与原告商谈了安置补偿事宜，亦已达到了公告的目的和所起的作用，并且没有影响原告安置补偿等实体权利的行使。金港大道项目已实施，安置补偿工作也已基本完成，公告具有较强的时效性，现已时过境迁，判决被告限期依法公告已无实际意义。

据此，根据《关于执行（行政诉讼法）若干问题的解释》第五十六条第（四）项之规定，判决如下：驳回原告赵某的诉讼请求。

原告赵某不服，上诉于省高级人民法院，省高级人民法院二审维持判决。

案例评析

本案系诉政府不依法履行土地征收公告法定职责的案件，主要涉及以下几个问题。

（1）征地公告的确定

《征用土地公告办法》第四条规定的：被征收土地所在地的市、县人民政府应当在收到征收土地方案批准文件之日起 10 个工作日内进行征收土地公告，该市、县人民政府土地行政主管部门负责具体实施。公告的具体内容《征用土地公告办法》第五条有明确规定，即征地批准机关、批准文号、批准时间和批准用途、征地补偿标准和农业人员安置途径。该公告的主体是被征土地所在地的市、县人民政府，即被征土地所在地的市、县人民政府具有进行征用土地公告的法定职责。

（2）某市人民政府未进行征收土地公告是否违法

本案中，被征收的集体土地位于新区大港镇北角村 15 组范围内，根据上述法律规范，作为被征收土地所在地的某市人民政府，负有进行征收土地公告的义务。结合案件事实，2003 年 12 月 30 日，省国土资源厅下发了《关于批准某市 2003 年度第 23 批次城镇建设用地的通知》后，市人民政府没有以自己的名义发布过对金港大道项目征用土地的公告。其未及时进行公告的行为违背了法律规定，属于违法行为。

那么，市人民政府的派出机构发布的公告可否视为市人民政府的征收土地公告呢？

2002 年 6 月 14 日，新区管理委员会以自己的名义曾发布公告，该公告不能视为某市人民政府已履行了公告的法定义务。理由是：①新区管理委员会是市人民政府的派出机构，不具有发布征收土地公告的法定职责；②该公告并非是在省国土资源厅批准通知下发后作出的；③公告的内容不符合法律规定。

案例三：公开投标方式取得土地承包经营权不能获得安置补助费

案情介绍

1987 年 11 月，福州市闽侯县某村村民张某以公开竞标方式取得本村一荒山 50 年的承包经营权，张某与村委会签订了承包经营合同。2004 年 2 月，因福州市大学城建设需要，张某等人承包的果园有 3 亩被征收。2005 年 7 月，村委会召开村民大会决定，该块土地被征收的土地补偿费、安置补助费归集体所有。会后，村委会向张某等人发放了青苗补偿费。2006 年 7 月，张某等人将村委会诉至县人民法院，要求发放土地补偿费、安置补助费。县人民法院经审理认为，根据《土地管理法实施条例》相关规定，土地补偿费归农村集体经济组织所有，村委会通过村民代表大会决定土地补偿费的分配符合法律规定。征地的安置补助费必须专款专用，不得挪作他用。需要安置的人员由农村集体经济组织安置的，安置补助费支付给农村集体经济组织，由农村集体经济组织管理和使用；由其他单位安置的，安置补助费支付给安置单位；不需要统一安置的，安置补助费发放给被安置人员个人或者征得被安置人员同意后用于支付被安置人员的保险费用。最后法院做出判决：驳回张某的诉讼请求。

案例评析

根据《农村土地承包法》规定，农村集体土地的承包分为两种：家庭承包和其他方式承包，家庭承包的承包方是本集体经济组织的农户，其土地承包带有福利分配性质，因此，要充分保障每一个成员的权益；而其他方式承包的承包方则不限于本集体经济组织成员，带有商业承包的性质。最高人民法院《关于审理涉及农村土地承包经营纠纷案件适用法律问题的解释》明确规定，放弃统一安置的家庭承包方，可以请求发包方给付已收到的安置补助费。

这里规定安置补助费的请求权主体为家庭承包方，目的在于解决家庭承包中，土地被征收而产生的剩余劳动力安置问题，该费用具有一定的人身属性，体现了国家对农户特有的社会保障功能。本案中，张某等人虽然是集体经济组织成员，但并非以家庭承包方式取得承包经营权，因此，不能获得安置补助费。

5.6 土地使用权划拨管理

5.6.1 划拨用地概述

5.6.1.1 土地使用权划拨的概念

土地使用权划拨是指经县级以上人民政府依法批准后，在土地使用者依法缴纳了土地补偿费、安置补助费及其他费用后，国家将土地交付给土地使用者使用或者将土地使用权无偿交付给土地使用者使用的行为。

5.6.1.2 划拨土地使用权的特点

划拨土地使用权具有以下几个主要特点。

（1）划拨土地使用权没有期限的规定

划拨土地使用权与出让土地使用权有明显的区别。出让土地使用权是有期限规定的，且在合同中有明确规定，出让期满后，需重新签订出让合同，才能取得续期的土地使用权。

（2）划拨土地使用权不得转让、出租、抵押，即不能在土地市场中流转。

如果需要转让、出租、抵押等，应当先办理土地出让手续或经政府批准。土地使用者不需要使用时，由政府无偿收回其土地使用权。

（3）划拨土地的用途不得改变，要改变用途需经批准

对其不属于划拨范围的，要实行有偿使用。

（4）划拨土地使用权支付的费用较低

通过有偿方式取得土地使用权需缴纳多项费用，而取得划拨土地使用权，一般来说，只需缴纳国家取得土地的成本和国家规定的税费，而不需要缴纳土地有偿使用费且费用往往要低于有偿受让方式取得的土地使用权，甚至无偿取得。

5.6.1.3 划拨土地使用权的适用范围

划拨土地使用权是国家的一种特殊政策。《土地管理法》规定：建设单位使用国有土地，应当以出让等有偿使用方式取得；但是，下列建设用地，经县级以上人民政府依法批准，可以以划拨方式取得：

① 国家机关用地和军事用地；

② 城市基础设施用地和公益事业用地；

③ 国家重点扶持的能源、交通、水利等项目用地；

④ 法律和法规明确规定可以采用划拨方式供地的其他项目用地。

其中：

（1）国家机关用地和军事用地包括：①国家权力机关，指全国人大及其常委会、地方人大及其常委会；②国家行政机关，指各级人民政府及其所属工作或职能部门；③国家审判机关，指各级人民法院；④国家检察机关，指各级人民检察院；⑤国家军事机关，指国家部队的机关等部门。

（2）城市基础设施用地是指城市给水、排水、污水处理、供电、通信、煤气、热力、道路、桥梁、市内公共交通、园林绿化、环境卫生、消防、路标、路灯等设施用地。

（3）公益事业用地是指学校、医院、体育场馆、图书馆、文化馆、幼儿、托儿所、敬老

院、防疫站等文化、卫生、教育、福利事业用地。

（4）国家重点扶持的能源、交通、水利等项目用地是指中央投资、中央和地方共同投资，以及国家采取各种优惠政策重点扶持的煤炭、石油、天然气、电力等能源项目，铁路、公路、港口、码头、机场等交通项目；水库、防洪、江河治理等水利项目用地。

上述项目中政府经过论证认为应当予以扶持，才给予政策上的优惠，经过批准可以采用划拨方式提供土地使用权。

5.6.2 划拨土地的管理

5.6.2.1 划拨土地使用权的流转管理

（1）划拨土地使用权的流转

划拨土地使用权的流转是指划拨土地使用权的转让、出租和抵押。《城镇国有土地使用权出让和转让暂行条例》和《城市房地产管理法》规定，划拨土地使用权可以转让、出租、抵押，未经市、县人民政府土地行政主管部门批准并办理土地使用权出让手续、未交付土地使用权出让金的划拨土地使用权不得转让、出租和抵押。具体须符合下列条件。

① 领有国有土地使用证。

② 具有合法的地上建筑物、其他附着物产权证明。

③ 依照法律规定签订土地使用权出让合同，向当地市、县人民政府交付土地使用权出让金或者以转让、出租、抵押所获收益抵交土地使用权出让金。

④ 划拨土地使用权的转让有 2 种规定：一是报有批准权的人民政府审批准予转让的，应当由受让方办理土地使用权出让手续，并按照国家有关规定缴纳土地使用权出让金，未按照国务院的规定报有批准权的人民政府批准，不得转让；二是可不办理出让手续，但转让方应将所获得的收益中的土地收益上缴国家，如不上缴国家或作其他处理的，不得转让。

（2）划拨土地使用权的出租

① 用地单位因发生转让、出租、企业改制等不宜办理土地出让的，可实行租赁，租赁期限不得超过出让年限。

② 房产所有权人将划拨土地使用权的地上建筑物出租并以营利为目的，应当将租金中所含土地收益上缴国家。

（3）划拨土地使用权抵押时，其抵押的金额不包括土地价格，因抵押造成土地使用权需转移的，应办理土地出让手续缴纳出让金才能变更权属。

（4）未经批准擅自将划拨土地使用权转让、出租、抵押的单位和个人，县级以上人民政府土地管理部门应当没收其非法收入，并处以罚款。

（5）国有企业改制中的划拨土地

对国有企业改革，如公司改制、组建企业集团、股份合作制、租赁经营和出售、兼并、合并、破产等，改革中涉及的划拨土地使用权，可根据企业改革的不同形式和具体情况，分别采取国有土地出让、租赁、作价出资（入股）和保留划拨土地使用权等方式予以处置。

5.6.2.2 划拨土地使用权的收回

（1）收回的条件

划拨土地使用权一般是无限期的，但在特殊情况下，有关人民政府土地行政主管部门报经原批准用地的人民政府或有批准权的人民政府批准，可以收回划拨土地使用权。《城镇国有土地使用权出让和转让暂行条例》第四十七条规定：无偿取得划拨土地使用权的土地使用者，因迁移、解散、撤销、破产或者其他原因而停止使用土地的，市、县人民政府应当无偿收回其划拨土地使用权，并可依照本条例的规定予以出让。无偿收回划拨土地使用权时，对其地上建筑物、其他附着物，市、县人民政府应当根据实际情况给予适当补偿。

① 公共利益需要使用划拨土地的。包括城市基础设施、公益事业建设，国家重点扶持的能源、交通、水利、矿山、军事等建设项目。

② 为实施城市规划和进行旧城改造，需要调整使用土地的。实际上，旧城改造中，不是将划拨土地使用权收回，而是对划拨土地使用权进行重新调整。

③ 因单位撤销、迁移等原因，停止使用划拨土地的，该土地必须由国家收回。因划拨土地不是有偿使用的，土地不予补偿。如果原土地使用单位需要将该划拨土地和地上建筑物转让，应当补办出让手续，补交土地有偿使用费。

④ 公路、铁路、机场、矿场等经核准报废的。但由于土地使用单位还存在，只是公路、铁路、机场、矿场等报废，对这部分土地不再需要使用，国家应当将这部分土地收回。按规定这部分土地是采用划拨方式提供的，也将不予补偿。

(2) 收回国有土地使用权的批准权限

划拨土地使用权的收回一般由收回单位提出方案，但因收回划拨土地使用权涉及对用地单位的使用权利的剥夺，必须经过法律程序，并经有关人民政府批准。如果是单独批准收回土地使用权的，应当由原批准用地的机关批准；如果是为公共利益等建设收回划拨土地的，应当在报批建设项目用地的同时，报送收回国有土地使用权的方案，经依法批准，由当地人民政府土地行政主管部门实施。

5.7 临时建设用地管理

5.7.1 临时建设用地的概念

临时建设用地是城市规划区内新建、改建或建设单位在项目（如架设地上线路、铺设地下管线、建设其他地下工程、地质勘探等）施工期间，临时使用的国有土地或农民集体所有土地。建设单位可在临时用地上建造使用期限在两年内的建筑物、构筑物和广告牌、画廊、招牌、橱窗、围栏、报刊亭、电话亭、固定摊点等设施。

5.7.2 临时建设用地的管理

《土地管理法》第五十七条规定：建设项目施工和地质勘查需要临时使用国有土地或者农民集体所有的土地的，由县级以上人民政府土地行政主管部门批准。其中，在城市规划区内的临时用地，在报批前，应当先经有关城市规划行政主管部门同意。土地使用者应当根据土地权属，与有关土地行政主管部门或者农村集体经济组织、村民委员会签订临时使用土地合同，并按照合同的约定支付临时使用土地补偿费。补偿标准见本章第五节。

临时使用土地期限一般不超过两年。临时使用土地的使用者应当按照临时使用土地合同约定的用途使用土地，并不得修建永久性建筑物，临时用地其上建筑物和构筑物不得转让、出租。

使用期满后，用地单位负责恢复原有土地的耕作条件，如无力复垦，应按有关规定向当地土地管理部门缴纳土地复垦费或土地复垦基金，用于土地的整治和恢复使用。因建设造成的土地挖占、地面塌陷、水土严重流失等，经整治可恢复耕种或进行其他经营的，由建设单位负责整治或支付整治费用，并补偿该地块在被临时占用或侵害期间的经济损失。

建设单位申请使用临时建设用地一般包括申请——受理——审核——审批四个环节。其中申报资料需包括：①用地申请报告书；②本组村民大会各户主签名表；③使用土地协议；④复垦计划；⑤用地呈报表及用地红线图等。

5.8　农村建设用地管理

5.8.1　农村建设用地管理概述

农村建设用地是指广大农村和集镇用于生产、生活以及经济和社会发展所必需的非农业建设所占用的土地。农村建设用地的管理是农村土地管理的重要组成部分，管好用好农村建设用地，对切实保护和合理利用农用地，搞好整个农村的土地管理工作意义重大。

根据目前我国农村建设用地的实际，在农村建设用地使用上应遵循以下原则。

① 农村建设用地应按照村庄和集镇规划，合理布局，综合开发，配套建设；应当符合乡（镇）土地利用总体规划和土地利用年度计划。

② 农村建设用地使用必须严格审查、履行有关手续，申请、审批程序和权限需按《土地管理法》等相关法律严格执行。

③ 建设占地与农村土地整理挂钩，严格控制占用耕地。原则上，农村集体建设用地的规模不得扩张，如需扩张或占用耕地，必须对农村土地进行整理，增加有效耕地面积。

④ 农村建设用地有偿使用。凡占用集体土地以营利为目的的乡（镇）、村办企业、联户企业、个体企业，均应按规定交纳土地使用费，以促进合理用地、更好地保护耕地。有偿使用费主要用于乡（镇）村基础设施、公共设施建设，以工补农，支持发展农业生产。

农村建设用地一般包括农业建设用地和农村非农业建设用地两部分，通常所指的农村建设用地是指农村非农业建设用地，一般分为：农村村民住宅用地、乡镇企业用地、乡（镇）村公共设施、公益事业用地等。

5.8.2　宅基地的管理

宅基地是指农民的住房、辅助用房（厨房、禽畜舍、厕所等）、沼气地（或太阳灶）和小庭院（或天井）用地，以及房前房后少量的绿化用地，不包括农民生产晒场用地。对宅基地管理主要包括以下几方面。

（1）申请宅基地的条件

农村集体经济组织内部成员符合建房申请宅基地条件的，依法享有宅基地使用权。非农村集体经济组织内部成员，不得申请取得或继受取得宅基地使用权。农村村民建住宅，应当符合乡（镇）土地利用总体规划，并尽量使用原有的宅基地和村内空闲地。条件包括：

① 统一规划建设的新村、居民点，需要安排宅基地的农户；

② 原有宅基地面积低于规定限额标准，居住拥挤的农户；

③ 一些确实需要分家、分居而又无宅基地的农户；

④ 回乡落户定居而又无宅基地的离休、退休、退职职工及其家人、华侨、侨眷等。

（2）申请宅基地的标准

① 农村村民一户只能拥有一处宅基地，其宅基地的面积不得超过省、自治区、直辖市规定的标准。由于房产继承等原因形成的多处住宅（包括宅基地），原则上不作处理；

② 村民因住房出卖、出租而使用宅基地达不到标准，或没有宅基地的，也不得申请宅基地；

③ 房屋损坏后，退出多余的宅基地。

（3）申请宅基地用地的审批

农村村民建造住房，由村民向农村集体经济组织或村民委员会提出申请，经村民委员会或村民代表大会讨论通过后，报经乡（镇）人民政府审核，再报县级人民政府批准。涉及占用农用地的，还应办理农用地转用手续。

5.8.3 乡镇企业建设用地的管理

农村集体经济组织可以设立独资经营的企业，将符合乡（镇）土地利用总体规划的建设用地提供给企业从事生产经营活动，土地使用权由该集体经济组织或企业享有。农村集体经济组织可以通过以符合乡（镇）土地利用总体规划的非农经营性土地使用权作价入股或出资及联营的形式与其他单位、个人设立公司、合伙等企业，土地使用权由该企业享有。

（1）乡镇企业用地范围

只有农村集体经济组织利用本集体所有的土地和利用本集体所有的土地与其他单位和个人以联营形式入股共同举办企业的，可以使用农民集体所有的土地。

① 乡（镇）办企业使用属于本乡（镇）集体所有的土地，而不允许乡（镇）办企业使用村或村民组所有土地。

② 村办企业使用本村集体所有的土地，村办企业也不能使用村民组或其他村集体所有的土地。

③ 村民组办企业使用本村民组所有的土地，个人办企业使用所在集体经济组织所有的土地。

④ 集体经济组织用本集体所有土地与其他单位和个人以土地使用权入股、联营等形式共同举办企业的，视为使用本集体所有的土地。

⑤ 非本农村集体经济组织投资设立的独资企业、合伙企业、公司企业或外商投资企业，不得申请取得或继受取得乡镇企业用地使用权，可依法申请取得或继受取得国有十地使用权。

（2）乡镇企业建设用地的审批

申请乡镇企业建设用地的单位或个人应当持有关批准文件，向县级以上地方人民政府土地行政主管部门提出申请，按照省、自治区、直辖市规定的批准权限，由县级以上地方人民政府批准；其中，涉及占用农用地的，应依法办理审批手续。其具体权限为，所申请的用地项目在依据土地利用总体规划和土地利用年度计划批准的农用地转用范围内的，由市、县人民政府批准；超出此范围的，由省、自治区、直辖市人民政府批准。

兴办企业的建设用地规模，必须严格控制，省、自治区、直辖市可以按照乡镇企业的不同行业和经营规模，分别规定用地标准。

（3）乡镇企业收益管理

乡镇企业用地使用权人对土地享有占有权、使用权。其收益权按照有关公司法、合伙企业法的规定或依约定处置，但若是以营利为目的的乡（镇）、村办企业、联户企业、个体企业，均应按规定交纳土地使用费。

（4）乡镇企业用地使用权流转

① 乡镇企业用地使用权不得转让、出租。但是，因企业破产、兼并、分立等情形致使土地使用权依法发生转移的，不在此限。

② 因企业破产、兼并、分立等情形致使土地使用权流转，继受取得土地使用权的企业不属于本集体经济组织投资设立的企业的，应当办理国家土地征用和国有土地出让手续。

③ 乡镇企业用地使用权经县级人民政府土地管理部门登记的，可以随厂房一同抵押。但是，在实现抵押权后，未经法定程序不得改变土地集体所有和土地用途。

5.8.4 乡村公益用地的管理

乡村公共设施和公益事业主要指乡村行政办公、文化科学、医疗卫生、教育设施、生产服务和公用事业等，如乡（镇）政府、村民委员会、公安、税务、邮电所、学校、幼儿园、托儿所、医院、农技推广站、敬老院以及乡村级道路、供水、排水、电力、电讯、公共厕所等用地。乡（镇）村公共设施和公益事业建设可以使用本集体所有的土地，也可使用其他集体所有的土地。

（1）审批

乡（镇）村公共设施、公益事业建设需要用地的，经乡（镇）人民政府审核，向县级以上地方人民政府土地行政主管部门提出申请，符合土地利用总体规划，按照省、自治区、直辖市规定的批准权限，由县级以上地方人民政府批准；其中，涉及占用农用地的，依法办理审批手续。

（2）乡村公益事业用地的使用与流转

① 依法审批后，经农村集体经济组织拨付，用地申请人取得乡村公益用地使用权。用地申请人为农村集体经济组织的，不经拨付径自取得乡村公益用地使用权。

② 农村集体经济组织可以依法对用于本集体经济组织公益性活动和建设公共设施的非农用地享有土地占有权和使用权。

③ 农村集体经济组织依法设立的学校等公益性组织也可以对用于其从事公益性活动的非农用地享有土地占有权和使用权。

④ 非农公益性用地使用权人不得擅自改变土地用途，不得擅自将土地用于经营性活动，不得将土地使用权转让、出租或抵押。

本 章 小 结

建设用地是指建造建筑物及构筑物的土地，建设用地管理是指国家调整建设用地关系，合理组织建设用地利用而采取的行政、法律、经济和工程的综合性措施。建设用地管理内容主要包括：建设用地的规划和计划管理、建设用地的供应管理、建设用地征用管理、农村建设用地管理和建设用地的信息管理与监测等方面。

建设用地计划管理是指国家按照土地利用计划来进行建设用地管理的活动。建设用地计划是国民经济和社会发展计划中土地利用计划的组成部分，是加强土地资源宏观管理、调控固定资产投资规模和实施产业政策的重要措施，是审核建设项目可行性研究报告评估和初步设计及审批建设用地的重要依据。

建设用地供地是指土地行政主管部门依据国家法律法规与政策，将建设用地提供给建设用地单位的过程。

土地征收是指国家为了公共利益的需要，通过行政主体利用国家强制力，按照法律规定的程序，将一定范围的集体土地所有权强制转为国家所有，并依法给予相应补偿的一种法律行为。征收土地是一种政府行为，只有国务院和省级人民政府有权批准，其他任何单位和个人，包括市、县人民政府都没有权限。

土地征用是指国家为了公共利益的需要，给予法律规定的特殊原因，在不改变土地所有权的前提下，通过行政主体运用国家强制手段依法取得一定时期土地使用权的一种行政行为。

征收和征用，是国家强行取得公民和法人的财产权或者使用公民和法人的财产制度，二者既有共同之处，又有不同之处。

我国实行严格的耕地保护政策，"十分珍惜和合理利用每寸土地，切实保护耕地"是我国长期坚持的一项基本国策。

土地用途管制制度是指国家为保证土地资源的合理利用，促进经济、社会和环境的协调发展，通过编制土地利用规划，规定土地用途，明确土地使用条件，并要求土地所有者、使用者必须严格按照规划确定的用途和条件使用土地的制度。

土地使用权划拨是指经县级以上人民政府依法批准后，在土地使用者依法缴纳了土地补偿费、安置补助费及其他费用后，国家将土地交付给土地使用者使用或者将土地使用权无偿交付给土地使用者使用的行为。

复习思考题

1. 什么是建设用地？
2. 建设用地管理有哪些内容？
3. 建设用地审查报批的程序有哪些？
4. 耕地保护的内容？
5. 结合实际，谈谈土地用途管制在耕地保护中起到的作用？
6. 区分征用和征收的概念，并结合实际，谈谈你所见到的土地征用或征收中存在的问题？
7. 什么是建设用地供应？主要涉及哪几方面？
8. 联系实际谈谈国有企业改革中划拨土地使用权该如何处置？

参 考 文 献

［1］ 国土资源部土地估价师资格考试委员会. 土地管理基础. 北京：地质出版社，2000.
［2］ 中国房地产估价师执业资格考试委员会. 房地产基本制度与政策. 北京：中国建筑工业出版社，2004.
［3］ 朱道林. 土地管理学. 北京：中国农业出版社，2007.
［4］ 陆红生. 土地管理学总论. 北京：中国农业出版社，2008.
［5］ 张正峰. 土地资源管理学. 北京：中国人民大学出版社，2008.
［6］ 王万茂. 土地利用规划学. 北京：中国农业出版社，2006.
［7］ 钟京涛. 征地补偿法律适用于疑难释解. 北京：中国法制出版社，2008.
［8］ 张洪甫. 土地管理典型案例评析. 北京：中国大地出版社，2006.
［9］ 欧名豪. 土地利用管理. 北京：中国农业出版社，2002.

第6章　城市土地市场管理

本章要点

　　土地是重要的生产要素之一，也是政府可以调控的一种重要的资源。政府从社会经济发展的总体目标和长远目标出发，综合运用经济手段和行政手段对城市土地市场进行干预，以达到抑制土地投机、维护土地市场稳定、优化土地资源配置、合理分配土地收益的目的。本章介绍了城市土地市场中的出让和转让管理、租赁和出租管理、土地的抵押管理以及城市土地市场的中介管理。本章的重点内容是土地的出让管理、转让管理以及抵押管理。通过本章学习，我们应该了解城市土地市场的中介管理，熟悉土地市场和城市土地管理的相关概念，掌握城市土地市场管理的主要内容，包括土地的出让、转让、租赁、出租和抵押过程中的相关管理制度和政策。

6.1　城市土地市场管理概述

6.1.1　城市土地市场概述

6.1.1.1　城市土地市场的概念

　　土地市场也称地产市场，是指土地及其地上建筑物和其他附着物作为商品进行交换的总和。土地市场的概念有狭义和广义之分。狭义的土地市场是指消费者为了减少搜寻成本所形成的进行土地交易的专门场所，如土地交易所、不动产交易所等。广义的土地市场则是指因土地交易所引起的一切商品交换关系的总和。土地市场由于其交换的标的物（即土地）具有不可移动的特点，难以集中到固定的场所去进行交换，因此，土地市场的内涵一般难以用狭义的市场定义来概括，而应包括中介机构、代理商、金融机构、广告信息等一切构成土地产权交换关系的经营性活动。

　　我国的土地实行的是社会主义公有制。公有制有两种表现形式，一种是全民所有即国有，一种是集体所有。根据《宪法》、《土地管理法》和《土地管理法实施条例》的规定，城市市区的土地属于国家所有即全民所有，国家对土地享有所有权，土地的所有权不允许进行买卖，不存在城市土地所有权市场，因此，城市土地市场实质上是土地使用权市场，交换的是国有土地的使用权。因我国城市土地的使用权是有使用年限限制的，因此，进行交易的土地使用权也是有期限性的。

6.1.1.2　土地市场的主体和客体

　　（1）土地市场主体

　　土地市场主体即土地市场的参与者，包括供给者、需求者、中介者和管理者。参与者可以是法人，也可以是自然人。

　　① 供给者　供给者是向土地市场提供交易对象的行为主体。供给者可以是土地所有者即国家（具体来说是地方政府及其土地行政主管部门），也可以是土地的使用权人，如房地产开发商、原用地单位等。

　　② 需求者　需求者是指通过土地交易取得土地使用权、租赁权、抵押权等土地权利的

单位和个人。同一市场主体在不同的交易活动中其身份是可以转换的，如房地产开发商，在国有土地出让市场中，国家是供应方，房地产开发商属于需求方；而在商品房的销售过程中，购房者属于需求方，房地产开发商则是供应方。

③ 中介者 由于土地的价值量大，而且在土地市场中，诸如交易主体、交易客体、交易价格、交易规则、土地市场的供需情况、土地的权属等土地市场信息缺乏，因此交易过程需要大量的专业知识，而普通的买者并非经常参与土地交易，因此在土地市场上，仅通过土地供求双方直接面议成交的为少数。大量的土地交易往往通过土地市场中的中介机构和中介人（如经纪人等）来完成。所以土地交易中介者是土地市场中的一个重要主体。

④ 管理者 管理者的基本任务在于维持交易秩序，协调土地交易关系，提高交易质量和效率，抑制土地投机，维护土地市场稳定，并合理分配土地收益，优化土地资源配置。我国土地属国家和集体所有，归属各级政府进行管理。在土地市场中，政府是市场规则的制定者、规则执行的监督者和服务者。在各级政府中，主要的管理者是国土资源管理部门（包括国土资源部、国土资源厅、国土资源局等）。除此以外，还包括相关部门如房地产、物价、工商行政、税务等管理部门。管理者在进行土地管理时，除必要的行政手段外，还可采用价格、税收、信贷、利率等经济杠杆进行管理。

（2）土地市场客体

市场的客体指的是市场交易的对象，土地市场的客体是指土地本身及其产权关系。

土地的产权关系主要是指土地所有权派生的各种权利，包括土地使用权、抵押权、地役权、租赁权等。土地最基本的特点是其在流通过程中，流通或转移的不仅是土地物质体本身，更重要的是土地的产权关系。因此，土地产权关系及其在市场运行中的交换才是构成土地市场客体的主要内容。

6.1.1.3 城市土地市场的特征

土地作为不动产，具有位置的固定性、价值的高大性、供给的相对无弹性、市场竞争不充分等特点，所以土地市场不像其他商品市场那么有效率。

我国土地市场有以下几个特点。

① 交易对象的非移动性 在交易过程中，只发生资金和产权的转移，土地本身未发生移动，交易前处于何处，交易后仍然处于原处。发生变化的仅仅是土地的产权人，即土地交易实质是土地产权的交易。因土地登记是土地产权公示的法定形式，是完成产权变动、交易获得社会承认和法律保护的重要手段，所以土地交易后必须进行土地登记，以保护交易双方的合法权益。

② 地域性 土地的不可移动性，决定了土地市场具有强烈的地域性特点。土地不像其他商品一样可以从过剩地区运送到供给相对短缺或需求相对旺盛的地区进行不同地区之间的调剂余缺。土地市场是一个地区性市场，其供求状况、价格水平和价格走势等都是地区性的，而且在不同地区之间各不相同。

③ 垄断性 城市土地属于国家所有，土地的所有权不能出让，土地市场中交易的是国有土地使用权（这种使用权不同于一般的使用权，它包含了一定时期内对土地的占有、使用、收益和处分的权利）。在土地使用权出让市场中，出让方只有一个，即国有土地的所有权人（国家），土地的供给量、供给时间和供给地点等均由国家控制，而需求方有很多，因此，竞争主要是在需求方之间进行。

④ 供给弹性较小 土地资源属于不可再生的稀缺资源，因此土地的自然供给没有弹性，而且土地的经济供给弹性也较小。因此，在同一地域性市场内，土地价格主要由需求来决定。

⑤ 期限性　土地市场中交易的土地使用权是具有期限性的。按照《城镇国有土地使用权出让和转让暂行条例》和《城市房地产管理法》的规定，国有土地使用权出让是有期限的，最高期限按用途划分。

因为出让的土地使用权具有期限性，所以，同一地块由于使用期限不同，出让价格也会不同。

6.1.1.4　城市土地市场的功能

(1) 优化配置土地资源

按配置手段不同，可以将土地资源的配置方式分为行政划拨方式和市场方式。行政划拨方式是指由政府采用行政手段把土地资源分配到各土地使用者手中，实现土地资源与其他生产、生活资料的结合。市场方式是通过市场机制的作用把土地资源分配到各土地使用者手中，实现土地资源与其他生产、生活资料的结合。因为多样化、多目标的人类生产生活活动对土地资源的需求千差万别，通过政府的行政划拨手段难以得到满足，反而容易造成土地资源的巨大浪费，所以一般来说行政划拨方式效率是低下的。只有通过市场机制的作用、运用市场原则，才能合理分配土地收益，优化土地资源配置。

(2) 调整产业结构，优化生产力布局

经济的健康发展需要有合理的产业结构和生产力布局。由于我国目前正处于特殊的体制环境和历史发展阶段，土地调控已经成了宏观调控的重要手段之一。例如，在城市土地资源配置中，运用地价杠杆，通过对不同区位的土地征收不同的土地使用税，引导土地使用者合理选址。又如 2006 年，国土资源部发布的《限制用地项目目录（2006 年本）》和《禁止用地项目目录（2006 年本）》以及 2009 年底发布的《限制用地项目目录（2006 年增补本）》和《禁止用地项目目录（2006 年增补本）》，建立了用地政策与产业政策的联动机制，对鼓励发展的高新技术产业和第三产业，采取多供地、低地价、减免地价，提供有利的区位政策，扶持新兴产业和优势产业；对不鼓励或限制发展的产业，采取高地价或不供地政策，或运用城市地段级差效益进行用地调整，促进了土地的节约集约利用和产业结构的调整，进一步加强了宏观调控。

6.1.1.5　我国城市土地市场的结构

我国的土地市场是在社会主义经济制度的基础上建立起来的，是由多种市场构成的市场体系。因我国农村的土地市场尚不发达，我国现阶段的土地市场主要指城市土地市场。

按照市场交易主体、交易梯次和市场运行过程，可将城市土地市场分为三级市场结构即一级市场、二级市场和三级市场。

根据使用权流通的目的，可将城市土地市场分为土地使用权出让市场、土地使用权转让市场、土地使用权租赁市场和土地使用权抵押市场。

(1) 按市场结构划分

三级市场结构是我国目前土地市场的基本构成。

一级市场，是指国家凭借对土地的所有权，把一定时期的土地使用权批租或出让给土地的经营者和使用者，是土地使用权在国家与土地经营者或使用者之间的单向、纵向流动而形成的各种经济关系的总和。土地一级市场主要包括土地使用权出让和土地使用权租赁。

二级市场，是指土地使用权在土地经营者与使用者之间的横向流动或转让过程中形成的各种经济关系的总和，具体表现为获得土地使用权的经营者（使用者），直接将土地投入市场流通，或通过建设商品房等方式间接地将土地投入市场流通。如新建商品房的销售。

三级市场，是指土地使用权在土地使用者之间的横向流动或转让中所形成的各种经济关系的总和，具体表现为城市土地的使用者通过房产交易间接地使城市土地进入市场流通。如二手房的转让市场。

上述三级市场形成了土地的批发、零售、调剂三种互相联系的市场形态。其中，一级市场是二、三级市场的基础和前提，起着导向作用；二、三级市场是一级市场的延伸和扩大，能促进土地市场的发育和繁荣。我国建立和完善土地市场的基本政策是垄断一级市场，搞活二、三级市场。

明确区分三级市场，既有利于政府管理和调控土地市场，也有利于分析土地市场的交易状况，掌握真实的市场供求关系。尽管二、三级市场之间有时较难区分，有时还会出现交叉，但是严格区分三级市场结构对土地市场管理者来说是非常有价值的。

（2）按土地使用权流通目的划分

① 土地使用权出让市场　土地使用权出让市场是指土地所有者将一定期限内的土地使用权让与土地使用者而形成的市场，反映的是土地所有者和土地使用者之间的经济关系。土地使用权的出让市场属于土地一级市场。出让市场是一个垄断性很强的市场，土地的供给者只有一个即国家，土地的供给量、供给时间和供给地点等均由国家控制。政府通过土地供应计划和规划，对出让土地的建设规模、土地开发计划、土地的位置及面积、土地的使用要求做出规定，并根据这些规定和需要，对土地出让活动实行直接调控。目前对土地出让市场，政府越来越严格地限制协议出让的范围，逐步扩大招标、拍卖和挂牌出让的范围。

② 土地使用权转让市场　是指国有土地使用者将剩余年限的土地使用权再转移的行为，包括出售、交换和赠与，反映的是土地使用者与土地使用者之间的经济关系。在转让市场中，转让方是拥有土地使用权的土地使用权人（如房地产开发商），受让方是中国境内外的公司、企业、其他组织和个人（如购房户）；转让的客体是国有土地使用权。土地使用权转让市场中一部分属于二级市场（如新建商品房的销售），一部分属于三级市场（如二手房的买卖）。土地使用权转让市场是一个竞争性市场，有多个土地供给者和多个土地需求者，转让的方式和价格均由市场决定，市场机制的作用较强。目前土地转让市场的成交量相当巨大，是城市土地市场的重要内容。

③ 土地使用权租赁（出租）市场　是指土地所有者或土地使用者作为出租人将土地使用权出租给承租人使用，由承租人向出租人支付租金的行为。其中，出租人是土地所有者的，称为租赁土地，属于土地一级市场；出租人是土地使用者的，称为出租，属于土地三级市场。

④ 土地使用权抵押市场　是指土地使用权人（又称抵押人）以其合法的土地使用权以不转移占有的方式向抵押权人（一般是金融机构如银行）提供债务履行担保的行为。土地使用权人为获得资金，以自己合法取得的土地使用权向抵押权人担保，抵押权人不对设定抵押权的土地使用权直接占有使用，而是仍由土地使用者使用并取得收益。当债务人不履行债务时，抵押权人有权依法拍卖抵押的土地使用权，并从拍卖所得价款中优先受偿。土地使用权抵押市场的主体是土地抵押权人和抵押人，客体是建设用地使用权。

6.1.2　我国土地市场的形成与发展

目前，我国的土地使用制度正从无偿、无限期、不可流动到有偿、有限期、可以流动，从靠计划和行政指令配置土地到主要依靠市场配置过渡。经过多年的努力，市场配置土地资源的基础性作用初步得到发挥，主要体现在：国有土地使用权市场配置范围不断扩大，土地使用权价格的市场形成机制初步确立；土地用途管制制度基本确立，政府对土地市场的宏观调控得到加强和完善；土地市场运行制度和组织建设取得了明显进展，市场服务体系逐步形成；土地产权进一步细化和明确，土地权利体系开始构建。

我国土地市场的形成和发展大致可分为以下三个阶段。

（1）土地市场的萌芽阶段

1978 年农村实行家庭联产承包责任制，土地所有权与使用权开始分离。与此同时，城市土地使用制度开始改革，1979 年，我国开始以场地使用权作为出资兴办中外合资企业或向中外合资企业收取场地使用费。1982 年，深圳开征城市土地使用费。1987 年 11 月国务院批准了原国家土地管理局等部门的报告，确定在深圳、上海、天津、广州、厦门、福州进行土地使用改革试点。按照土地所有权与使用权分离的原则，国家在保留土地所有权的前提下，通过拍卖、招标、协议等方式将土地使用权以一定的价格，年期及用途出让给使用者，出让后可以转让、出租、抵押。这是我国土地使用制度带有根本性的改革，打破了土地长期无偿、无限期、无流动、单一行政手段的划拨制度，创立了以市场手段配置土地的新制度。为了使土地使用制度改革有法可依，1988 年 4 月，全国人大修改了《宪法》，删除了土地不得出租的规定，增加了"土地使用权可以依照法律的规定转让"的规定，原《土地管理法》也进行了相应的修改，明确规定"国家依法实行国有土地有偿使用制度"。1988 年修订后的《土地管理法》正式宣布土地有偿使用制度的确立，我国开始了通过市场机制配置土地资源的尝试。

（2）土地市场的形成阶段

1990 年 5 月，国务院颁布了《城镇国有土地使用权出让和转让暂行条例》和《外商投资成片开发经营土地暂行管理办法》，使得中国土地市场建立和发展有了法律依据，这标志着我国的土地市场走上了有法可依的轨道，从而使土地资源的市场配置在全国展开。1992 年邓小平同志南巡重要谈话和党的十四大确立了经济体制改革目标是建立社会主义经济体制以后，大大加速了土地使用制度改革和土地市场培育的进程。党的十四届三中全会决定把土地使用制度改革作为整个经济体制改革的重要组成部分，并且明确规定了规范和发展土地市场的内容和要求。到 1992 年底，全国除西藏外的 29 个省（市、区）都已经开展土地出让工作。同时，配套法律法规相继出台。1992 年发布的《划拨土地使用权管理暂行办法》规定划拨土地使用权转让、出租、抵押的条件和相关规定。1994 年 7 月颁布了《城市房地产管理法》；1998 年 8 月修订后的《土地管理法》发布，12 月发布《土地管理法实施条例》，至此我国土地使用制度改革和土地管理的法律体系初步形成。

（3）土地市场的发展与完善阶段

1998 年国土资源部成立以来，土地市场逐步发展和完善。1999 年，国土资源部下发了《关于进一步推行招标拍卖出让国有土地使用权的通知》，严格限定行政划拨供地和协议出让土地的范围，并限定了协议出让土地使用权的最低价格。2000 年国土资源部下发了《关于建立土地有形市场促进土地使用权规范交易的通知》，2001 年，国务院下发了《国务院关于加强国有土地资产管理的通知》，通知从"严格控制建设用地供应总量，严格实行国有土地有偿使用制度、大力推行土地使用权招标、拍卖，加强土地使用权转让管理，加强地价管理和规范土地审批的行政行为"等六个方面，提出了具体要求。这是我国从 1988 年启动土地有偿使用制度改革以来出台的第一个纲领性的文件，文件提出的制度措施，全面、深入、具体，操作性强，突破点多，是进一步保护和合理利用国有土地，推进土地市场建设进而推进社会主义市场经济的重要依据和强有力的保证，其意义深远。2001 年 6 月，国土资源部下发了《关于整顿和规范土地市场秩序的通知》，强调建立健全建设用地供应总量控制制度、城市建设用地集中供应制度、土地使用权公开交易制度、基准地价定期更新和公布制度、土地登记可查询制度和集体决策制度。为了规范协议出让土地行为，限制划拨土地使用范围，建立完善的招标拍卖挂牌制度，2001 年，国土资源部发布了《划拨用地目录》，细化了划拨与有偿的范围，对不符合划拨目录的建设用地，必须有偿使用。2002 年 5 月国土资源部发布了《招标拍卖挂牌出让国有土地使用权规定》，明确规定各类经营性用地必须以招标、拍卖或挂牌方式出让。2003年6月国土资源部颁布了《协议出让国有土地使用权规定》，规定不符合招标拍卖挂牌出让条件的国有土地，方可协议出让。2004年10月，国务院发布《关于深化改革严格土地管理的决定》指出各地必须禁止非法压低地价招商，除按照现行规定必须实行招标、拍卖、挂牌出让的用地外，工业用地也要创造条件逐步实行招标、拍卖、挂牌出让，推行土地资源的市场化配置。2006年5月31日，国土资源部发布了《招标拍卖挂牌出让国有土地使用权规范》（试行）和《协议出让国有土地使用权规范》（试行），进一步完善了国有土地使用权制度。同年，国务院《关于加强土地调控有关问题的通知》进一步明确，工业用地必须采用招标拍卖挂牌方式出让，其出让价格不得低于公布的最低标准。2006年，出台了《限制用地项目目录》和《禁止用地项目目录》，2009年底又对该目录进行了增补。2009年，《国土资源部监察部关于进一步落实工业用地出让制度的通知》明确要求，各地要严格执行工业用地招标拍卖挂牌制度，凡属于农用地转用和土地征收审批后由政府供应的工业用地以及政府收回、收购国有土地使用权后重新供应的工业用地，必须采取招标拍卖挂牌方式公开确定土地价格和土地使用权人。

6.1.3 城市土地市场管理概述

市场管理就是政府对市场的规范与调控。城市土地市场管理是指政府综合运用经济、法律和行政等各种手段，影响土地的供给与需求，在宏观上对土地市场进行调控与管理，以促进土地市场的正常运行，从而更有效地配置土地资源。

6.1.3.1 我国土地市场管理的原则

（1）坚持以市场调节为主、政府干预为辅的原则

市场秩序能否形成，主要取决于市场机制能否发挥作用以及其发挥作用的程度。在土地市场管理过程中，要尊重价值规律，充分发挥市场在资源配置中的基础性作用，利用土地市场供求关系变化引起的土地价格变动，对土地市场主体的市场行为进行调节，合理、高效地配置土地资源。同时，由于市场调节作用具有有限性以及市场调节的自发性、盲目性、滞后性等弱点，使得市场的功能不可能充分发挥。为了维护城市土地市场秩序，政府必须进行宏观调控以弥补市场机制的不足。当然，进行土地市场管理不能过多地动用行政力量来干预市场，而应把重点放在强化建设用地总量和结构调控、加强规划管理上，在明晰土地权利、培育竞争主体、维护土地市场竞争秩序等方面发挥积极作用，不断完善市场机制，维护土地市场的良性发育。

（2）实现土地资源的优化配置原则

资源优化配置指的是能够带来高效率的资源使用。资源配置是否优化，其标准主要是看资源的使用是否带来了生产的高效率和企业经济效益的大幅度提高。资源的优化配置主要靠的是市场途径。由于市场经济具有平等性、竞争性、法制性和开发性的特点和优点，它能够自发地实现对商品生产者和经营者的优胜劣汰的选择，促使商品生产者和经营者实现内部的优化配置，调节社会资源向优化配置的企业集中，进而实现整个社会资源的优化配置。因此市场经济是实现资源优化配置的一种有效形式。将市场机制引入土地资源配置的目的是为了优化土地资源的配置，就是要在全面认识区域土地资源现状构成、质量特点及存在问题的前提下，从分析区域社会经济发展战略入手，着眼于土地供需状况的系统分析，合理组织土地生产力分配与布局，并通过制定政策和措施规范人类活动行为、协调土地生产关系，以保持人地系统的协调运行和可持续发展，不断提高土地生态经济系统功能，获取土地利用的最佳经济效益、生态效益和社会效益。

（3）平稳发展原则

土地供给与国民经济运行具有相互性，土地供给的数量和结构影响着国民经济的运行效率，同时国民经济运行也从整体上影响着土地供给的数量与结构。土地市场不切实际的发展速度、土地的投机泛滥以及土地市场过热而形成的"泡沫经济"不但破坏土地市场本身，对整个国民经济的发展也会产生极为不利的影响。土地市场管理的一个基本原则就是要引导市场平稳发展，加强金融监管，防范金融风险，并注意与其他市场的协调发展。

（4）多手段、多方式共同运用原则

市场管理有经济手段、法律手段、行政手段等。一般地讲，经济手段和法律手段更有利于市场的长期发展，而行政手段则对一些需要迅速解决的问题更有效。要有利于市场的发展就必须针对具体情况采取相应的最佳方式。在市场经济条件下，价格、税收、利率与市场联系非常紧密，它们作为市场信号对土地市场运行发挥自动调节作用，使土地市场上的各利益主体能够自觉地调整自己的经济行为，以实现各自的利益最大化。

6.1.3.2　政府管理土地市场的基本手段

对土地市场的管理主要有以下三种手段。

（1）法律手段

法律手段是指政府通过立法和司法，运用法律法规来对土地市场进行规范。涉及土地产权和土地市场管理的主要法律法规有《宪法》、《土地管理法》、《土地管理法实施条例》、《城镇国有土地使用权出让和转让暂行条例》、《城市房地产管理法》、《物权法》等。各地在国家层面的法律基础之上根据实际情况也制定了适应当地情况的地方性法规。

（2）经济手段

经济手段主要有税收政策、信贷政策、利率政策、汇率政策、价格政策、产业政策等。针对土地市场不同时期出现的不同问题，政府运用各类经济手段调控市场，以达到市场正常运行的目的。如 2006 年《国务院关于加强土地调控有关问题的通知》提出，"建立工业用地出让最低价标准统一公布制度"，并明确"国家根据土地等级、区域土地利用政策等，统一制定并公布各地工业用地出让最低价标准"。

（3）行政手段

行政手段是指土地管理机关采取强制性的命令、指示、规定等行政方式来规范土地使用权交易行为，优化土地资源配置，建立公开、公平、公正的市场环境，调节土地市场活动，以达到宏观调控目标的一种手段。行政手段具有权威性、纵向性、无偿性及速效性等特点。我国的土地公有制决定了政府对土地市场必然采取一定的行政手段。当然在市场经济宏观调控中，行政管理不是政府凭借政权力量无限制的滥用行政手段，而应是运用行政手段对土地市场活动进行必要的干预。现阶段行政手段中主要有土地规划计划、土地用途管制、土地储备制度、地籍管理、规范中介机构等手段。如通过土地利用总体规划和土地利用年度计划控制土地供应总量、各类专项治理整顿等。

6.2　土地使用权出让管理

6.2.1　土地出让概述

（1）土地出让的定义

土地使用权出让，是指国家以土地所有者的身份将土地使用权在一定年限内让渡给土地使用者，并由土地使用者向国家支付土地使用权出让金的行为。

国有出让土地使用权是以一次性支付出让金为对等代价取得的使用权，类似于一次性买断了一定期限的国有土地使用权。在我国土地权利体系中，以该种方式取得的权利是最"干净"、最完整的，权利的内容也最丰满。

（2）土地出让的法律特征

开始于20世纪80年代的土地使用制度改革，使我国城市土地由传统的"无偿、无限期使用、不可流动"变为"有偿、有限期、可以流动"。作为有偿使用的最主要方式，土地使用权的出让具有以下几项基本特征。

① 土地使用权的出让是以土地所有权和使用权的分离为基础的，出让土地使用权是一种独立的、相对完整的用益物权。土地使用权出让的实质是国家按照土地所有权与使用权分离的原则，把国有土地以合同约定的面积、价格、使用期限、用途和其他条件让与土地使用者。由于出让土地使用权具备了物权所包含的基本权利，即占有的权利、一般意义上使用的权利、收益的权利和一定程度的处分权利，所以它是除土地所有权之外的最为完整的物权，在存续期间内其权能近似于所有权。

② 国有土地使用权出让由政府垄断。国家垄断土地使用权出让市场有两方面涵义：一是由于国家是国有土地的所有权人，因此出让方只能是国家，土地的供给量、供给时间和供给地点等均由国家控制。根据规定，土地使用权出让合同应由市、县人民政府土地管理部门与土地使用者签订，这意味着只有市、县人民政府才有权作为国有土地所有者的代表出让土地使用权，其他任何部门、单位、个人均不得实施土地出让行为。二是出让的土地仅限于城镇国有土地。如果是城市规划区内集体所有的土地，必须先依法征收转为国有土地后方可出让。换言之，集体所有的土地，集体经济组织不得自行出让，确需出让的，必须经人民政府按审批权限依法征收为国有土地后，由国家出让给单位使用。

③ 土地使用权的出让是有年期限制的，土地使用权出让最高年限由国务院规定。土地使用权年限届满时，土地使用者可以申请续期，具体由出让方和受让方在签订合同时确定，但不能高于法律规定的最高年限。

④ 土地使用权出让是有偿的。土地出让金就是土地所有权的价值体现，是受让人取得包括一定收益权利和处分权利在内的国有土地使用权所支付的经济代价，是土地所提供的一定地租的购买价格。出让金一般是由受让方一次性支付或在法定期限内分期支付。

⑤ 土地使用者行使权利的有限性。土地使用者支付了土地出让金后，取得了对土地的占有、使用、收益和一定程度的处分的权利，但对土地范围内的地下资源、埋藏物和市政公用设施等不享有相关权利。

6.2.2　土地出让管理

6.2.2.1　出让的主体

（1）出让方

只有市、县人民政府才有权作为国有土地所有者的代表出让土地使用权，其他任何部门、单位、个人不得实施土地出让行为。

关于开发区管委会是否有权实施出让行为，最高人民法院2005年8月出台了《关于审理涉及国有土地使用权合同纠纷案件适用法律问题的解释》。该司法解释明确，土地使用权出让的主体只能是市、县人民政府，土地使用权出让合同的订立与履行则由市、县人民政府的土地管理部门具体负责。该司法解释特别对因开发区管理委员会出让土地使用权引发的合同纠纷作出了规定，"开发区管理委员会作为出让方与受让方订立的土地使用权合同，应当认定无效。本解释实施前，开发区管理委员会作为出让方与受让方订立的土地使用权出让合同，起诉前经市、县人民政府土地管理部门追认的，应当认定合同有效。"

（2）受让方

受让方是指土地使用者。以出让方式取得的土地使用权法律关系最为明确，可广泛适用。《城镇国有土地使用权出让和转让暂行条例》第3条规定："中华人民共和国境内外的公司、企业、其他组织和个人，除法律另有规定者外，均可依照本条例的规定取得土地使用权，进行土地开发、利用、经营"。由此可见，受让主体为一般主体，受让方一般不受限制，中华人民共和国境内外的公司、企业、其他组织和个人均可作为受让方，除非法律另有规定。

6.2.2.2　出让的客体

土地使用权的出让是在国有土地范围内进行的，出让的土地仅限于国有土地，而且是城镇国有土地。出让合同的标的物仅限于国有建设用地使用权，不包括国有农场的土地使用权，更不包括集体土地使用权。集体所有的土地必须先行征收转为国有土地后方可以按规定进行出让。地下的各类自然资源、矿产以及埋藏物、隐藏物等，不在土地使用权出让范围内。

土地使用权出让仅是使用权的出让，在出让期间土地所有权仍属于国家。

6.2.2.3　土地使用权的出让方式

土地使用权的出让方式主要有四种：协议、招标、拍卖和挂牌出让，其中，协议出让的运用范围受到严格限制，广泛采用的是挂牌出让。

国有土地使用权招标、拍卖或者挂牌出让活动是有计划地进行的。国土资源管理部门根据社会经济发展计划、产业政策、土地利用总体规划、土地利用年度计划、城市规划和土地市场状况，编制国有土地使用权出让计划，报经当地政府批准后向社会公开发布。

继2002年建立了经营性土地使用权的招标拍卖挂牌出让制度后，2007年又将工业用地的出让纳入招标拍卖挂牌的范围。2007年4月国土资源部、监察部出台《关于落实工业用地招标拍卖挂牌出让制度有关问题的通知》要求，"政府供应工业用地，必须采取招标拍卖挂牌方式公开出让或租赁，必须严格执行《招标拍卖挂牌出让国有土地使用权规定》和《招标拍卖挂牌出让国有土地使用权规范》规定的程序和方法。"2007年11月的《招标拍卖挂牌出让国有土地使用权规定》，工业、商业、旅游、娱乐和商品住宅等经营性用地以及同一宗地有2个以上意向用地者的，应当以招标、拍卖或者挂牌方式出让。

（1）协议出让

协议出让，是指土地使用权的有意受让人直接向国有土地的代表提出有偿使用土地的愿望，由国有土地的代表与有意受让人进行谈判和切磋，协商出让土地使用的有关事宜的一种出让方式。它主要适用于市政公益事业项目、非盈利项目及政府为调整经济结构、实施产业政策而需要给予扶持、优惠的项目。根据2006年8月起试行的《协议出让国有土地使用权规范》（试行），可以采取协议方式出让的主要包括以下情况：

① 供应商业、旅游、娱乐和商品住宅等各类经营性用地以外用途的土地，其供地计划公布后同一宗地只有一个意向用地者的；

② 原划拨、承租土地使用权人申请办理协议出让，经依法批准，可以采取协议方式，但《国有土地划拨决定书》、《国有土地租赁合同》、法律、法规、行政规定等明确应当收回土地使用权重新公开出让的除外；

③ 划拨土地使用权转让申请办理协议出让，经依法批准，可以采取协议方式，但《国有土地划拨决定书》、法律、法规、行政规定等明确应当收回土地使用权重新公开出让的除外；

④ 出让土地使用权人申请续期，经审查准予续期的，可以采用协议方式；

⑤ 法律、法规、行政规定明确可以协议出让的其他情形。

根据规定，采取此方式出让土地使用权的出让金不得低于国家规定所确定的最低价，协议出让方案应当按规定报有批准权的人民政府批准，且必须在当地土地有形市场等指定场所以及中国土地市场网进行公示。

以协议方式出让土地使用权，因为没有引入竞争机制，不具有公开性，人为因素较多，因此对这种方式有必要加以限制，以免造成不公平竞争、以权谋私及国有资产流失等。

（2）招标出让国有土地使用权

招标出让国有建设用地使用权，是指市、县人民政府国土资源行政主管部门发布招标公告，邀请特定或者不特定的自然人、法人和其他组织参加国有建设用地使用权投标，根据投标结果确定国有建设用地使用权人的行为。

土地使用权通过招标方式出让的，其主要程序为：

① 出让人根据出让地块的具体条件发布招标公告或者投标邀请书；

② 投标人按招标公告或者投标邀请书的规定获取招标文件，并在出让人组织下踏勘出让地块；

③ 投标人支付保证金，并将投标文件密封后投入指定的标箱；

④ 出让人在招标文件确定的投标截止时间主持开标；

⑤ 由出让人组建的评标委员会对投标文件进行评审，提出评标报告和推荐的中标候选人；

⑥ 由出让人在评标委员会推荐的中标候选人中确定中标人，并向中标人发出中标通知书；

⑦ 中标人在规定期限内，持中标通知书与出让人签订出让合同，并支付定金。

（3）拍卖出让国有土地使用权

拍卖出让国有建设用地使用权，是指出让人发布拍卖公告，由竞买人在指定时间、地点进行公开竞价，根据出价结果确定国有建设用地使用权人的行为。

土地使用权通过拍卖方式出让的，其主要程序为：

① 由出让人委托的拍卖人发布拍卖公告；

② 竞买人按拍卖公告确定的时间踏勘出让地块，并支付保证金；

③ 拍卖人按拍卖公告确定的时间、地点进行拍卖，通过公开竞价，应价最高的竞买人为买受人；

④ 买受人与拍卖人签订成交确认书；

⑤ 买受人持成交确认书与出让人签订出让合同，并支付定金。

（4）挂牌出让国有土地使用权

挂牌出让国有建设用地使用权，是指出让人发布挂牌公告，按公告规定的期限将拟出让宗地的交易条件在指定的土地交易场所挂牌公布，接受竞买人的报价申请并更新挂牌价格，根据挂牌期限截止时的出价结果或者现场竞价结果确定国有建设用地使用权人的行为。

挂牌依照以下程序进行：

① 在挂牌公告规定的挂牌起始日，出让人将挂牌宗地的位置、面积、用途、使用年期、规划要求、起始价、增价规则及增价幅度等，在挂牌公告规定的土地交易场所挂牌公布；

② 符合条件的竞买人填写报价单报价；

③ 出让人确认该报价后，更新显示挂牌价格；

④ 出让人继续接受新的报价，挂牌时间不少于10个工作日，挂牌期间可根据竞买人竞价情况调整增价幅度；

⑤ 出让人在挂牌公告规定的挂牌截止时间确定竞得人。

在挂牌期限截止时仍有两个或者两个以上的竞买人要求报价的，出让人应当对挂牌宗地进行现场竞价，出价最高者为竞得人。没有竞买人表示愿意继续竞价的，按照下列规定确定是否成交：如果在挂牌期限内只有 1 个竞买人报价，且报价不低于底价，并符合其他条件的，挂牌成交；如果在挂牌期限内有 2 个或者 2 个以上的竞买人报价的，出价最高者为竞得人；报价相同的，先提交报价单者为竞得人，但报价低于底价者除外；如果在挂牌期限内无应价者或者竞买人的报价均低于底价或者均不符合其他条件的，挂牌不成交。

⑥ 签订《成交确认书》。确定竞得人后，挂牌人与竞得人当场签订《成交确认书》；

⑦ 签订《国有土地使用权出让合同》，公布出让结果；

⑧ 核发《建设用地批准书》，交付土地，办理土地登记。

6.2.2.4　土地使用权的出让年限

根据《城镇国有土地使用权出让和转让暂行条例》的规定，土地使用权出让的最高年限按下列用途确定：

居住用地七十年；

工业用地五十年；

教育、科技、文化、卫生、体育用地五十年；

商业、游游、娱乐用地四十年；

综合或者其他用地五十年。

最高年限并不是出让的唯一年限，具体项目的实际出让年限是由国家根据产业政策和用地项目情况确定，或与用地者协商后综合确定的。土地使用权出让的实际年限可以低于或等于法律规定的最高年限，但不得高于最高年限。例如，商业用地的出让年限可以是 40 年、38 年，也可以是 35 年，但不能超过 40 年。

6.2.2.5　出让金的支付方式

对于出让金的支付方式，《城镇国有土地使用权出让和转让暂行条例》第 14 条规定：土地使用者应当在签订土地使用权出让合同后六十日内，支付全部土地使用权出让金。逾期未全部支付的，出让方有权解除合同，并可请求违约赔偿。

6.2.2.6　国有出让土地使用权的内容与限制

（1）国有出让土地使用权的内容

出让土地使用权是一种独立的、较为完整的用益物权，具备了物权所包含的基本权利即占有的权利、一般意义上使用的权利、收益的权利和一定程度的处分权利，在存续期间内其权能近似于所有权，是除土地所有权之外的最为完整的物权。

对以分期付款方式取得出让国有土地使用权的，在领取临时土地使用权证期间，土地使用者对土地不享有处分权。

（2）出让国有土地使用权的权利限制

① 期限的限制　土地使用权出让合同中必须明确规定土地使用权的出让年限，且该年限不得超过国务院规定的土地使用权出让的最高年限。

② 利用的限制　国有出让土地使用权人必须按出让合同的规定和城市规划的要求，开发、利用和经营土地。如需改变用途，应当征得出让方的同意。在城市规划区内的，还需经过城市规划部门批准，并依照有关规定重新签订土地使用权出让合同，调整土地使用权出让金，办理土地变更登记手续。

③ 违约责任　土地使用权出让合同依法成立生效后即具有法律约束力，当事人双方均应当遵循。

土地使用者应当按照土地使用权出让合同约定的期限开发土地，不按出让合同约定的土地用途和动工开发期限开发土地，是一种违约行为，应承担相应的违约责任。根据《城镇国有土地使用权出让和转让暂行条例》和《城市房地产管理法》，超过合同约定的期限满一年未开发土地的，国有土地所有者代表有权征收相当于土地使用权出让金百分之二十以下的土地闲置费，超过两年未开发利用土地的，由国家无偿收回。

【例1】 A房地产开发公司欲征收规划区内B村80亩的耕地来建设一住宅小区。2008年5月1日，A房地产开发公司签订了出让合同，并缴清全部土地出让金500万元，出让合同约定2008年8月1日开工。后由于A房地产公司自身原因，该项目直到2009年10月1日才开始动工建设。2009年12月1日，A房地产公司调整开发思路，准备将临街的地块改变用途，建成商业门面房。

① 按闲置土地的政策规定，土地管理部门应向A房地产开发公司征收多少土地闲置费？

② 该房地产开发公司欲改变该项目部分土地的用途，需要到哪些部门办理相关审批手续？

答：① 超过合同约定的期限满一年未开发土地的，国有土地所有者代表有权征收相当于土地使用权出让金百分之二十以下的土地闲置费。因此，土地管理部门应向A房地产开发公司征收不超过500万元×20%＝100万元的土地闲置费。

② 因地块位于规划区内，所以，房地产公司准备将临街的地块改变用途建成商业门面房的，必须经过国土资源管理部门和城市规划部门的同意。

6.2.2.7 出让的合同管理

以出让方式设立建设用地使用权的，当事人应当采取书面形式订立建设用地使用权出让合同。因土地使用权出让的主体只能是市、县人民政府，具体来说，土地使用权出让合同的订立与履行由市、县人民政府的土地管理部门具体负责，因此出让合同应由市、县土地管理部门按规定的建设用地管理权限与土地使用权受让人签订。开发区管理委员会作为出让方与受让方订立的土地使用权合同应当认定无效。

（1）出让人享有的权利

① 受让方在签订土地使用权出让合同后，未在规定期限内支付全部土地使用权出让金的，出让方有权解除合同，并可请求违约赔偿；

② 受让方未按土地使用权出让合同规定的期限和条件开发、利用土地的，土地管理部门有权予以纠正，并根据情节轻重给予警告、罚款，直至无偿收回土地使用权的处罚。

（2）出让人必须履行的义务

① 土地使用者按照出让合同约定支付土地使用权出让金的，市、县人民政府土地管理部门必须按照出让合同约定，提供出让的土地；

② 出让人应当向土地使用者提供有关资料和文件。

（3）受让人享有的权利

① 土地的利用权　在不违反出让合同的前提下，受让人可独立对所受让的土地行使开发、利用和经营的权利，并享有排除不法干扰的权利；

② 土地的处分权　受让人有权对出让土地依法进行转让、出租和设置抵押权的权利；

③ 合同的解除权　土地使用者已按照出让合同约定支付土地使用权出让金，但市、县人民政府土地管理部门未按照出让合同提供出让土地的，土地使用者有权解除合同；

④ 要求违约赔偿的权利　出让人未按照出让合同提供出让土地的，土地使用者有权解除合同，由土地管理部门返还土地使用权出让金，并且土地使用者可以请求违约赔偿；

⑤ 获得相应补偿的权利　国家对土地使用者依法取得的土地使用权在出让合同约定的

使用年限届满前不收回。在特殊情况下，根据社会公共利益的需要，可以依照法律程序提前收回，但应根据土地使用者使用土地的实际年限和开发土地的实际情况予以相应的补偿；

⑥ 申请续期的权利　土地使用权出让合同约定的使用年限届满，土地使用者需要继续使用土地的，应当至迟于届满前一年申请续期，除根据社会公共利益需要收回该幅土地的，应当予以批准。经批准准予续期的，应当重新签订土地使用权出让合同，依照规定重新支付土地使用权出让金。

（4）受让人必须履行的义务

① 在签订土地使用权出让合同后的规定期限内支付全部土地使用权出让金；

② 在支付全部土地使用权出让金后，依规定办理登记手续，领取土地使用证；

③ 依土地使用权出让合同的规定和城市规划的要求开发、利用、经营土地；

④ 受让人在土地使用权出让年限内，需改变出让合同约定的规划用地性质或者规划要求的，必须向出让人和规划管理部门提出申请。经审核批准的，受让人应当与出让人重新签订出让合同或者签订补充合同，相应调整出让金并办理土地变更登记；不予批准的，应当由出让人或者规划管理部门书面通知受让人。

（5）出让合同的内容

出让合同应当参照使用标准格式，出让合同的标准格式由土地管理部门制订。

出让合同应当载明下列主要内容：

① 出让和受让的当事人双方；

② 出让地块的坐落、四至、范围和面积；

③ 出让地块的规划用地性质和规划技术参数；

④ 出让年限、出让金金额、支付方式和期限；

⑤ 拆除出让地块上原有建筑物、构筑物和其他附着物的责任、费用承担和完成期限；

⑥ 与出让地块相关的市政公用设施配套要求和费用承担的责任；

⑦ 出让地块的交付期限以及项目建设的开工和完成期限；

⑧ 当事人双方在出让年限届满时的权利和义务；

⑨ 违约责任；

⑩ 争议的解决方式。

为规范国有建设用地使用权出让合同管理，在对 2000 年和 2006 年文本完善的基础上，国土资源部、国家工商行政管理总局于 2008 年发布了新修订的《国有建设用地使用权出让合同》示范文本（GF—2008—2601）。新修订的合同文本包括总则、出让土地的交付与出让价款的缴纳、土地开发建设与利用、国有建设用地使用权转让出租抵押、期限届满、不可抗力、违约责任、适用法律及争议解决、附则等内容。根据示范文本，受让人应在按合同约定付清全部国有建设用地使用权出让价款后，方可持合同和出让价款缴纳凭证等相关证明材料，申请国有出让建设用地使用权登记。签订出让合同时，要明确填写宗地上建设项目的开发投资总额、建筑容积率最高限制与最低限制、建筑面积、建筑限高、建筑密度最高限制与最低限制、绿地率最高限制与最低限制等土地利用条件。受让人应当按照合同约定的土地用途容积率利用土地，不得擅自改变。合同要明确填写建设项目的开工时间、竣工时间。另外，合同文本对工业项目中非生产性设施用地面积比例进行了明确约定，宗地范围内用于企业行政办公及生活服务设施的占地面积占受让宗地面积的比例原则上不得超过 7%。对住宅项目建设中，宗地范围内住宅建设总套数、套型建筑面积在 90 平方米以下的住房套数、套型建筑面积在 90 平方米以下的住房面积占宗地开发建设总面积的比例、配套建设的经济适用住房、廉租住房等政府保障性住房的要求进行了约定。新的合同文本明确了建设用地使用权是一个空间概念，要求签订出让合同时，要明确填写宗地的界址点坐标和上下高程，宗地空间范围是以界址点所构成的垂直面和上、下高程所在的水平面封闭形成的空间范围。详细内容可参见《国有建设用地使用权出让合同》示范文本（GF—2008—2601）

6.2.2.8　出让土地的续期

根据《物权法》第一百四十九条，"住宅建设用地使用权期间届满的，自动续期。"至于非住宅建设用地使用权期间届满后的续期，根据《城市房地产管理法》第二十一条规定："土地使用权出让合同约定的使用年限期满后，土地使用者需要继续使用土地的，应当至迟于期满前一年申请续期，除根据社会公共利益需要收回该幅土地的，应当予以批准。经批准准予续期的，应当重新签订土地使用权出让合同，依照规定支付土地使用权出让金。土地使用权出让合同约定的使用年限届满，土地使用者未申请续期或者虽申请续期但依照规定未获批准的，土地使用权由国家无偿收回。"

关于建设用地使用权期满后该土地上的房屋及其他不动产的归属，"合同有约定的，按照约定"；没有约定或者约定不明确的，根据《城镇国有土地使用权出让和转让暂行条例》规定，"土地使用权期满后，土地使用权及其地上建筑物、其他附着物所有权由国家无偿取得"。

6.2.2.9　出让土地的收回

（1）期满收回

依据规定，除住宅建设用地使用权期间届满自动续期外，以出让方式取得的其他用途的国有土地使用权在合同约定的期限届满时，土地使用者可以申请续期。如果土地使用者不申请续期或虽申请续期依法未获批准，土地使用权将自动消灭，由国家无偿收回。土地使用权无偿收回时，该土地上的房屋及其他不动产的归属，有约定的，按照约定；没有约定或者约定不明确的，依照法律、行政法规的规定办理。

（2）提前收回

通常情况下，出让年限未满的土地使用权不得提前收回。但在特殊情况下，根据社会公共利益的需要，可以依照法律程序提前收回出让土地使用权。提前收回土地使用权的，出让人应当提前（一般至迟于收回土地使用权之日前6个月）将出让地块的坐落、四至范围、收回理由、收回日期等通知受让人，并在出让地块的范围内公告。提前收回土地使用权的，出让人应当给予受让人相应的补偿。提前收回土地使用权的补偿金额，应当按出让年限的余期、规划用地性质、出让金以及地上建筑物、构筑物和其他附着物的价值等内容，由出让人与受让人协商确定，或者委托具有相应资质的房地产评估机构进行房地产价格评估后确定。

"国家可因公共利益提前收回国有土地使用权"，但包括《物权法》在内的我国成文法中没有对公共利益给出明确的定义。公共利益是一个不确定的相对概念。目前，在对公共利益的范围没有明确规定的情况下，实践中比较一致的做法是将国防、军事、公共交通、公共教育、公共卫生、环境保护等公用事业和发展其他不以营利为目的社会公益事项认为是公共利益。

案例　××市区国有建设用地使用权招商公告

根据《物权法》、《土地管理法》、《城市房地产管理法》、《城镇国有土地使用权出让和转让暂行条例》等法律法规的有关规定，经××市人民政府批准，决定对下列地块的国有建设用地使用权进行挂牌出让，现将有关事项公告如下。

一、招商地块基本情况及其规划要点

地块编号	地块座落	土地出让面积约/平方米	规划设计条件				出让年限/年	地块开发程度	履约保证金（人民币）/万元	市场挂牌起始价（人民币）单价/（元/平方米）
			用途	容积率	建筑密度	绿地率				
581	扬子江路以西，江捷电子用地以南	127806	商住*	≤4.0	—	—	40、70	生地	1500	1078

二、竞买人范围及竞买手续的办理

1. 中华人民共和国境内外的自然人、法人和其他组织，除法律法规另有规定者外，均可申请参与竞买，可以独立竞买，也可联合竞买。

2. 本次招商地块以生地挂牌方式进行出让。有意竞买者申请参加竞买时，需提交竞买地块的履约保证金及下列文件，办理竞买手续，领取竞买资格证书及报价单。

（1）竞买申请书；

（2）单位申请竞买须提交有效的营业执照（副本）及法定代表人的有效身份证件复印件各一份并提供原件核对；境内个人申请竞买须提交有效的身份证件复印件一份并提供原件核对；境外个人申请竞买须提交资信材料和有效的身份证件复印件一份并提供原件核对；授权委托的须提交有单位签章及授权人签字的授权委托书原件及授权人和受托人的有效身份证件复印件各一份（受托人的有效身份证件须提供原件核对）；

（3）提交可以在本地银行兑付的人民币（或美元）银行支票（竞买申请人须将其支票自行在其付方银行进账）或汇票作为履约保证金（美元以竞买人办理竞买登记日国家公布的外汇汇率中间价折算成人民币），收款人：××市土地交易中心，开户银行：江苏银行××分行营业部，账号：略。

3. 本次挂牌出让不接受邮寄、电话、电子邮件、口头申请及报价。

三、招商活动安排及有关事项

1. 公告时间及相关事项

本次挂牌出让公告日期为 2009 年 12 月 1 日至 2009 年 12 月 20 日，自 2009 年 12 月 7 日至 2009 年 12 月 20 日（工作日）到江苏省××市国土资源局（××市××路 565 号）二楼土地交易中心土地交易窗口领取挂牌出让文件。在此期间××市土地交易中心负责接待有意竞买者对招商地块的现场踏勘（有意竞买者也可自行踏勘现场）。

2. 挂牌时间和地点

自 2009 年 12 月 21 日至 2009 年 12 月 30 日，地点为江苏省××市国土资源局（××市××路 565 号）二楼土地交易中心。

3. 受理竞买时间及要求

有意竞买者可于 2009 年 12 月 21 日至 2009 年 12 月 28 日（工作日）持本《招商公告》中要求提供的相关证件到江苏省××市国土资源局（××市××路 565 号）二楼土地交易中心土地交易窗口办理竞买手续，交付履约保证金，领取竞买资格证书（履约保证金到账后方可领取）及报价单。受理竞买申请截止时间为 2009 年 12 月 28 日 15 时。

取得竞买资格的竞买人，即可于挂牌出让时间内持《竞买资格证书》及报价单到××市国土资源局二楼土地交易中心土地交易窗口进行报价或更新报价。接受报价截止时间为 2009 年 12 月 30 日 15 时。

有关报价的最新动态可在××市国土资源局二楼招商公示牌上查看或通过网上进行查询。

4.××市国土资源局在成交现场当场与竞得人签订《国有建设用地使用权成交确认书》，同时竞得人于成交现场当场缴纳竞得地块市场挂牌起始总价额的30％出让金。

5. 有关本次招商地块的详细情况及招商的具体要求和操作程序，详见招商文件，敬请有意竞买者到××市国土资源局二楼土地交易中心交易窗口领取招商文本及进行咨询。

联系地址：略

咨询电话：略

××市国土资源局

二零零九年十二月一日

6.3 土地使用权转让管理

6.3.1 土地使用权转让概述

6.3.1.1 土地使用权转让的含义

土地使用权转让是指土地使用者将有偿取得的土地使用权再转移的行为，反映的是土地使用者与土地使用者之间的经济关系。转让的方式包括出售、交换和赠与。未按土地使用权出让合同规定的期限和条件投资开发、利用土地的，土地使用权不得转让。

6.3.1.2 土地使用权转让方式

根据《城镇国有土地使用权出让和转让暂行条例》，土地使用权转让具体有出售、交换和赠与三种方式。实际操作中，根据"土地使用权转让必然导致其权利的主体发生变更"这一特点，转让还有其他方式，如抵债、作价出资（入股）、合建、继承等。

（1）出售（买卖）

出售是土地使用权转让的最主要表现形式，是以价金的支付为土地使用权的对价，主要是指以出让方式取得土地使用权的土地使用者按照出让合同规定的期限和条件对土地进行了投资、开发和利用之后，再将土地使用权有偿转让的行为。这种出售与一般动产的买卖有所不同，动产买卖行为是将出卖财产的所有权转移给买受人，而土地使用权的出售只转移使用权，所有权不发生转移，仍属国家。

（2）交换

土地使用权的交换一般指的是以地换地，是指两个以上的土地使用权人之间交换各自的土地使用权的转让方式，其本质是一种权利互换，在某种特定的条件下，交换土地使用权可能更适合当事人之间的经济需要。交换有时也指以地换物或以物换地，土地使用人将土地使用权转移给受让人，以此取得受让人提供的其他财产或特定的财产权益。

（3）赠与

赠与是用地人将其土地使用权无偿转移给受赠人的法律行为。以赠与方式转让土地使用权的，土地使用权的转移没有直接的对价，无需价金的支付或提供财产权利来作为对应条件，是单方面的转移，有时可能会附加其他条件。赠与行为一般包括继承、遗嘱、离婚、赡养关系、直系亲属赠与等。

（4）抵债

抵债是买卖的一种特殊形式，主要区别在于价金支付的条件和期限不同。在土地使用权买卖时，土地使用权的转移和价金的支付是对等进行的，而在以土地使用权抵债时，价金支付在前，所抵的债视为已付的价金。

（5）作价出资（入股）

作价出资（入股）是指土地使用权人以一定年期的国有土地使用权作价，作价额按规定折股形成股权，该土地使用权由股份公司持有。作价出资（入股）介于买卖和交换之间，既类似买卖又类似交换。类似买卖是因为将土地使用权用来作价，所作之价如同买卖之价金；类似交换是因为土地使用权被用来入股，所得之股如同其他财产或特定的财产权益。

（6）合建

合作建房是房地产开发过程中较为常见的做法，是指享有土地使用权的一方以土地使用权作为投资与他人合作建房的行为，由一方提供土地使用权，另一方提供资金。为合作建房的目的而设立独立法人的，土地使用权转让的对价是股权；不设立独立法人而采取加名的方式，或甚至不加名、仅以合建合同约定合作各方产权分配的，土地使用权的对价是房屋建成以后的产权。签订的合建合同是土地使用权有偿转让的一种特殊形式，除办理合建审批手续外，还应依法办理土地使用权变更登记手续。未办理土地使用权变更登记手续的，一般应当认定合建合同无效，但双方已实际履行了合同，或房屋已基本建成，又无其他违法行为的，可认定合建合同有效，并责令当事人补办土地使用权变更登记手续。

（7）继承

土地使用权继承指公民按照法律规定或者合法有效的遗嘱取得死者生前享有的土地使用权的行为。继承人除继承土地的使用权外，其地上附着物的所有权也随之得到继承。土地使用权继承与上述几种转让方式相比，其特殊性表现在两个方面：一是转让条件不同。继承转让的唯一条件是继承事件发生，即原受让人死亡时，继承转让随之发生，不受出让合同规定的开发程序及已开发投资额的限制；二是转让程序不同。土地使用权的一般转让应经申请、审批、变更登记等几个阶段，而继承转让一般只需经公证、登记两个阶段。除上述两点外，继承转让的其他方面及权利义务关系与一般转让相同。

6.3.1.3　出让与转让的关系

出让是指国家以土地所有者身份将土地使用权在一定年限内让与土地使用者，并由土地使用者向国家支付土地使用权出让金的行为。转让是指土地使用者将有偿取得的土地使用权再转移的行为。

二者的主要区别如下。

（1）行为当事人不同

出让是从土地所有者到土地使用者之间的纵向流动，是指受让人从国家手中得到土地使用权，出让方必定是土地所有者（国家或其代表）。

转让是在土地使用者之间的横向流动，其转让方不可能是国家，只能是土地使用者，是土地使用者以买卖、交换、赠与等方式再转移其土地使用权的行为。

（2）运行机制不同

出让具有垄断性。其垄断性表现为国家是土地使用权的唯一提供者，土地的供给量、供给时间和供给地点等均由国家控制，市场机制的作用较弱。

转让具有竞争性。其竞争性表现为有多个土地供给者和多个土地需求者，转让的方式和价格均由市场决定，市场机制的作用较强。

（3）权利与义务不同

出让时，当事人应当采取书面形式订立出让合同，受让方必须按照出让合同的要求开发、利用和经营土地。若要改变土地用途必须经有关部门审批，调整土地出让金，重新签订出让合同。对于未按出让合同规定期限和条件开发、利用土地的，或擅自改变土地用途的，土地管理部门可对其处于行政处罚，直至收回土地使用权。

转让时，当事人的权利义务主要限定在土地使用权出让合同所规定的范围之内。土地使用权转让后，转让人便不再与土地使用权出让人发生权利义务关系，而由转让行为中的新的受让人继承尚未履行的义务。而且，转让双方当事人应就转移土地使用权及出让合同和登记文件中所载明的权利义务等办理变更登记手续。

（4）代价不同

土地使用权的出让都是有偿的。而土地使用权转让可以是有偿的（如买卖），也可以是无偿的（如赠与）。

二者的联系主要在于，土地使用权的转让人是原土地使用权出让关系中的受让人，而且允许转让的土地使用权是由原出让合同所规定的。

出让和转让的关系详见表 6-1。

表 6-1　土地出让与土地转让的比较

项　目	出　让	转　让
出让或转让的行为主体	政府	任何组织或个人
法律关系	垄断的,不平等	竞争的、平等的
处于土地市场的层次	一级市场	二级、三级市场
土地的使用年限	合同中规定	剩余年限
土地的转移方式	协议、招标、挂牌、拍卖	买卖、交换、赠与等

6.3.2　土地转让管理

6.3.2.1　土地使用权转让的一般条件

国有土地使用权转让必须符合一系列法定条件。根据《物权法》、《城市房地产管理法》和《城镇国有土地使用权出让和转让暂行条例》，土地使用权转让应当符合下列条件。

① 土地使用权转让应当签订书面的转让合同。

② 转让方必须是土地的使用权人，须对转让的土地享有合法的土地使用权和处分权。

③ 被转让的土地使用权在法律上必须是可以转移的，转让方转让的土地可以实际交付给受让方。依照我国现行法律的规定，允许转让的土地必须是有偿取得的，只有通过出让方式有偿取得的土地使用权才可以转让，无偿取得的土地使用权如划拨土地使用权不能转让。若要转让，须先由土地使用权人与土地管理部门补签土地使用权出让合同，补缴土地出让金。另外，根据《城市房地产管理法》第 37 条的规定，"司法机关和行政机关依法裁定、决定查封或者以其他形式限制房地产权利的；依法收回土地使用权的；共有房地产、未经其他共有人书面同意的；权属有争议的；未依法登记领取权属证书的"均不得转让。

④ 土地使用权转让后，应当按照规定向登记机构申请办理变更登记。我国现行立法对物权变动采取登记要件主义，即土地使用权转让合同的签订并不直接意味着土地使用权的当然转移，土地使用权的转移是以登记为要件的。这意味转让合同中的受让人不是在转让合同签订时，而是在土地使用权依法登记到受让人名下以后方取得土地使用权。未办理土地变更登记的，转让无效。

⑤ 土地使用权转让时，其地上建筑物、其他附着物所有权随之转让；土地使用者转让地上建筑物、其他附着物所有权的，其使用范围内的土地使用权随之转让，但地上建筑物、其他附着物作为动产转让的除外。

⑥ 土地使用权转让时，转让双方必须如实申报成交价格。如果申报的土地使用权转让价格明显低于市场价格的，市、县人民政府有优先购买权。另外，土地使用权转让的市场价格不合理上涨时，市、县人民政府可以采取必要的措施。

⑦ 转让方应当依法向国家缴纳土地使用权流转方面的税收如营业税、土地增值税等。

6.3.2.2　国有出让土地使用权的转让

（1）转让的要件

转让是将权利彻底移交给受让人，由受让人取代转让人原有土地使用权人的地位，脱离原出让合同约束的行为，因此出让土地使用权的转让不仅要符合约定条件，还要符合法定条件。《房地产管理法》规定，转让以出让方式取得的土地使用权应当符合下列条件。

① 按照出让合同约定已经支付全部土地使用权出让金，并取得土地使用权证书。

② 按照土地使用权出让合同约定进行投资开发。属于房屋建设工程的，完成开发投资总额的 25% 以上；属于成片开发土地的，形成工业用地或者其他建设用地条件。未按土地使用权出让合同规定的期限和条件投资开发、利用土地的，土地使用权不得转让。

③ 转让房地产时房屋已经建成的，还应当持有房屋所有权证书。

（2）权利义务同时转移

权利义务同时转移俗称"认地不认人"，是指土地使用权转让时，转让人与原土地使用权出让人所签订的出让合同以及登记文件中所载明的权利、义务随之转移给新的受让人。即使土地使用权发生多次转移，不管在谁名下，土地使用权转让也只能是原土地使用权出让合同和登记文件中所载明的权利的转移，权利不得扩张。

（3）用途的变更

出让国有土地使用权转让后，需要改变土地使用权出让合同规定的土地用途的，应当征得出让方的同意，在城市规划区内还须经城市规划部门批准。经审核批准，依照有关规定重新签订土地使用权出让合同，调整土地使用权出让金，并办理变更登记手续。

（4）剩余使用年限

通过转让取得的土地使用权，其土地使用权的使用年限为原土地使用权出让合同规定的使用年限减去原土地使用者的已使用年限后的剩余年限。转让合同终止日期和建设项目完成日期不得超过原出让合同所规定的终止日期和建设项目完成日期，不得改变原出让合同所列的权利、义务和各项用地要求。

【例 2】　某开发公司以出让方式取得了某宗地的国有土地使用权，出让合同约定的土地用途为住宅，出让年限为法定最高出让年限，开发商获取土地半年后开工建设，并于 1.5 年后建成销售给购房户 A，此时，购房户 A 购得的房地产所对应的土地使用权的使用年限应该是多少年？如果 A 购房户 3 年后又将该房地产转让给 B，则 B 所购得的房地产所对应的土地使用权的使用年限又是多少年？

解：住宅用地的法定最高出让年限为 70 年。出让国有土地使用权转让后，受让人土地使用权的期限为原土地使用权出让合同约定的使用年限减去原土地使用者已经使用年限后的剩余年限。

所以，购房户 A 购得的房地产所对应的土地使用权的使用年限应该是：

$$70-0.5-1.5=68 \text{ 年}$$

购房户 B 购得的房地产所对应的土地使用权的使用年限应该是：

$$70-0.5-1.5-3=68-3=65 \text{ 年}$$

6.3.2.3　划拨国有土地使用权的转让

划拨土地使用权是国家根据土地使用者实际需要无偿交付其无限期使用的土地。因其无偿性，所以转让国有划拨土地使用权前须经有批准权的人民政府审批。只有经过有批准权的人民政府准予转让的方可办理转让手续。办理转让手续有两种方式，一是补办土地使用权出让手续，二是将转让房地产所获收益中的土地收益上缴给国家。具体采用哪种处置方式取决于拟转让的地块是否具备出让条件：

（1）补办出让手续，缴纳出让金。

对符合出让条件的，经市、县人民政府土地管理部门批准后补办土地使用权出让手续，由土地转让人向所在地的市、县人民政府土地管理部门申请补签土地出让合同，补缴土地出让金，办理土地出让登记手续后，方可进行转让。

（2）不办理土地使用权出让手续的，应当将转让房地产所获收益中的土地收益部分上缴国家或作其他处理。

国有划拨土地使用权转让时，对不具备出让条件的土地，如国家暂时无法或不需要转为出让方式提供给土地使用者的土地，或根据城市规划不宜出让而近期又不禁止转让的土地，可以不办理出让手续，仍保留划拨土地使用权，但转让方应将转让房地产所获收益中的土地收益上缴给国家。

6.3.2.4　共有土地使用权的转让

共有土地使用权是指两个以上（含两个）的公民、法人或者其他组织共同享有一个土地使用权。共有土地使用权面积可以在共有使用人之间分摊。

以共有的土地使用权进行转让，须事先经其他共有人书面同意。以共有土地使用权中本人占有的份额进行转让的，应事先书面通知其他共有人，或先行分割，再以其本人所占有部分进行转让。不征得其他共有人的同意，或者只是采取口头方式表示同意的，转让无效。在共有土地使用权转让时，同等条件下，共有人享有优先购买权。

案例

A公司前台竞地，B公司背后出资，竞得后双方组建股份制公司，申请将土地使用权办理到新公司名下。这个申请该不该办理？

问：某市国土局公开挂牌出让一房地产开发用地，A公司符合报名条件，具备开发资质，B公司不具备开发资质。A与B双方协议：由A报名竞地，B出部分资金，竞得后再组建股份公司C，以后以C名义对外履行一切事务。随后，A作为独立法人单位竞得该地块，并与国土局签订了土地出让合同，分期缴纳土地出让金。合同签订后，A与B联名向国土局提出申请，要求在由C缴清该地块余下的土地出让金后，将该地块的土地使用权办理给C。在这种情况下，国土局能否办理？

答：本案主要涉及挂牌出让房地产开发用地时竞买人的资格问题，以及取得国有土地使用权后是否可以转让的问题。现依据有关法律法规解答如下，仅供参考。

挂牌出让国有土地使用权，是指出让人发布挂牌公告，按公告规定的期限将拟出让宗地的交易条件在指定的土地交易场所挂牌公布，接受竞买人的报价申请并更新挂牌价格，根据挂牌期限截止时的出价结果确定土地使用者的行为。根据《招标拍卖挂牌出让国有土地使用权规定》，商业、旅游、娱乐和商品住宅等各类经营性用地，以及供地计划公布后，同一宗地有两个以上意向用地者的，必须以招标、拍卖或者挂牌方式出让。《城市房地产管理法》第二十九条和第三十条对房地产开发企业的资质作出了规定，即设立房地产开发企业，应当具备下列条件：有自己的名称和组织机构；有固定的经营场所；有符合国务院规定的注册资本；有足够的专业技术人员；法律、行政法规规定的其他条件等。由此可见，只有具备房地产开发资质的企业才能成为房地产开发用地的适格的竞买人。《招标拍卖挂牌出让国有土地使用权规定》对挂牌出让的程序作出了详细规定，适格的竞买人依照此规定竞买成功的，依法签订《国有土地使用权出让合同》，受让人依照合同的约定付清全部国有土地使用权出让金后，依法申请办理土地登记，领取国有土地使用权证书。

本案中只有A企业具备开发资质，在经过挂牌出让的程序后，可依法取得土地使用权。A与B关于"由A报名竞地，B出部分资金，竞得后再组建股份公司C，以后以C名义对外履行一切事务"的协议是无效的。若 C 企业想取得该土地使用权,应该在具备开发资质后直接申请以挂牌方式取得该土地使用权。

A 单位在国有土地使用权出让合同签订后,即与 B 联名向国土局申请由 C 缴清该地块余下的土地出让金,并将该地块的土地使用权办理给 C 的行为,实际上属于转让国有土地使用权的行为。

为杜绝倒买倒卖房地产行为的发生,我国法律对房地产的转让条件做出了严格规定,依照《城市房地产管理法》第三十八条规定,以出让方式取得土地使用权的,转让房地产时,应当符合下列条件:(一)按照出让合同约定已经支付全部土地使用权出让金,并取得土地使用权证书;(二)按照出让合同约定进行投资开发,属于房屋建设工程的,完成开发投资总额的 25% 以上,属于成片开发土地的,形成工业用地或者其他建设用地条件。而本案中的土地使用权转让显然不符合法定条件。

本案在国有土地使用权挂牌出让过程中,让符合条件的单位参加竞买,随即转让给其他不符合竞买条件的单位的行为本身就是在规避法律,最终达到让不符合挂牌出让竞买人条件的单位通过转让行为取得国有土地使用权的目的。对此规避法律的行为应不予支持,国土局不应办理此类申请。

(资料来源:国土资源网 http://www.clr.cn/)

6.4　土地使用权租赁管理

6.4.1　土地租赁的概述

6.4.1.1　租赁的概念

国有土地租赁,是指土地使用者与县级以上人民政府土地管理部门签订一定年限的土地租赁合同并支付租金,从而原始取得的一定期限的国有土地使用权的行为。

国有租赁土地使用权人所享有的租赁权具有用益物权的性质,承租人在租赁期间,对租赁物享有排他性占有和使用的支配地位,租赁权人对租赁物的占有、使用受到不法侵害时,可以获得物权保护意义上的法律救济,如排除妨害、返还财产等。

国有土地租赁是国有土地有偿使用的一种重要形式,是出让方式的补充。

6.4.1.2　租赁与出租的区别

在国有土地租赁和土地使用权出租的概念中,常会遇到"租赁"、"出租"、"租金"这样的词语,使人容易混淆。实质上租赁土地使用权与土地使用权出租是两个不同的概念,两者之间存在以下主要区别。

(1)所处的土地市场不同

国有土地租赁属于土地一级市场,属于土地使用权的原始取得;

土地使用权出租属于土地二级或者三级市场,属于土地使用权部分权能的转让取得。

(2)法律关系主体不同

国有土地租赁的主体是土地所有者(国家)与土地使用者,出租人是国家;

土地使用权出租是在土地使用者之间进行,出租人是国有出让土地使用权人。

(3)土地使用者的权益不同

在土地登记实务中,租赁土地使用权是作为土地使用权来进行登记;

土地使用权出租是作为土地他项权利来进行登记。

租赁土地使用权与土地使用权出租的主要区别详见表 6-2。

虽然国有土地租赁和土地使用权出租之间存在区别,但从租赁关系的形式和内容看,两者的权利义务基本是一致的。

表 6-2   租赁土地使用权与土地使用权出租的区别

方　式	出租人	取得方式	所处市场位置	权利类型	法律关系
租赁	国家	原始取得	一级市场	土地使用权	用益物权
出租	出让土地使用者	传来取得	二、三级市场	他项权利	债权债务关系

6.4.1.3　租赁土地使用权的法律特征

租赁土地使用权是国家保留土地的所有权，而承租方可在一定期限内以支付租金为对价对土地进行占用、使用和收益。因租赁取得土地使用权的用地者与国家之间存在债权债务关系，所以租赁土地使用权人在租赁期限内对承租土地只依法享有占有权、使用权和收益权，不可随意处分。

租赁土地使用权的法律特征如下。

① 租赁土地使用权人对其投资建造的地上建筑物、其他附着物享有所有权。

② 在国有土地租赁期限内需改变租赁合同中约定用途的，承租人应当向国有土地所有者代表和城市规划管理部门提出申请，经批准，租赁双方重新签订租赁合同或签订补充合同，并根据改变的用途相应调整租金。

③ 租赁十地使用权人经国有土地所有者代表同意后，可将土地使用权连同地上建筑物及其他附着物作价出资或入股，但应依接受投资的主体的不同而分别规定国有土地租赁合同的履行主体。向企业法人投资或者成立新的企业法人的，根据《公司法》的有关规定，租赁土地使用权转归该企业法人享有，并应由其继续履行原国有土地租赁合同；向非企业法人投资的，租赁土地使用权仍归原租赁土地使用权人享有，应由其继续履行原国有土地租赁合同。

④ 以租赁方式取得的租赁土地使用权可以依法转让、转租和抵押。租赁土地使用权转让、转租、抵押的，其地上附着物随之转让、转租、抵押；地上附着物转让、转租、抵押的，其使用范围内的租赁土地使用权随之转让、转租、抵押。

⑤ 租赁土地使用权转租的，转租的期限不得超过该租赁土地使用权的剩余期限。将租赁土地使用权转租给第三人的，原土地租赁关系不变，第三人应当依法办理他项权利登记。

⑥ 租赁土地使用权转为出让的，承租人在同等条件下有优先受让权。

6.4.2　土地租赁的管理

6.4.2.1　租赁土地使用权主体

作为国有土地有偿使用方式之一，租赁土地使用权的主体为一般主体，自然人、法人和其他组织均可以通过租赁方式取得国有土地使用权，但地下资源、埋藏物和市政公用设施除外。租赁土地使用权主体目前主要包括以下四类。

（1）新增经营性用地

对于经营性用地，除经营性房地产开发用地必须通过出让方式取得土地使用权外，其他项目用地如工业项目用地等，一般都可以采取出让或租赁的方式有偿取得国有土地使用权。其中，由于分期支付的土地租赁价格远低于一次性支付的土地出让价格，土地使用者能以较少的代价取得国有土地使用权，因而容易被土地使用者采纳。由于租赁土地使用权不是一种完整的、独立的用益物权，本质上它仍然是一种债权债务关系，因此对于新增经营性用地，重点仍应是推行和完善国有土地出让，租赁只能作为出让方式的一种补充。

（2）存量经营性划拨用地

根据《划拨国有土地使用权管理暂行办法》的有关规定，存量划拨建设用地可以采取出让、作价出资（入股）和租赁方式实行有偿使用。具体是采用出让还是租赁应当根据土地条件、项目性质、规划要求等确定。一般来说，对于金融、娱乐、旅游、商业等经营性用地原则上要一步到位，采用出让方式实行有偿使用；对于经营性城镇公用设施用地、社会事业用地，可由用地单位选择出让或租赁方式有偿使用。采取租赁方式的，由国土资源管理部门与土地使用者签订土地使用权租赁合同，按年向土地使用者收取土地租金。

（3）改变用途、增加建筑面积而未补交地价的用地

依有关法律规定，改变土地用途、增加建筑面积应当补办出让手续，缴纳出让金，但实践中由于执行的难度较大，可予以变通。对于自用目的的应允许采取租赁方式。但如果是用于转让时，为切实维护买受人的合法权益，防止法律关系复杂化，则应采用补办出让方式。

（4）需短期使用土地的

短期用地一般不超过 5 年，因租赁价格较低，操作简便灵活，因而适合采用租赁方式。

6.4.2.2　租赁土地使用权的取得方式

国有土地租赁可采取招标、拍卖、挂牌或者协议方式进行。其中具有投标、竞买条件的项目用地和经营性用地的租赁，必须采用招标、拍卖、挂牌方式，这些方式公开、公正、公平，操作性强，能有效地抑制交易中人为因素造成的不公平竞争，防止滋生腐败和国有资产流失。

6.4.2.3　租赁期限

土地租赁分短期租赁和长期租赁。短期租赁一般不超过 5 年，长期租赁不得超过国有土地使用权出让的最高年限，即：

工业用地为 50 年；

教育、科技、文化、卫生、体育用地为 50 年；

商业、旅游、娱乐用地为 40 年；

其他用地为 50 年。

企业法人的国有土地租赁年限，不得超过其营业执照规定的经营年限。

6.4.2.4　租金

（1）租金的支付

租金一般由土地使用者依国有土地租赁合同约定分季度或按年缴纳，且多以年为单位。

（2）租金标准

租金标准的确定是土地租赁的核心。租金标准可以通过协议、招标、拍卖、挂牌等方式确定，其中协议租赁的租金不得低于土地租金保护价。租赁土地的保护价由市、县国土资源行政主管部门会同价格主管部门根据当地基准地价，结合用地性质、租赁期限、地块区位等因素制订，报同级人民政府批准，并根据当地社会经济发展情况动态调整。

（3）租金的测算

根据所租赁土地的开发程度不同，租金分为熟地租金和生地租金。

熟地租金是按熟地价进行测算的，包含土地取得费用、土地开发费用和政府的土地收益等。对于在取得土地使用权时，承租人已支付了征地、拆迁等土地费用的，其租金标准应按扣除有关费用后的地价余额折算；对于承租人取得土地使用权时未支付其他土地使用费的，其租金标准应按全额地价折算。

生地租金只包含政府的土地收益。

合理的年租金标准可以由下面公式确定：

$$a = \frac{Pr}{\left[1 - \dfrac{1}{(1+r)^n}\right]} \tag{6-1}$$

式中　a——土地年租金；

　　　P——与该土地相同用途使用年限为 n 年的出让金；

　　　n——出让土地使用权的使用年限；

　　　r——土地报酬率。

（4）租金的调整

以协议方式取得租赁土地使用权的，土地租赁合同中租金具体数额的约定应根据租赁期限确定：租赁期限在 5 年以内的租金不进行调整；租赁期限在 5 年以上的，租赁合同中租金具体数额的约定一般不应超过 5 年租金具体数额，5 年期满后，可根据市场行情对租金标准进行调整。

以招标、拍卖或挂牌方式取得的租赁土地使用权，租金可不作调整。

6.4.2.5　租赁合同

国有土地租赁应当以书面形式签订租赁合同，其内容由当事人约定，一般包括以下主要条款：

① 租赁合同当事人；

② 租赁地块的坐落、四至范围和面积（附宗地图）；

③ 租赁地块的用途和其他土地使用条件；

④ 租赁期限；

⑤ 租赁地块的拆迁补偿安置费用或者征地补偿费用的支付；

⑥ 租金标准和租金调整的时间、幅度；

⑦ 租金的支付时间和方式；

⑧ 租赁地块交付的条件和时间；

⑨ 租赁合同终止时地上附着物的处置；

⑩ 违约责任；

⑪ 争议解决方式；

⑫ 其他约定的事项。

土地租赁合同签订后，承租人应当向租赁地块所在地的市、县人民政府土地行政主管部门申请办理土地登记，领取国有土地使用权证书，取得承租土地使用权。

6.4.2.6　租赁土地使用权的转让

（1）租赁土地使用权的转让的条件

以租赁方式取得国有土地使用权拟转让的，应当符合下列条件：

① 经国有土地所有者代表同意；

② 按照租赁合同的约定进行投资开发；

③ 对地上房屋已建成的，承租人已办理承租土地使用权登记以及地上附着物所有权登记，并取得《国有土地使用证》和《房屋所有权证》；

④ 按合同约定按期履行租金缴纳义务；

⑤ 法律、法规、规章规定的其他情形。

（2）转让的效力

与国有出让土地使用权的转让效力相同，租赁土地使用权的转让也是"权利义务同时转移"。租赁土地使用权转让时，转让人即原土地使用权承租人与出租人（国家）所签订的租赁合同以及登记文件中所载明的权利、义务随之转移给新的受让人。转让的土地使用年限只能是原土地使用权租赁合同规定的使用年限减去土地使用者已使用年限后的剩余年限。因此，转让人对其转让的权利负担负有告知义务，受让人负有继续履行原国有土地租赁合同和办理权属变更登记的义务。

（3）限制转让的租赁土地使用权

租赁土地使用权有下列情形之一的不得转让：

① 司法机关和行政机关依法裁定、决定查封或者以其他形式限制承租土地使用权转让的；

② 依法收回租赁土地使用权的；

③ 属于共有承租土地使用权的，未经其他共有权人书面同意的；

④ 土地权属有争议的；

⑤ 未依法登记领取权属证书的；

⑥ 法律、法规规定禁止转让的其他情形。

6.4.2.7　租赁土地使用权的抵押

依《城市房地产管理法》规定，仅以出让方式取得的土地使用权可以单独设定抵押权，而以其他方式如租赁、划拨取得的土地使用权不能单独设定抵押权，但依法取得的房屋所有权连同该房屋占用范围内的国有土地使用权可以同时设定抵押。因此，租赁土地使用权的抵押条件如下。

① 租赁土地使用权的抵押应经土地所有者代表的同意。

② 租赁土地使用权，非随其地上物不得发生转让、抵押。租赁土地使用权不得单独抵押，只能随同地上建筑物一并设立抵押权。

③ 抵押租赁土地使用权，应当依法办理土地抵押登记。抵押的期限不得超过租赁土地使用权的剩余期限。

④ 租赁土地使用权的抵押权实现后，土地租赁合同由依法取得该土地使用权的权利人继续履行。

6.4.2.8　国有租赁土地使用权的终止

租赁期限未届满的土地使用权不得提前收回，但因社会公共利益需要，经有批准权的人民政府批准，可以提前收回，但必须根据承租人取得土地和开发利用土地的实际情况给予相应的补偿。

土地租赁合同约定的使用期限届满，原承租人在同等条件下享有优先承租权。

承租人需要继续使用土地的，应提前申请续期。除根据社会公共利益需要收回该幅土地外，应当予以批准。准予批准的，应当重新签订土地租赁合同。国有土地租赁年限届满承租人未申请续期的，或虽申请续期但未获批准的，出租人应依法收回土地使用权。收回土地使用权时，出租人应对地上建筑物、构筑物和其他附着物给予适当补偿，租赁合同另有约定的，从其约定。

6.5　土地使用权出租管理

6.5.1　土地使用权出租概述

6.5.1.1　土地出租的概念

土地使用权出租是指土地使用者将土地使用权单独或者随同地上建筑物、其他附着物一起出租给他人使用，由他人向其支付租金的行为。原拥有国有土地使用权的一方称为出租人，承租土地使用权的一方称为承租人。

土地使用权出租不同于国有土地使用权租赁，出租是在土地使用者之间横向进行的土地交易行为，隶属于土地二、三级市场。单纯的土地出租比较少，一般都是出租人将土地使用权连同地上建筑物及其他附着物一起出租给承租人使用。出租人和承租人的租赁关系由双方通过订立租赁合同确定。

6.5.1.2　土地使用权出租的法律特征

土地使用权出租，出租人与承租人之间形成的是一种债权债务关系，承租人获得的只是承租权，承租权不是用益物权，而是债权，在土地权利体系中属于他项权利，因此承租人只有使用的权利，没有处分权，不得改变土地用途，不得将承租权转让、转租、抵押或从事其他经济活动。

土地使用权出租的法律特征表现为以下几个方面。

① 土地使用权人出租土地须依法申请。土地使用权人需要出租土地使用权的，必须持有国有土地使用证以及地上建筑物、其他附着物产权证明等合法证件向所在的市、县人民政府土地行政主管部门提出书面申请。

② 用于出租的地块必须符合有关法律规定的条件。土地使用权出租必须设定在法律允许出租的地块上，如通过出让、转让等有偿方式取得的土地使用权，以划拨方式取得的土地使用权不得擅自出租。

③ 土地使用权出租双方当事人只是就使用土地达成协议，出租人仍保留土地使用权，仅把部分土地使用权能租赁给对方使用并收取租金，并不发生物权意义上的土地使用权的转移。土地使用权出租后，出租人必须继续履行土地使用权的出让合同，这是土地使用权出租与土地使用权转让的主要区别。

④ 土地使用权出租双方就使用土地达成协议后应当签订出租合同，双方签订的出租合同不得违反土地使用权出让合同的规定。

⑤ 出租土地使用权的，其地上建筑物、其他附着物随之出租；出租地上建筑物、其他附着物使用权，其使用范围内的土地使用权随之出租。

⑥ "买卖不破租赁"。土地使用权出租后，出租人可以通过出售、交换、赠与等方式转让已出租的土地使用权。为保护承租人的利益，在租赁关系存续期间，即使出租人将用于出租的土地使用权让与他人，对租赁关系也不产生任何影响，买受人不能以其已成为新的土地使用权人为由否认原租赁关系的存在并要求承租人返还土地。对此，我国法律有明确的规定：《合同法》第229条规定："租赁物在租赁期间发生所有权变动的，不影响租赁合同的效力"；《城市房屋租赁管理办法》第11条规定："租赁期限内，房屋出租人转让房屋所有权的，房屋受让人应当继续履行原租赁合同的规定"；《最高人民法院关于贯彻执行〈民法通则〉若干问题的意见（试行）》第119条第二款规定："私有房屋在租赁期内，因买卖、赠与或者继承发生房屋产权转移的，原租赁合同对承租人和新房主继续有效"。

6.5.2　土地使用权出租的管理

6.5.2.1　土地使用权出租程序

由于土地使用权出租与房屋租赁一般是结合在一起的，很少单独出租土地使用权，因此土地出租程序与房屋出租程序基本一致。

土地使用权出租的一般程序为：

① 出租人凭《国有土地使用证》向县市土地管理部门提出土地出租申请。

② 租赁双方依法协商约定租赁具体事宜，并签订租赁合同。

③ 租赁双方在规定的时间内办理租赁登记手续。

④ 租赁关系发生变化，就重新签订租赁合同。

⑤ 租赁关系终止，租赁双方应办理土地租赁注销登记手续。

6.5.2.2　出租的客体

用于出租的土地必须符合有关法律规定的条件。允许出租的土地使用权主要包括：

（1）出让土地使用权

依照《城镇国有土地使用权出让和转让暂行条例》的规定，土地使用权人可以将以出让方式获得的土地使用权出租，出租的条件是出租人对土地的开发必须达到法律规定的或土地使用权出让合同规定的标准，在完成规定的开发任务后方可出租。未按合同规定的期限和条件投资开发、利用土地的，土地使用权不得出租。

（2）划拨土地使用权

根据《城镇国有土地使用权出让和转让暂行条例》，符合下列条件的，经市、县人民政府土地管理部门和房产管理部门批准，其划拨土地使用权和地上建筑物，其他附着物所有权可以转让、出租、抵押：

① 土地使用者为公司、企业、其他经济组织和个人；

② 领有国有土地使用证；

③ 具有地上建筑物、其他附着物合法的产权证明；

④ 依照规定签订土地使用权出让合同，向当地市、县人民政府补交土地使用权出让金或者以转让、出租、抵押所获收益抵交土地使用权出让金。

6.5.2.3　承租人的权利和义务

① 土地承租人享有对所租用的土地占有权、使用权、收益权，但不享有物权意义上的"土地使用权"，无权行使转让或者抵押等处分权，不得擅自将所承租的土地使用权转租给他人使用，不得擅自改变土地使用权出租许可文件规定的用途，不得擅自在承租的土地上新建、扩建建筑物或者其他附着物。

② 经土地使用权人的同意，承租人可以将土地转租，转租期限不得超过原承租期限减去已使用年限的剩余年限。

③ 承租人使用出租土地时，有保护和合理利用土地、不得损坏土地自然状况的义务。

④ 在出租人转让土地使用权时，出租人应在出售前的合理期限内通知承租人，承租人享有同等条件下的优先购买权。

⑤ 土地承租权的登记备案具有对抗第三人的效力，未经登记备案的土地承租权人不得对抗第三人，也不享有优先购买权。

⑥ 土地承租期间新增建筑物的所有权归属于出租人。土地使用权出租，租期届满而土地使用权未届期时，出租人有权收回土地使用权，土地上由承租人投资建造的建筑物、其他附着物归属于出租人。与此相对应的是，租赁土地使用权人投资建造的地上建筑物、其他附着物，依土地使用权与房屋所有权主体统一和"房地一致"的原则，其所有权归属于该租赁土地使用权人，这两者的区别应予以注意。

6.5.2.4　出租合同的签订和登记备案

出租人（土地使用权人）应当依法与土地承租人签订书面的出租合同，明确双方的权利和义务。

土地出租合同应当包括双方当事人的姓名或名称、住所、土地位置、面积、四至界线、国有土地使用证及编号、出租用途、租金标准及支付方式、出租期限、出租期间对地块的合理利用职责、出租人和承租人双方的权利和义务、优先购买权、违约条款及合同终止条款、其他规定等。

出租合同签订后应依法办理出租登记备案。不办理登记备案的，不得对抗善意第三人。办理了租赁登记的，即使尚未交付土地，承租人仍为已经取得土地承租权；反之，如果没有办理租赁登记，即使承租人已经取得对土地的实际占有，仍然得不到物权法上的保护。

所谓善意第三人，即不知情的第三人，即不知该租赁合同之存在。如果第三人明知或应知该租赁合同之存在，则为恶意，恶意第三人不受法律保护。

6.5.2.5　租金标准

土地使用权出租合同具有合同的一般特征，即平等性、自愿性、有偿性。租金的具体标准是由双方经过协商确定的。租赁双方应该在租赁合同中约定租金数额、支付方式、支付期限等条款，并可以约定租金浮动的比例与方法。

6.5.2.6　出租期限

土地承租期限应当在租赁合同中约定，租赁合同中没有约定或约定不明的，出租人可随时要求收回租赁物使用权，承租人也可随时要求退租，但应当给对方必要的准备时间。

《合同法》第214条规定，"租赁期限不得超过20年。超过20年的，超过部分无效。租赁期间届满，当事人可以续订租赁合同，但约定的租赁期限自续订之日起不得超过20年。"因此，以没有使用期限的土地使用权出租的，土地承租权的期限不得超过二十年；以具有使用期限的土地使用权出租的，土地承租期限不得超过土地使用权的使用期限减去土地使用权人已使用期限后的剩余期限，但租赁期限同样不能超过20年。

6.5.2.7　土地出租的终止

（1）租期届满

承租期限届满，土地承租人提出续租的，经出租人同意，双方续签或者重新签订租赁合同。承租期限届满，承租人未提出续租或者提出续租未获同意的，租赁关系终止，出租人无偿收回土地使用权，同时，承租权人在承租土地上投资建造的建筑物、其他附着物亦由出租人无偿收回。

（2）因合同当事人的原因提前终止租赁关系

承租期限内，土地承租人有下列行为之一的，租赁关系提前终止，土地承租人承担违约责任，出租人可以无偿收回租赁物：

① 擅自改变租赁物用途的；

② 转让、抵押土地承租权的；

③ 擅自将土地承租权转租的；

④ 利用租赁物进行非法活动，损害公共利益的；

⑤ 租金按月支付时无正当理由累计六个月不缴纳的，或者按年支付时无正当理由累计两年不缴纳的；

⑥ 其他严重损害出租人权益的。

租赁关系终止、土地使用权人收回土地的，应当向土地登记机关办理相应的登记备案手续。

案例　以出租房屋为名出租划拨土地，合同无效

问：我准备开办一家汽车出租公司，需要租赁一块土地建停车场。某单位有一块很大的空地，上面只建有三间简易平房。该单位负责人有意将土地出租给我，但告诉我这块地是划拨土地，办土地出租手续很麻烦。他提出与我订立房屋租赁合同，对外称将三间平房出租给我，实际上将土地出租给我使用，这样也符合法律规定。对他的说法，我有些不放心。请问，如果签订这样的房屋租赁合同会产生什么后果？

答：你的提问涉及以出租房屋为名出租划拨土地使用权的房屋租赁合同是否有效的问题。原国家土地管理局发布的《划拨土地使用权管理暂行办法》第二条规定，划拨土地使用权是指土地使用者通过除出让土地使用权以外的其他各种方式依法取得的国有土地使用权。第六条规定，符合下列条件的，经市、县人民政府土地管理部门批准，其划拨土地使用权可以转让、出租、抵押：一是土地使用者为公司、企业、其他经济组织和个人；二是领有国有土地使用证；三是具有合法的地上建筑物、其他附着物产权证明；四是依照《城镇国有土地使用权出让和转让暂行条例》和《划拨土地使用权管理暂行办法》规定签订土地使用权出让合同，向当地市、县人民政府缴付土地使用权出让金或者以转让、出租、抵押所获收益抵缴土地使用权出让金。

建设部发布的《城市房屋租赁管理办法》第二十五条规定，以营利为目的，房屋所有权人将以划拨方式取得使用权的国有土地上建成的房屋出租的，应当将租金中所含土地收益上缴国家。

但是实践中常有不符合划拨土地使用权出租条件的人，借出租土地上有限的房屋为名，行土地租赁之实，谋取高昂的地租，损害了国家和社会公共利益。根据《合同法》第五十二条规定，恶意串通，损害国家、集体或者第三人利益的合同，以及损害社会公共利益的合同均为无效合同。因此，以出租房屋为名出租划拨土地使用权是规避法律的行为，如签订这样的房屋租赁合同应确认为无效，同时还要根据《民法通则》的规定对这种违法行为予以制裁，以维护法律的严肃性。

（资料来源：刘允洲主编《国土资源案例分析》中国大地出版社 2007 年）

6.6　土地使用权抵押管理

6.6.1　土地抵押概述

6.6.1.1　土地抵押的概念

（1）土地抵押的定义

土地抵押是土地使用权人在法律许可的范围内不转移土地占有而将土地使用权作为债权担保，在债务人不履行债务时，债权人有权对土地使用权及其上建筑物、其他附着物依法进行处分，并以处分所得的价款优先受偿的担保性土地他项权利。

土地使用权抵押是不动产权利的抵押，是债的一种担保形式。土地使用权抵押使得资金融通更为便利，其作用是显而易见：对于金融机构来说，土地抵押贷款的安全性、盈利性明显优于其他信贷资产，提高了银企经济效益；对于借款人来说，土地抵押为经营者提供了重要的筹资渠道，能够得到资金的周转，推动、活跃了地产经营开发活动。

（2）土地抵押的相关概念

债权人是债的关系中有权利要求另一方（债务人）为或不为一定行为的当事人。在债的关系中，债权人是特定的，只有该特定的权利主体才有权要求义务主体履行约定的义务。负有履行义务的人如不履行义务，债权人有权请求司法机构强制其履行。如果债权人由于对方不履行义务而遭受到经济上的损失，有权要求赔偿。

债务人是债的关系中有义务按约定的条件向另一方（债权人）承担为或不为一定行为的当事人。在债的关系中，债务人是特定的，只有该义务主体才必须向债权人承担交付财产、提供劳务和为或不为一定行为的义务。

抵押人，是指为担保自己或他人履行债务而向债权人提供抵押担保的人。抵押人可以是债务人本人，也可以是债务人和债权人以外的第三人。在抵押担保中，抵押人的确定应当以抵押合同为标准，抵押合同中与债权人相对应的一方当事人就是抵押人。

抵押权人，是指对债务人享有债权，并在债务人不履行债务时可就抵押物优先受偿的人。在抵押担保中，抵押权人就是受抵押担保的债权的债权人。

抵押权实现，也称抵押权的实行，是指在法定和约定的条件成熟时，抵押权人可通过一定的方式实现抵押权，以处分抵押物所得价款优先受偿。

【例3】 A房地产开发公司因开发建设需要，向B银行借款人民币1000万。为保证所借资金安全，B银行要求A房地产开发公司以其所属的出让土地使用权抵押，作为债权的担保。在这个案例中，存在两个法律关系，一是债权债务关系，另一是抵押担保关系。其中，抵押权因担保债权而设定，是从属于主权利即债权的从权利。在债权债务关系中，A房地产开发公司是债务人，B银行是债权人。在抵押担保关系中，B银行是抵押权人，A房地产开发公司是抵押人。当A房地产开发公司到期不清偿债务时，B银行可将抵押财产折价或以拍卖、变卖抵押物的价款优先受偿，这就是抵押权实现。

6.6.1.2 土地抵押的法律特征

土地抵押权作为抵押权的一种，具备抵押权的共同属性，适用抵押权制度的共同规则。但土地抵押权是设立于土地之上的权利和负担，属于土地权利的范畴，又要适用土地权利制度的有关规则，并符合国家的土地政策。因此，土地抵押的法律特征如下。

① 土地使用权的抵押权设定受范围限制。土地所有权不得抵押；土地使用权可以抵押，但必须是法律允许转让的土地使用权（因为抵押权的实现必然会带来土地使用权的转移）。用于抵押的土地使用权必须是通过有偿出让或转让方式取得、并已办理土地登记手续的土地使用权。

② 抵押权人享有优先受偿权利。抵押作为债权的担保，当抵押人在债务履行期届满时不履行债务，抵押权人有权依法将抵押的土地使用权拍卖或折卖，并对拍卖或折卖所得价款优先受偿。

③ 房地必须同时抵押。根据《物权法》第182条："以建筑物抵押的，该建筑物占用范围内的建设用地使用权一并抵押。以建设用地使用权抵押的，该土地上的建筑物一并抵押。抵押人未依照规定一并抵押的，未抵押的财产视为一并抵押。"

④ 土地使用权在抵押期间不转移占有。土地使用权设定抵押后，抵押人仍然保留对土地使用权的占有权和使用权。只有在债务不能履行时，抵押权人才能依照法定程序处分土地使用权，此时土地使用权才发生转移。这是抵押和质押的主要区别之一。

⑤ 设立土地抵押权必须订立书面的抵押合同，并进行抵押登记，抵押合同自登记之日起生效。我国对土地抵押权登记实行强制登记制度，抵押权登记应当作为抵押合同生效的要件，当事人订立书面抵押合同后未办理登记的视为效力未定，效力未定的书面抵押合同，其效力经登记而确定。

⑥ 土地使用权人将土地抵押后，并不丧失转让权，但在转让土地使用权时，应告知抵押权人和受让人。

⑦ 土地使用权抵押时，只有抵押合同签订时地上建筑物和其他附着物才进入抵押财产，抵押合同签订后，土地上新增的房屋不属于抵押财产。根据《物权法》第200条，"建设用地使用权抵押后，该土地上新增的建筑物不属于抵押财产。该建设用地使用权实现抵押权时，应当将该土地上新增的建筑物与建设用地使用权一并处分，但新增建筑物所得的价款，抵押权人无权优先受偿。"

⑧ 抵押人可就同一土地使用权设定多个抵押权。一宗土地使用权可多次设立抵押，但多次抵押的抵押值总和不得超过该宗地的地价总额。《担保法》第35条规定，"抵押人所担

保的债权不得超出其抵押物的价值。财产抵押后，该财产的价值大于所担保债权的余额部分，可以再次抵押，但不得超出其余额部分。"《担保法若干问题解释》第 51 条规定，"抵押人所担保的债权超出其抵押物价值的，超出的部分不具有优先受偿的效力。"多次抵押的清偿顺序以办理抵押登记的先后顺序为准，顺序相同的，按照债权比例清偿。

⑨ 以共有土地使用权抵押的，需经其他共有人同意后方可抵押。

6.6.2　土地使用权抵押管理

6.6.2.1　可以抵押的土地

可以用于抵押的土地使用权有：

① 法律允许流转的国有土地使用权，主要是以有偿使用方式取得的国有土地使用权，包括以出让、作价出资和租赁方式取得的国有土地使用权；

② 符合规定条件的国有划拨土地使用权，但必须经市、县人民政府土地行政主管部门和房产管理部门批准；

③ 抵押人以招标、拍卖、公开协商等方式取得的荒地等土地承包经营权（包括国有和集体所有的荒地、荒沟、荒山、荒滩等）；

④ 政府储备的土地可以抵押。按照 2007 年《土地储备管理办法》，"政府储备土地设定抵押权，其价值按照市场评估价值扣除应当上缴政府的土地出让收益确定，抵押程序参照划拨土地使用权抵押程序执行。"

6.6.2.2　限制抵押的土地

根据《物权法》和《担保法》，下列财产不得抵押：

① 土地所有权；

② 耕地、宅基地、自留地、自留山等集体所有的土地使用权，但法律规定可以抵押的除外；

③ 学校、幼儿园、医院等以公益为目的的事业单位、社会团体的教育设施、医疗卫生设施和其他社会公益设施；

④ 所有权、使用权不明或者有争议的财产；

⑤ 依法被查封、扣押、监管的财产。

实践中，下列土地也不可抵押：

① 未依法领取土地证书的不得设定抵押，包括未经初始土地登记发证的土地、已经转让但未办理土地变更登记手续的、正在办理土地变更登记手续的；

② 以乡（镇）、村企业的厂房等建筑物抵押的，其占用范围内的土地使用权同时抵押，乡（镇）、村企业的土地使用权不得单独抵押；

③ 对于行政机关用地、军事用地、事业单位用地，虽然法律上没有明文规定不得设定抵押权，实际中一般不予办理抵押登记；

④ 应收回的闲置土地不得设定抵押。

6.6.2.3　抵押的登记

在目前房地分管的体制下，房屋由房产管理部门管理，土地由国土资源管理部门管理。因此，土地的抵押登记应由抵押权人和抵押人持土地权利证书、主债权债务合同、抵押合同以及相关证明材料，向土地所在地的县级以上人民政府国土资源行政主管部门提出土地使用权抵押登记申请，并核发土地他项权利证明书。

土地抵押的具体程序如下。

（1）提出申请

抵押当事人双方应自签订土地抵押合同之日起，在规定的时间内到市、县国土资源管理部门申请土地使用权抵押登记，并按规定提交相关材料。

（2）受理申请

受理人员审查当事人所提交的材料是否真实、齐备，申请材料不齐全或不符合规定的不予受理，并说明理由。材料齐全且符合规定的，予以受理。

（3）权属核定

由土地登记人员根据有关档案查明申请土地抵押登记的土地的权利状况，并进行实地查勘，如不符合抵押条件的，驳回抵押登记申请。

（4）审核

由登记部门进行初审，如不符合规定，则予以驳回登记申请，并通知当事人；如符合规定，则上报审核。

（5）抵押登记

对批准抵押登记的，登记人员在土地证"备注"栏上注明土地抵押登记的有关内容，包括抵押权人、抵押存续时间、借款金额、权利顺序等，加盖市、县国土资源管理部门公章，并在土地登记卡上记录有关事项。

（6）收费发证

按规定收取抵押登记的有关费用，将土地证书退还给抵押人，并将《土地他项权利证书》发给抵押权人。

（7）注销登记或延续登记

抵押关系终止，抵押人与抵押权人到土地管理部门办理注销登记。

抵押期限届满还需延长抵押期限的，当事人双方应在届满前规定的时间内向土地所在市、县土地管理部门申请延续登记，并交纳有关费用。

6.6.2.4　抵押权的实现

抵押权的实现是抵押权最重要的效力，也是抵押权人最主要的权利，是债权人实现其债权的保障。

所谓抵押权的实现，是指在债务履行期届满而债权人未受清偿的，抵押人可行使其抵押权，将抵押物变卖或者拍卖，或者以折价的方式优先受偿，以实现其债权。

抵押权的实现只发生在债务履行期届满而债权人未受清偿的情况下。如果债务履行期届满，债务人清偿了债务，则主债权消灭，抵押权作为主债权的附随债权也随之消灭，因而在此种情况下不存在抵押权的实现问题。

我国《物权法》和《担保法》都规定："债务履行期届满抵押权人未受清偿的，可以与抵押人协议以抵押物折价或者以拍卖、变卖该抵押物所得的价款受偿；协议不成的，抵押权人可以向人民法院提起诉讼。抵押物折价或者拍卖、变卖后，其价款超过债权数额的部分归抵押人所有，不足部分由债务人清偿。"由此可见，抵押权实现的方法有三种：折价、拍卖、变卖。

（1）折价

所谓折价，是指债务履行期届满后，抵债权人与抵押人协商订立债权人取得抵押物所有权的协议，以实现抵押权的方法，性质上属于代物清偿，即以转移抵押物所有权的形式代替债务的清偿。受担保债权在协议抵偿的金额范围内消灭，抵押权人对抵押人的抵押权也因此而消灭。

《物权法》和《担保法》中也都明确，"抵押权人在债务履行期届满前，不得与抵押人约定债务人不履行到期债务时抵押财产归债权人所有"，这种约定在法律上被称为"流质契约"，是无效的。法律禁止流质契约的目的在于保护抵押人的利益，防止抵押人因一时的经济窘迫而以高价抵押物担保价值较低的债权，并且被迫以抵押物冲抵价值较低的债权。

以折价方式实现抵押权，对抵押物价额的确定应当参照市场价格，且以无害于其他抵押权人的利益为要件，否则不得以协议折价方式实现抵押权。

根据《物权法》第一百九十五条，"抵押权人与抵押人未就抵押权实现方式达成协议的，抵押权人可以请求人民法院拍卖、变卖抵押财产。抵押财产折价或者变卖的，应当参照市场价格。"

（2）拍卖

拍卖是指以公开竞价的形式，将特定物品或者财产权利转让给最高应价者的买卖方式。抵押物拍卖所得的价金可能会多于、也可能会少于抵押所担保的债权额，依我国《物权法》的规定，"抵押财产折价或者拍卖、变卖后，其价款超过债权数额的部分归抵押人所有，不足部分由债务人清偿"，所以，当拍卖所得价金不足以清偿抵押担保的债权时，抵押权人未受清偿的债权部分可以普通债权人的身份继续向债务人求偿。当拍卖价金超过债权数额时，多余部分归抵押人所有。

（3）变卖

变卖是指以拍卖以外的方式将抵押物出卖的形式。抵押权人和抵押人未达成由抵押权人取得抵押物的协议，或者抵押权人不愿以拍卖方式行使抵押权，或者无法拍卖抵押物时，可以一般的买卖方式变价抵押物以清偿债权。变卖不具有拍卖所具有的"价高者得"的优点，却简便易行，省时省力。以变卖的方式实现抵押权的方法有两种：一是抵押权人与抵押人协议变卖，二是在法院强制实现抵押权时，如果无法以拍卖的方式对抵押物变现，则由法院主持对抵押物进行变卖。以当事人协议变卖方式实现抵押权的，对抵押物价额的确定亦应参照市场价格，也不得损害其他债权人的利益。协议损害其他债权人利益的，其他债权人亦可行使撤销权。

6.6.2.5 土地抵押权的消灭

土地抵押权因下列情形而消灭：

① 主债权消灭。抵押权因担保主债权而存在，如果主债权因清偿、抵消、免除等原因消灭时，抵押权也随之消灭；

② 经抵押权人同意，抵押人以替代担保取代该土地使用权抵押的；

③ 抵押权实现。抵押权人行使抵押权，使设定抵押权和支配抵押物交换价值的目的得到实现，抵押权归于消灭；

④ 抵押物灭失。抵押权因抵押物灭失而消灭（如土地使用权因国家征收征用、期限届满国家收回、土地灭失等），但抵押权人可以要求抵押人提供同等价值的替代担保，抵押人因为土地使用权获得补偿或赔偿的，抵押权人可以要求抵押人提前清偿所担保的债权；抵押人获得不动产置换或补偿的，抵押人应当与抵押权人以新获得的产权为抵押标的物，重新签订抵押合同；

⑤ 抵押合同或者被担保的主债权合同依法归于无效或者被撤销的。

6.6.2.6 国有划拨土地使用权的抵押

（1）国有划拨土地使用权抵押的基本条件

国有划拨土地使用权必须满足下列条件，同时经市、县人民政府土地行政主管部门和房产管理部门批准，方可设立抵押：

① 土地使用者为公司、企业、其他经济组织和个人；

② 领有国有土地使用证；

③ 具有合法的地上建筑物、其他附着物产权证明。划拨土地使用权地上必须建有房屋

方可进行抵押，单独的空地不可抵押。

（2）国有划拨土地使用权的抵押实现方式

因国有划拨土地使用权抵押权实现时，必然发生土地使用权的转移。前已述及，国有划拨土地使用权转让时，对符合出让条件的，应依法补办出让手续，并由受让人缴纳出让金；不具备出让条件的土地可以不办理出让手续，但转让方应将转让房地产所获收益中的土地收益上缴给国家。由此可见，国有划拨土地使用权经国土资源管理部门批准后，在土地使用者补办土地使用权出让手续、补签土地使用权出让合同、补缴土地出让金后方可办理抵押登记。

要求抵押人在抵押前必须先补办土地使用权出让、补缴土地出让金，这在实际操作中有一定困难。实践中，划拨土地不经补办出让也是可以进行抵押的。因"国有划拨土地使用权抵押权实现依法拍卖或变卖抵押物时，应当从拍卖或变卖所得价款中缴纳相当于应缴纳的土地使用权出让金的款额或土地收益后，抵押权人方可优先受偿"，所以抵押时仍可保留划拨土地使用权，但在抵押双方的合同及土地登记簿等文书中须注明"处分抵押土地时，应首先按处分时的地价补交土地出让金"的内容，在确定实际可抵押金额时，必须预先扣除抵押权实现时应缴纳的土地使用权出让金。这实际上是抵押权实现的一种"前置"，一方面在法律允许的前提下解决了抵押人的资金困难，另一方面也保证了金融机构的资金安全。

6.6.2.7　乡镇企业用地使用权的抵押

可以设定抵押权的集体土地使用权包括乡（镇）、村企业厂房等建筑物占用范围的集体土地使用权、依法承包的荒山、荒沟、荒丘、荒滩等荒地的集体土地使用权以及通过拍卖方式取得的"四荒"地的集体土地使用权，乡（镇）、村企业的土地使用权不得单独抵押。

因处分抵押集体土地使用权涉及集体土地转为国有土地，因此集体土地使用权抵押应取得集体土地所有权人同意并出具书面证明，书面证明主要包括"在实现抵押权时同意按法律规定的土地征收标准补偿后转为国有土地"、"征地费是否作为清偿资金"等内容。

乡（镇）村企业的土地使用权抵押权实现拍卖或变卖抵押物时，抵押权人若不是本集体经济组织投资设立的企业的，须办理集体土地征收和国有土地出让手续。拍卖或变卖所得价款，应先扣除征地补偿安置费，给付集体土地所有者，并扣除出让金上缴国家，余额依《担保法》规定处置。

6.6.2.8　已抵押土地的处分

在抵押期间，抵押人有权处分其已抵押的土地使用权，包括转让、出租、再次抵押等。由于处分已设立抵押权的土地涉及对方当事人和抵押权人等多方的利益，因此已抵押的土地要处分的，必须满足以下条件。

① 土地使用权抵押期间，抵押人将其权利转让、作价出资（入股）或者再次抵押的，应当通知抵押权人，并告知对方当事人该土地已经抵押的情况，原抵押合同继续有效。未通知抵押权人或者未告知对方当事人的，处分行为无效。

② 抵押设定后，抵押人可将抵押财产出租。抵押人将已抵押的财产出租时，抵押权实现后，租赁合同对受让人不具有约束力。抵押人将已抵押的财产出租时，如果抵押人未书面告知承租人该财产已抵押的，抵押人对出租抵押物造成承租人的损失承担赔偿责任。

③ 抵押人将其权利转让、出租，抵押人处分抵押物所得价款明显低于其价值的，抵押权人可以要求抵押人提供相应的担保，抵押人不提供的，不得转让、出租。

④ 抵押人转让抵押物的，应当以转让价款向抵押权人提前清偿所担保的债权，超过债

权数额部分归抵押人所有，不足部分由债务人清偿。

案例　谁该为这起一错再错的土地抵押负责？

案情介绍

N 市某化工机械厂于 1995 年 8 月取得了 T 市（县级市）P 镇 1.9 万平方米的划拨工业用地使用权，但没有进行土地登记。2000 年 8 月，N 市中级人民法院依据该院民事判决和申请人 T 市工商银行的申请，裁定被执行人 N 市化工机械厂以其所有的厂房及房下土地、机械设备和办公楼等资产抵偿所欠银行债务 517 万元，申请人 T 市工商银行也自愿以评估价 517 万元接受。2002 年 10 月 T 市工商银行与某拍卖公司签订了拍卖委托合同，2003 年 8 月 20 日，竞买人在拍卖公司以成交价 566.75 万元竞得上述资产。

P 镇系 N 市卫星镇，其城镇总体规划（2001 年至 2015 年）已经于 2003 年经 N 市政府批准。根据规划，该地块土地用途已经调整为商住用地，依据有关规定，该宗地应当通过土地招拍挂形式确定用地者。买受人在办理土地权属证书时发现无法领到国有土地使用证，双方发生纠纷。

案例评析

该案主要涉及四个法律关系。人民法院是否有权裁定划拨土地使用权；没有领取土地权属证书的土地使用权是否可以转让；拍卖公司是否有权拍卖划拨土地使用权；划拨土地抵押权应该如何实现。

划拨土地使用权是指土地使用者通过各种方式依法无偿取得的土地使用权。关于划拨土地使用权的司法处置，原国家土地管理局在对最高人民法院（1997）18 号函的复函（[1997] 国土函字第 96 号）第四点答复中明确规定，对通过划拨方式取得的土地使用权，由于不属于当事人的自有财产，不能作为当事人财产进行裁定。但在裁定转移地上建筑物、附着物涉及有关土地使用权时，在与当地土地管理部门取得一致意见后，可裁定随地上物同时转移。该条第二款规定，凡属于裁定中改变土地用途及使用条件的，需征得土地管理部门同意；补缴出让金的，应在裁定中明确，经补办出让手续，方可取得土地使用权。

2005 年 8 月 1 日生效的《最高人民法院关于审理涉及国有土地使用权合同纠纷适用法律问题的解释》第十一条规定，土地使用权人未经有批准权的人民政府批准，与受让方订立合同转让划拨土地使用权的，应当认定合同无效。但起诉前经有批准权的人民政府批准办理土地使用权出让手续的，应当认定合同有效。该解释第十二条规定，土地使用权人与受让方订立合同转让划拨土地使用权，起诉前经有批准权的人民政府同意转让，并由受让方办理土地使用权出让手续的，土地使用权人与受让方订立的合同可以按照补偿性质的合同处理。为了维护人民法院裁定的严肃性，国土资源部门应当就此类问题致函人民法院，依法维护健康有序的土地管理秩序和当事人的合法权益。

没有领取土地权属证书的土地使用权应当不予转让。《城市房地产管理法》第三十九条规定，以划拨方式取得土地使用权的，转让房地产时，应当按照国务院规定，报有批准权的人民政府审批。有批准权的人民政府准予转让的，应当由受让方办理土地使用权出让手续，并依照国家有关规定缴纳土地使用权出让金。《土地管理法》第十一条第三款规定，单位和个人依法使用的国有土地，由县级以上人民政府登记造册，核发证书，确认使用权。《土地管理法实施条例》第六条规定，依法改变土地所有权、使用权的，因依法转让地上建筑物、构筑物等导致土地使用权转移的，必须向土地所在地的县级以上人民政府土地行政主管部门提出土地变更登记申请，由原土地登记机关依法进行土地所有权、使用权变更登记。土地所有权、使用权的变更，自变更登记之日起生效。《土地登记规则》第六十九条规定，土地使用者、所有者不按本办法规定办理初始土地登记的，以非法占地处理；对不按规定办理土地登记或未按登记的土地用途使用土地的，按违法用地处理。本案中，划拨土地使用权转让既未经有批准权的人民政府批准，办理土地出让手续，又未办理土地权属登记，因此，T市工商银行与买受人的土地转让行为显然是非法的。

拍卖公司无权拍卖划拨土地使用权。《土地管理法》第五十八条规定，划拨土地使用权因单位撤销、迁移等原因停止使用的，由有关人民政府土地行政主管部门报经原批准用地的人民政府或者有批准权的人民政府批准，收回国有土地使用权。由于企业以划拨方式取得的国有土地使用权，不属于企业的法人财产，企业撤销、破产、倒闭时应由原批准机关收归国有，不能将企业划拨取得的土地使用权视作法人财产处置给企业的债权人。划拨土地使用权的再处置是行政机关的具体行政行为，《城镇国有土地使用权出让和转让暂行条例》第四十四条、第四十六条、第四十七条都有严格规定符合该暂行条例第四十五条转让条件的，也必须得到市、县人民政府土地管理部门和房产管理部门批准。作为企业的拍卖公司，应当根据《拍卖法》的规定，拍卖标的"应当是委托人所有或者依法可以处分的物品或者财产权利"，不得擅自扩大经营范围。不得违法处置划拨土地使用权，其擅自处置行为是非法的，无效的。

划拨土地抵押权的实现必须依托政府部门协商解决。划拨土地抵押权的实现，首先应当找抵押人，由抵押人设法解决；其次，如果抵押人破产，抵押权人应当及时同有批准权的人民政府土地管理部门沟通，在政府收回土地使用权履行补偿费费用时行使代位权解决；再次，在有批准权的人民政府及其相关部门同意并落实相关费用后，也可自行通过市场渠道实现抵押权。

（资料来源：刘允洲主编《国土资源案例分析》中国大地出版社，2007 年）

6.7　土地市场中介管理

6.7.1　土地市场中介的概念

土地市场是由参加土地市场的主体、交易对象和市场组织方式构成的。其中，土地市场的参与者主要由市场中的交易双方以及为其提供支持和服务的人员或机构组成，"为其提供支持和服务的人员或机构"指的就是土地市场中介服务。土地市场运行良好的条件之一是要有良好的市场中介服务。

土地市场中介服务是指为土地市场交易主体的交易活动提供各种中介代理和相关服务的行为，主要包括用地咨询（地产咨询策划）、土地价格评估、地产经纪（土地使用权交易经纪、交易代理）等。一个完备的土地市场中介服务体系由设计、监理、评估、经纪、策划、测量、会计、广告、法律、仲裁、咨询、管理、劳务等一系列中介服务机构所组成。

用地咨询机构是指从事土地征收、土地开发、转让、抵押、租赁策划和政策指导等业务的公司和组织。这种机构的作用在于帮助投资者或用地者设计投资方案或用地方案，节省投资，增加产出。

土地估价机构是指从事土地价格评估业务、对土地的市场价值进行科学分析测算判定的公司和组织。这种机构的作用在于帮助土地市场中的交易各方了解交易土地使用权的可能价格，并根据评估结果作出交易决策。

土地交易经纪机构是指从事为土地使用权交易提供信息、洽谈场所、帮助交易双方签订交易合同，办理有关手续等业务的公司和组织。这种机构的作用在于帮助市场交易各方及时了解市场行情和对方情况，促进市场交易的顺利完成。

目前，在我国的土地市场中介体系中，土地估价已经发展得比较成熟。根据中国土地估价师协会的统计，全国共有 26000 余名具有资格的土地估价师，其中执业注册的土地估价师有 8000 余人，执业土地估价机构 1700 多家。这支队伍现已成为我国土地估价的主要力量。

6.7.2 土地估价管理

土地估价的管理既包括对估价机构的管理，也包括对从业人员即土地估价师的管理。我国土地估价管理实行的是在国土资源管理部门的领导监督下的行业自律，是由行业协会组织——中国土地估价师协会具体负责的。

中国土地估价师协会成立于 1994 年 5 月，是由具有土地估价资格和从事土地估价工作的组织和个人自愿结成，依法登记成立的、全国非营利性的行业自律性社会团体法人。协会接受中华人民共和国国土资源部的业务指导，接受中华人民共和国民政部的监督管理。协会的宗旨是联合全国土地估价组织和土地估价人员，进行自律管理；引导从业人员遵守国家的法律、法规，遵守土地估价执业道德，执行专业守则和估价规范，规范从业人员执业行为；促进土地估价师专业知识及专长技能的发展和深造；保障从业人员独立、客观、公正执业，维护支持中国土地估价师独特的专业特点、地位及利益；增进行业交流；调解执业中产生的争议；维护国家、企业和个人在土地方面的权益，为社会主义市场经济服务。

6.7.2.1 机构管理

土地评估中介机构是指由土地估价师及其他专业人员出资设立，依法经工商行政管理部门登记，取得营业执照，并具备相应专业知识、技能，取得土地估价执业资格，专门从事土地评估中介活动的社会中介机构。

（1）设立公司

土地估价机构应当依法经工商行政管理部门登记、申领营业执照后方可执业。土地评估中介机构的组织形式应为公司制或合伙制企业。土地估价机构工商设立的基本条件如下：

① 机构名称中应明示土地、不动产、土地资产、地产、地价的评估或估价等表明土地估价专业的术语；

② 依据《公司法》设立的有限责任公司性质的土地评估机构名称结尾应明确为有限责任公司，依据《合伙企业法》设立的土地评估机构名称结尾宜称为事务所；

③ 土地评估机构的法定代表人（有限责任公司）和执行合伙企业事务的合伙人（合伙企业）须具备土地估价师资格；

④ 机构详细列明的营业范围中应包含土地评估、不动产评估、地产评估、地价评估；

⑤ 有固定的经营服务场所。

（2）资质管理

公司成立后，应在办理工商登记后规定的时间内向省级土地估价协会申请执业注册，并申请土地评估资信等级。未经注册的机构不得从事土地估价中介活动，其出具的土地估价报告不予认可。

土地评估的资信等级由高到低分为四个等级：全国范围执业、一级、二级和三级。各个等级有不同的条件要求和不同的允许执业范围，土地评估中介机构的执业范围与该机构资信等级相对应。其中，具备全国范围执业的资信等级的评估机构由中国土地估价师协会管理，可在全国范围内从事所有土地评估业务。其余资信等级的评估机构由省级土地估价协会管理，可在本省范围内从事与资信等级相一致的土地评估业务。例如，根据 2008 年的《江苏省土地评估中介机构注册管理暂行规定》，"三级执业资格（资信）机构可在全省范围内从事除基准地价、标定地价、地价指数、上市公司、司法鉴定以及政府确定的重大项目之外的地价评估业务；二级资信的土地评估中介机构，可在全省范围内从事除基准地价、标定地价、地价指数、上市公司及政府确定的重大项目之外的地价评估业务；一级资信的土地评估中介机构可在全省范围内从事所有地价评估业务"，"具备条件的土地评估中介机构，可经省土地估价协会推荐，向中国土地估价师协会申请注册，取得在全国范围的执业资格（资信等级）。"

（3）机构年检

为加强土地估价行业监督管理，维护土地市场秩序，提高土地估价服务质量，土地估价协会对土地评估机构实行年检制度。

土地评估机构年检，是指由省级以上土地估价师协会对全省各注册土地评估机构执业行为和执业水平进行年度检查与综合评审。土地评估机构年检，一般包括对"诚信执业、报告质量、内部建设、队伍素质、评估业绩"等几个方面进行检查，主要检查土地评估机构执行法律、法规及有关政策的情况、土地评估机构执行土地估价技术标准的情况、土地评估机构出具土地估价报告的质量、土地评估机构的执业水平及社会信誉以及土地评估机构的基本情况，包括人员情况、作业范围、分布地域、评估资产量等事项。对年检合格的机构换发《土地评估中介机构资质证书》，对年检不合格的机构，省级土地估价协会可予以通报、责令改正，并视情节轻重给予降低执业资格（资信）等级或注销注册处理。

6.7.2.2 土地估价师管理

土地估价师，是指经全国统一考试合格，获得《土地估价师资格证书》，并经注册登记，具有独立从事土地估价资格的人员。执业登记的土地估价师可依法从事对土地及其附着物、定着物的相关权利、权益的价格或者价值进行评测、判定、咨询等土地估价活动，并按其所提供的服务收取评估费。

（1）土地估价师执业资格

国家实行土地估价人员执业资格认证和注册登记制度。凡从事土地评估业务的单位，必须配备一定数量的土地估价师。要想从事土地估价，不管是什么学历，都必须具备土地估价师的执业资格。

① 执业资格考试 全国土地估价师资格考试，从 2006 年起每年举行一次考试，单科合格成绩实行三年有效、滚动管理。连续三个考试年度通过全部应考科目的合格者取得国土资源部统一印制、用印的《土地估价师资格证书》，该证书全国范围有效。

② 报名条件 凡中华人民共和国公民，具有完全民事行为能力，遵纪守法，并具备下列条件之一的，可以报名参加土地估价师资格考试：

a. 取得大专学历且从事相关工作满两年；

b. 取得本科学历且从事相关工作满一年；

c. 取得博士学位、硕士学位、第二学士学位或者研究生班毕业。

③ 考试科目 考试科目共五门：《土地管理基础与法规》、《土地估价理论与方法》、《土地估价实务基础》、《土地估价案例与报告》、《土地估价相关知识》。考试内容以考试大纲为依据，考试大纲每年随考试通知发布，但不指定考试教材，由行业协会组织专家编写应考的参考材料。考试参考资料为国家现行土地行业有关法律、法规、政策，以及行业准则、技术标准和技术规程等。

④ 考试时间 土地估价师资格考试每年举行一次。考试于每年第三季度在各考区同时举行。考试的具体时间由全国土地估价师资格考试委员会确定。

⑤ 考试方式 笔试、闭卷，部分科目是标准化考试。

⑥ 合格标准 土地估价师资格考试各科目合格标准均为 60 分（各科目试卷满分均为100 分）。

（2）执业登记

根据《土地估价师实践考核与执业登记办法（试行）》（中估协发〔2008〕14 号），取得土地估价师资格并在土地估价机构执业的土地估价师，应当通过实践考核，并进行执业登记。经过执业登记的土地估价师方能在土地估价报告上签字，承担法律责任。

土地估价师实践考核分为专业实践和专业考核，专业实践期不少于两年，土地估价师实践期满可由两名推荐人向中国土地估价师协会推荐申请参加专业考核。实践考核合格的，方可向中国土地估价师协会申请执业登记，执业登记后的土地估价师称为执业土地估价师。

执业土地估价师只能在一家机构从事土地估价，不得在两家以上机构中从事估价工作，并不得以个人名义承接土地估价业务。

6.7.3　土地登记代理人职业资格

6.7.3.1　土地登记代理

土地登记代理是土地市场中介服务的一种，属于委托代理的范畴，是指土地登记代理机构在受托权限内，为委托人提供土地登记咨询、代理等业务服务，并由委托人直接承担相应的法律责任的经营活动。

根据《土地登记规则》第七十五条和人事部、国土资源部《关于印发〈土地登记代理人职业资格制度暂行规定〉和〈土地登记代理人职业资格考试实施办法〉的通知》（人发〔2002〕116 号）中规定，国家于 2003 年开始实行土地登记代理人员职业资格制度，从事土地登记代理的人员和机构必须取得国家规定的土地登记代理资格。

根据 2007 年《土地登记办法》第四条，"国家实行土地登记人员持证上岗制度。从事土地权属审核和登记审查的工作人员，应当取得国务院国土资源行政主管部门颁发的土地登记上岗证书"。

目前我国土地登记代理制度尚未完全建立。

6.7.3.2　土地登记代理机构

土地登记代理机构是指为委托人提供土地登记咨询和代理服务的中介组织，即指符合执业条件，并依法设立，从事土地登记代理活动的公司、合伙机构、个人独资机构。

6.7.3.3　土地登记代理人

土地登记代理人是指通过全国统一考试，取得《中华人民共和国土地登记代理人职业资格证书》并经有关部门登记备案的人员。土地登记代理人依法取得执业资格后，才能从事土地登记代理活动。土地登记代理人为委托人办理土地登记申请、指界、地籍调查、领取土地证书等业务，并按其所提供的服务收取佣金。

6.7.3.4　土地登记代理人的职业资格

我国对从事土地登记代理业务的专业技术人员实行职业资格制度，取得土地登记代理人职业资格是从事土地登记代理业务和发起设立土地登记代理机构的必备条件。根据《土地登记代理人职业资格制度暂行规定》有关规定，土地登记代理人只能受聘于一个土地登记代理机构，并以机构的名义从事土地登记代理业务。

（1）职业资格考试

人事部、国土资源部共同负责全国土地登记代理人职业资格制度的实施工作。土地登记代理人职业资格实行全国统一大纲、统一命题、统一组织的考试制度，原则上每年举行一次。考试成绩实行两年为一个周期的滚动管理。土地登记代理人职业资格考试合格，由各省、自治区、直辖市人事部门颁发人事部统一印制，人事部和国土资源部用印的《中华人民共和国土地登记代理人职业资格证书》，该证书全国范围有效。

（2）报名条件

根据人事部、国土资源部《土地登记代理人职业资格制度暂行规定》，凡中华人民共和国公民，具备下列条件之一的，可申请参加土地登记代理人职业资格考试：

① 取得理工、经济、法律类大学专科学历，工作满 6 年，其中从事土地登记代理相关工作满 4 年。

② 取得理工、经济、法律类大学本科学历，工作满 4 年，其中从事土地登记代理相关工作满 2 年。

③ 取得理工、经济、法律类双学士学位或研究生班毕业，工作满 3 年，其中从事土地登记代理相关工作满 1 年。

④ 取得理工、经济、法律类硕士学位，工作满 2 年，其中从事土地登记代理相关工作满 1 年。

⑤ 取得理工、经济、法律类博士学位，从事土地登记代理相关工作满 1 年。

经国家有关部门同意，获准在中华人民共和国境内就业的外籍人员及港、澳、台地区的专业人员，符合规定要求的，也可报名参加土地登记代理人职业资格考试并申请登记。

（3）考试科目

共考 4 科：《土地登记相关法律知识》、《土地权利理论与方法》、《地籍调查》、《土地登记代理实务》。考试分 4 个半天进行，每个科目的考试时间为 2.5 小时。

（4）考试时间

报名时间一般是每年的 5 月份，考试是当年下半年（一般是 11 月份）的周末。

（5）考试方式

笔试、闭卷，部分科目是标准化考试。

（6）合格标准

土地登记代理人资格考试各科目合格标准均为 60 分（各科目试卷满分均为 100 分）。

（7）注册登记

取得《土地登记代理人职业资格证书》的人员，经注册登记后方可以"土地登记代理人"名义从事土地登记代理业务。

办理注册登记的人员必须同时具备下列条件：

① 取得《中华人民共和国土地登记代理人职业资格证书》；

② 恪守职业道德；

③ 身体健康，能坚持在土地登记代理人岗位上工作；

④ 经所在单位考核合格。

土地登记代理人职业资格登记有效期为 3 年，有效期满前，持证者应按规定到指定的机构办理再次登记手续。变更职业机构者，应当及时办理变更登记手续。再次登记，还需提供接受继续教育和业务培训的证明。登记管理机构及登记初审机构定期向社会公布土地登记代理人职业资格登记、使用及有关情况等。

本 章 小 结

土地市场的概念有狭义和广义之分。狭义的土地市场是指消费者为了减少搜寻成本所形成的进行土地交易的专门场所，如土地交易所、不动产交易所等。广义的土地市场则是指因土地交易所引起的一切商品交换关系的总和。土地市场由于其交换的标的物（即土地）具有不可移动的特点，难以集中到固定的场所去进行交换，因此，土地市场的内涵一般难以用狭义的市场定义来概括，而应包括中介机构、代理商、金融机构、广告信息等一切构成土地产权交换关系的经营性活动。

　　我国现阶段的土地市场主要指城市土地市场。按照市场交易主体、交易梯次和市场运行过程，可将城市土地市场分为三级市场结构即一级市场、二级市场和三级市场。根据使用权流通的目的，可将城市土地市场分为土地使用权出让市场、土地使用权转让市场、土地使用权租赁市场和土地使用权抵押市场。三级市场形成了土地的批发、零售、调剂三种互相联系的市场形态。其中，一级市场是二、三级市场的基础和前提，起着导向作用；二、三级市场是一级市场的延伸和扩大，能促进土地市场的发育和繁荣。我国建立和完善土地市场的基本政策是垄断一级市场，搞活二、三级市场。

复习思考题

1. 我国城市土地市场的结构是如何划分的？
2. 举例说明土地市场管理的基本手段主要有哪些？
3. 出让土地具有哪些基本特征？
4. 土地出让有哪几种方式？其具体流程是什么？各适用于什么情况？
5. 土地出让和转让有哪些主要区别？
6. 土地租赁和出租有哪些主要区别？
7. 什么是土地抵押？属于限制抵押范围的土地有哪些？

参 考 文 献

[1] 国土资源部土地估价师资格考试委员会．土地管理基础．北京：地质出版社，2000．
[2] 樊志全主编．土地权利理论与方法．北京：中国农业出版社，2005．
[3] 樊志全主编．土地登记代理实务．北京：中国农业出版社，2005．
[4] 国土资源部．招标拍卖挂牌出让国有土地使用权规定．北京：2002．
[5] 王万茂主编．土地资源管理学．北京：高等教育出版社，2003．
[6] 欧明豪．土地利用管理．北京：中国农业出版社，2002．
[7] 陆红生．土地管理学总论．北京：中国农业出版社，2002．
[8] 卢新海．城市土地管理与经营．北京：科学出版社，2006．
[9] 吴兴琦．试论抵押权的实现．中国法院网．

第 7 章　城市地价管理

本章要点

地价作为土地市场各因素综合作用的结果，在土地市场建设中发挥着重要作用。当前城市土地管理的重点之一是加强地价管理基础建设、整顿和规范土地市场秩序、加强国有土地资产管理、促进土地集约利用。本章介绍了城市地价和地价管理的基本概念、宗地估价的方法、基准地价的评估以及地价的动态监测。本章重点是城市地价的基本概念以及我国现行的地价政策与管理制度。通过本章学习，应该了解地价动态监测体系的建立和运行、基准地价的概念及评估，熟悉宗地估价的基本方法，掌握地价的基本概念、地价指数的建立以及我国现行的地价政策与管理制度。

7.1　城市地价管理概述

地价和地价管理随着土地使用制度改革和土地市场的建设应运而生。地价是土地市场的核心，土地市场发育和规范的程度也要以地价形成机制的状况来衡量。作为能够灵敏反映土地市场变化的"晴雨表"，地价是调节土地利用方式的重要手段，在土地资源配置、促进土地资源的合理流动、推进土地节约集约利用等方面发挥着越来越重要的作用。

7.1.1　城市地价概述

7.1.1.1　城市地价的概念

我国土地价格的含义不同于一般土地私有制国家。按照马克思的地租理论，土地价格是土地经济价值的反映，是一次性支付的多年地租的现值总和，是地租的资本化。所谓地租的资本化，是将土地在未来每年预期的纯收益，以一定的报酬率统一折现到目前某个时点，并进行累加，累加值就是地价。用公式表示：

$$P = \frac{a}{r}\left[1 - \frac{1}{(1+r)^n}\right] \tag{7-1}$$

式中　P——表示土地价格；

　　　a——表示土地未来每年预期的纯收益；

　　　r——表示报酬率；

　　　n——表示土地的收益年限。

从地价的定义可见，土地价格的高低取决于可以获取的预期土地收益（地租）的高低、报酬率的大小和土地的收益年限。所以，土地价格实际上是按报酬率计算的地租购买价格，它随着地租的提高、土地收益年限的增加或报酬率的下降而上升。在我国土地的权利体系中，不同的土地权利可取得不同的土地收益，因此土地价格也相应不同，如出让土地使用权和划拨土地使用权，因其权利内容不同，给权利人带来的土地收益不同，因此价格也不同。

我国的地价是以土地使用权出让、转让为前提，它是取得多年土地使用权时支付的一种代价，是土地权利和土地预期收益的购买价格。它不是土地所有权的价格，而是土地所有权在经济上的实现形式。与土地所有权价格相比，它不仅量不同，而且有质的差别。

7.1.1.2　地价在土地市场建设中的作用

地价作为土地市场各因素综合作用的结果，在土地市场建设中发挥着重要作用。

① 能有效促进土地资源的优化配置，调控土地供求关系，是调控土地市场供需的有力杠杆。地价能灵敏反映土地市场在供需对比和土地利用状况等方面的动态变化，根据地价信号反映出来的市场信息，政府可以动态调节供应，并对土地市场中的地价进行调控，从而引导投资和需求，促进土地资源合理有效利用，确保土地市场和房地产市场的健康平稳运行。

② 为协调不同权利主体间的利益关系提供了依据，保障了不同权利主体间的土地收益分配，是调整土地市场经济主体之间经济利益关系的保障。中央与地方、政府与企业、企业与企业、政府与个人、企业与个人在土地上的利益关系，最直接的表现就是地价。地价为调节收益分配提供了手段，使土地所有者和使用者权益在经济上真正得以体现。

③ 推进了我国城镇国有土地有偿使用的进程，为土地市场的发育发展奠定了基础。我国城镇国有土地使用制度改革的核心在于土地的有偿使用。通过土地使用权的出让、租赁、作价入股等有偿使用方式，土地作为最基本的生产要素进入市场，使国家土地所有权在经济上得到具体实现。在大量国有土地使用权的出让、租赁等活动中，政府获得了大量的城市建设资金，加快了城市基础设施建设。

④ 地价是量化国有土地资产的尺度。国有企业改革是我国经济体制改革的中心环节，在我国国有企业改制过程中，通过地价和地价管理，显化了国有土地资产，促进了国有企业的改制。

7.1.1.3　我国城市地价的特点

与一般商品价格相同，地价也受到市场经济环境、供求状况等方面的影响。但由于土地位置固定、区位条件差异巨大等特点，而且土地是社会财富积累的主要载体，所以地价又具有其特殊性。我国城市地价的特点主要表现在以下几个方面。

（1）我国地价是使用权价格而不是所有权价格

我国土地使用制度是在坚持社会主义土地公有制的前提下，实行土地所有权与使用权的两权分离。我国的土地价格是土地使用权的价格，是取得一定年期土地使用权时支付的代价，而不是土地所有权价格。土地使用者取得的仅仅是土地使用权和相应年期内土地收益的购买价格，这一点不同于一般土地私有制国家。

（2）表示方式不同

一般商品大多以价格表示（少量的商品如婚纱、汽车也会以租金表示）。而土地除以价格表示外，还可以用租金表示，即地产有租赁市场存在。

（3）价格基础不同

对一般商品而言，商品是可交换的劳动产品，商品的价格是其价值的货币表现，强调的是"价格来源于价值"，价值是凝结在商品中的无差别的人类劳动。

土地不同于一般的劳动产品，土地不是人类劳动的产物，因此根据"劳动价值理论"，土地是没有价值的。但土地有价格，那价格来源于什么呢？土地价格是人们要利用土地的使用价值而付出的购买价格，是土地供给与需求作用的结果，是由于土地所有权和市场经济制度的存在使得土地作为一种稀缺资源被商品化继而成为可以买卖的对象，继而形成土地价格，也就是说"土地价格来源于垄断"。

（4）形成时间不同

一般商品可以标准化，易于比较，且存在比较完整的市场，价格形成时间短且容易。而土地个别差异性大，又缺乏完整的市场，价格形成时间长，且相对比较困难。

（5）土地价格主要是由需求决定的

土地价格不是土地价值的货币表现，一个城市地价的形成和地价水平的高低不由生产成本决定，而主要是由土地市场供求关系决定的。由于土地是一种稀缺的不可再生资源，其总量是不变的，因此土地的自然供给完全无弹性。同时由于土地资源用途变更的困难性，土地的经济供给弹性也很小。所以，在某一区域市场内土地价格主要是由需求决定的。

（6）地价具有明显的地区性和个别性

土地的不可移动性决定了土地位置的地区性，这种地区性不仅表现在城市与城市之间，同样也表现在城市内部。在不同的地区之间，很难形成统一的市场价格。

（7）地价呈明显上升趋势，且地价上升的速度高于一般商品价格的上升速度

一般而言，商品的使用价值是价值的承担物，没有使用价值也就没有价值，商品使用价值丧失，商品的价值也就消失了。但土地却不同，其使用价值具有永存性，其价值不仅不会消失，反而会随着城市投资的增加、城市基础设施和市政设施条件的改善而提高。另外，土地具有稀缺性和不可再生性，随着社会经济的发展，城市对土地需求会大幅度增长，土地价格因此也会相应地提高。

（8）市场结构不同

一般商品由于是同质产品，众多的买者与卖者都可以自由进入市场，竞争充分，且这种竞争不仅表现在买卖方之间，同样也表现在买方之间和卖方之间，因此是比较完善的市场。而土地位置的固定性使土地市场具有很强的地域性，土地市场具有的异质性、分散性、供给地域性强和弹性小等特点决定了土地市场是不完全的市场，因此土地价格不完全是供求规律的客观合理反映。

（9）折旧现象不同

一般商品有折旧现象，其价值随使用年限增加而降低。土地不仅没有折旧现象，反而随着经济的发展还会增值。但须注意的是，在我国土地价格是一次性支付的多年地租的总和，因此存在一个土地使用年期"摊销"的问题。对土地使用者而言，已使用年限越长，应摊销的初始土地使用权价格就越多，可继续使用和获取收益的年限也就越短，预期土地收益会减少。因此，地价会随使用年限增加、剩余使用年限的减少而降低。但这种价值的降低不是折旧，而是土地使用年期的摊销。

7.1.1.4　城市地价的种类

土地价格的本质是土地权益价格。土地上设定的产权种类和内涵不同，产权人获得的土地收益或效用就不同，土地价格则存在质的差异。

从不同目的出发，可以将地价分成不同种类。各地价种类之间会有所交叉，同一块土地上可能会有多种价格。

（1）按土地权利分类，土地价格可以划分为所有权价格、使用权价格、租赁权价格、抵押权价格、地役权价格等。

（2）按价格内涵分类

① 出让金　土地出让金是指国家以土地所有者身份将土地使用权在一定年限内让与土地使用者时所收取的费用，是土地所有权在经济上的体现。出让的本意是国家土地使用权一定年限的让渡，是一种政府行为的土地使用权有偿让与。

② 出让地价　也称出让价格、地价款，是指政府土地管理部门在土地批租时一次性收取的各项费用之和，即土地一定年限的使用权价格。出让地价包括一定年限的土地使用费和土地开发投资费用。前者即指土地出让金，是土地所有权在经济上的体现；而土地开发投资费用则包括土地征收、拆迁以及为地块直接配套的各项基础设施费用，如通路、通电、通上

水、通下水等，是对土地开发投资的一次性补偿。

（3）按政府管理手段分类

按政府管理手段，地价可以分为：

① 宗地地价　是指具体某一宗土地，在一定开发程度条件下，在设定的容积率、用途条件下，在某一估价期日的价格。

② 标定地价　是指政府根据管理需要，评估的某一宗地在正常土地市场条件下于某一估价期日的土地使用权价格。它是该类土地在该区域的标准指导价格。

③ 基准地价　基准地价是政府对城镇各级土地或均质地域及其商业、住宅、工业等土地利用类型分别评估的土地使用权平均价格，是分用途的土地使用权区域平均价格，对应的使用年期为各用途土地的法定最高出让年期，由政府组织或委托评估，评估结果须经政府认可。基准地价是区域平均价的最常见形式。

（4）按土地价格表示方法分类

按土地价格表示方法，地价可分为：土地总价格、单位面积地价（地面单价）、楼面地价等。其中，楼面地价是一种特殊的土地单价，是指每平方米建筑面积所分摊到的土地价格，等于土地总价与总建筑面积之比，它是衡量地价的重要指标。

因容积率等于总建筑面积除以土地总面积，所以建筑物楼面地价也等于地面单价与容积率的比值。

【例 1】　某地块土地面积为 $1000m^2$，其上建筑物的建筑面积为 $3500m^2$，购入该地块花费 525 万元，试求该地块的容积率和该建筑物的楼面地价分别是多少？

解：
$$容积率 = \frac{总建筑面积}{土地面积} = \frac{3500}{1000} = 3.5$$

$$楼面地价 = \frac{总地价}{总建筑面积} = \frac{525 \, 万元}{3500m^2} = 1500 \, 元/m^2$$

【例 2】　某地块建筑密度为 50%，地块内有一房地产，共 5 层，各层建筑面积均相等，其楼面地价为 $1000 \, 元/m^2$，则该地块的土地单价为多少？

解：建筑密度是指所有建筑物的基底面积之和与总用地面积的比值。

该地块建筑密度为 50%，共 5 层且各层建筑面积均相等，故该地块的容积率为 $50\% \times 5 = 2.5$

$$因楼面地价 = \frac{地面地价}{容积率}，故地面地价 = 楼面地价 \times 容积率$$

所以该地块的地面地价 $= 1000 \, 元/m^2 \times 2.5 = 2500 \, 元/m^2$

（5）按开发程度的不同分类

按开发程度的不同可划分为生地价、毛地价和熟地价。

生地是指不具有城市基础设施的土地，如荒地、农地。

毛地是指具有一定城市基础设施，但尚未完成房屋拆迁补偿安置的土地，如市区已列入拆迁范围但尚未开始拆迁的地块。

熟地是指具有较完善的城市基础设施且土地平整，能直接在其上进行房屋建设的土地，如市区已经完成拆迁并达到土地平整的空地。

净地的概念与熟地相类似，但不完全等同。净地和熟地都是指已经完成拆除平整，不存在需要拆除的建筑物、构筑物等设施的土地。但熟地着重是从开发程度来看，强调的是该地块已经完成拆迁并达到平整；而净地更强调的是从产权和法律关系上看，强调地块的产权干净清楚，无产权纠纷，法律关系简单。

（6）按土地价格形成的方式

按土地价格形成的方式可以分为交易价格和评估价格。评估价格又包括交易底价、基准地价、标定地价和课税价格等。交易价格是实际成交价格，可能是正常的，也可能是不正常的。评估价格不是实际发生的事实，但一个良好的评估价格应能真实地反映市场价格。

7.1.1.5 我国地价体系构成

根据我国土地管理制度的特点和《城市房地产管理法》的有关规定，我国的地价体系由以下 5 部分构成。

① 基准地价　是政府定期制定公布的各种土地利用类型现状条件下评估的一定年期土地级别或均质地域平均土地使用权收益价格，反映城镇整体地价水平，作为政府对地价实行宏观管理和控制的标准。

② 标定地价　指具体宗地在正常土地市场和正常经营管理条件下某一期日的土地使用权价格。反映具体宗地在一般市场条件下正常地价水平，作为政府对地价和地产市场进行具体管理的依据。

③ 交易底价或交易评估价　反映宗地在不同市场条件和不同交换形式下地价水平，供土地交换或交换各方作为交易最低价或期望价的参考价格。

④ 成交地价　反映具体宗地在地产交易或交换等活动中的现实价格，由土地交易双方认可并据此支付地价款的成交地价。

⑤ 其他地价　由以上 4 种类型的地价衍生和派生的，供抵押贷款、土地税收、资产核算、土地出让等方面使用的其他地价形式。

上述 5 个地价系列相互影响、相互联系，共同构成了我国的地价体系，同时也在地价体系中起到不同的作用，具有不同的地位，显示出各自不同的特点。

从地价的性质看，基准地价、标定地价、交易底价以及由此衍生出的其他宗地地价，是根据过去成交地价及土地收益情况评估得到的评估地价；而成交地价则是在地产交易中直接实现的现实价格。

从地价的特点看，基准地价属于区域（区片）平均地价的一种，是我国最常见的区域（区片）平均地价形式；标定地价、交易地价、成交地价及其他派生的地价都是对于具体宗地而言，故都属于宗地地价类型。

若按各地价在地价体系中的作用和地位分析，基准地价和标定地价是政府为管理地价和地产市场而组织或委托评估的，对地价体系中的其他地价具有一定的导向和控制作用，因而是我国地价体系的核心；交易底价或交易评估价是地产市场中最常见、大量发生的地价形式，因而是地价体系的主要成分；而成交地价反映的是地产市场的现实，故是地价体系内最关键的参照指标。

7.1.2 城市地价的管理

（1）地价管理的概念

地价管理就是对土地价格进行管理，是依据一定时期内国家经济政策和土地市场中的地价标准和水平等情况制定相应的地价管理政策，并通过一定的地价管理制度对土地市场中的交易行为和土地价格进行控制和管理，维护交易双方和国家等各方面的合法权益，维护土地市场的健康发展。地价管理对土地市场中的地价水平和地价标准具有调控和引导的功能，保证地价的变化符合整个社会利益的需要。

地价管理是土地管理的重要组成部分。地价管理的内容包括建立地价管理制度和管理体制，颁布地价行政管理法规，建立地价评估制度，计划、组织和控制地价的制定、调整和执行等内容。

　　地价管理的基础是地价评估，地价评估是为了了解土地市场中地价的标准和水平，科学的地价标准是合理利用土地以及管理土地和地价的需要。

　　（2）地价管理的作用

　　地价管理是国土资源管理的重要组成部分和一项重要职责，是国土资源参与宏观调控的重要内容和手段。土地使用制度改革以来，地价管理在推进土地有偿使用、优化配置土地资源、合理分配土地收益、实现土地资产价值、保证国有土地收益不流失、促进土地市场建设等方面发挥了重要作用。加强地价管理有利于促进土地资源的管理，有利于促进土地市场健康、持续的成长，有利于国家和区域经济的发展。

　　地价管理的作用主要有以下几点。

　　① 促进土地资源的优化配置，调控土地供求关系。中国人多地少的基本国情，决定了土地这种生产资料永远是稀缺的，随着城市和社会经济的发展，地价将不断上涨。为促进土地资产的合理利用，发挥土地的最大经济效益，必须建立有效的地价管理政策，充分利用地价杠杆，合理配置土地资源，优化建设用地结构，调整建设用地布局，盘活存量土地，使每块土地都能达到合理利用。

　　② 规范交易双方的行为，促进土地市场建设。在土地交易活动中，存在交易双方为逃避国家的有关税费而采取虚报、瞒报地价的违规现象。因此有必要制定相应的地价管理政策，使交易双方或一方要为虚报、瞒报而付出代价，减少违规交易行为的发生，建立起一个规范的土地市场，维护国家、单位和个人共同的利益。

　　③ 推进城镇国有土地有偿使用，合理分配土地收益，防止国有土地收益流失。通过地价管理，逐步建立起规范、合法的土地使用制度。一方面对单位和个人将划拨土地使用权进行转移的行为进行有效管理，有效防止国有土地收益的流失，另一方面，可以调节房地产开发企业土地增值收益和利润，加大开发商的囤地和开发成本，打击房地产投机，将土地税收依法足额征缴入库，促使房地产市场健康持续发展。

　　④ 促使地价稳定，防止地价大幅度波动。土地是社会经济活动的载体，在城市尤为重要。地价的暴涨和暴跌会给我国的土地市场造成很大的冲击，甚至影响到整个国民经济平稳运行。地价的暴涨会大幅度提高企业的土地成本，影响到经济的协调发展。地价的暴涨也会造成土地的大量囤积和资产的浪费，刺激土地投机行为，给生产、生活等领域带来不利影响，继而给金融体系带来风险。因此，为防止地价的大幅度波动对经济可能产生的危害，除了采取行政措施干预土地市场外，还须通过制定一系列严格而又规范的地价管理政策来加强对地价的管理。

7.1.3　我国现行的地价管理制度与政策

　　《土地管理法》实施以来，国土资源部先后在土地取得、土地供应、土地转让、土地资产处置以及土地市场调控等环节制定了一系列地价管理制度，并初步形成了政策体系：在地价的确定上，形成了地价评估制度、集体决策制度；在地价的市场形成机制上，建立了土地招标拍卖挂牌制度、协议出让最低价制度、土地成交价格申报制度和政府优先购买制度；在地价的监控上，建立了基准地价、标定地价确定和定期更新、公布制度，建立地价动态监测体系；在估价队伍的建设上，建立了土地估价师资格考试制度和继续教育制度等。这些制度的建立，为加强土地资产管理、规范土地市场发展发挥了重要作用，取得了良好的社会经济效益。

7.1.3.1　我国地价管理制度

　　（1）建立基准地价、标定地价定期公布制度根据《城市房地产管理法》第三十二条规定，"基准地价、标定地价和各类房屋重置价格应当定期确定并公布。"市、县人民政府土地行政主管部门应当定期组织或委托评估机构评定城市基准地价和标定地价，并拟订基准地价公布方案，报有批准权的政府批准后公布。基准地价、标定地价定期公布可以发挥政府地价导向作用，使投资者了解拟投资地区的地价水平，以便选择投资地点和方向；可以使土地交易双方了解真实的市场行情，有利于达成正常的市场交易；同时也有利于增强政府行政透明度，改善投资环境。

（2）完善土地登记，建立土地交易价格申报制度

根据《城市房地产管理法》第三十四条规定，"国家实行房地产成交价格申报制度"，因此，凡是发生土地交易行为的当事人均应在申请土地登记同时申报土地交易价格，土地管理部门应结合土地登记对当事人申报的交易价格进行审核。发生增值的，应在转让方缴纳土地增值税后予以登记。当申报地价低于标定地价的，应先报请政府以决定是否行使政府优先购买权。

（3）建立土地价格评估制度

根据《城市房地产管理法》第三十三条规定，"国家实行房地产价格评估制度"，凡土地出让、转让、出租、抵押等经济行为涉及的土地都必须经具有土地估价资格的机构评估。2003年底，国务院办公厅下发的《关于加强和规范评估行业管理意见》的通知，明确规定土地估价师是国家根据社会主义市场经济发展需要设置的六类资产评估专业资格之一。目前，《城镇土地估价规程》、《城镇土地分等定级规程》作为国家标准已经正式实施；《农用地分等规程》、《农用地定级规程》、《农用地估价规程》三个规程也已经作为行业标准发布，为建立农用地估价制度奠定了基础。土地估价行业已经成为社会主义市场经济健康运行不可或缺的中介行业，并发挥了重要作用。

（4）建立土地估价人员资格认证和土地估价机构备案与资质评审制度

根据《城市房地产管理法》第五十八条及2007年国土资源部《土地估价师资格考试管理办法》的有关规定，"国家实行土地估价师资格认证制度。通过全国土地估价师资格考试，方可取得土地估价师资格"。取得土地估价师资格并在土地估价机构执业的土地估价师，应当通过实践考核，并进行执业登记。经过执业登记的土地估价师方能在土地估价报告上签字，承担法律责任。从事土地估价的评估机构，必须按规定经工商注册登记后，并按规定到国土资源管理部门进行备案，取得相应的土地估价资质证书后方可执业。

（5）建立地价动态监测体系

城市地价动态监测工作是国土资源管理部门履行"参与宏观调控"新职能的一个重要基础性工作，通过地价监测，及时、全面地掌握全国城市的地价水平与变化情况，能够有效地为政府管理者、市场投资者和社会公众提供决策支持信息。1999年，"城市土地价格调查与地价动态监测项目"作为国土资源大调查专项工作正式启动。随后，在城市基准地价更新的基础上，建立了覆盖直辖市、计划单列市、省会城市以及长江三角洲、珠江三角洲、京津地区50个主要城市的以标准宗地的标定地价为监测对象的城市地价动态监测体系。2007年，除拉萨外，全国各直辖市、省会城市、计划单列市及重点地区部分城市已经纳入监测体系。2009年，国家级城市地价动态监测系统进一步覆盖到全国105个城市。

（6）建立土地市场地价分析公布制度

定期公布市场交易信息并对地价及相关信息进行动态分析，定期编制地价指数并对社会发布，从而为政府制订地价政策提供科学依据，为交易者交易提供决策参考。

7.1.3.2 我国地价管理政策

地价管理政策是土地制度的具体贯彻和实施，是国家为实现土地优化配置而制定的规范

人们土地处置行为的准则。

（1）对工业用地出让实行最低限价政策

针对地区之间采取各种手段竞相压低地价招商引资、低成本工业用地过度扩张等问题，2006 年，国务院下发的《关于加强土地调控有关问题的通知》明确规定："国家根据土地等级、区域土地利用政策等，统一制订并公布各地的工业用地出让最低价标准"，"工业用地必须采用招标拍卖挂牌方式出让，其出让价格不得低于公布的最低价标准"。国土资源部按照通知精神，在 2006 年 12 月底公布了《全国工业用地出让最低价标准》（简称《标准》）（详见表 7-1）。通知将全国划为 15 个等别，并确定了各等别所对应的最低价标准。

表 7-1　全国工业用地出让最低价标准　（元/m²）

土地等别	一等	二等	三等	四等	五等	六等	七等	八等
最低价标准	840	720	600	480	384	336	288	252
土地等别	九等	十等	十一等	十二等	十三等	十四等	十五等	
最低价标准	204	168	144	120	96	84	60	

2009 年 5 月，针对当时经济形势和土地市场运行变化情况，国土资源部发布《关于调整工业用地出让最低价标准实施政策的通知》，对《标准》的实施政策（而非《标准》本身）进行调整，"对各省（区、市）确定的优先发展产业且用地集约的工业项目，在确定土地出让底价时可按不低于所在地土地等别相对应《标准》的 70％执行；以农、林、牧、渔业产品初加工为主的工业项目，在确定土地出让底价时可按不低于所在地土地等别相对应《标准》的 70％执行，对中西部地区确需使用土地利用总体规划确定的城镇建设用地范围外的国有未利用地，且土地前期开发由土地使用者自行完成的工业项目用地，在确定土地出让价格时可按不低于所在地土地等别相对应《标准》的 15％执行。"通过调整，建立起相对灵活、差别化的地价管理政策，进一步发挥其"有保有压、区别对待"的作用，促进工业用地的利用方式向政府调控目标的转变。

（2）政府对土地使用权的转移有优先购买权

《城镇国有土地使用权出让和转让暂行条例》第二十六条规定："土地使用权价格明显低于市场价格的，市、县人民政府有优先购买权"。根据相关规定，交易双方在达成土地转移意向后，在申请土地变更登记时必须向政府申报成交价格。如果申报的成交价格明显低于正常市场价格，且低于政府规定的地价标准的，政府可以宣布其土地转移合同无效，由政府按双方申报的成交价格支付给土地转让方资金后，收回土地使用权。实行土地优先购买权的主要目的是防止交易双方虚报、瞒报地价，扰乱土地市场的行为发生，以维护和形成一个稳定良好的土地市场环境。

（3）政府对地价上涨可采取必要的行政手段进行干预

《城镇国有土地使用权出让和转让暂行条例》第二十六条规定："土地使用权转让的市场价格不合理上涨时，市、县人民政府可采取必要措施"，如禁止囤地、地价冻结、实行交易许可、增加土地供应量、增强市场透明度等。该规定的主要作用是防止市场地价的不合理上涨，抑制土地投机行为，满足社会各方面对土地的需求。

（4）通过征收土地增值税，将土地收益收归国家，防止交易双方虚报、瞒报交易地价

征收土地增值税，既是有效防止交易双方有意压低申报交易价格的地价管理政策之一，也是将社会经济发展造成的地价上涨收益收归政府的主要手段。土地价格的上涨特别是快速上涨时，使得对土地的囤积和炒作成为必然，而土地的囤积与炒作必然会推高市场土地的价

格，使得土地的价格轮番上涨。土地增值税的征收，一定程度上可以遏制土地的流转与炒作，规范土地市场秩序。

7.2　基准地价的评估

7.2.1　基准地价概述

7.2.1.1　基准地价的概念

基准地价是指在城镇规划区范围内，对现状利用条件下不同级别或不同均质地域的土地，按照商业、住宅、工业等用途，分别评估确定的某一估价基准日下法定最高出让年期土地使用权的区域平均价格。

基准地价由政府组织评估或委托专业机构评估，评估结果经政府认可后向社会公布。

7.2.1.2　基准地价的作用

城市基准地价是由政府土地管理部门通过科学的方法确定的，具有如下作用。

（1）具有政府公告作用，引导土地资源在行业部门间合理配置

基准地价所反映的是城市内部地价的总体分布趋势和各级各类土地的一般价格水平，反映了城镇土地在已有利用过程中所能产生的各类经济收益，同时也按价格标准显示城市土地质量的优劣程度。因此，基准地价有利于合理引导土地使用者投资、利用和经营土地，为投资者制定投资决策提供依据，实现土地资源的合理配置，使有限的城市土地发挥最大的效用。

（2）是宏观调控地价水平的依据

各级政府可以依据基准地价制定出灵活的地价政策，通过差别化的地价政策，指导土地利用，调整各类社会经济活动，落实城市总体规划、经济发展战略和产业政策。

（3）是政府参与土地有偿使用收益分配的依据

基准地价是确定土地租金、土地使用税费标准的依据，既可为土地使用税的征收提供主要依据，也可为土地增值税的征收提供计算增值量的重要方法；既可为各级政府实施土地使用权有偿出让提供价格依据，也可为土地使用者之间转让土地使用权提供价格参考。

（4）是进一步评估宗地地价的基础

以基准地价为基础的基准地价系数修正法是土地使用权出让、转让、出租、抵押、作价入股、授权经营及清产核资、土地收购整理等宗地价格评估的主要方法之一。

7.2.1.3　基准地价的分类

可以按照不同的标准对基准地价进行分类。

（1）按照用途进行分类

基准地价可以分为商业基准地价、住宅基准地价、工业基准地价、综合基准地价。

（2）按照区域范围进行分类

① 级别基准地价　级别基准地价是依据土地级别的划分制定出来的平均地价，级别的划分直接引用了城镇定级的成果，它仅能反映同一级别的平均地价。

② 区片基准地价　区片基准地价是在级别基准地价的基础上，在空间上将同一级别进一步划分成更小的若干均质区域，然后评估出的区域基准地价。

③ 路线价　所谓路线价，即对面临特定的街道而接近性相等的市街土地，设定标准深度，求取在该深度上数宗地的平均单价并附设于其所临接的街道上，此单价即为路线价。

④ 标定地价　是政府根据管理需要，评估的某一宗地在正常土地市场条件下于某一估价期日的土地使用权价格。标定地价反映具体宗地在一般市场条件下正常地价水平，是该类土地在该区域的标准指导价格，也是政府对地价和地产市场进行管理的重要依据。

7.2.1.4 基准地价的特点

基准地价是在设定估价基准日、设定土地开发程度、法定最高使用年期下、完全国有出让土地使用权的区域平均价格，具有以下特点。

① 全域性 基准地价一般都要覆盖整个城市建成区，城市内的任何一个区域，应有至少一种用途类型的基准地价。

② 基准地价是平均价格 因为基准地价是区域性价格，因而必定是平均价格。

③ 基准地价是分用途的价格 同一区域中，不同土地利用类型的土地如商业、住宅、工业，有不同的基准地价。

④ 基准地价是有限使用年期土地使用权的价格 基准地价所对应的土地使用年期是法定最高出让年期。不同用途土地使用权的最高出让年限是不一致的，因此不同用途基准地价的年期也不同。

⑤ 基准地价是单位土地面积的地价。

⑥ 基准地价具有现势性 基准地价是某一估价基准日下的价格，只反映一定时间的价格，具有时效性。

7.2.2 基准地价的评估

7.2.2.1 基准地价评估的任务

城市基准地价评估的基本任务是以城镇为单位，针对城镇内的各土地级别的不同区域类型，按不同用途评估商业、住宅、工业用地的基准地价，并在基准地价的基础上分用途、分区域分析地价影响因素与地价的关系，建立起相应的分用途的宗地地价修正体系。

基准地价的主要成果一般包括基准地价工作报告、基准地价技术报告、基准地价成果（主要包括基准地价图、土地级别范围描述表、基准地价表）和宗地地价评估修正体系（宗地地价修正系数表、宗地地价影响因素指标说明表）。

7.2.2.2 基准地价评估的原则

(1) 土地使用价值评定和土地价格测算相结合的原则

在评估基准地价时，应将土地估价与土地定级紧密结合起来。基准地价评估工作应在完成城镇土地定级工作的基础上，运用土地定级的成果，体现"先定级后估价，级别控制地价，地价检验级别"的总体思路。

(2) 以现实的土地用途为主，适当考虑规划用途

由于基准地价的市场导向性作用，基准地价评估应以目前存在的土地利用方式为主要依据，据此才能反映现实土地收益的高低。

(3) 各类用地分别评估，多种方法综合运用

按土地的不同用途分别评估商业、住宅、工业用地的基准地价。评估时采用土地使用价值评价与土地收益、地租、地价测算等相结合的形式进行。

(4) 基准地价的确定须与社会经济水平相适合、相协调

经济发展水平决定了地价水平的高低，地价水平的高低又对经济发展产生很大影响。因此，在确定基准地价时，要适应经济发展的形势，不能太高也不能太低，要与城市社会经济发展水平相协调，并对经济发展起到一定的促进作用。

7.2.2.3 基准地价评估的思路

根据《城镇土地估价规程》，基准地价评估的技术路线主要有以下两种。

一是以土地定级为基础，土地级差收益（地租）为依据，市场交易资料为参考评估基准地价。该技术路线主要用于土地市场不发达，土地交易案例不多的城市。

二是用土地条件划分均质地域（或以土地定级为基础），用市场交易价格等资料评估基准地价。该技术路线主要用于土地市场发达、土地交易案例多的城市，是目前基准地价评估的主要技术路线。本书重点对这一方法进行介绍。

7.2.2.4 城市基准地价评估的方法

基准地价评估遵循"以土地分等定级和均质地域划分为基础，以土地交易价格为依据"的原则，将城市土地按照影响土地使用价值优劣的土地条件和区位优劣，划分为土地条件均一或土地使用价值相等的区域或级别，在同一土地级别或类型区域中，从市场交易价入手，测算出不同行业用地在不同土地级别或土地条件均质区域上形成的地价，进而评估出基准地价。

（1）确定基准地价评估的区域范围

以城镇为对象，根据实际需要和可投入评估的人力、财力、物力等情况，确定基准地价评估的区域范围，例如是该城市的整个行政区域，还是规划区、市区或建成区等。

目前，划分基准地价评估区域的方法有两种：一是利用影响城镇土地使用价值的因素，依据其在城镇内部的差异性和一致性，划分土地级别。二是直接在城镇土地利用分区的基础上，按区域内条件差异，划分出不同的土地条件均质区域。对于已经完成土地定级的城镇，可以直接采用土地级别作为基准地价的评估区域。对于没有完成土地定级的城镇，可以按照不同用途土地的地价影响因素，选择划分区域的因素和标准，对各城市现状用地类型按土地开发程度、规划要求、自然条件等土地条件划分区域边界，确定均质区域，作为基准地价的评估区域。

（2）基准地价资料调查与整理

资料的调查可以采用实地调查和资料查阅的方法进行，调查的内容主要包括：

① 土地定级成果资料：包括土地级别图、土地定级工作和技术报告、其他能用于土地估价的定级成果及资料；

② 土地利用效益资料：包括土地联营入股资料、以地换房资料、联建分成资料等；

③ 地价资料：土地使用权出让、转让、出租等资料，房屋买卖、出租资料，土地征收及房屋拆迁补偿标准资料，房屋造价、重置价等相关标准及土地开发费用资料等；

④ 影响地价的因素资料；

⑤ 其他资料。

对调查的样本资料必须进行整理，将缺少主要项目、填报数据不符合要求和数据明显偏离正常情况的样本剔除。当样本数量少于规定要求时，应进行补充调查。

（3）明确基准地价的内涵、构成、表达方式、基准日期等

任何一个价格都有其内涵，因此，基准地价评估前要明确估价的基准日（一般为每年的1月1日），以及所对应的土地条件或状况，包括土地的基础设施完备程度、平整程度、权利性质、使用年限、用途（通常分为商业、居住、工业等不同的用途）、容积率（通常按用途来明确相应的容积率）等。

（4）确定主要的估价参数，对样点地价进行整理

样点地价资料的整理包括样点地价的评估和样点地价的修正。

在评估前需要确定报酬率、房屋重置价等重要参数。样点地价评估方法主要有收益还原法、市场比较法、成本逼近法、剩余法（假设开发法），不同的方法有不同的适用对象和适用条件，在评估时要根据实际情况灵活运用。

经计算后的样点地价必须根据基准地价的内涵进行一系列的修正。样点地价的修正主要包括交易时间修正、容积率修正、开发程度修正以及其他修正（包括基础设施配套程度修

正、同一用途中不同用地细类修正、楼层、用途、交易情况、临街宽度、临街深度、宽深比等）。

（5）样点数据检验和处理

同一土地级别或均质区域中，同一交易方式的样本地价要通过样本同一性检验。样本数量不能满足总体检验的需要时，需对均质地域进行差别判别归类，按类进行样本总体同一性检验。同一均质地域中不同交易方式计算的样本地价也要通过样本总体同一性的检验。

相同用途的样点地价，在确定方差检验精度后，精度以外的数据作为异常数据剔除。同一级别或均质地域中，不同交易方式下估算的样点地价与总体不一致时，以最有代表性、样点数量多的作为基准地价评估的基础资料。

（6）基准地价的测算与确定

基准地价可以利用样点地价资料来测算，也可以利用土地利用效益资料来测算。根据《城镇土地估价规程》，应以土地市场交易资料测算为主，利用土地利用效益资料来进行检验。利用土地交易样点地价评估基准地价一般采用以下三种方法：

① 是利用算术平均模型评估基准地价　即利用样点地价均值评估级别基准地价。对于含有样点地价的级别或区域的基准地价评估，只要用于测算的合格样本地价数量不少于影响地价变化因素（包括区域因素和个别因素）数量的 4 倍，即可运用算术平均模型计算该级别或区域的基准地价。

② 建立样点地价和土地级别关系的数学模型，评估级别基准地价　在土地定级的基础上，通过建立样点地价与土地级别之间的数学关系模型，求出各用途各级别的地价级差系数，再用地价级差系数等参数来计算级别基准地价。

③ 建立样点地价和土地定级单元总分值关系的数学模型，评估级别基准地价　先求取地价样点的总分值，建立样点地价与总分值模型，计算模型中的各系数，并对系数估计值进行可靠性检验。再根据土地级别或均质地域的划分，求取级别或均质地域内的土地总分值的平均值，代入模型测算出该级别或地域的基准地价。

（7）基准地价的确定

基准地价应按照"同一市场供需圈内，土地使用价值相同、等级一致的土地具有同样的市场价格"的原理进行确定。基准地价确定时，应以实际数据测算结果为准，以比较修正的结果为辅。对于土地市场发达的城镇，应以市场交易资料评估结果为准，利用级差收益测算结果进行修正；土地市场不发达的城镇，以级差收益测算结果为准，利用市场交易资料评估结果进行验正。在确定基准地价时，应充分体现政府的地价管理制度与政策，综合平衡后以评估结果为基础，在评估结果基础上作适当的调整，形成科学合理且实用性强的基准地价成果。

（8）基准地价修正体系的构建

基准地价修正体系包括《宗地地价修正系数表》和《宗地地价影响因素指标说明表》。基准地价修正体系是连接基准地价和宗地地价的桥梁，它以替代原理为基础、建立在基准地价与宗地地价之间、反映区域因素和个别因素对地价影响作用的一种系数关系，以便能在宗地条件调查的基础上，按对应的修正系数快速、高效地评估出宗地地价。

基准地价修正体系的建立方法如下。

① 因素的选择及其权重的确定　根据《城镇土地估价规程》，影响城镇内部不同地块地价的因素主要有区域因素和个别因素。实际操作中一般是以城镇土地定级中的因素体系为基础，采用特尔斐法或市场调查分析法，并采用相关性分析、主成分分析、因子分析及聚类分析等方法分析地价与地价因素之间的相关程度和内在联系，最终确定影响宗地地价的主要因

素及其权重（详见表7-2）。

表 7-2   区域内宗地地价评估修正体系影响因素表

土地用途	必 选 因 素	备 选 因 素
商业用地	容积率、临街宽度与深度、形状、拐角地、楼层	特殊地理位置（地铁出入口、停车场边）面积大小、宽深比等
住宅用地	微观环境、容积率、楼层、朝向	绿化率、学区房、建筑密度、心理因素等
工业用地	区位、集聚程度	形状、面积大小、自备码头等

（资料来源：《城镇土地估价规程》）

② 基准地价修正幅度的计算   确定基准地价修正幅度时，以级别或区域为单位，调查各级别或区域中正常样点地价（或定级因素分值）的上限、下限值等，分别与基准地价折算级别均价（级别平均分）相比较，得到各级别中上调或下调的最高值，即为修正幅度。

③ 影响地价各因素修正幅度的确定   按照已经确定的不同用途各因素对地价的影响，计算各因素的修正幅度。在确定上调、下调幅度的情况下，将宗地地价修正幅度划分成五个档次：优、较优、一般、较劣、劣，并内插修正值。实际操作中，以基准地价为一般水平，其修正系数为零。在一般水平与上限价格之间，内插条件较优的修正系数，同时确定较优条件下的地价标准。在一般水平与下限价格之间，内插条件较劣的修正系数，同时确定较劣条件下的地价标准。根据因素权重值和基准地价修正幅度，可以计算出不同级别商业、居住、工业用地基准地价修正系数，并编制成《宗地地价修正系数表》。

④ 修正系数说明表的编制   为了说明修正系数表，以便在进行宗地地价评估时对照宗地的各地价因素条件查阅并确定各因素对该宗地的影响程度或系数，应对修正系数表中的五个档次分别予以说明，编制成《宗地地价影响因素指标说明表》。

7.2.3   基准地价的更新

（1）基准地价更新的原因

基准地价是有时效性的，它只能反映在某一时间点上城镇土地的实际平均价格。随着社会经济的发展，土地市场和房地产市场处于发展变化之中，城市地价的空间分布规律会发生变化，同一区域的地价水平也会发生变化。随着时间的推移，基准地价成果的准确性必然会逐步丧失，因此需要定期对基准地价进行更新。

基准地价更新是指根据土地市场变化或影响土地价格的种种因素变化情况，在土地定级或划分均质地域的基础上，用土地收益、市场交易的样本地价及地价指数等来重新确定某类用途土地在现状利用条件下于某一估价基准日的法定最高使用年期下完全国有出让土地使用权平均价格。

（2）基准地价更新的技术路线

基准地价更新一般按年度进行。

根据《城镇土地估价规程》，基准地价更新的技术路线主要有三条：一是以土地定级为基础，以土地收益（地租）为依据，以市场交易地价资料为参考更新基准地价。二是以土地条件划分均质区域（或以土地定级为基础），以市场交易地价资料为依据更新基准地价。三是以土地定级或均质区域为基础，利用标准宗地价格（标定地价）或地价指数更新基准地价。其中第一种方法（以土地收益资料更新基准地价）和第二种方法（以市场交易资料更新基准地价）的具体方法和步骤与评估基准地价时的方法步骤相同。第三种方法（以地价指数更新基准地价）是将更新前的基准地价乘以相应的地价指数得到更新后的基准地价。

随着城市地价动态监测体系的建立，很多城市利用监测点地价和地价指数来更新基准地

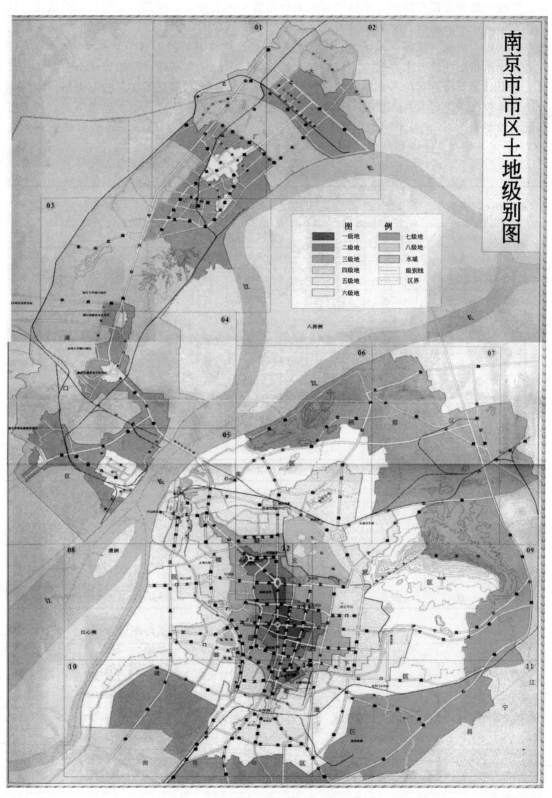

图 7-1　南京市土地级别图

（资料来源：南京房地产网 www.e-njhouse.com）

价。监测点地价及以监测点为依据测算的地价指数是国土资源管理部门定期公布的数据，且是在充分的市场资料和科学的估价方法、程序支持下完成的，因此可以作为基准地价更新的依据。例如，根据《江苏省城镇地价动态监测与基准地价更新技术规范》（2007 年版），江苏省基准地价更新的技术路线为"以城镇土地定级估价成果为基础，以地价动态监测体系成果为依据，测算地价区段基准地价，按地价水平接近、土地利用类型相似的原则用数理统计方法对地价区段进行归并，形成土地级别并确定级别基准地价"。（见以下参考资料，××市基准地价见表 7-3，南京市土地级别图见图 7-1，××镇镇区工业用地宗地地价修正系数见表 7-4，××镇镇区工业用地宗地地价影响因素指标说明见表 7-5）。

表 7-3　资料：××市基准地价表

市县	用途	级别	基准地价 /(元/平方米)	评估基准日	设定年限	容积率	开发水平
××市	工业	1 级地	1,300	2004 年 1 月 1 日	50		六通一平
××市	工业	2 级地	1,100	2004 年 1 月 1 日	50		六通一平
××市	工业	3 级地	800	2004 年 1 月 1 日	50		五通一平
××市	工业	4 级地	680	2004 年 1 月 1 日	50		五通一平
××市	商业	1 级地	22,000	2004 年 1 月 1 日	40	4	六通一平
××市	商业	2 级地	16,000	2004 年 1 月 1 日	40	3.2	六通一平
××市	商业	3 级地	13,200	2004 年 1 月 1 日	40	3	六通一平
××市	商业	4 级地	9,500	2004 年 1 月 1 日	40	2.5	六通一平
××市	商业	5 级地	6,700	2004 年 1 月 1 日	40	2.1	六通一平
××市	商业	6 级地	4,650	2004 年 1 月 1 日	40	1.8	六通一平
××市	商业	7 级地	3,200	2004 年 1 月 1 日	40	1.5	五通一平
××市	商业	8 级地	2,000	2004 年 1 月 1 日	40	1.1	五通一平
××市	住宅	1 级地	10,000	2004 年 1 月 1 日	70	3	六通一平
××市	住宅	2 级地	7,750	2004 年 1 月 1 日	70	2.5	六通一平
××市	住宅	3 级地	5,800	2004 年 1 月 1 日	70	2	六通一平
××市	住宅	4 级地	3,900	2004 年 1 月 1 日	70	1.5	六通一平
××市	住宅	5 级地	2,600	2004 年 1 月 1 日	70	1.2	六通一平
××市	住宅	6 级地	1,600	2004 年 1 月 1 日	70	1.1	五通一平

表 7-4　资料：××镇镇区工业用地宗地地价修正系数表

影 响 因 素			修正系数				
			优	较优	一般	较劣	劣
区域因素	交通状况	道路状况　道路类型	+0.0045	+0.0022	0.0000	-0.0022	-0.0045
		道路状况　道路宽度	+0.0047	+0.0024	0.0000	-0.0024	-0.0047
		交通便捷程度	+0.0043	+0.0022	0.0000	-0.0022	-0.0043
	基础设施状况	供水状况	+0.0027	+0.0014	0.0000	-0.0014	-0.0027
		供电状况	+0.0028	+0.0014	0.0000	-0.0014	-0.0028
		排水状况	+0.0028	+0.0014	0.0000	-0.0014	-0.0028
		通讯状况	+0.0029	+0.0014	0.0000	-0.0014	-0.0029

续表

影 响 因 素			修正系数				
			优	较优	一般	较劣	劣
区域因素	环境状况	污染排放及治理状况	+0.0029	+0.0014	0.0000	−0.0014	−0.0029
		危险设施状况	+0.0029	+0.0014	0.0000	−0.0014	−0.0029
	自然条件		+0.0031	+0.0015	0.0000	−0.0015	−0.0031
	工业区成熟度	集聚及配套状况 产业集聚类型	+0.0035	+0.0017	0.0000	−0.0017	−0.0035
		产业集聚程度	+0.0035	+0.0018	0.0000	−0.0018	−0.0035
		配套协作状况	+0.0035	+0.0018	0.0000	−0.0018	−0.0035
		工业未来发展趋势	+0.0033	+0.0016	0.0000	−0.0016	−0.0033
	行政因素	城市规划限制	+0.0031	+0.0016	0.0000	−0.0016	−0.0031
		政府特殊政策与产业管制	+0.0034	+0.0017	0.0000	−0.0017	−0.0034
	其他区域因素状况		+0.0037	+0.0018	0.0000	−0.0018	−0.0037
个别因素	宗地地形条件		+0.0028	+0.0014	0.0000	−0.0014	−0.0028
	宗地地基条件		+0.0029	+0.0015	0.0000	−0.0015	−0.0029
	宗地形状		+0.0030	+0.0015	0.0000	−0.0015	−0.0030
	宗地面积		+0.0030	+0.0015	0.0000	−0.0015	−0.0030
	宗地利用状况		+0.0031	+0.0015	0.0000	−0.0015	−0.0031
	宗地临路状况		+0.0033	+0.0016	0.0000	−0.0016	−0.0033
	宗地位置		+0.0033	+0.0017	0.0000	−0.0017	−0.0033
	土地使用限制		+0.0031	+0.0016	0.0000	−0.0016	−0.0031
	宗地基础设施条件		+0.0034	+0.0017	0.0000	−0.0017	−0.0034
	接近交通设施程度	距汽车站距离	+0.0029	+0.0015	0.0000	−0.0015	−0.0029
	距危险设施距离		+0.0032	+0.0016	0.0000	−0.0016	−0.0032
	其他个别因素状况		+0.0037	+0.0019	0.0000	−0.0019	−0.0037

表 7-5　资料：××镇镇区工业用地宗地地价影响因素指标说明表

宗地修正因素 指标标准			优	较优	一般	较劣	劣
区域因素	交通状况	道路状况 道路类型	主干道为主	主干道与次干道并重	次干道为主	次干道与支路并重	支路为主
		道路宽度	>15m	10~15m	7~10m	5~7m	<5m
		交通便捷程度	有公交线路一条以上		有公交线路一条		无公交线路
	基础设施状况	供水状况	保证率99%以上	保证率95%~99%	保证率90%~95%	保证率85%~90%	保证率<80%
		供电状况	双回路供电,或单回路供电,保证率达99%以上	单回路供电,保证率95%~99%	单回路供电,保证率90%~95%	单回路供电,保证率85%~90%	单回路供电,保证率<80%
		排水状况	排水设施完善,排水通畅	排水设施较完善,排水较通畅	排水设施能基本满足排水的需要,排水状况一般	排水设施尚不能满足排水的需要,排水状况较差	排水不通畅,排水状况差

续表

		指标标准	优	较优	一般	较劣	劣
区域因素	基础设施状况	通讯状况	区域装机容量大,通信状况好	区域装机容量较大,通信状况较好	区域装机容量一般,通信状况一般	区域装机容量较小,通信状况较差	区域装机容量小,通信状况差
	环境状况	污染排放及治理状况	污染物排放达标,污染治理状况好	污染物排放基本达标,污染治理状况较好	污染物排放略有超标,污染治理状况一般	污染物排放超标较严重,污染治理状况较差	污染物排放严重超标,污染治理状况差
		危险设施状况	无影响	基本无影响	有一定影响	影响较大	影响大
	自然条件		无淹水现象,自然条件好	基本无淹水现象,自然条件较好	连续大雨后有淹水现象,自然条件一般	大雨后有淹水现象,自然条件较差	常有淹水现象,自然条件差
	工业区成熟度	集聚及配套状况 — 产业集聚类型	以一般产业为主,企业间产业联系紧密		以一般产业为主,企业间产业联系一般		以一般产业为主,企业间产业联系松散
		集聚及配套状况 — 产业集聚程度	高	较高	一般	较低	低
		集聚及配套状况 — 配套协作状况	好	较好	一般	较差	差
		工业未来发展趋势	好	较好	一般	较差	差
	行政因素	城市规划限制	未来土地利用以工业用地为主	未来土地利用以工业、市政公用设施用地为主	未来土地利用以市政公用设施、住宅用地为主	未来土地利用以住宅、商业用地为主	未来土地利用以其他用地为主
		政府特殊政策与产业管制	鼓励发展第二产业,并有相应的优惠政策		对发展第二产业无优惠政策,亦无限制措施		对发展第二产业无优惠政策,且有限制措施
	其他区域因素状况		有利	较有利	无影响	有一定影响	影响较大
个别因素	宗地地形状况		地面平坦	地面较平坦	地面略有起伏	地面起伏一般	地面起伏较大
	宗地地基状况		地基好,承载力大,一般工业建筑建设时只需作简单的基础处理	地基较好,承载力较大,一般工业建筑建设时需作较简单的基础处理	地基一般,承载力一般,一般工业建筑建设时需作一般的基础处理	地基较差,承载力较小,一般工业建筑需作片筏或箱型基础处理	地基差,承载力小,工业建筑建设时需作桩基础处理
	宗地形状		矩形	近似矩形	较不规则,但对土地利用无影响	不规则,对土地利用有一定影响	很不规则,对土地利用影响较大
	宗地面积		面积适中,对土地利用有利	面积较适中,对土地利用较有利	对土地利用略有影响	对土地利用影响较大	面积过大、过小,对土地利用影响大
	宗地利用状况		容积率>0.8	容积率0.6~0.8	容积率0.4~0.6	容积率0.2~0.4	容积率<0.2
	宗地临路状况		临交通型主干道	临混合型主干道	临生活型主干道或交通型次干道	临生活型次干道	临支路或巷道
	宗地位置		距镇区中心距离<200m	距镇区中心距离200~500m	距镇区中心距离500~800m	距镇区中心距离800~1000m	距镇区中心距离>1000m

续表

指标标准 宗地修正因素			优	较优	一般	较劣	劣
个 别 因 素	土地使用限制		规划用途工业，规划对土地利用强度基本无限制	规划用途工业，规划对土地利用强度略有限制	规划用途工业，规划对土地利用强度有一定限制	规划用途工业，规划对土地利用强度限制较大	规划改变土地用途
	宗地基础设施状况		供水、供电保证率达 99％以上，排水通畅，通信状况好	供水、供电保证率 97％～99％，排水较通畅，通信状况较好	供水、供电保证率 95％～97％，排水状况和通信状况一般	供水、供电保证率 93％～95％，排水状况和通信状况较差	供水、供电保证率＜83％，排水不通畅，通信状况差
	接近交通设施距离	距汽车站距离	＜400m	400～600m	600～800m	800～1000m	＞1000m
		距危险设施距离	＞400m	300～400m	200～300m	100～200m	＜100m
	其他个别因素状况		有利	较有利	无影响	有一定影响	影响较大

7.3　宗地地价的评估

7.3.1　宗地估价概述

7.3.1.1　宗地估价的概念

宗地是地籍的最小单元，是指以权属界线组成的封闭地块。

所谓宗地估价，是指专业估价人员依据土地估价的原则、理论和方法，在充分掌握土地交易资料的基础上，根据土地的经济和自然属性，按土地质量、等级及其在现实经济活动中的一般收益状况，充分考虑社会经济发展、土地利用方式、土地预期收益和土地利用政策等因素对土地收益的影响，综合评定出某块土地或多块土地在某一权利状态下、于某一时点的价格的过程。

7.3.1.2　宗地估价的目的

估价目的是指一个具体估价项目的估价结果的期望用途。常见的土地估价目的有：

① 土地使用权出让（又可分为招标出让、拍卖出让、挂牌出让、协议出让）评估；

② 土地使用权抵押评估；

③ 土地转让（又可分为买卖、互换、赠与、作价入股、抵债等）评估；

④ 以集体土地征收补偿、集体土地使用权作价入股、转让等为目的的土地估价；

⑤ 以企业设立、重组、改制、上市、增资扩股、产权交易、资产置换、合并、分立、破产清算等经济活动为目的的土地估价；

⑥ 城镇基准地价和标定地价的评估；

⑦ 城市地价动态监测评估；

⑧ 以农用地分等定级和划分农用地综合区片价为目的的土地估价；

⑨ 以土地增值税等有关不动产税费征收为目的的估价；

⑩ 以司法鉴定为目的土地估价。

不同的估价目的将影响估价结果。因为估价目的不同，评估的价值类型可能不同，因此估价的依据可能不同，估价中应考虑的因素也可能不同，甚至估价对象的范围和选用的估价方法也可能不同。

7.3.1.3 宗地价格评估程序

① 接受土地估价任务，签订估价合同。

② 确定估价的基本项目：确认估价对象、估价目的、估价条件、地价定义和使用年期等。

③ 拟定估价作业计划，组织资料收集并实地踏勘：确定估价项目、内容、资料类型及来源、调查方法、人员安排、时间与成果组成等；收集社会、经济、政治、环境等一般资料及宗地所处地区的区域因素、宗地自身条件、权利状况和利用状况及与待估宗地相关的土地交易实例资料等。

④ 对宗地资料进行整理与分析，判断地价的走势以及因素对地价的影响程度，确定相关估价参数。

⑤ 选择适宜的估价方法，试算土地价格并进行调整和确定：对同一估价对象应选用两种以上的估价方法进行估价，得出试算价格；并从估价资料、估价方法、估价参数指标等代表性、适宜性、准确性方面，对各试算价格进行客观分析，结合估价经验对各试算价格进行判断调整，确定估价结果。

⑥ 撰写土地估价报告：估价报告包括《土地估价报告》和《土地估价技术报告》。《土地估价报告》提交给委托方，《土地估价技术报告》一般不提交给委托方，只供主管部门审查使用。

⑦ 提交估价成果，收取估价费用。

7.3.1.4 土地估价应遵循的原则

土地价格是由其效用、相对稀缺性及有效需求三者相互作用、相互影响所形成的。在估价过程中，要掌握土地估价的基本原则，并以此为指南，认真分析影响土地价格的因素，灵活使用各种土地估价方法，对土地价格做出最准确的判断。

(1) 合法原则

土地估价应以估价对象的合法权益为前提进行。合法权益包括合法产权、合法使用、合法处分等几个方面。在合法产权方面，应以土地权属证书、权属档案的记载或其他合法证件为依据；在合法使用方面，应以使用管制（如城市规划、土地用途管制）为依据；在合法处分方面，应以法律、法规或合同等允许的处分方式为依据。

(2) 替代原则

根据市场运行规律，在同一商品市场中，商品或提供服务的效用相同或大致相似时，价格低者吸引需求，即有两个以上互有替代性的商品或服务同时存在时，商品或服务的价格是经过相互影响和比较之后才决定的。土地价格也同样遵循替代规律，即同类型具有替代可能的土地价格相互牵制。换言之，具有相同使用价值、有替代可能的宗地之间，会相互影响和竞争，使价格相互牵制而趋向一致。

(3) 最有效利用原则

由于土地具有用途的多样性，不同的利用方式能为权利人带来的收益不同，且权利人都期望从其所占用的土地上获得更多的收益，并以能满足这一目的为确定土地利用方式的依据，所以地价是以该宗地的效用最有效发挥为前提的。在评估中应充分考虑待估宗地的特性，按照最有效利用方式进行评估，得到一个客观、公正、科学的土地价格。

(4) 预期收益原则

土地价格受预期收益形成因素变动的影响，因此，估价者必须了解土地收益情况，并对土地市场现状、发展趋势、政治经济形势及政策规定对土地市场的影响进行细致分析，准确预测土地的收益价格。

（5）供需原则

在完全的自由市场中，一般商品的价格取决于需求与供给的均衡，需求超过供给，价格随之提高；反之，供给超过需求，价格随之下降。由于土地具有地理位置的固定性、面积的有限性等自然特性，使价格独占性较强，需求与供给都限于局部地区，供给量有限，竞争主要是在需求方面进行，即土地不能实行完全竞争。因此，土地不能仅根据均衡法则来决定价格，尤其在我国城市土地属国家所有，市场中能够流动的仅是有限年期的土地使用权，土地供方主要由国家控制，这一因素对地价具有至关重要的影响，在进行土地估价时，应充分了解土地市场的上述特性。

（6）变动原则

一般商品的价格，是伴随着构成价格的因素的变化而发生变动的。土地价格也有同样情形，它是各种地价形成因素相互作用的结果，而这些价格形成因素经常处于变动之中，所以土地价格是在这些因素相互作用及其组合的变动过程中形成的。因此，在土地估价时，必须分析该土地的效用、稀缺性、个别性及有效需求以及使这些因素发生变动的一般因素、区域因素及个别因素。由于这些因素都在变动之中，因此应把握各因素之间的因果关系及其变动规律，以便根据目前的地价水平预测未来的土地价格。

（7）报酬递增、递减原则

土地利用报酬递减规律是指在技术不变、其他要素不变的前提下，对相同面积的土地不断追加某种要素的投入所带来的报酬的增量（边际报酬）迟早会出现下降。在土地评估中表现为如果一宗土地的使用强度（如建筑层数、建筑高度、建筑容积率、建筑规模）超过一定限度后，收益就会开始下降。报酬递增递减原则可以帮助确定待估宗地的最佳集约度和最佳规模。土地使用效率越高，土地价值便越能得到体现。土地利用的高效化需要以集约化为前提，集约化伴随着高效化的产生。

（8）贡献原则

贡献原则主要适用于构成某整体资产的各组成要素资产的贡献，或者是当整体资产缺少该项要素资产将蒙受的损失。总收益是由土地及其他生产要素共同作用的结果，土地的价格可以土地对总收益的贡献大小来决定。

（9）估价时点原则

市场是变化的，影响土地价格的因素在不断变化，土地的价值会随着市场条件的变化而不断改变。估价时点原则要求土地估价结果应是估价对象在估价时点的价值，它为土地评估提供了一个时间基准。

7.3.2　城市地价的影响因素

影响土地价格的因素多而复杂，需要进行归纳分类。根据《城镇土地估价规程》，城市土地价格的影响因素主要分为以下三大类。

7.3.2.1　一般因素

一般因素是指影响土地价格的一般、普遍、共同的因素。这些因素对土地价格总体水平产生影响，是决定各个地块土地价格的基础。

（1）供需因素

供给与需求是影响土地价格的直接因素，也是形成土地价格的两个最终因素。供给一定时，需求增加则价格上涨；需求减少则价格下跌；需求一定时，供给增加则价格下跌等。

（2）行政因素

行政因素主要是指国家影响土地价格的制度、政策、法律法规、行政行为等方面的因素，主要有土地制度、住房制度、城市规划、地价政策、税收政策、交通管制和行政隶属变更等。

（3）人口因素

主要指人口数量、人口素质和家庭规模。人口密度高的地区，对房地产及土地的需求相应增加；家庭规模的大小，直接影响居住的单位数与面积数。

（4）社会因素

影响地价的社会因素有政治安定状况、社会治安状况、房地产投机和城市化进程四个主要方面。

（5）经济因素

主要包括经济发展状况、储蓄与投资水平、财政收支与金融状况、居民收入和消费水平、物价变动、利率水平等。

（6）国际因素

主要指国际经济状况、军事冲突、政治对立、国际竞争等。

7.3.2.2 区域因素

区域是一个空间的概念，其根本特征是区域内部各宗地具有一致性和相似性，并以这种一致性或相似性区别于其他区域，也称之为均质区域，如某商圈、某商业步行街、某住宅区、某工业园区都可以称之为区域。

区域因素是指土地所在地区的自然条件与社会、经济条件。这些条件相互结合所产生的地区特性，对地区内的地产价格水平有决定性的影响。

（1）区域位置

包括已确定的土地等级、距城市中心、商业中心或其他人们活动集聚中心的距离及各类中心对城市其他区域的影响程度。

（2）区域交通条件

主要有区域的交通类型、对外联系方式及便捷程度、整体性交通结构、道路状况及等级、公共交通状况及路网密度等。

（3）区域基础设施条件

指上下水、电力、电讯、煤气、暖气以及幼儿园、学校、公园、医院等设施的等级、结构、保证率、齐备程度及距离等。

（4）区域环境质量

包括地质、地势、坡度、风向、空气和噪音污染程度等各种自然环境条件，以及居民职业类别、教育程度等人文环境条件。

（5）城市规划限制

主要有区域土地利用性质、用地结构、用地限制条件等。

7.3.2.3 个别因素

个别因素是指宗地自身的条件和特征。个别因素是决定同一均质地域内地块差异性的重要因素，是同一区域内地价差异的重要原因。主要包括面积大小、宽度、深度、宽深比、形状、坡度、宗地基础设施条件、宗地临街状况、城市规划限制和土地使用年限等。作为个别因素考虑的城市规划因素，主要有宗地容积率、建筑物高度、建筑密度、宗地用途等。

地价影响因素复杂，且各宗地价格的影响因素不同，因此必须针对不同用地类型选择不同的区域因素和个别因素。如工业用地其主要因素是交通条件、地质条件等，而商业用地的主要影响因素是区域繁华程度、人流量以及临街宽度等。另外，同一因素对不同用途的土地其影响的方向和程度也是不一样的，如"繁华程度"这一因素对商业用地来说是正面影响，且影响程度很大，但对于住宅用地和工业用地来说，其影响程度就不是很大，且不一定都是正面影响。

7.3.3　土地估价的常用方法

根据《城镇土地估价规程》，土地评估方法主要有市场比较法、收益还原法、剩余法、成本逼近法和基准地价系数修正法（详见表 7-6）。对同一估价对象应同时采用两种估价方法进行估价，以相互印证。有条件选用市场比较法进行估价的，应以市场比较法为主要的估价方法。收益性房地产的估价，应选用收益法作为其中的一种估价方法。具有投资开发或再开发潜力的土地的估价，应选用假设开发法作为其中的一种估价方法。

表 7-6　估价方法一览表

方　　法	基本原理	评估指导思想	评估结果的名称	主要运算思路
市场比较法	替代原则	以市场为导向	比准价格	×
成本逼近法	生产费用价值论、替代原则	以成本为导向	积算价格	＋
收益还原法	预期收益原则	以预期收益为导向	收益价格	÷
剩余法（假设开发法）	最高最佳使用原则、预期收益原则	本质上同收益法，形式上是成本法的逆运算	剩余价格	－
基准地价系数修正法	替代原则	—	—	×

7.3.3.1　收益还原法

（1）收益还原法的概念

收益还原法是将预计的待估土地未来正常年纯收益（地租），以一定的土地报酬率将其统一折现到估价时点后再累加，以此估算待估土地的客观合理价格的方法。收益还原法是以预期原理为基础，其本质是以土地的未来预期收益为导向来求取估价对象的价值。预期原理说明，决定土地当前价值的，重要的不是过去的因素而是未来的因素。收益还原法是以求取土地纯收益为途径评估土地价格，故一般适用于有收益或潜在收益的土地的估价。

（2）收益还原法的基本公式

收益还原法的公式较多，有最一般的公式、有净收益在前若干年有变化的公式、有等比递增递减公式、有等额递增递减公式等。其中最常用的公式是"土地年纯收益不变且使用年期为有限年期"的公式：

$$p = \frac{a}{r}\left[1 - \frac{1}{(1+r)^n}\right] \tag{7-2}$$

式中　p——土地价格；

a——表示土地未来每年预期的纯收益；

r——表示报酬率；

n——表示土地的收益年限。

（3）收益还原法估价程序

① 总收益计算方法　总收益是指客观收益，而不是实际收益。

总收益产生的形式包括土地租金、房地出租的租金以及企业经营收益。计算总收益时，应准确分析测算由评估对象所引起的其他衍生收益，确定的原则是只要由评估对象所产生的、并为其产权主体所得的收益都应计入总收益之中，另外也应充分考虑收益的损失。

② 总费用计算方法　单纯土地租赁中，总费用包括土地税、管理费和维护费。

房地出租中总费用包括管理费、维修费、保险费、税金和房屋折旧费，都以年为单位。

房屋年折旧费采用平均折旧法计算，房屋的计提折旧年限除考虑房屋的耐用年限外，还要考虑土地使用权的使用年限。

③ 土地纯收益计算方法 土地纯收益是指归属于土地的收入。来自土地的收益相对于土地使用者而言，称为土地收益；而相对于土地所有者而言，称为地租。

房地出租中的土地纯收益求取：

土地纯收益＝房地纯收益－房屋纯收益＝总收益－总费用－房屋纯收益

房屋纯收益＝房屋现值×建筑物报酬率

房屋现值＝房屋重置价×房屋成新度＝房屋重置价－房屋总折旧

房屋总折旧额＝房屋年折旧额×房屋已使用年限

④ 报酬率的确定 报酬率为投资回报与所投入的资本的比率。按照评估对象的不同，可以将报酬率分为综合报酬率、建筑物报酬率和土地报酬率三类。报酬率与投资风险正相关，风险大的投资，其报酬率也高，反之则低。其确定方法可采用纯收益与价格比率法、安全利率加风险调整值法、投资风险与投资收益率综合排序插入法。

⑤ 收益期限的确定 收益期限是估价对象自估价时点起至未来可获收益的时间。土地的收益期限为土地使用权剩余使用年限。

⑥ 土地价格确定 土地纯收益确定后，可根据收益变化状况和土地使用权年限等条件，选择适当的土地报酬率和公式，求取土地的试算收益价格。

7.3.3.2 市场比较法

（1）市场比较法的概念

市场比较法是根据替代原则，将待估土地与在较近时期内已经发生交易的类似土地交易实例进行对照比较，并对有关因素进行修正，从而得出待估土地在评估时点地价的方法。市场比较法以替代原则为理论基础，因此具有现实性和说服力。市场比较法适宜于土地市场比较发达地区的交易性的土地价格评估。

（2）市场比较法的基本公式

市场比较法是以待估土地的状况为基准，对各比较案例进行修正，其基本公式为：

$$P_D = P_B ABDE \tag{7-3}$$

式中 P_D——待估宗地价格；

P_B——比较案例宗地价格；

A——待估宗地交易情况指数/比较案例交易情况指数或正常案例交易情况指数/比较案例宗地交易情况指数；

B——待估宗地估价时点地价指数/比较案例宗地交易时点地价指数；

D——待估宗地区域因素条件指数/比较案例宗地区域因素条件指数；

E——待估宗地个别因素条件指数/比较案例宗地个别因素条件指数。

（3）市场比较法估价的程序

① 收集交易资料。

② 确定比较交易案例 选择的交易案例至少应该3个。如果比较实例少于3个，其代表性差，可能造成估价结果出现偏差，难以客观地反映市场状况。

③ 市场交易情况修正 可比实例的成交价格可能是正常的，也可能是不正常的。由于要求评估的估价对象价值是客观合理的，所以，如果可比实例的成交价格是不正常的，则应将其修正为正常的，如此才可以作为估价对象的价值。这种对可比实例成交价格进行的修正称为交易情况修正。

修正方法：
$$A = \frac{正常交易情况指数}{比较案例交易情况指数}$$

④ 期日修正　交易案例的交易时点与待估土地估价期日是有差异的，可采用地价指数或其他价格指数的变动率来分析计算，将交易价格修正为估价期日的价格。价格指数分为定基指数和环比指数两种，引用时要注意区分。

修正方法：
$$B = \frac{估价期点的地价指数}{比较案例交易时点地价指数}$$

⑤ 区域因素修正　进行土地的区域因素和个别因素修正的思路是：如果可比实例的土地状况优于估价对象的土地状况，则应对可比实例价格做减价调整；反之，则应做增价调整。

区域因素修正，是将比较实例相对估价对象由于外部环境差异所造成的价格差异排除，使修正后的比较实例价格能够与估价对象地块所处地段的实际情况相符。区域因素修正时，当因素内存在多个不同因子影响时，可先确定若干个对土地价格有影响的因素，再根据每个因素对土地价格的影响程度确定其权重，然后以估价对象的区域状况为基准，将可比实例的区域状况与估价对象的区域状况逐个因素进行比较、评分，并求取其加权平均分作为比较案例的区域因素条件指数。

修正方法：
$$D = \frac{待估宗地区域因素条件指数}{比较案例区域因素条件指数}$$

⑥ 个别因素修正　进行个别因素修正的方法同区域因素修正。

个别因素修正的内容主要应包括：位置，面积大小，形状，临街状况，基础设施完备程度，土地生熟程度，地势，地质水文状况，规划管制条件，土地使用权年限等。个别因素修正的具体内容应根据估价对象的用途确定。

⑦ 土地使用权年限修正　土地使用权年限属于特殊的个别因素，修正方法是先计算使用年期修正系数，再利用年期修正系数对交易案例地价进行年期修正。

年期修正后地价＝比较案例价格×K

$$K = \frac{\left[1 - \dfrac{1}{(1+r)^m}\right]}{\left[1 - \dfrac{1}{(1+r)^n}\right]} \tag{7-4}$$

式中　K——年期修正系数；

r——土地报酬率；

m——估价对象的使用年期；

n——成交案例的使用年期。

⑧ 容积率修正　容积率也属于特殊的个别因素，同样也可用修正系数来修正。

容积率修正后的交易案例价格＝比较宗地价格×$\dfrac{待估宗地容积率修正系数}{比较案例容积率修正系数}$

容积率修正时要注意修正的是楼面地价还是地面地价。

⑨ 土地价格的最终确定　通过各相关因素修正后，将各修正系数连乘，即可得出待评估土地的三个试算比准价格。对三个试算比准价格进行比较分析，综合确定待估宗地的最终的比准价格。

7.3.3.3　成本逼近法

（1）成本逼近法的概念

成本逼近法是以开发土地所耗费的各项费用之和为主要依据，再加上一定的利润、利息、应缴纳的税金和土地所有权收益来确定土地价格的方法。成本逼近法的基本思路是把对土地的所有投资，包括土地取得费用和基础设施开发费用两大部分作为"基本成本"，运用经济学"等量资金应获取等量收益"的投资原理，加上"基本成本"这一投资所应产生的相应利润和利息，组成土地价格的基础部分，并同时根据国家对土地的所有权在经济上得到实现的需要，加上土地所有权应得的收益，从而求得土地价格。

成本逼近法一般适用于新开发土地的价格评估，特别适用于土地市场狭小，土地成交实例不多，无法利用市场比较法进行估价时采用。同时，对于既无收益又很少有交易情况的学校、公园等公共建筑、公益设施等具有特殊性的土地估价项目也比较适用。

（2）成本逼近法的基本公式

地价＝土地取得费＋土地开发费＋利息＋利润＋税费＋土地所有权收益

＝成本价格＋土地所有权收益

（3）成本逼近法的估价程序

① 计算土地取得费用　土地取得费是指用地单位为取得土地使用权而与土地所有权人或原土地使用权人发生的包括有关税费在内的各项费用。主要表现为取得农村集体土地而发生的征地费用，或是为取得城市国有土地而发生的拆迁安置费用。

② 计算土地开发费用　土地开发费是为使土地达到一定的开发建设条件而投入的包括有关税费在内的各项费用，主要包括宗地内、外的土地开发费用。宗地红线外的土地开发费用主要指基础设施配套费用、公共事业建设配套费用；宗地红线内的土地开发费用主要指土地平整、宗地内的基础设施配套费用和小区开发费用。

③ 确定土地开发利息　利息是对土地投入资金的时间价值考虑。土地的取得费用和开发费用均应根据其投资的特点和所经历的时间计算利息，利率可根据同期银行存贷款利率来综合确定。

④ 确定土地开发利润　利润是对土地投资的回报，是土地取得费用和开发费用在合理的投资回报率（利润率）下应得的经济报酬。利润率参考房地产行业同期平均利润率来确定。

⑤ 确定土地所有权收益　土地所有权收益也称为土地增值收益，是指国家作为土地的所有权人在出让土地使用权时向用地单位收取的经济报酬，它是绝对地租的资本化。当土地在土地使用者之间转移时，则称为土地增值收益，是因投资而产生的级差地租的资本化。土地所有权收益率或增值率取决于市场价格与成本价格的差异对成本价格的比率。

⑥ 计算、修正和确定估价结果　包括个别因素修正、年期修正、宗地内开发程度修正等。

7.3.3.4 剩余法

（1）剩余法的概念

所谓剩余法，又称假设开发法、倒算法，是指在估算开发完成后不动产正常交易价格的基础上，扣除建筑物建造费用和与建筑物建造、买卖有关费用后，以价格余额来确定估价对象土地价格的一种方法。剩余法适用于待开发的土地，包括生地、毛地、熟地价格的评估。这个方法也是房地产开发企业在拿地时用得最多的一个方法之一。

（2）剩余法的计算公式

基本公式： $$V=A-(B+C) \tag{7-5}$$

式中　V——购置开发场地的价格；

A——总开发价值或开发完成后的不动产价值；

      B——开发成本，成本是指建造这幢建筑物所需的资金，它包括施工前期费用、建造建筑物的工程费用、其他各项费用（包括设计费、市政建设费、占用道路费及建筑税等）、银行贷款利息等；

      C——开发商合理利润。

实际估价中常用的具体计算公式：

生地价值＝开发完成后的房地产价值－由生地建成房屋的开发成本－管理费用－投资利息－销售费用－销售税费－开发利润－买方购买生地应负担的税费

毛地价值＝开发完成后的房地产价值－由毛地建成房屋的开发成本－管理费用－投资利息－销售费用－销售税费－开发利润－买方购买毛地应负担的税费

熟地价值＝开发完成后的房地产价值－由熟地建成房屋的开发成本－管理费用－投资利息－销售费用－销售税费－开发利润－买方购买熟地应负担的税费

（3）剩余法估价的程序

① 调查待估宗地的基本情况。包括土地位置、状况、利用要求、权利状况。

② 确定最佳的开发利用方式。根据最高最佳使用原则，确定用途、建筑容积率、建筑密度、建筑高度、建筑装修档次等。

③ 估算开发经营期

开发经营期的起点是（假设）取得估价对象的日期，即估价时点，终点是预计未来开发完成后的房地产经营结束的日期。开发经营期可分为开发期和经营期。

④ 确定开发完成后的不动产总价

可通过两个途径取得：对于销售的不动产宜采用市场比较法，对于出租的不动产宜采用市场比较法和收益还原法。

⑤ 估计建筑费、专业费等各项成本费用和开发商的利润

估算开发建筑成本费用：可采用单位比较法或建筑工程概预算法来估算。

估算专业费用：一般采用建安费用的一定比率估算。

估算不可预见费：一般为总建筑费和专业费之和的一定比例。

估算预付资本利息：预付资本包括地价款、开发建筑费、专业费、销售费用和不可预见费，这些费用投入时间不同，计算时要根据各自的投入额、在开发过程中所占用的时间长短和当时贷款利率进行计算。

估算税金：一般以建成后不动产总价的一定比例计算。

估算开发完成后的不动产租售费用：一般以不动产总价或租金的一定比例计算。

估算开发商的合理利润：一般以不动产总价或预付总资本的一定比例计算，有时也采用年利润率计算。

⑥ 计算和确定估价额

将以上求取的数据直接代入公式，即可求出待开发土地的价值。

7.3.3.5　基准地价系数修正法

（1）基准地价系数修正法概述

基准地价系数修正法是通过对待估宗地地价影响因素的分析，对各城市已公布的同类用途同级土地基准地价进行修正，估算宗地客观价格的方法。具体来说，就是利用基准地价成果，按照替代原则，就待估宗地的区域条件和个别条件与其所处区域的平均条件相比较，并对照《宗地地价修正系数表》，选取相应的修正系数对基准地价进行修正，从而求取待估宗地在估价期日价格的方法。

基准地价修正法是一种间接估价方法，其估价的准确性主要取决于基准地价的准确性及

各种修正系数的科学性。基准地价系数修正法能快速评估多宗土地价格，适用于已公布基准地价的城市的宗地地价评估，如土地出让底价、土地抵押价格、课税地价和国有企业兼并等行为中的土地价格评估。

（2）基准地价系数修正法的基本公式：

$$宗地地价 = 待估宗地对应的基准地价 \times 期日修正系数 \times \left[1 + \sum_{i=1}^{n} K_i\right] \times$$

$$年期修正系数 \times 容积率修正系数$$

式中　K——基准地价修正系数。

（3）基准地价系数修正法估价步骤

① 搜集有关基准地价资料：包括《基准地价表》、《土地级别图》、《宗地地价影响因素指标说明表》和《宗地地价修正系数表》等。

② 确定待估宗地所处地区的同类用途基准地价。

③ 分析待估宗地的地价影响因素，编制待估宗地《地价影响因素条件说明表》；待估宗地的《地价影响因素条件说明表》应与同类用途同级（区域）《宗地地价影响因素指标说明表》中所列因素条件一致。

④ 对照《宗地地价影响因素指标说明表》，根据待估宗地各因素的状况，在《宗地地价修正系数表》中查找各因素相应的修正系数，并按下式计算基准地价修正系数：

$$K = K_1 + K_2 + \cdots + K_n$$

式中　　　K——基准地价修正系数；

K_1、$K_2 \cdots K_n$——分别为宗地在第 1、2…n 个因素条件下的修正系数。

⑤ 进行交易日期等其他修正

基准地价是在特定开发程度和利用程度下，各类用地在法定最高出让年期的某一时点的土地使用权平均价格。上述对各地价影响因素修正仅对基准地价的区域平均性作了修正，因此，还需进行如下修正。

a. 期日修正：待估宗地的估价时点与基准地价的基准日一般不相同，因此需根据地价的变化程度进行期日修正。

b. 容积率修正：基准地价一般根据平均的土地利用程度来确定其容积率。当待估宗地的容积率水平与基准地价所设定的不一致时，需进行容积率修正。

c. 年期修正：当待估宗地的剩余土地使用年期与基准地价所设定的法定最高出让年期不一致时，需进行年期修正。

d. 土地开发程度修正：基准地价所设定的土地开发程度一般依全估价区域的平均开发程度而定，当待估宗地的土地开发程度与基准地价所设定的土地开发程度不一致时，需进行土地开发程度修正。

⑥ 求出待估宗地地价。在确定好各修正系数后，根据基准地价系数修正法公式计算宗地地价。

【例1】 某房地产开发商欲参加一宗国有出让地块的投标工作，该地块位于某市成熟住宅区，北临市区交通型主干道，周边有住宅小区、超市、酒店、学校、公园等配套设施。该地块拟采用净地挂牌出让方式供地，规划用途为住宅，土地面积为 27826 平方米，容积率为 1.5。开发商现委托你对该土地进行价格评估以供其投资参考。接受委托后，你应该选择哪两种方法对该地块进行评估？说明理由。

解： ①对于这类住宅用地，可优先采用市场比较法进行评估。因为住宅用地是交易性土地，而且在土地市场上有大量的成交案例，可以到当地国土资源局的网站上收集相关土地成交信息，因此可以用市场比较法。

②待估宗地为熟地，对于这类待开发的土地，还可以采用假设开发法（剩余法）。可在估算开发完成后不动产正常交易价格的基础上，扣除建筑物建造费用和与建筑物建造、买卖有关费用后，以价格余额来确定估价对象土地价格。

7.4　城市地价动态监测

7.4.1　城市地价动态监测概述

自 1999 年全国城市地价动态监测工作依托于"国土资源大调查"专项工程启动以来，监测范围逐步拓展，监测目标逐步明确。2001 年《国务院关于加强国有土地资产管理的通知》要求，"抓紧建立城市地价动态监测系统，及时掌握城市地价动态变化的状况"。2003年国土资源部《关于建立土地市场动态监测制度的通知》提出了"一项制度，两个系统"要求，地价监测工作初步纳入国家宏观调控体系。为进一步完善监测工作，2008 年初国土资源部《关于进一步加强城市地价动态监测工作的通知》，对新形势下城市地价动态监测工作提出了更高要求。目前，全国城市地价动态监测工作已经得了一系列成果：形成了一套较为完整的技术标准体系，出台了两个国家标准和一个行业标准；初步建立了涵盖全国 105 个城市的监测体系；建立了定期监测与分析制度。

（1）术语

①地价动态监测　地价动态监测是根据城市土地市场的特点，通过设立地价监测点，收集、处理并生成系列的地价指标，对城市地价状况进行观测、描述和评价的过程。

②地价监测体系　地价监测体系是以城市内具体宗地即地价监测点为监测对象，形成从地价监测点的设立、资料采集、汇总和整理到地价分析、资料应用以及监测体系的维护与更新的整个系统。

③地价监测点　地价监测点是指在一定区段内设立的，土地条件、土地利用状况以及开发程度等方面与所在区段的基准地价内涵一致或相近，能够代表所在区段地价水平的宗地。地价监测点可以是实际发生的市场交易案例，也可以是选定的未发生交易的宗地。

④监测点地价（地价监测点的地价）　监测点地价是通过评估或市场交易地价修正得到的监测点在一定时点和一定条件下的地价。

⑤标准宗地　在一定区段内设立的，土地条件、土地利用状况以及开发程度等方面与所在区段的基准地价内涵一致或相近，能够代表所在区段地价水平的宗地。标准宗地一般与基准地价的内涵一致，但更重要的是反映所在区段的实际平均地价水平内涵，在一定条件下，两者可以内涵不一致。

⑥标准宗地地价　通过评估或市场交易地价修正得到的标准宗地在一定时点和一定条件下的地价。标准宗地地价分为现状条件和设定条件两种情况：现状条件下的标准宗地地价是指现状容积率与开发程度下，评估基准时点下，标准宗地实际剩余使用年期的完整土地使用权价格。设定条件的标准宗地地价是指设定容积率与开发程度下，评估基准时点下，标准宗地法定最高使用年期的完整土地使用权价格。城市地价动态监测的各项地价指标是以设定条件的标准宗地地价测算得到的。

⑦地价区段　地价区段是指地价水平、土地利用条件、基础设施条件、环境条件等方面相近或一致的区段。所谓的"相近或一致"，原则上商业、住宅用途的土地的最高值与最低值相差不超过 ±30%，工业用地不超过 ±10%。

（2）城市地价动态监测体系的作用

① 为公众提供地价信息　建立和运行城市地价动态监测系统，可以及时了解城市地价动态变化的状态和趋势，发挥地价的市场"晴雨表"作用，及时准确反映城市地价水平及其变化趋势信息，为社会公众提供地价信息服务，引导投资方向，通过地价杠杆调节土地资源配置。

② 为土地管理部门提供决策信息　通过对地价信息的深层次分析，掌握土地市场运行状态，判断地价变化与土地市场供需、房地产市场以及社会经济发展的协调状况，为政府干预、调控土地供应，加强对土地市场的宏观调控、稳定土地市场、促进社会经济良性运行提供决策依据。

③ 为相关工作提供技术支持　利用地价动态监测资料可以进行基准地价更新、地价预测预警、地价指数编制、地价信息发布、地价辅助决策等工作，提高地价管理效率。

（3）城市地价动态监测的范围

城市地价动态监测分为国家级、省级和城市级三个层次，城市地价动态监测的范围根据不同监测目标设置。

国家级城市地价动态监测的范围主要包括全国各直辖市、省会城市、计划单列市和长江三角洲、珠江三角洲等经济发达区域的重点城市，以及部分指定城市。2009 年，在已有 50 个重点城市的基础上，按照"重点区域、重点监测"的原则，将国家级城市地价动态监测系统覆盖范围扩大到全国 105 个城市（详见图 7-2）。

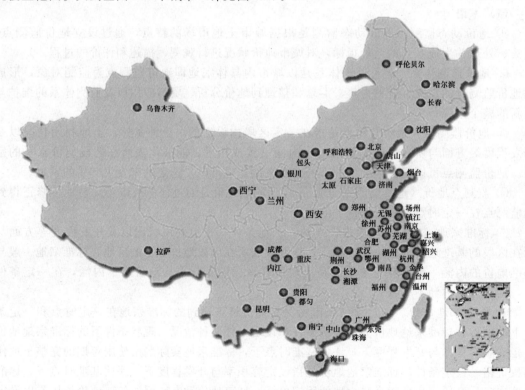

图 7-2　2009 年全国城市地价监测范围

（资料来源：中国城市地价动态监测网 http://www.landvalue.com.cn）

省级地价动态监测范围主要包括对全省范围内的大城市、中等城市、小城市进行全面地价动态监测。

城市级地价动态监测范围主要包括城市主城区或建成区整体地价动态监测。

（4）城市地价动态监测的内容

① 城市地价水平，包括城市土地级别、城市基准地价、监测点地价、交易样点地价、城市平均地价等；

② 城市地价变化趋势，包括城市地价指数、城市地价增长率等；

③ 城市地价与土地供应的协调状况，包括城市地价增长率与土地年度供应计划量增长率、土地年度实际供应量增长率、土地年度闲置量增长率的比较情况等；

④ 城市地价与房屋供应的协调状况，包括城市地价增长率与房屋年度开发量增长率、房屋年度实际成交量增长率、房屋年度空置量增长率的比较情况、房屋价格增长率等；

⑤ 城市地价与社会经济环境的协调状况，包括城市地价增长率与城市国内生产总值增长率、城市固定资产投资额增长率、房地产投资额增长率、房地产贷款余额增长率的比较情况等；

⑥ 城市地价与城市土地利用协调状况，包括城市地价增长率与城市建设用地增长率、城市平均容积率增长率、城市建设占用耕地面积增长率、城市基础设施占地面积增长率的比较情况等。

（5）城市地价动态监测的基本要求

① 监测对象　城市地价动态监测的对象是城市土地的价格状况。城市土地价格状况包括城市地价的水平状况、变化状况、结构特征，以及地价与相关指标协调程度等。

② 监测周期　城市地价动态监测在设定的周期进行。全国范围、全省范围和城市范围的地价监测周期按照年度和季度进行；重点区域和重点城市、重点区段以及专题性监测等，周期根据具体情况设置。

③ 监测地价类型　城市监测地价分为商业、居住、工业三种基本类别，根据不同的目的和需要，可以在三种基本类别的基础上再下设亚类用途的地价。各类别地价的内涵应与城市基准地价内涵一致。

④ 监测地价基准日　监测地价具有统一的基准日。季度监测地价基准日分别为各季度的最后一日，即 3 月 31 日、6 月 30 日、9 月 30 日、12 月 31 日，年度监测地价基准日为每年的 12 月 31 日。

（6）地价动态监测的技术路线

城市地价动态监测技术路线为：通过建立监测点，采用评估等手段，收集城市不同级别、不同区段、不同用地类型土地价格及相关数据，对地价现状进行调查和观测，然后通过系列指标对城市地价状况进行全面描述，对城市地价状况做出基本的评价和判断，最后生成相关信息并向社会发布。

（7）地价动态监测的技术方法

① 城市地价动态监测主要是通过设立地价监测点的方法进行；

② 地价监测点的数量和分布采用分层抽样技术，按不同土地级别、不同用地类型选择确定；

③ 监测点的地价主要是通过修正或评估得到。对于近期交易的，可以通过直接修正得出现状条件价格，估价过程中采用的税率、利率、各种费用标准都执行估价期日时的最新标准。如果没有发生交易，可以按照《城镇土地估价规程》的要求通过评估得到其价格；

④ 城市地价监测的其他资料主要采用统计查询与实地调查相结合的方法获取；

⑤ 地价监测资料的分析主要采用数理统计分析、数理统计与专家知识相结合的方法进行。

（8）城市地价动态监测的程序

城市地价动态监测的基本技术程序如下：

① 确定地价动态监测的范围；

② 建立以地价监测点为基础的数据源；

③ 采集并处理监测数据；

④ 根据监测目标建立地价动态监测指标体系；

⑤ 计算各类地价动态监测指标；

⑥ 对城市地价状况进行综合分析和评价；

⑦ 编制城市地价动态监测报告；

⑧ 发布城市地价动态监测信息。

（9）地价动态监测的成果

① 地价动态监测报告，包括城市地价水平及变化趋势、城市地价与房价对比分析、城市地价与房地产市场协调状况、城市地价与社会经济环境协调状况、背景情况与未来趋势分析。

② 地价动态监测成果图件，包括地价监测点分布图、地价区段分布图。

③ 监测数据采集成果，包括各种调查表、样点交易资料、社会经济指标文件、地价动态监测点评估技术要点表、宗地图和影像照片等。

④ 数据库成果，地价动态监测体系数据库。

7.4.2 地价动态监测技术路线与程序

7.4.2.1 确定地价动态监测的范围

城市内部按照城市某一种标准（如规划区红线、建城区界限等）界定地价动态监测范围。根据2008年国土资源部《关于进一步加强城市地价动态监测工作的通知》，城市地价动态监测范围的确定"原则上以城市建成区为准，不得突破土地利用总体规划红线范围。工业用地地价动态监测范围以工业集聚区（开发区、工业园区）为主。城市地价动态监测范围一经确定，不得随意变更"。

7.4.2.2 建立以地价监测点为基础的地价动态监测数据源

（1）地价监测点的设立原则

① 代表性原则，指设立的地价监测点在所在区段内，其地价水平、利用条件、利用状况、开发程度等方面具有代表性；

② 确定性原则，指设立的地价监测点为一具体宗地，其周围条件及自身条件都比较确定；

③ 稳定性原则，指设立的地价监测点的土地条件，利用状况以及周围土地的利用条件比较稳定，在较长的时间内不会发生分割、合并或重新规划等情况；

④ 标识性原则，指设立的地价监测点易于识别，具有一定的标识性。

（2）地价监测点的布设要求

① 地价监测点以地价区段为单元布设，同时应与已有城镇地价动态监测成果相衔接；

② 地价监测点为形状规则的独立宗地或者地块，具有明确的界限；

③ 地价监测点现状的容积率、开发程度、面积规模等，应与所在级别和地价区段的设定状况相近；

④ 每个地价监测点必须按统一标准编码，并拍摄宗地照片；

⑤ 地价监测点总数应综合考虑城市规模等级、建成区面积等因素确定，直辖市不应低

于 200 个，省会城市和计划单列市不应低于 120 个，其他不应低于 60 个；

⑥ 每个地价监测点都须在地价监测点图上标注位置，各用途地价监测点的分布应尽可能均衡。地价监测点的分布密度至少应达到每地价区段 1～2 个。一般来说，商业与住宅用地应达到每区段各至少有 2 个地价监测点，工业用地应达到每区段至少有 1 个地价监测点。根据《江苏省城镇地价动态监测与基准地价更新技术规范》（2007 年版），地价监测点总数省会城市和省辖市不应低于 120 个，其他城市总数不应低于 60 个。其中：商业、住宅地价监测点分布密度应达到不少于 1 个/km²。工业用地地价监测点总数省会城市和省辖市不少于 20 个，其他城市不少于 10 个。

7.4.2.3 采集并处理监测数据

（1）数据采集

地价动态监测采集的数据内容如下。

① 地价监测点数据，按采集重点不同分为初始采集数据和常规采集数据，其中，初始采集数据包括监测点的土地权属状况、土地实际利用状况、地价影响因素、监测点设定条件、监测点价格状况等基本情况；常规采集数据重点为监测点在监测时段的现状条件下评估地价、设定内涵条件下评估地价、评估时间及评估人等。

② 土地交易样本数据，为土地交易的相关数据。

③ 房屋交易样本数据，为房屋交易的相关数据。

④ 城市一般数据，为土地年度供需统计数据、房屋年度供需统计数据、城市社会经济统计数据、城市基准地价资料等。

（2）监测点的数据处理

监测点的数据处理主要是进行监测点的地价评估，通过评估或市场交易地价修正得到监测点在一定时点和一定条件下的地价。

若所选择的地价监测点在报告期内发生过正常交易，则其地价可直接采用基准日、土地开发程度、土地使用年限、容积率等修正得到，估价过程中采用的税率、利率、各种费用标准都执行估价期日时的最新标准。若在报告期内未发生过正常交易，则应选取同区段内类似的至少 3 宗地作为比较案例，采用市场比较法、收益还原法、剩余法、成本逼近法等估价方法进行评估，原则上以市场比较法为主，每宗地都要采用两种以上方法进行评估，所采用的评估参数均应为评估基准日水平。

7.4.2.4 根据监测目标建立地价动态监测指标体系

地价动态监测指标体系主要包括以下几个。

（1）地价水平值

地价水平值是以一定范围内的平均地价反映某一时点地价水平高低状况的指标。它反映了城市地价价位的高低，以平均地价表示。

地价水平值按照土地用途分为商业地价水平值、居住地价水平值、工业地价水平值，为了综合反映城市地价水平，在不同用途的基础上设置城市综合地价水平值。按照区域大小又可分为区段地价水平值、级别地价水平值、城市整体地价水平值等。

（2）地价变化量

地价变化量主要是反映在某一时段内地价价位的变化落差，以地价增加（或减少）量表示。

按照土地用途分为商业地价变化量、居住地价变化量、工业地价变化量，为了综合反映城市地价变化量，在不同用途的基础上设置城市综合地价变化量。按照区域大小分为地级范围城市地价变化量、省级范围城市地价变化量、重点区域城市地价变化量和全国城市总体地价变化量。

（3）地价增长率

地价增长率主要是反映在某一时段内地价的变化幅度，一般是通过不同时期地价变化量与基期地价水平值的比值计算得出的，以百分率表示。

按照基期的不同，地价增长率分为定基地价增长率和环比地价增长率。按照土地用途分为商业地价增长率、居住地价增长率、工业地价增长率，为了综合反映城市地价变化幅度，在不同用途的基础上设置城市综合地价增长率等。按照范围大小分为区段地价增长率、级别地价增长率、城市整体地价增长率等。

（4）地价指数

地价指数主要是反映在不同时点的地价水平与某一时点地价水平比较的相对关系，以地价水平值比值的 100 倍表示。地价指数是反映地价波动情况和评定合理地价的重要指标，地价指数变化小，则地价波动幅度小，社会经济稳定；地价指数变化大，则地价波动幅度大，经济发展可能波动较大。

地价指数按照基数不同分为定基地价指数和环比地价指数。定基地价指数以某一固定基期的地价水平值为基数，环比地价指数以上一统计周期地价水平值为基数。按照土地用途分为商业地价指数、居住地价指数、工业地价指数及表征城市整体地价水平相对关系的综合地价指数等指标。按照区域大小分为地（市）级范围地价指数、省级范围地价指数、跨省区域地价指数和全国总体地价指数等指标。

（5）地价房价比

地价房价比主要反映在同一时点同一范围地价和房价的绝对比值，表示了土地成本占房价的比重，以百分数表示。

（6）不同用途地价比

不同用途地价比主要是反映在同一时点不同用途土地价格绝对比值，用绝对比值表示。

不同用途地价比以商业平均地价为比较基准，分别将居住地价、工业地价及其他地价与商业地价比较，也可以是不同用途之间的比较，如居住和工业之间的比较。

（7）不同区位地价差

不同区位地价差主要是反映在同一时点不同城市或者区位之间土地价格绝对差额，用差值表示。

不同区位地价差分为商业地价区位差、居住地价区位差、工业地价区位差等指标。

7.4.2.5 计算各类地价动态监测指标；

（1）地价水平值

地价水平值计算以监测点地价为基础样本，市场交易地价为辅助样本。

地价水平值有区段地价水平值、级别地价水平值、城市整体地价水平值、城市综合地价水平值、区域城市地价水平值等，计算范围可以根据具体需要确定。

区段地价采用区段内监测点地价面积加权平均计算，其计算公式为：

$$\overline{P} = \frac{\sum_{k=1}^{n} J_k S_k}{\sum_{k=1}^{n} S_k} \tag{7-6}$$

式中　$\overline{P}$——区段地价；

　　　J_k——监测点 k 的地价；

S_k——监测点 k 的面积；

n——区域内监测点个数。

将市区某用途所有区段地价进行面积加权平均可得到分用途市区地价，将分用途地价进行面积加权平均可得到城市市区综合地价。计算公式同上。

（2）地价变化量

地价变化量以地价水平值为基础计算，分为年度地价变化量和季度地价变化量。

年度地价变化量等于某一年度、某一用途地价水平值减去上一年度该用途地价水平值。计算公式为：

$$\Delta \overline{P_y} = \overline{P_y} - \overline{P_{y-1}} \tag{7-7}$$

式中　$\Delta \overline{P_y}$——第 y 年某一用途的年度地价变化量；

$\overline{P_y}$——第 y 年某一用途的地价水平值；

$\overline{P_{y-1}}$——第 $y-1$ 年某一用途的地价水平值。

季度地价变化量计算公式同上。

（3）地价增长率

地价增长率以地价水平值为基础计算，分为年度地价增长率和季度地价增长率。

年度地价增长率等于某一年度、某一用途地价变化量与上一年度该用途地价水平值的比率。计算公式为：

$$Q_y = \frac{\Delta \overline{P_y}}{\overline{P_{y-1}}} \times 100\% \tag{7-8}$$

式中　Q_y——第 y 年某一用途某一区域地价增长率；

$\Delta \overline{P_y}$——第 y 年某一用途的年度地价变化量；

$\overline{P_{y-1}}$——第 $y-1$ 年某一用途的地价水平值。

季度地价增长率计算公式同上。

（4）地价指数

地价指数以对应城市内部区域的地价水平值为基础计算。

定基地价指数计算公式为：

$$I_y = \frac{\overline{P_y}}{\overline{P_o}} \times 100\% \tag{7-9}$$

式中　I_y——某一用途某一区段定基地价指数；

$\overline{P_y}$——某一用途某一区段当期地价；

$\overline{P_o}$——某一用途某一区段固定基期地价。

环比地价指数计算公式为：

$$I_y = \frac{\overline{P_y}}{\overline{P_{y-1}}} \times 100\% \tag{7-10}$$

式中　I_y——某一用途某一区段环比地价指数；

$\overline{P_y}$——某一用途某一区段当期地价；

$\overline{P_{y-1}}$——某一用途某一区段上期地价。

（5）地价房价比

地价房价比是以楼面地价和房价为基础计算。其计算公式为：

$$I_a = \frac{\overline{P_d}}{\overline{P_f}} \tag{7-11}$$

式中　I_a——地价房价比；

$\overline{P_d}$——平均楼面地价；

$\overline{P_f}$——平均房价。

根据楼面地价时点的不同，地价房价比的测算有以下两种思路。

① 同时点地价房价比　是指用当前市场上的楼面地价水平而非刚拿地时的价格，与当前市场上销售的房价水平相比。例如，当前的新房售价为 8000 元/m²，当前市场上的楼面地价水平为 2000 元/m²，则同时点地价房价比为 2000÷8000＝25%。

② 成本地价房价比　是从商品房成本的角度出发，将获取土地时的楼面地价与房屋开盘销售时的房价相比。例如，当前的新房售价为 8000 元/m²，当前市场上的楼面地价水平为 2000 元/m²，但拿地是 2 年前，当时的楼面地价为 1000 元/m²，则成本地价房价比为 1000÷8000＝12.5%。

（6）不同用途地价比

不同用途地价比以平均地价为基础计算，等于某一用途的平均地价和另一用途平均地价的比率。基本计算公式为：

$$I_b = \frac{\overline{P_d}}{\overline{P_f}} \tag{7-12}$$

式中　I_b——不同用途地价比；

$\overline{P_d}$——某一用途的平均地价；

$\overline{P_f}$——另一用途的平均地价。

（7）不同区位地价差

不同区位地价差以平均地价为基础计算，等于某一城市或城市内部的某一区域的平均地价和另一城市或该城市内部的另一区域的平均地价的差额。基本计算公式为：

$$I_c = \overline{P_d} - \overline{P_f} \tag{7-13}$$

式中　I_c——不同区位地价差；

$\overline{P_d}$——某一城市或城市内部的某一区域的平均地价；

$\overline{P_f}$——另一城市或该城市内部的另一区域的平均地价。

7.4.2.6　对城市地价状况进行综合分析和评价

地价分析包括对城市地价水平、地价变化动态进行分析和对城市地价与其他社会经济发展相关指标协调程度进行判断等。

（1）地价水平状况分析

主要采用地价水平值和地价变化量等指标，重点对不同时期和不同区域、不同用途和不同级别的地价水平值进行比较、排序，并说明地价的最高值、最低值等情况。

（2）地价变化趋势分析

主要采用地价增长率、地价指数等指标，重点对不同时期和不同区域、不同用途和不同级别的增长率的高低比较和排序，并说明变动幅度最大值和最小值等情况。

（3）地价与土地供需协调状况分析

主要采用不同时期地价与土地供需、地价增长率与土地供需增长率的高低比较等到方式进行分析。

（4）地价与房屋市场协调状况分析

主要采用不同时期地价与房屋供需量、地价房价比、地价增长率与房屋供需增长率高低比较等方式进行分析。

（5）地价与社会经济协调状况分析

主要采用不同时期地价、地价增长率与社会经济指标的高低比较等方式进行分析。

（6）地价与城市土地利用协调状况分析

主要采用不同时期地价与城市土地利用状况、地价增长率与城市土地利用变化的高低比较等方式进行分析。

（7）地价综合状况分析

主要采用综合判断方式进行。

7.4.2.7　编制城市地价动态监测报告

地价动态监测报告包括报告城市地价的年度状况的年度报告、报告城市地价的各季度状况的季度报告和专题报告城市地价相关问题情况的专题报告。

监测报告的主要内容如下：

① 基本界定，包括对监测范围、监测城市、监测分区、监测时段、数据来源、指标体系以及重要概念等的说明；

② 监测内容，包括地价水平与变化趋势状况、地价空间分布形态、地价与土地市场、房屋市场、宏观经济环境、城市土地利用变化协调情况等；

③ 基本分析，主要是对地价状况综合分析、背景分析和预测；

④ 技术说明，主要是对监测技术处理过程进行说明。

7.4.2.8　发布城市地价动态监测信息。

根据发布的主体，城市地价动态监测信息的发布分为国家级、省级和地市级，不同层级发布的信息内容不同。在发布的城市地价动态监测信息中，重点的指标有"区段地价与地价指数"、"城市市区地价与地价指数"、"城市市域地价与地价指数"等。

可以通过广播、电视、报刊、网络等媒体，以新闻、公告、建立信息查询系统等方式发布。其中，"中国城市地价动态监测"（http：//www.landvalue.com.cn）是国家级城市地价动态监测系统的公众端，是各级地价动态监测技术承担单位、土地估价师的信息传输、交流与发布平台。网站的建设与维护工作由中国土地勘测规划院承担。网站定期发布国家和城市地价动态监测信息，并开辟监测成果的在线填报和城市端地价动态监测信息发布等专项功能，确保监测信息的动态及时发布。

【资料】　2009 年第三季度全国主要城市地价监测报告

中国城市地价动态监测系统对全国重点地区和主要城市地价监测状况如下。

一、全国地价总体水平呈上升趋势

2009 年第三季度，全国 105 个主要监测城市地价总体水平为 2519 元/平方米，商业、居住、工业分别为 4287 元/平方米、3561 元/平方米和 610 元/平方米；环比增长率分别为 1.90%、2.25%、2.27%、1.32%；同比增长率分别为 −0.12%、0.85%、0.73%、−1.52%；1～9 月综合、商业、居住、工业地价累计增长率分别为 1.83%、3.35%、2.34%、0.58%。

随着经济形势的逐步企稳回升，2009 年一、二、三季度，我国地价总体水平呈现由降缓升的变动态势。第三季度各用途的环比增长率全部转为正向增长，结束了今年一季度以来出现的负增长状况，商业和居住用地的同比增长率也转为正向增长。

35 个重点监测城市地价总体水平变化趋势与全国保持一致。其总体水平为 3345 元/平方米，商业、居住、工业地价水平分别为 5341 元/平方米、4739 元/平方米和 739 元/平方米；季度环比增长率分别为 2.49%、3.02%、2.71%、1.97%；同比增长率分别为 0.36%、1.52%、1.93%、－2.14%；1～9 月综合、商业、居住、工业地价累计增长率分别为 2.20%、4.36%、2.48%、0.84%。

二、全国三大重点区域中，地价增长率环比、同比最高的区域分别为珠江三角洲和环渤海地区

2009 年第三季度，三大重点区域的综合地价水平均高于全国主要监测城市 2519 元/平方米的总体水平，其中长江三角洲地区综合地价水平最高，为 3798 元/平方米；珠江三角洲地区次之，为 3245 元/平方米；环渤海地区最低，为 2844 元/平方米。具体见图 7-3。

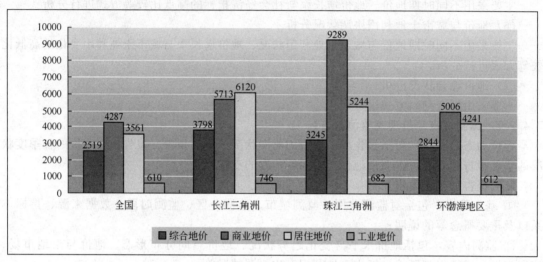

图 7-3　2009 年第三季度全国三大重点区域城市地价水平（元/平方米）

从环比增长率看，珠江三角洲地区三季度对市场变化的反应明显快于其他两个重点监测区域。2009 年第三季度，珠江三角洲地区商业、居住、工业地价涨幅较大，综合地价增长率高于全国 1.90% 的总体水平，为 6.32%；长江三角洲、环渤海地区的综合地价增长率低于全国和珠江三角洲地区的水平，分别为 0.67% 和 1.25%。2009 年 1～9 月，珠江三角洲、长江三角洲、环渤海地区的综合地价累计增长率分别为 3.18%、0.99% 和 0.93%，其变化趋势与第三季度一致。从同比增长率看，2009 年第三季度，长江三角洲和珠江三角洲地区的综合地价增长率低于全国－0.12% 的总体水平，分别为－0.23% 和－2.04%；环渤海地区的综合地价增长率则高于全国总体水平和其他两个重点监测区域水平，为 0.69%。具体见图 7-4。

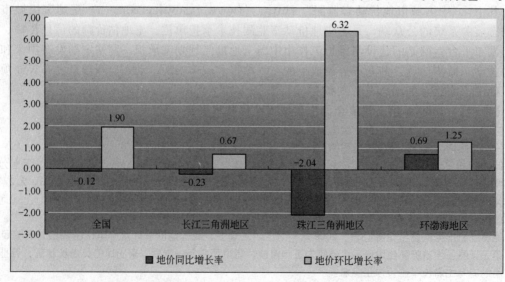

图 7-4　2009 年第三季度三大重点区域综合地价增长率（%）

三、全国各分区中，地价环比增长率均转为正向增长，其中，东南区涨幅较大

2009 年第三季度，东南区、西南区的地价水平高于全国总体水平；华北区、中南区、东北区、西北区的地价水平则低于全国地价总体水平。从地价的区域分布来看，东南区、西南区、华北区、中南区、东北区、西北区的区域综合地价水平由高到低呈阶梯状分布。具体见图 7-5。

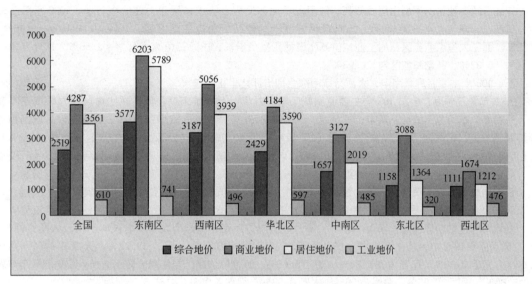

图 7-5　2009 年第三季度全国主要分区地价水平（元/平方米）

从环比增长率看，东南区综合地价环比增长率最高，为 3.03％；中南区的综合地价环比增长率最低，为 0.79％；西南区、华北区、西北区、东北区综合地价环比增长率依次为 1.93％、1.31％、1.14％、0.82％。除东南区外，其他五个分区综合地价环比增长率变化差异不大。从同比增长率看，华北区综合地价同比增长率最高，为 1.13％；东南区综合地价同比增长率最低，为 −0.65％；其他各分区的综合地价同比增长率分别为：中南区 0.19％，东北区 0.17％，西北区 −0.43％，西南区 −0.48％。具体见图 7-6。

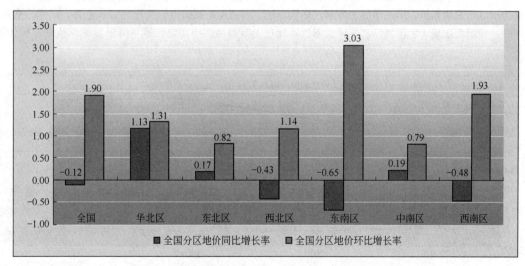

图 7-6　2009 年第三季度全国主要分区地价增长率（％）

四、全国分用途总体地价水平中，商业和居住地价增幅均较大；珠江三角洲地区的商业、居住、工业地价环比增幅均明显高于其他两个重点监测区域

2009 年第三季度，全国商业、居住、工业地价环比增长率分别为 2.25％、2.27％、1.32％；同比增长率分别为 0.85％、0.73％、−1.52％；1~9 月累计增长率分别为 3.35％、2.34％、0.58％。工业地价受土地等别和工业用地出让最低价标准实施政策调整的影响，环比增长率的增幅最小，同比增长率仍呈下降趋

势；受经济企稳、楼市回暖的影响，商业、居住用地需求有所增加，商业、居住地价环比、同比涨幅均较大。其中，居住地价环比、同比增长率与 2009 年 7～9 月全国 70 个大中城市新建住房销售价格环比（3.03%）、同比（2.70%）增长率变化趋势保持一致，但增幅分别低于新建住房销售价格环比、同比 0.76 和 1.97 个百分点。

珠江三角洲地区的市场化程度最高，对市场变化的反应之快也体现在土地价格方面，2009 年第三季度，其商业、居住、工业地价环比增幅均明显高于其他两个重点监测区域，分别为 11.18%、6.45%、5.22%。而三大重点监测区域的工业地价同比增幅均呈负增长，长江三角洲地区为 -2.55%，珠江三角洲地区为 -5.32%，环渤海地区为 -0.93%。

五、105 个主要监测城市中，大部分城市综合地价环比呈正向增长

2009 年第三季度，全国 105 个主要监测城市中，九成以上的城市综合地价环比增长率为零或正向增长，只有 8 个城市为负增长。其中，综合地价环比涨幅超过了 3.0% 的城市有 18 个，以东部沿海城市和资源型城市为主，如深圳（20.86%）、鹤岗（16.15%）、宁波（8.56%）、鸡西（7.11%）、温州（6.02%）、海口（5.70%）、天津（5.21%）、大同（5.16%）、昆明（5.16%）等。一方面，东部沿海城市经济较发达，对宏观经济回暖反应比较快，进而将需求传导至土地市场，土地需求有所增加；另一方面，国家 4 万亿投资对原材料丰富的资源型城市的经济影响更大，因此这两个类型城市的土地价格有较大幅度上升。

2009 年第三季度，受宏观经济持续好转因素的影响，房屋销售价格持续上升，居住用地需求有所增加，各城市居住地价环比增长率有所回升，部分经济发达城市和资源型城市的增长率出现较大幅度回升。35 个重点监测城市中，居住地价环比增长率较高的有深圳 18.62%、宁波 12.22%、天津 9.44%、郑州 8.05%、昆明 7.39%、乌鲁木齐 5.85%、海口 5.66%；其他监测城市居住地价环比增长率较高的城市有鹤岗 15.60%、鸡西 10.25%、温州 8.06%、大同 8.03%、宜宾 7.05%、九江 6.58% 等。

六、地价与相关经济指标对比

去年四季度以来，我国出台的一系列"扩内需、保增长、调结构"的宏观调控政策，对我国经济恢复起到了良好的作用，经济企稳回升势头逐步增强，总体形势积极向好。今年三季度，我国经济回升向好的趋势得到巩固，国内生产总值同比增长 8.9%，前三季度国内生产总值同比增长 7.7%；城镇固定资产投资保持快速增长，其中，房地产开发企业完成投资逐季提高且增速成倍加快，前三季度同比增长 17.7%；进入二季度以来，房地产市场明显升温，9 月全国 70 个大中城市房屋销售价格环比连续 7 个月上涨。受以上因素影响，第三季度土地需求持续增加，一批新的高价地先后在北京、上海、广州、南京、深圳等一线城市出现，全国地价水平环比增长率保持上升趋势，同比增长率下降幅度逐季放缓。具体见图 7-7。

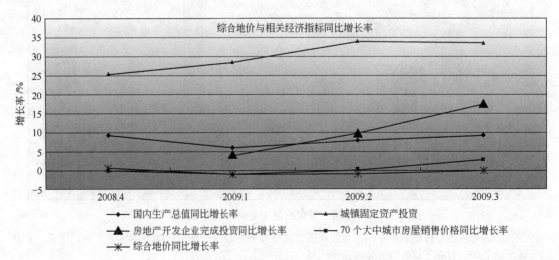

图 7-7　综合低地价与经济指标

上述特征在居住用地市场上表现尤为明显，今年经济形势向好大大增加了房地产开发企业的投资信心和购房者的购房需求，从国家统计局公布的数据看，房地产开发企业完成住宅投资的同比和 70 个大中城市

新建住宅价格同比增长率逐季上升。受其影响，居住用地需求有所增加，居住地价同比增长率由一、二季度下降幅度逐季放缓，转为第三季度的正向增长。具体见图 7-8。

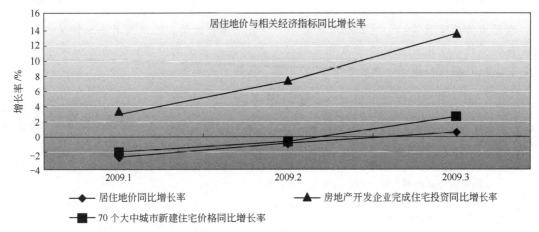

图 7-8　居住地价与经济指标

七、2009 年第四季度地价变化趋势预测

工业地价受《国土资源部关于调整部分地区土地等别的通知》（国土资发〔2008〕308 号）和《国土资源部关于调整工业用地出让最低价标准实施政策的通知》（国土资发〔2009〕56 号）的影响较大，仍有一定向下调整空间；居住用地供应量大幅提升，加之信贷政策由上半年的"升中求稳"变为"稳中有升"，居住地价短期内进一步回升幅度有限；商业地价将基本保持小幅平稳上升态势。总体来看，2009 年第四季度，城市地价总体水平将随我国宏观经济发展趋势继续小步回升，但居住地价的变化将随楼市的调整而波动，并体现出一定的滞后性。

（资料来源：中国城市地价动态监测网 http：//www.landvalue.com.cn）

本 章 小 结

我国土地价格的含义不同于一般土地私有制国家。按照马克思的地租理论，土地价格是土地经济价值的反映，是一次性支付的多年地租的现值总和，是地租的资本化。所谓地租的资本化，是将土地在未来每年预期的纯收益，以一定的报酬率统一折现到目前某个时点，并进行累加，累加值就是地价。

土地价格的高低取决于可以获取的预期土地收益（地租）的高低、报酬率的大小和土地的收益年限。所以，土地价格实际上是按报酬率计算的地租购买价格，它随着地租的提高、土地收益年限的增加或报酬率的下降而上升。在我国土地的权利体系中，不同的土地权利可取得不同的土地收益，因此土地价格也相应不同，如出让土地使用权和划拨土地使用权，因其权利内容不同，给权利人带来的土地收益不同，因此价格也不同。

我国的地价是以土地使用权出让、转让为前提，它是取得多年土地使用权时支付的一种代价，是土地权利和土地预期收益的购买价格。它不是土地所有权的价格，而是土地所有权在经济上的实现形式。

地价管理是土地管理的重要组成部分。地价管理的内容包括建立地价管理制度和管理体制，颁布地价行政管理法规，建立地价评估制度，计划、组织和控制地价的制定、调整和执行等内容。

地价管理的基础是地价评估，地价评估是为了了解土地市场中地价的标准和水平，科学的地价标准是合理利用土地以及管理土地和地价的需要。

我国地价管理制度：①建立基准地价、标定地价定期公布制度；②完善土地登记，建立土地交易价格申报制度；③建立土地价格评估制度；④建立土地估价人员资格认证和土地估价机构备案与资质评审制度；⑤建立地价动态监测体系；⑥建立土地市场地价分析公布制度。

我国地价管理政策：①对工业用地出让实行最低限价政策；②政府对土地使用权的转移有优先购买权；③政府对地价上涨可采取必要的行政手段进行干预；④通过征收土地增值税，将土地收益收归国家，防止交易双方虚报、瞒报交易地价。

复习思考题

1. 我国现行的地价管理制度和政策有哪些？
2. 简述基准地价评估的基本流程。
3. 宗地估价的主要方法有 5 种，试从"适用对象和条件"方面对各方法进行比较。
4. 什么是地价动态监测？地价动态监测有什么作用？
5. 地价动态监测主要是监测哪些内容？如何监测？
6. 如何计算地价指数？

参 考 文 献

［1］ 国土资源部土地估价师资格考试委员会. 土地管理基础. 北京：地质出版社，2000.
［2］ 《城市地价动态监测技术规范》（TD/T 1009—2007）. 北京：中国标准出版社，2007.
［3］ 中华人民共和国国家标准《城镇土地估价规程》（GB/T 18508—2001）.
［4］ 江苏省国土资源厅.《江苏省城镇地价动态监测与基准地价更新技术规范（2007 年版）》.
［5］ 国土资源部土地估价师资格考试委员会. 土地估价理论与方法. 北京：地质出版社，2000.

第8章 国有企业土地资产处置管理

本章要点

本章介绍了有关企业资产、企业土地资产及企业土地资产处置的概念。明确了土地资产处置的程序。然后总结了目前我国常见的国有企业土地资产处置的五种方式：使用权出让、租赁、作价出资（入股）、授权经营、保留划拨，并对不同的土地资产处置方式进行了优缺点和适用范围的分析。最后结合目前土地资产处置实践中出现的问题提出了完善国有企业土地资产处置方式的相关建议。本章的重点是对国有企业土地资产处置方式的深入了解，能准确把握各类土地资产处置方式的适用范围，通过本章的学习要能对不同类型的土地资产采用合理的处置方式。

8.1 国有企业土地资产处置概述

8.1.1 企业资产与企业土地资产

（1）企业资产的概念

国有企业资产是指国家对企业各种形式的投资以及投资收益形成的，或者依法认定取得的国家所有者权益，具体包括国家资本金、资本公积金、盈余公积金和未分配的国家所有者应拥有的利润。作为国有资产，首先它是人们可支配和利用的物质财富或物质利益，就是说它是财产；其次它表明一种法律上的归属关系，财产的所有权人是国家。将财产的归属在法律上予以明确，是进行社会经济活动的前提和客观需要，却不是最终目的。现代物权观念已由近代物权法的"所有为中心"转化为"利用为中心"，对物的用益关系给以高度的重视是历史发展的必然。国有资产与其他所有权人的财产一样谋求"物尽其用"，并使其不断增值。而这种目标得以实现的有效手段就是使国有资产进入企业与其他权源的资产一同构成企业的法人财产，由企业对其拥有的和可以利用的全部资源和生产要素进行筹划、运作和经营，以实现利润最大化。

（2）企业土地资产的概念

土地资产是法律上有明确权属关系的、经过人类开发改造具有一定价值、并能给所有者、使用者带来经济效益的土地。企业土地资产是从土地的经济属性方面对土地内涵的一种界定，是指某一主体如企业所拥有的作为生产要素或者生产资料参与生产经营活动、能为拥有者带来收益的土地实物及土地权利。

国有土地是特殊的国有资产。在私有制下，土地被私人占有并为其所有者带来地租收入。《土地管理法》第二条规定"中华人民共和国实行土地的社会主义公有制"，"任何单位和个人不得侵占、买卖或者以其他形式非法转让土地"，"城市市区的土地属于全民所有即国家所有。"土地使用者所拥有的是土地的使用权。土地使用权可以依法转让、出租、抵押，因而对于土地使用人来说，土地使用权也是一种资产。《公司法》第24条规定"股东可以用货币出资，也可以用实物、工业产权、非专利技术、土地使用权作价出资。……土地使用权的评估作价，依照法律、行政法规的规定办理。"由此可见，作为出资进入企业的国有土地使用权就是这样一种国有资产。

8.1.2　企业土地资产处置的概念

所谓土地资产处置，是指在国有企业改革中，对企业原使用的划拨土地使用权按照一定方式和原则进行处置。虽然处置土地资产也采用划拨、租赁和出让等方式，但与《土地管理法》、《城市房地产管理法》所规定的增量土地的划拨、租赁、出让等用地方式不同，是为了改革企业制度、明晰土地产权关系而进行企业土地产权的重新界定和调整。

8.1.3　企业土地资产处置的程序

企业土地资产处置，按以下程序办理有关手续。

① 改制企业或其上级主管部门，持批准企业改制的文件及改制企业原土地使用权属证明文件或材料，到县级以上土地管理部门申请进行土地资产处置。

② 土地行政管理部门审核权源，确定权属。土地行政管理部门根据企业提供的证明材料，确认被处置的土地使用权权属是否合法，有无争议等。

③ 改制企业向土地行政主管部门申请审批土地使用权处置方案和确认地价评估结果。改制企业或企业主管部门初拟土地使用权处置方案，包括企业改革的方案，企业现有的土地状况，拟处置土地的状况，拟处置方式及理由等，报请土地管理部门审核，同时应提供地价评估报告，按权限报国有资产管理部门和土地行政管理部门进行确认。

④ 土地行政管埋部门确认地价评估结果并对土地使用权处置方案进行审查。按照批准权限对地价评估结果和土地使用权处置方案进行确认，并签发地价评估结果确认文件和土地使用权处置批准文件。

⑤ 土地使用权处置方案得到批准后，改制企业与政府签订土地使用合同，然后持土地使用权处置批准文件和其他有关文件按规定办理土地变更登记手续。

8.2　国有企业土地资产处置的几种基本方式

8.2.1　土地使用权出让方式

（1）土地使用权出让的概念

土地使用权出让又称土地批租。是指国家作为土地的所有者，将一定年期内的土地使用权让予土地使用者，并由土地使用者向国家一次性支付土地使用权出让金的行为。这种方式按受让对象的不同分为两种情况：一是国家将土地使用权直接出让给改建后的公司；二是国家将土地使用权先出让给国有企业，然后国有企业再拿出让后的土地使用权以转让、出租、作价入股等方式投入到改建后的公司，其实质是企业对土地使用权的转让、出租行为。用土地使用权出让方式处置国有土地资产即将改制前国有企业所使用的国有土地使用权在一定年期内出让给新企业，由新企业向国家交付出让金，出让方式对于新、旧企业采用不同的方式进行。对于改组企业的原划拨土地使用权需补办出让手续后，企业才能获得使用权。这种使用权是一种物权，是一种独立的财产权，能够对土地进行占有、使用、收益以及一定程度上的处分权。对于新组建的新企业，国家采用土地使用权拍卖等方式将一定年期的土地使用权一次性出让，获得土地出让金。与此同时，企业获得土地使用权后，可以在出让合同规定的范围内，对土地使用权进行自主经营，对土地使用者有相当程度上的处置权。

土地使用权出让是当前企业取得法人财产权的主要方式，在土地评估部门对企业用地进行价格评估后由土地使用者与政府签订土地使用合同，交纳地价款，获得土地使用权。土地在使用年限内作为企业的资产，可以依法转让、出租、抵押或用于其他经济活动。

（2）土地使用权出让方式的优点

① 该方式符合土地使用制度的改革方向。土地使用制度改革的方向是改变过去的无限期、无偿、无流转使用国有土地的划拨方式，逐步向有限期、有偿、有流转使用国有土地的方向转变。以出让方式进行土地资产处置既符合土地使用制度改革的总体要求，使国家土地所有权在经济上得以实现，又可以在短期内聚集巨额土地资金，利于国家的土地开发和城市基础设施建设。

② 企业资产权属关系明确。通过出让方式取得土地使用权，在受让期限内就已成为企业的资产，与其他资产一样参与企业经营。

③ 企业享有灵活的土地处分权。土地使用权在受让年限内可以依法转让、出租、抵押或用于其他经济活动，企业可以根据自身的需要和土地市场的供需状况，从土地的处分中获取收益。

④ 明确了出让方和受让方的权利和义务关系。一方面避免了受让方在土地收益的过程中出现不必要的纠纷，另一方面有利于土地管理部门对土地使用方式实施管理和监督检查，避免土地资产流失。

⑤ 土地使用权转移的过程同时也是一个价值增值的过程。土地在其所有者手中的价值很小，经过使用权的转移，其所有者首先从中获益，其次，受让方通过经营，其价值也在不断增加，企业也会因此获得较大的利益。

（3）土地使用权出让方式的缺点

① 土地使用权出让金高。对于相当一部分国有企业来说，即使是经济效益较好，也难以承受一次性付出大量出让金的负担。资金的紧张必然会影响企业运作和经营能力，同时土地成本在资产中所占的比例过高，会降低企业的赢利比，从而影响企业招股和股票上市时对投资者的吸引力。

② 土地出让金的确定需要经过出让方和受让方的多次谈判确定，合同订立的成本高。目前，我们国家还没有出台相关的政策对土地出让金进行规范管理。根据效用理论，国家和企业都要追求其自身效益的最大化，土地出让金的确定必然要经过一个较长的谈判过程，而且各地的情况有所不同，占用的成本较高。

③ 土地出让年期引起的不确定性。如果土地出让年限到期，企业的所有权状况没有改变则不容易引发矛盾，如果在土地出让期内发生所有权的变化，就需要进行相关的处理工作并重新进行合同谈判和订立。

（4）土地使用权出让方式的适用范围

根据土地使用权出让方式的特点，该方式比较适用于盈利性较高的商业企业、经济实力强能够承担巨额出让金的竞争性较强的工业企业，以及房地产开发经营企业和直接出售给集体和个人的小型国有企业。

（5）土地使用权出让金

土地使用权出让金，是指土地使用权受让方，在国家出让土地使用权时，为取得土地使用权，而按照土地使用权出让合同或其他土地使用权出让文件的规定，支付给国家的土地使用权价款。它是土地所有者实现土地所有权的基本的、主要的方式，是土地收益的一个重要组成部分。土地使用权出让金是土地使用权价值的货币表现。在实际确定的过程中，土地所有者和使用者都必须以公平、合理的行为原则去把握出让金价款，并考虑本地区的实际情况和改制企业的经营状况。

土地使用权出让金的计算可采用成本逼近法，该方法主要从土地使用权出让金的构成的角度考虑。国有改制企业补交出让金，可以先通过成本逼近法算出地价，然后减去企业对土地的投入及利息利润，再进行出让的一定年期修正，最后则为补交出让金的金额。具体公式如下：

$$P=(A+B+C+D+E+F-G)\times\left[1-\frac{1}{(1+r)^n}\right] \tag{8-1}$$

式中　P——补交土地出让金；

　　　A——土地取得费；

　　　B——土地开发费；

　　　C——税费；

　　　D——利息；

　　　E——利润；

　　　F——土地所有权收益；

　　　G——企业对土地的投入及利息等；

　　　n——土地使用权出让年期。

8.2.2　租赁

（1）土地使用权租赁的概念

土地使用权租赁是国家作为土地所有者将土地使用权出租给使用者使用，由使用者与县级以上人民政府土地行政主管部门签订一定年期的土地使用权租赁合同，并支付租金的行为。《土地管理法》明文规定国有土地租赁是国有土地有偿使用的一种重要方式。通过租赁政策处置改制企业的土地资产，企业取得的国有土地使用权为承租土地使用权。改制企业承租人在按规定支付土地租金，依法领取国有土地使用证，并按约定完成开发建设后，经土地管理部门同意或根据租赁合同约定，可将承租土地使用权转租、转让或抵押。也就是说，与出让土地使用权一样，承租土地使用权也是企业的法定财产，企业对承租土地具有占有、使用、收益和处分的权利。

土地租赁可分为一级市场租赁和二级市场租赁。一级市场土地租赁是国家作为土地所有者将土地使用权租赁给土地使用者使用，由土地使用者向国家支付租金的行为。一级市场土地租赁由于大陆法系对物权、债权界定的禁锢，仍处在试行和探索阶段，采取的是一种短期租赁方式处置土地使用权。二级市场土地租赁行为，主要是一些大型国有企业将其下属效益好的企业单位从母体分离出来，重组为股份制上市公司，由母体通过出让方式取得一定年期的土地使用权，然后再与母体签订一定年期的土地使用权租赁协议取得土地使用权。土地年租制是土地使用权租赁方式的基本形式。

（2）土地使用权租赁方式的优点

① 租赁金额采用年支付的方式，且数量不大，大部分企业可以承受。相对于土地出让金而言，对资金紧张的企业或资金周转率要求较高的企业来说，这是一种比较容易接受的方式。

② 减少了其余的税费支出。年地租可以计入经营成本，在企业税费计算基数中这部分成本可以扣除，从而减少了企业税费的支出。

③ 土地使用权租赁费用采用年支付的方式，有利于政府采取灵活的调控政策。政府可根据本地区的经济发展状况和企业的实际发展情况灵活调整或减免年地租，从而扶持部分企业以及吸引外资的引入。

④ 有利于促进政府职能的转变。土地使用权租赁给企业，由企业自主经营，自负盈亏，有利于政企、政事分开，促进政府职能的合理化转变。

（3）土地使用权租赁方式的缺点

① 不利于地方政府缓解建设资金短缺的矛盾。土地使用权的收益是地方政府建设资金的主要来源，政府不能从土地的使用权中一次性获取大量的资金，政府就需要通过其他的方式进行融资，去缓解基础设施不足和城乡居民需求增加之间的矛盾。

② 不利于地方政府精简机构，节省开支。如果涉及大量土地使用权的租赁情况，政府必须要设立专门的部门对租金的计算和收取等进行管理。不利于政府管理机构的扁平化。

（4）土地使用权租赁方式的适用范围

租赁政策的适用范围略小于出让政策。现行法律规定：①经营性房地产开发用地，必须实行出让，不实行租赁；②国有企业破产或出售时，所涉及的划拨土地使用权，采取出让方式处置，不实行租赁。也就是说，除了上述两种情形以外，任何企业和单位处置原划拨土地或取得建设用地均适用国有土地租赁政策。

（5）土地使用权租赁金额

土地使用权租赁方式表现为年租金。对企业来说，取得同样土地资产产权利益所付出的代价若一致，这样的土地资产处置才算合理。因此，土地租金标准的确定，要使土地租金和土地出让金有一个适当的比例，使其在总收益上保持一致性，防止因土地租金过高或过低而造成土地使用权租赁与出让两种处置方式摩擦和矛盾。土地租金的确定，应与出让土地使用权需交纳的出让金和出让年期相关联。可根据出让金金额计算每年的收益现值即每年应交的地租。利用收益还原法的公式进行反推，求得地租，具体求法如下：

由公式

$$P = \frac{a}{r\left[1 - \frac{1}{(1+r)^n}\right]} \tag{8-2}$$

得出

$$a = \frac{Pr(1+r)^n}{(1+r)^n - 1} \tag{8-3}$$

$$A = Ka \tag{8-4}$$

式中　A——地租；

　a——出让金折算年值；

　K——调整系数；

　P——土地使用权出让金；

　r——土地还原利率；

　n——出让年期。

（6）土地租赁期限

对于土地租赁期限的确定问题，本文认为，根据国土资发 [1999] 222 号文《规范国有土地租赁若干意见》中第四条规定："国有土地租赁可以根据具体情况实行短期租赁和长期租赁。对短期租赁使用或用于修建临时建筑物的土地，应实行短期租赁，短期租赁年限一般不超过 5 年；对需要进行地上建筑物、构筑物建设后长期使用的土地，应实行长期租赁，具体租赁期限由租赁合同约定，但最长租赁期限不得超过法律规定的同类用途土地出让最高年期。"因此土地租赁期限不宜太短。因为土地租赁期限过短，土地使用者就会产生土地使用权到期后，因土地所有者提出难以接受的续期租赁条件而最终丧失自己对土地的投入如地上建筑物的想法，故可能不愿意往土地上投入大量开发资金，不利于合理高效利用土地。土地租赁最高年限可与同类用途土地出让最高年限相衔接，但不得超过具体租赁期限的确定，可与改制企业自身经营情况及负担联系起来，由企业自行选择。土地租赁期限最高年限与土地使用权出让年限相同，居住用地 70 年，商业、娱乐用地 40 年，工业或其他用地 50 年。

（7）土地租赁期内承租人的权限

一般来说，企业对其租赁的生产用地，没有转租、转让和抵押的权利。但土地资产没有成为企业的法人财产，企业没有处置权，明显不利于企业的生产经营。根据国家土地管理局8号令规定："土地租赁合同经出租方同意可以转让"，"租赁土地上的房屋等建筑物、构筑物可以依法抵押，抵押权实现时，土地租赁合同同时转让"，因此可以理解为通过租赁合同取得的土地使用权可以转让。对短期租赁来说，操作中可以采取更灵活的租金交付方式，通过土地登记来确定与租金交付方式相对应的土地权利。以年缴租金就不能转租，但如果土地使用者一次性缴纳若干年的租金，可以设定在不超过租金交付的年限内转让、转租、抵押。

8.2.3 作价出资（入股）

（1）土地使用权作价出资（入股）的概念

土地使用权作价出资（入股）是国家以土地使用权作价出资（入股）的简称。是指国家以一定年期的国有土地使用权作价，作为出资投入改制后的新设企业，该土地使用权由新设企业持有。土地使用权作价出资（入股）形成的国家股权，按照国有资产投资主体由有批准权的人民政府土地管理部门委托有资格的国有股权持有单位统一持有。从性质上讲，作价出资方式和作价入股方式没有质的区别，都是国家将土地使用权作价投入到改制后的新设企业。二者的区别在于：国家作价出资方式适用于新设企业为有限责任公司，国家作价入股方式则适用于新设企业为股份有限公司。1998年原国家土地管理局颁布的《国有企业改革中划拨土地使用权管理暂行规定》第七条规定："根据国家产业政策，须由国家控股的关系国计民生、国民经济命脉的关键领域和基础性行业或大型骨干企业，改造或改组为有限责任公司、股份有限公司以及组建企业集团的，涉及的划拨土地使用权经省级以上人民政府土地管理部门批准，可以采取国家以土地使用权作价出资（入股）方式处置。"

国家以土地使用权作价入股实质上是以土地使用权价格或土地出让金入股。"土地使用权作价"是显化土地价值。"入股"则是指用土地收益金（出让金）来入股。对于国家和企业来说，表面上企业没有支付出让金，国家也没有得到出让金，但国家事实上是将这部分预计的土地收益作为股东基本投入到企业之中，希望达到一个经济预期，即投资回报，而且还可以通过股东大会贯彻执行政府的有关方针、政策、法规，从而避免行政干预之嫌。企业虽然没有直接支付出让金，但要定期或不定期支付股利，这是企业没有支付出让金的代价。国家以土地入股行为，是一种经济投资行为，具有一定的投资风险。这种方式不但要凭借土地股份得到股利，而且还要以此为限承担企业责任。土地入股，不仅可能无股利可得，而且企业亏损破产时，剩余年限内的土地资产也会同企业其他财产一样被拍卖、抵债，因而在一定程度上土地所有者对土地失去了所有权收益。

作价出资（入股）（包括后面的授权经营）政策的一个最大特点，是非货币交易，即企业取得土地使用权的同时，国家没有收取相应的土地价款，而是把这部分价款作为国家资本金又投向了企业。这与企业必须缴纳出让金或租金的方式相比，改制企业实质上是在没有缴纳数额较大的地价款的条件下，取得了可以自主处置的土地使用权。

（2）土地使用权作价出资（入股）方式的优点

① 对于国家而言，国家持有土地资产股，可以对企业的土地资产进行直接的宏观调控。

② 对于企业，可以不必一次性交纳数量较大的出让金，可以缓解企业流动资金紧缺的压力，便于企业集中资金发展生产，提高企业经营活力，帮助企业加速转制进程。土地使用权作价入股后，成为企业独立法人财产的一部分，在期限内，可以依法转让、出租、抵押，也可向其他企业进行投资。

（3）土地使用权作价出资（入股）方式的缺点

① 当前我国正处在推行企业股份制改造阶段，国家土地资产股的产权代表不够明确。政府作为国家代表，以其拥有的物质资料进行经济活动是无可非议的。问题在于政府作为宏观经济管理者，要追求社会物质资料总量平衡、结构协调优化以及经济持续增长等目标，同时作为社会管理者，又要追求充分就业、物价稳定、分配公平和社会进步等目标。基于上述职能的存在，使其不免会或多或少地利用其行政手段对企业行为进行直接干预，扰乱了企业正常经营活动，凝固了企业活力。但是如果政府放手不管，企业又会产生侵占国家资产收益的侵权行为，发生经济行为的混乱。

② 股份制企业的经营有亏有盈，而土地作为一种特殊的国有资产，应当拥有不少于绝对地租的收益。当企业微利或亏损时，土地股将同其他股一样无利可分，国有土地仍只能低偿或无偿地被企业使用；企业亏损破产时，国家作为土地股东，还得承担债务风险。此外，土地使用权价格总的趋势是上涨的，而作价入股后不能随着行情变化而改变土地股本额及其所占股本的比例，因此土地资产的潜在流失是不可避免的。

③ 土地资产作价入股后，资产属于股份制企业，企业又可能会把土地资产通过抵押给银行获得流动资金，而如果企业经营不善时，企业不得不通过抵押土地资产来赔偿债务，于是将出现这样的一个局面：土地使用权归为银行，银行变为"大地主"。从而增加了银行的负担，不仅影响了银行资金的有效流动，也不利于土地资产的盘活和变现。这样一来，盘活土地资产，显化土地价值也就无从谈起，使得国有土地资产处于闲置状态。

④ 一般来说，土地资产股本占股份制企业资产总额的比例，不能低于土地资产总额占股份制企业资产总额的比例。土地资产数额较大，在采用作价入股方式处置土地时可能会出现两种情况：一是按照规定将土地资产全部或大部分作价入股，就会降低股份制企业其他资本金的盈利率，其他股东的回报率也低，直接影响企业招股和股票上市时对投资者的吸引力。二是考虑企业的利益，采取将土地使用权降价折股的办法，来照顾企业的自身利益和提高股民的出资积极性，则国家经济利益大受损失。这样既是土地收益的直接流失，也是股权股利的丧失。违反了市场经济的客观规律，导致了国有土地资产的长期大量流失，不利于土地资产的优化配置和土地市场的规范化管理。而且这样扶植起来的企业也无法经受住国际市场竞争的考验。

⑤ 国有土地资产占国有企业国有资产量的比重相当大，国有土地资产作价入股后，国有股本很大，影响了改制企业的积极性和发展。

（4）土地使用权作价出资（入股）方式的适用范围

根据 1998 年原国家土地管理局通过的《国有企业改革中划拨土地使用权管理暂行规定》和 1999 年国土资源部印发的《国土资源部关于加强土地资产管理促进国有企业改革和发展的若干意见》，土地使用权作价入股方式主要适用范围是：改制为国有独资公司的涉及国家安全、国防、尖端技术的某些特定行业、生产特殊产品的企业，国家需要控股的支柱产业和基础产业中的骨干产业以及改建为控股公司的全国性行业总公司。同时 2001 年国土资源部印发的《关于改革土地估价结果确认和土地资产处置审批办法的通知》中又规定："对于省级以上人民政府批准实行授权经营或国家控股公司试点的企业，方可采用授权经营或国家作价（入股）方式配置土地"。

（5）土地使用权作价出资（入股）方式权限界定

《国有企业改革中划拨土地使用权管理暂行规定》明确：作价出资（入股）土地使用权由新设企业持有，可以依照土地管理法律、法规关于出让土地使用权的规定转让、出租、抵押。也就是说，作价出资（入股）土地使用权与出让土地使用权的权能一样，在土地使用年期内，可以依法转让、出租、抵押。政府以土地资产作价入股，按股取利，参与经营，即国家以应收的出让金对企业投资入股，将现实的一次性出让金转化为今后的年"红利"收益。这样既盘活了企业的土地资产，减轻企业资金压力，又扩大了国家在企业中的股份，促进了企业的生产发展。另一方面国家以土地入股的行为，已经不是一级土地市场上政府出让土地的行政行为，而完全是一种经济投资行为，具有一定的投资风险。这种方式不但要凭借土地股份得到股利，而且还要以此为限承担经济责任。土地入股，不仅可能无股利可得，而且当企业亏损破产时，剩余年限内的土地资产也会同企业其他财产一样被拍卖、抵债，这表明国家在一定程度上失去了对土地的所有权。因为土地拍卖给其他法人单位后，该法人再对这部分土地进行出租转让以及投资，国家都没有理由参与，也得不到这部分土地的所有权收益。

（6）土地资产国家股和国有法人股的股额比例

在1994年原国家土地管理局和国家体改委联合制定的《股份有限公司土地使用权管理暂行规定》中第十一条规定："国家以国有土地使用权作价入股的，其土地使用权作价折算的股本额不得低于审核确认的土地使用权作价总额除以股票的溢价倍数；土地使用权作价入股占国有资产总股本的比例也不得低于土地使用权作价总额占进入股份制企业的国有资产总额的比例。"可以从与地价关系的角度来考虑土地使用权作价的股本金。按国家规定，用国有资产入股于股份制企业形成的股份，视股权管理不同情况，可分别构成"国家股"和"国有法人股"（合称为"国有股"）。土地资产作价入股于股份制企业，也应相应地设为国家股和国有法人股。土地资产国家股和国有法人股的比例是国家和企业的经济利益反映，是国家土地所有权的经济体现。土地资产国家股实质是土地使用权出让金折股形成的。根据原国家土地管理局颁布的《划拨土地使用权管理暂行办法》第二十六条规定："土地使用权出让金区别于土地使用权转让、出租、抵押等不同方式，按标定地价的一定比例收取，最低不得低于标定地价的40％，标定地价由所在市、县人民政府土地管理部门根据基准地价，按土地使用权转让、出租、抵押期限和地块条件核定。"因此，土地使用权作价入股时国家股的股金不得低于所在地方标定地价的40％，国有法人股的股金不宜超过所在地方标定地价的60％。国家需要对企业以绝对优势控股和上市公司的股额比例，国家股的比例可适当高一点。对原已依法批准出让的土地，收取的土地出让金过低或欠缴的，土地资产作价入股时，应当参照此标准分别折算为国家股和国有法人股，以防止国有土地资产流失。

（7）土地国家股的股权代表

土地国家股股权代表缺位或者说模糊是土地使用权作价入股方式中存在的主要问题。股权代表虚置，使得无人具体关心土地资产状况，对土地资产不负责任，任意利用，国家没有权益保障。国土资源部和各级土地管理部门，具有土地管理者和土地所有者代理人的双重身份，应是土地国家股的股权代表。而国土资源部和各级土地行政管理部门是代表国家行使土地管理的行政职能部门和执法部门。因此，在国有改制企业中，作为国家土地股股权代表的土地行政管理部门，直接行使土地经济投资行为是不恰当的。[1994] 国土［法］字153号文件《股份公司土地资产管理暂行规定》第十条规定："国家根据需要，可以一定年期的国有土地使用权作价入股，经评估作价后，界定为国家股，由土地管理部门委托国有股持股单位统一持有。土地管理部门应与国有股权持股单位签订委托持股合同。"根据这一精神，各级土地管理部门可建立土地资产投资经营公司来具体负责经营。国有改制企业中，让这类公司充当土地国家股的股权代表，维护国家股的合法权益，确保企业中的土地国家股与其他相应股的股权平等，同股同利，风险共担。也就是说，可以让这些投资公司具体负责土地资产管理决策事务，按国家有关政策法规和要求，独立选择投资对象和方法，承担土地保值增值的任务，拥有对土地的支配、处置和收益权。

8.2.4　授权经营

（1）土地使用权授权经营的概念

国有土地使用权授权经营，是政府为体现一定时期国家产业政策的需要，将取得国家授权投资机构资格的企业集团（简称授权单位）改制所涉及的划拨土地使用权，在一定年期内授权其经营，企业集团可将其取得的授权经营土地使用权在其系统全资企业、控股企业和参股企业进行作价出资（入股）或出租的土地资产配置政策。在 2001 年国土资源部印发的《关于改革土地估价结果确认和土地资产处置审批办法的通知》中规定："对于省级以上人民政府实行授权经营或国家控股公司的企业，方可采用授权经营方式或作价出资（入股）方式配置土地。"

国家根据需要可以把一定年期的国有土地使用权作价后授权给经国务院批准设立的国家控股公司，作为国家授权投资机构的国有独资公司和集团经营管理。被授权的国有控股公司凭授权证书向其直属企业、控股企业、参股企业以作价出资（入股）或租赁等方式配置土地，企业应持土地使用使用权经营管理授权书和有关文件，按规定办理变更土地登记手续。被授权经营土地使用权的控股公司，国有独资公司、集团必须接受授权部门的监督管理。被授权的企业必须对土地资产保值、增值情况提供年度报告；对企业土地股权的年度变化情况以及对土地资产处置的文件及时报授权部门备案。

（2）土地使用权授权经营的特点

土地资产授权经营的基本思想是国家以土地使用权作为投资，注入国有企业，以支持国有企业的改革和发展，因此这种方式与其他土地资产处置方式相比，具有特殊的要求和特点。土地使用权授权经营方式不同于出让、租赁和作价入股等方式，它具有以下特点：对于被授权的企业来说，采用这种方式可以不必支付任何处置费用（如出让金、租金等）即可获得有偿使用的土地使用权；被授权经营的土地资产首先须经评估，评估结果和授权经营方式需报经国土资源管理部门审查批准，颁发国有土地使用权经营管理授权书；被授权的企业必须对授权经营后土地资产的保值、增值情况提供年度报告，并须接收授权部门的监督管理；根据《国土资源部关于加强土地资产管理促进国有企业改革和发展的若干意见》，采用授权经营方式处置土地资产的，按政府应收取的土地出让金额计作国家资本金或股本金。这里必须要注意的是，不是所有的国有企业都可以运用这种经营方式。土地使用权的授权经营只对在国民经济中占据重要地位的国有大型企业适用，并且这些企业必须是经国务院或者省级人民政府批准设立的国家控股公司、作为国家授权投资机构的国有独资公司和集团公司，即所谓的国有资产授权经营主体。这些国有大型企业集团，通常经营负担沉重，而且占有土地面积较大。通过土地授权经营，可以扩大企业的实力，增加其资产经营和管理的能力。

（3）土地使用权授权经营的优点

优点是企业无需缴纳土地出让金，而是将一定年期的国有土地使用权作价，将地价中相当于土地出让金的部分作为国家资本金，投入到国有独资公司、集团公司（统称为被授权经营单位），授权其经营管理。被授权经营单位在土地使用年期内可以将土地使用权按现有用途在其控股、参股公司范围内以入股、出租、转让等形式配置，并享有收益权。这种方式是国家对企业让利的最明显表现。

（4）土地使用权授权经营的缺点

缺点是如果向集团公司范围外的企业配置或改变用途，须经授权机关批准，并补缴土地出让金；同时土地形成的国家资本金部分承担保值、增值义务，要年年接受考核。对土地行政管理方面，由于未明确规定集团公司的参股、控股比例，而企业改革目标之一就是股权多元化，因此对集团范围内的参股、控股企业难以掌握，即使集团公司向公司外的单位转让土地使用权，只要加以参股名义，就规避了补缴出让金的规定。

（5）土地使用权授权经营的适用范围

根据 1999 年国土资源部印发的《国土资源部关于加强土地资产管理促进国有企业改革和发展的若干意见》，以授权经营方式处置国有土地使用权时，主要是针对于自然垄断的行业、提供重要公共产品和服务的行业，以及支柱产业和高新技术产业中的骨干企业。对于一些国有大型企业集团，因其占有面积较大，企业经营负担沉重，因此国家对部分大型企业集团也采取土地使用权授权经营方式。授权经营政策与作价出资（入股）政策的适用范围一致，仅有少数符合政府规定条件的大型国有企业改制可以适用该政策处置土地资产。1999 年 8 月经国务院批准改制的中国石化集团也是其中一例，原中石化集团有限公司改制为中国石化集团股份公司和中国石化集团有限公司，土地资产经国土资源部批准授权给改制后的中国石化集团有限公司经营管理。

8.2.5 保留划拨

（1）土地使用权保留划拨的概念

土地使用权保留划拨是指经政府部门批准对某些国有企业使用的国有土地使用权，继续以划拨方式重新处置给改制企业使用。保留划拨土地使用权实际是在土地产权关系不变和用途不变的条件下，划拨土地使用权在国有企业之间的流转，不涉及土地产权关系和土地资产收益分配的调整变化。土地使用权保留划拨是计划经济体制下原有土地使用方式的延续，并没有实现国有土地资产的有偿使用，而且其应用范围严格限制在代表政府从事城市基础设施开发建设的企业以及改制或者重组后仍为国有性质（国有独资公司、国有企业集团等）并且土地用途不变的企业。因此，这种方式并不具备真正意义上土地资产处置的特性，在企业改制的实践中也不多见。

（2）土地使用权保留划拨的优点

在某些情况下这种处置方式对企业改制具有一定的推动作用，特别是对于目前经营状况不佳的大中型国有企业，通过这种方式既可以盘活企业存量土地资产，实现企业土地资产与其他生产要素的优化配置；也不会因此而给企业增加新的经济负担，从而为企业转换经营机制和扩大发展提供了有利的条件。

（3）土地使用权保留划拨的缺点

① 保留划拨方式有悖于土地使用制度改革的基本原则。土地使用制度改革的目标是实行土地的有偿、有限期使用，将土地使用权推向市场，优化土地资源配置，显化国有土地资源效益。企业改革过程中，应遵循国有土地有偿使用的原则，使国有土地资产的产权关系明晰，所以，保留划拨的方式是违背了土地使用制度改革的基本原则。

② 挫伤了部分改制企业的积极性，不利于企业之间的公平竞争。对享有保留划拨土地使用权的企业来说，当它拥有一定年期的土地使用权而占有土地的自然增值部分（即同样的经营水平企业拥有土地使用权而获得额外收入），就会使该企业与其他企业无法在同一水平线上竞争，挫伤了改制企业的积极性。如果存在企业或单位无偿使用土地，导致改制后的企业与未改制企业在经济运行中处于不平等地位，不利于企业之间的公平竞争。

③ 不利于土地资产的有效流转。划拨土地使用权在未补办手续前不允许抵押、出租、转让等，不利于土地资产的有效流转。

（4）土地使用权保留划拨适用范围

① 继续作为城市基础设施用地，公益事业用地和国家重点扶持的能源、交通水利等用地，原土地用途不发生改变的，但改造或改组为公司制企业的除外。

② 国有企业兼并国有企业或非国有企业以及国有企业合并，兼并或合并后的企业是国有工业生产企业的。

③ 在国有企业兼并、合并中，被兼并的国有企业或国有企业合并中的一方属于濒临破产的企业。

④ 国有企业改造或改组为国有独资公司的。

根据 1998 年原国家土地管理局通过的《国有企业改革中划拨土地使用权管理暂行规定》第八条规定，后三项保留划拨用地方式的期限不超过五年。

8.3　国有企业土地资产处置方式的完善

8.3.1　完善国有企业土地资产处置相关政策

国有企业改制土地资产处置政策的作用有四个方面：①显化了土地资产价值，增大了国有资本总量；②改制企业变现土地资产用于分流安置职工，维护了社会稳定；③支持了产业结构调整，优化了土地利用结构；④深化了国有土地使用制度改革。

从国有企业改革与土地使用制度改革的关系入手，建章立制，奠定企业改制土地资产处置工作的法律法规基础。国有企业改革同土地使用制度的改革具有密切关联性。一方面，国有企业改革为进一步深化土地使用制度提供了良好契机。改制前或改制过程中的国有企业使用的土地，主要是以行政划拨方式配置的，其面积约占城市面积的三分之一，从产权关系角度看，国有企业拥有这种划拨土地使用权与建立起自负盈亏、自主经营、产权清晰的现代公司企业制度是极不相称的。另一方面，深化土地使用制度改革，能促进国企向现代企业制度迈进，从而为企业进一步发展注入活力。长期以来，企业用地不属于企业的法人财产，企业无权处置土地使用权，土地只作为资源存在着，其资产效益无法体现，土地资产既不能抵押，也不能租赁，因此要扭转这种局面，必须把国有企业改革和土地使用制度改革有机地结合起来，这样既可以最大限度地盘活存量土地资产又能切实促进国有企业转机建制。

国家现有有关土地资产处置方式的规章制度中缺乏对出让金、股本金、租金的具体的量化规定，导致各地区在处置土地时，形成各自的处置标准和优惠政策。不同地区的处置标准有的相差较大，即使同一块土地使用不同处置方式，土地资产额的界定大相径庭。这些现象是与市场经济公平竞争相违背的。国家应从政策法规方面来确定出让金、股本金、租金的标准，以便各地区在处置土地资产时有一个参考标准和衡量依据。尽快制定操作性强的配套政策法规，对企业改革中土地资产处置做出明确规定。同时，要在出台新的政策时，对过去出台的政策中不规范的规定，进行修改。

8.3.2　严格遵循土地资产处置基本原则

国有经济布局战略调整的层次化和复杂性，决定了国有企业改革中土地资产处置政策的多样性和灵活性，土地资产处置过程中应有总体部署，应该在土地产权明晰，有利于盘活存量，保值增值的前提下，分门别类地制定适宜的土地资产处置政策。区分类型，灵活处置，将土地价值综合体现出来，使不同行业可以通过以最小货币付出或完全市场交换等多种途径，获得完整的土地资产和不同形式的土地产权。土地资产处置应体现以下几个基本原则。

① 有利于国有企业改革和发展，与国有经济布局从战略调整上保持一致原则。

② 使土地从无偿使用向有偿使用政策相衔接原则。

③ 要确保国有土地资产保值增值，有利于土地资产盘活原则。

④ 要与破产兼并企业职工安置和保持社会稳定相适应原则。

⑤ 要兼顾各方利益原则。

⑥ 有利于企业间平等竞争原则。

⑦ 收益与机会成本相称，处置方式之间成本效益均衡原则。

8.3.3　结合实情，因企制宜，组合应用已有的土地资产处置方式

对土地资产处置方式的分析，可以看到各种处置方式均有其弊端所在，而土地资产处置方式的组合应用，可起到互补效应，在一定程度上克服或减少单种方式处置土地资产的弱点。土地使用权出让方式与作价入股方式组合应用，既可使国家在现阶段获取一定数额的土地出让金，在一定程度上缓解城市建设中的资金供需矛盾，又没有使股份公司的国有股本过度增大；既解决了股份公司一次性交纳巨额出让金的困难，又避免了以过多国有土地使用权作价入股后的投资风险。土地使用权出让方式与租赁方式组合应用，除了能使国家获取稳定的土地收益外，又不至于使企业一次性支付过多的使用金额；同时，又使股份公司获取部分土地使用权的充分的土地权益，使土地资产能够在企业经营中发挥作用（如利用土地使用权举办合营企业、土地使用权转让、出租、抵押等）。另外，作价入股与租赁方式组合应用，出让方式、作价入股方式、租赁方式的组合应用，都可在一定程度上弥补单种方式处置的不足。

8.3.4　促进国有企业减债脱困，减轻企业负担，推动土地资产处置

鼓励国有改制企业采取积极措施，把优化企业资本结构和优化土地结构结合起来，集约利用和盘活现有存量用地，改善国有改制企业的负债状况。目前，许多国有企业土地资产量大，但土地结构不合理，有土地利用率低、土地效益差、土地资产不活的特点。同时，改制后的企业相对于未改制企业，负担更加重了。以作价入股方式为例，股份制企业要将土地股本按一定年限分摊到产品成本中去，还要从税后利润中拿出一块来给土地股权者分红，这样，产品成本加大，影响竞争能力；其他法人股东和个人的资本金利润率降低，影响股民的积极性；企业留成少，影响企业扩大再生产。因此，应鼓励国有改制企业采取积极措施，改善国有改制企业负债。具体做法如下。

① 降低国有改制企业中土地间接成本。国有改制企业对土地资产重新配置不同于一般意义上的土地资产转让，可实施"无税费配置"，即不收土地增值税、土地契税、土地营业税；降低教育附加、城建维护费。

② 根据企业在生产经营过程中对土地利用的不同要求，进一步细化土地权利配置，赋予企业需要的土地权利、降低权利配置成本。

③ 妥善处置这些非生产（经营性）用地，对促进国有企业改制具有重要意义。国有改制企业中拥有的非生产（经营性）的土地资产有许多，如果以出让、作价入股、租赁方式来处置非生产（经营）性用地，使之进入改制企业，往往是难以做到的。因为，非生产（经营）性用地无法创造效益，要企业对这部分用地支付有偿使用金额，是难以实现的。

④ 对于破产企业，企业原使用的划拨土地使用权应当由县级以上人民政府组织出让，土地出让金优先用于职工安置。可按城市建立破产企业职工安置资金专户，土地使用权变现资金全部纳入该专户，专项用于破产企业职工安置。

8.3.5　依法行政，规范操作，严格审批手续

土地资产处置工作，业务新、环节多。改制企业必须具备下列条件方可处置。

① 改制企业必须符合国家产业政策，必须拥有工商部门出具的企业经营许可证等证件。

② 企业改革是处置土地使用权，其土地用途必须符合临沂市的土地利用总体规划，在

城市规划区内的，还应符合城市规划，需要改变用途的，应当先缴纳土地出让差价，再办理有关批准手续。

③ 土地权属必须合法、无争议，未办理土地登记或未能提供土地管理部门出具的土地权属证明不予批准。

④ 必须按照国家规定进行土地价格评估和土地权属确认手续，不按国家规定的方式和程序进行的，土地资产处置方案不予批准。

8.3.6　增强现行划拨土地的有偿使用力度

对未改制企业的划拨土地使用权征收适量地租，将大量的行政划拨用地尽快纳入有偿使用范围。要采取措施增强现行划拨用地的有偿力度，取消属于地租内涵的国有土地使用税，由土地行政主管部门依法代表国家对划拨土地使用者收取适当地租。以缩小改制企业与未改制企业在土地使用上的不平等地位，这样有利于公平竞争。对涉及集体建设用地的改制企业的土地资产，参照国有企业资产处置办法。基本做法是集体土地征用，然后以出让或租赁方式处置给改制后的企业。

8.3.7　规范土地资产评估，严格土地资产评估程序

土地资产评估必须严格遵循科学、合理、依法的原则，根据不同的国有企业改制类型、处置方式及权利状况，按照城镇土地估价规程和有关要求，科学选择评估方法和相关参数，客观、公正、公平、合理地确定国有企业改制土地使用权在评估期日现实条件的价格。对于土地资产评估因素的选择，要因地制宜，以客观属性为标准，减少主观随意性。选择评估因素时，可考虑以土地的自然经济条件为宗地估价的主要因素，并结合社会、生态因素等进行综合评估，避免出现土地资产结果相差甚大的现象，防止土地资产的流失。同时，尽快地完善国有企业改制中土地资产评估的理论体系，建立科学可行的技术操作规范。

国有企业改制的土地资产评估任务应规定由国家指定的土地估价中介机构执行，以防止因估价中介机构的混乱造成低估作价，使土地资产变相流失。同时，可规定凡不具备土地估价资格的机构，一律不准承揽土地资产评估业务。擅自进行土地资产评估而造成国有土地资产流失的，追究其责任。要加大对土地评估机构的管理力度。进一步规范土地评估机构的设立条件，对不符合设立条件或执业中违规的机构，要坚决取消其土地评估资格。要加强土地评估机构的备案管理，完善资质等级评审制度，引入升降、淘汰机制；机构本身也要加强内部管理，建立和完善内部质量控制、档案管理、财务和技术负责人等制度，规范运作，不断提高评估水平和质量。以形成土地评估机构状况由偏向数量发展朝注重质量进步的方向过渡。加强对地价评估的管理，要定期公布基准地价，建立地价信息交流网络。同时，还要加强对土地估价人员的管理，提高估价人员的整体素质。要求土地估价师要严格按照国家规定的土地资产评估的有关规定和标准执业，强化自身职业道德培训和素质教育。土地评估机构真正做到"客观、真实、公正"，必须进一步规范执行行为，加强管理。应要加强制订关于土地评估机构管理、土地估价条例等法规、规章，规范从业机构及其专业人员的职业道德、执业资格和标准，明确其法律责任，并使违法违规行为主体的处理更加有法可依，有章可循。

国有企业改制的土地资产评估应严格按照规定，向县级以上土地管理部门立项。对于未立项进行的土地资产评估，评估结果不予确认。应要求改制企业严格按照程序向土地管理部门申请立项。评审确认是国有企业改制的土地资产评估中国有企业最为关注的焦点问题，是政策性很强的一个工作步骤，也是这项工作的关键环节。县级以上土地管理部门只能对依法进行的土地资产评估结果进行慎重确认。评估结果的确认要有一个科学的确认标准。因此，

要建立统一的评估结果确认制度，评估机构提出的评估结论要按照一定程序进行审核认定后，才能提交委托单位，以保证评估结果的客观性和公正性。

国有企业改制的土地资产评估可遵循以下程序进行：①国有企业向土地管理部门申请立项；②委托具备土地估价资格的评估机构对其土地资产进行评估；③土地资产的估价，土地资产评估机构必须按国家规定评估出国有企业的现实土地市场价格，并向国有企业提供土地估价报告，同时将报告抄送土地管理部门；④有确认权的土地管理部门对评估结果进行确认。

8.3.8　明晰土地产权权能，强化土地产权登记

土地产权权能明晰是指各项土地产权权能之间有明确的边界，否则，土地产权就不具有排他性，不能对其行为主体产生有效的约束。在国有企业改制中土地资产处置方式是不同的，企业拥有土地产权的权能也就不同，所以必须设置相适应的权能予以调整。在国有企业改制中，改制企业的土地由原来的无偿变为有偿使用，土地产权权能尤其要得到明晰。只有明晰了产权权能，国有改制企业才愿意以成本代价获得与其付出相当的土地产权权能。

合法的土地登记手续是改制的前提。要结合土地证书年检，认真做好土地登记。国有企业的改制、改组、兼并、破产，必然会涉及土地资产的重新组合。一旦土地权属关系发生了变化，就必须重新进行产权界定和登记。否则，将会导致土地产权管理的混乱，改制企业的土地资产权益无法得到法律保护。我国在颁布的《股份有限公司土地使用权管理暂行规定》中明确规定，国有企业改制前必须依法进行土地登记：企业改制后，股份公司应持有有关批准文件申请变更土地登记，经依法办理变更土地登记后，土地使用权才真正成为股份公司的法人财产。土地登记是国家用于确立或认可土地使用者拥有土地权益的法律措施，是明确土地使用权归属的唯一标志。对于土地产权有纠纷或土地产权界限不明有争议的，要继续严格审查和处理后，才给予办理土地登记。对目前正在进行改制，急需办理土地证书的企业，可由国土部门在核实土地权属关系的基础上，临时出具该宗土地的权属证明，以保证改制顺利开展，但必须要求企业在改制的同时，及时到国土部门办理正式的土地登记。同时对改制中发生土地权属转移和用途改变要及时进行土地变更登记。地籍的核心是权属，权属的核心是登记。因此，在土地产权管理工作中一定要严把土地登记关。只有国土管理部门严格把好了注册登记、颁发土地使用证这一关，才能理顺产权关系，减少权属纠纷。

本 章 小 结

本章首先介绍了土地资产处置的相关概念并明确了土地资产处置的程序。然后对目前我国常见的国有企业土地资产处置的方式进行了总结，对各自的优缺点和适用范围进行了分析。其中，对土地使用权出让金的计算、土地使用权租赁金额的计算、土地使用权作价出资（入股）方式权限界定等问题进行了详细的介绍。最后结合目前土地资产处置实践中出现的问题提出了完善国有企业土地资产处置方式的相关建议。主要有八个方面：完善国有企业土地资产处置相关政策；严格遵循土地资产处置基本原则；结合实情，因企制宜，组合应用已有的土地资产处置方式；促进国有企业减债脱困，减轻企业负担，推动土地资产处置；依法行政，规范操作，严格审批手续；增强现行划拨土地的有偿使用力度；规范土地资产评估，严格土地资产评估程序；明晰土地产权权能，强化土地产权登记。

复习思考题

案例分析：某机关下属一国有企业（企业用地为划拨方式取得），因经营不善，濒临破产，为了缓解困

境，该企业与甲单位签订了借款合同，以企业 4 亩土地的使用权作抵押，向甲单位借款 25 万元，并约定借款期限一年，到期不能还款，抵押的 4 亩土地的使用权即归甲单位，并通过公证机关办理了抵押合同公证。一年后，该企业根本无力偿还借款，甲单位诉诸法院，要求依合同将抵押土地使用权判归甲单位。请分析：①该案例中哪些行为是违法的；②对于国有企业的土地资产处置，企业上级部门或主管部门存在哪些责任和义务。

参 考 文 献

[1] 张燕. 国有企业改革中土地资产处置问题探析—以临沂市企业改制土地资产处置为例. 土地经济与管理. 2006, 30 (3)：98-102.

[2] 雷爱先. 国有企业改制土地资产处置政策略论. 中国地产市场. 2006, (11)：70-82.

[3] 谭武英, 史永亮. 浅议国有企业改制中的土地资产处置. 国土资源科技管理. 2004, 21 (1)：5-8.

[4] 蔡为民等. 企业改制中的土地资产处置政策问题研究. 开发研究. 2006, 123 (2)：55-58.

[5] 万孝红. 国有企业改制中土地资产评估的问题与对策. 中国房地产金融. 2001, (12)：38-40.

[6] 杨宗国, 冉从贵. 加强土地资产管理全力推进国企改革与发展-成都市国有企业改革中土地资产处置现状及对策. 国土经济. 2000, (2)：41-43.

[7] 高波. 论适应企业改制的城市土地资产运营与管理体制改革. 南京大学学报（哲学·人文科学·社会科学）. 2000, 37 (3)：49-58.

[8] 王刚. 国有企业土地资产经营问题研究. 昆明理工大学硕士学位论文. 2007.

[9] 毕宝德. 土地经济学. 第五版. 北京：中国人民大学出版社, 2005.

[10] 王秋兵. 土地资源学. 北京：中国农业出版社, 2002.

[11] 卢新海. 城市土地管理与经营. 北京：科学出版社, 2006.

[12] 孙陶生. 土地资产管理概论. 北京：经济管理出版社, 1997.

[13] 张琦. 现代企业制度与土地资产管理. 北京：高等教育出版社, 1995.

[14] 曲福田. 土地行政管理学. 北京：中国农业出版社, 2002.

[15] 万孝红. 国有企业改制中土地资产处置的研究. 南京农业大学硕士学位论文. 2001.

[16] 张月蓉. 土地资产收益流失与管理. 中国农业科技出版社, 1993.

[17] 陈晓瑛. 国有企业改革中土地资产的处置. 对外经济贸易大学硕士学位论文, 2001.

第9章 城市土地的开发经营与储备

本章要点

本章介绍了城市土地开发的概念和特点，城市土地开发模式和城市土地开发用地的选择与获取。重点是城市土地经营的模式和城市土地储备基本知识。通过本章学习，掌握城市土地开发、经营与储备的基本理论，了解各种模式的主要特征和实施的运作过程。

9.1 城市土地的开发

9.1.1 城市土地开发概述

9.1.1.1 城市土地开发的基本概念及特点

从 1978 年改革开放后，我国城市土地使用制度、城镇住房制度和房地产生产方式也进行了相应的改革。20 世纪 80 年代末 90 年代初，为加快浦东开发、开放，上海市政府批准设立陆家嘴、外高桥、金桥 3 个开发区，在土地出让前，将开发区内土地批给指定的土地开发企业实施统一规划、成片开发后，以熟地的方式出让土地使用权，政府收回土地收益。

90 年代初，浦东新区成立土地控股有限公司，为城市土地的开发模式和政府对土地一级市场的调控进行了探索和实践，为我国城市土地使用制度和房地产生产方式的改革提供宝贵的经验。

（1）城市土地开发的内涵

目前，我国正处在城市化的快速发展时期，城市建设用地规模迅速扩张是其显著特点。城市土地资源的有限性和城市建设用地的快速增长的矛盾，使得城市发展中必须节约用地，必须关注城市的可持续发展；城市规模的扩张要求政府妥善处理好提供更多的公共品和农地转用中的"三农"问题等经济、社会问题。我国的土地产权制度决定了土地既是政府提供公共产品的重要资金来源之一，又是政府实施城市规划、产业规划、促进城市社会经济发展的重要工具之一。城市土地开发可以使城市政府实现对土地利用的高效管理，有利于解决城市化进程中出现的社会、经济和环境问题。

城市土地开发涉及面广泛、综合性强是复杂的系统工程，需要城市政府具备良好的行政管理能力和市场运作能力，需要政府与市场有效的结合。在我国不断推进经济体制改革的同时，政府机构改革、职能转变是我国改革开放的另一主线。经多年的理论探讨和改革实践，政府规范市场环境、提供公共产品、实施必要的宏观调控等职能已成为全社会的共识。政府职能转变和管理能力的提高是实施土地开发具备的基本条件。

城市土地开发是指城市土地开发主体，在遵循国家法律法规和建设规范的条件下，按照国民经济和社会发展规划、城市规划和土地利用规划的要求，统一规划，对开发项目所要达到的社会、经济、环境、市政基础设施和公共配套等各种相关内容进行综合策划，并按照项目管理的原则对开发项目的质量、进度、成本、安全等进行全面管理，按照国家规定的标准进行市政基础设施建设和其他配套设施建设的过程，以实现开发项目的经济合理性、市政和公共配套的完备性、社会影响的协调性、项目发展的可持续性和项目形态与环境的宜人性等目标。

城市土地开发既包括政府为使城市国民经济和社会发展规划、城市总体规划、土地利用总体规划的顺利实施对城市土地开发所做的总体安排，也包括了政府对具体的土地开发项目的组织实施，兼具宏观与微观层面，两者结合使得城市土地开发得以有序进行。如果仅有宏观而无微观，土地开发的效率得不到体现；如果仅注重具体项目的实施而忽视对整个城市土地开发的宏观把握，则不利于城市各类规划的实施、影响城市内部的协调发展、易于造成城市内部的恶性竞争和不均衡发展。为保证城市土地开发的规范、有序，并保证项目建成后的持续发展，必须坚持"政府主导、统一规划、策划先行、综合开发、市场化运作"的原则。

从城市空间拓展来看，城市土地开发可分成两种开发形态（见图9-1）：土地初始开发和土地再开发。城市土地初始开发也叫土地增量开发，或拓展式土地开发，是指城市初始开发阶段，对土地进行有目的地利用，从而改变土地的原形态和用途的行为。通常为新城区范围内土地初始开发利用的过程，即称为新城开发。而城市土地再开发也叫土地存量开发，是建立在城市土地初

土地开发 $\begin{cases} \text{土地初始开发、增量开发、新城开发} \\ \text{土地再开发、存量开发、旧城开发} \end{cases}$

图 9-1　城市土地开发类型

始开发的基础上，从效益最大化的角度，对原有的用地类型、结构及空间布局等进行升级置换，尤其是对城市建成区中衰退地区进行改造重建等，即称为旧城改造。

（2）城市土地开发的基本特点

① 实现三个效益的统一　传统的土地开发模式，由于利益驱动造成了许多地区对城市土地掠夺性开发，致使城市环境趋于恶化、交通拥堵、地价暴涨。为了克服这一弊端，政府在规范城市土地开发时，首先要明确"社会效益、环境效益、经济效益的和谐统一"的土地开发目标。城市土地开发是政府和市场两种力量的作用的结果，在市场经济中，推进城市发展主要依靠市场的力量，要以企业为主体，同时城市建设和发展又必须要有政府的有力引导和支持，政府通过城市规划、土地利用规划和产业规划对城市的开发建设进行引导，同时政府通过制定政策和法规为城市建设提供软环境，最终通过政府与企业的协同努力使得城市具有完善的基础设施、便捷的交通、优美的城市空间环境，从而实现社会效益和环境效益的统一。通过土地开发规范房地产市场，政府直接控制土地，避免了土地炒作，降低了房地产开发成本，提供良好的商务办公环境，通过土地开发带动了房地产投资和相关产业的发展，通过土地开发实现其经济效益。

综上所述，城市土地开发的目标是"实现社会效益、环境效益、经济效益的和谐统一。"

② 城市土地综合性开发　城市土地的价值与土地的区位、投入量、区域整体环境和基础设施密切相关，区位地段好的土地，其价值就高；土地投资越大，区域环境越好、基础设施越完善，其土地的价值就越大。城市土地开发从开发初期就摒弃了分散建设、见缝插针的小生产方式，而选择了统一规划设计、统一生产建设、统一经营管理的综合开发方式。通过城市土地开发对城市基础设施进行综合建设，形成城市土地的水、电、燃气、通信、排水、集中供热、集中供冷等市政配套能力和道路交通网络及环境景观体系。通过综合开发，使得土地开发的长期效益和短期效益得以兼顾互补，从而实现城市土地的优化、激发土地资源巨大的增值潜力。

③ 城市土地开发应具备完善的规划体系　城市土地开发过程中，"统一规划、综合策划、规划与策划先行"是其核心之一。土地是城市开发最为宝贵的资源，而规划是优化土地资源配置、提高土地资产价值的重要技术杠杆。城市土地开发中"统一规划、规划先行"机制，充分体现了在大规模土地开发中"善待土地、惜土如金"的原则。由于城市土地开发负

责开发区域的基础设施建设，因而传统孤立、分散的各个专业规划互不协调的模式不能适应城市土地开发的要求。城市土地开发涉及城市总体规划、土地利用总体规划、市政综合规划、园林景观规划、地下空间开发规划、交通系统规划等诸多专业，因此城市土地开发首先要编制一套高水平、系统、完善的规划，系统的规划设计是实现城市土地开发效益最大化的基础。国际上先进的规划理念是以景观环境设计完成总体规划设计，建筑师和规划师及其他专业的规划设计人员完成下阶段的工作。城市土地开发采取的这种全新的规划设计体系可以全面提升项目设计的质量，建设自然和谐的城市区域。

④ 城市土地开发是社会物质文明与精神文明成果的积淀　城市土地开发是城市发展到一定历史阶段社会物质文明与精神文明发展成果的集中体现。把人类现代的物质文明和精神文明的成果，通过土地开发进行最大限度的整合，发挥社会各个方面的优势、智慧和经验进行城市土地开发。城市土地开发吸收了人类在城市经济学、城市规划学、环境科学、工程技术等领域的最新成果，对土地开发模式、融资模式、经营管理模式等软环境的创新使城市管理水平得到进一步的提升。城市土地开发工程规模巨大，只有当一个社会的物质文明发展到一定的水平才有可能实现城市土地开发，从这个意义上来说城市土地开发也是人类物质文明发展的成果。

9.1.1.2　城市土地开发模式

城市土地开发模式是指城市政府在国家法律体系下对土地开发与利用所建立的一系列管理体系、程序和规范，是土地开发主体根据国家法规政策规定，对土地项目实施开发的组织方式。涉及政府在土地开发中确定的管理体系、相关职责和管理原则，管理的流程和标准，开发主体的资格和行为规范，开发的内容、程序、规范和标准以及开发过程中各类市场主体的法律地位和权能及相应的市场建设。

(1) 城市土地开发模式的历史沿革

城市土地开发模式是一个随历史发展渐进的变化过程，与城市土地使用制度、城镇住房制度和房地产生产方式改革相适应。1978 年以后，在我国经济体制改革的背景下，城镇土地使用制度经历了由无偿、无期限、不流动到有偿、有期限、可流动的变革；1982 年广州等城市开始实施国有土地有偿使用；1987 年深圳市采用协议、招标和拍卖的方式出让国有土地使用权；1988 年修改《宪法》规定"土地使用权可以按照法律的规定转让"；1990 年 5 月国务院颁布《城镇国有土地使用权出让和转让暂行条例》，以行政法规的形式确定了国家实行城镇国有土地使用权出让、转让制度。逐渐形成城市土地有偿使用制度基本框架，以出让方式进入土地市场的国有土地使用权数量激增。

由于过去长期实行土地无偿、无限期划拨使用制度，大量城市存量土地产权不明晰，管理制度不完善，城市政府一直未能实行城市土地一级市场的垄断供应，造成了土地多头供应，开发过程缺乏有效监管，炒卖土地现象严重，政府土地收益流失，严重地干扰了房地产市场的正常秩序。1995 年 1 月施行的《城市房地产管理法》规定：国家依法实行国有土地有偿、有限期使用制度，土地使用权可以出让、转让、出租、抵押；1998 年修订的《土地管理法》进一步明确规定：国家依法实行国有土地有偿使用制度，土地使用权有偿使用包括出让、租赁、作价出资（入股）等方式；1999 年 1 月国土资源部发布《关于进一步推行招标拍卖出让国有土地使用权的通知》，提出了招标拍卖出让土地的必要性。国有土地出让作为土地有偿使用的基本形式，使总量增长相当迅速，出让逐渐成为政府供应国有土地的主导方式。该阶段城市土地开发主体多样，有党政机关和事业单位行政自用设施自行建设，也有以开发商为主体的市场化运作方式。在市场化运作的方式下，开发商以协议出让或划拨的方式取得现状土地，自行进行征地、拆迁和大市政建设后，再开发建设房屋，土地一级开发和二级房屋开发由一家开发商完成。这种传统的开发模式存在以下主要问题：

① 开发商直接征地，与《宪法》和《土地管理法》对土地征用的规定不符；

② 原用地方与开发商私下转让土地，突破了原用地方土地使用权权能；

③ 企业代替政府修建市政设施，政企职责不分；

④ 不符合市场经济公平竞争原则，不利于降低土地开发成本和房价。

2001 年 5 月国务院下发《关于加强国有土地资产管理的通知》，要求推行土地使用权招标、拍卖。该文件成为经营性土地由非市场配置向市场配置转变的分水岭，对土地资源市场配置制度的确立具有重要历史意义；2001 年 10 月国土资源部发布《划拨用地目录》，细化了划拨与有偿的范围，2002 年 5 月发布《招标拍卖挂牌出让国有土地使用权规定》，明确规定：商业、旅游、娱乐和商品住宅等各类经营性用地，必须以招标、拍卖或者挂牌方式出让；2004 年 3 月国土资源部、监察部联合下发了《关于继续开展经营性土地使用权招标拍卖挂牌出让情况执法监察工作的通知》，即 71 号令，要求从即日起就"开展经营性土地使用权招标拍卖挂牌出让情况"进行全国范围内的执法监察；接着国务院下发了《关于深化改革严格土地管理的决定》，明确了土地使用制度改革的基本内容和走向，即建立和完善土地资源配置的市场机制，充分发挥市场配置土地资源的基础性作用。

可见，为了规范城市土地开发市场，提高政府宏观调控城市土地开发市场的能力，保障城市土地使用及城市建设的可持续发展，我国城市土地开发必须采取规范的开发模式，它是保证土地储备制度的实施，保证政府有计划地供应熟地的根本措施。这种开发模式与传统土地开发模式不同是坚持政府对土地出让与开发的主导与管理，坚持统一规划，由开发主体采用市场化运作的方式进行综合开发，通过政府对土地利用的严格管理确保政府确定的经济与社会综合协调发展目标的实现，规范开发行为，通过统一规划和规划先行，确保项目功能的实现和市政配套设施的完善，使土地开发项目真正能够实现社会效益、环境效益和经济效益的高度统一和协调发展。

（2）根据投资主体划分开发模式

① 完全政府投资模式　该模式土地开发发生的一切费用均由政府承担，同时政府承担土地开发的全部收益。这类模式一般由政府的土地储备机构（如广州市、苏州市）或政府所属的国有企业（如上海市）负责土地开发项目的实施。模式的特点是：

a. 在政府财力雄厚的情况下，可以迅速集中资金对土地进行开发；

b. 有利于城市规划和产业结构的调整；

c. 需要政府加强监管；

d. 政府土地开发投资的成功依赖于政府招商引资的能力。

若开发成功的土地招商引资乏力无人问津，不仅政府巨额投资无法收回，而且会造成大量土地的闲置和浪费以及国有土地收益的严重流失。因此，该模式项目的前期策划及招商引资显得尤为重要。

② 企业投资模式　该模式政府仅制定城市规划、土地利用规划、土地利用政策，具体的开发项目由企业通过市场竞争获取，并按照规划和其他政府制定的规章实施（如厦门翔安新城的建设就是由政府组织编制规划、制订开发计划，通过招标等方式选择土地开发企业承担具体的开发任务，开发资金完全由企业自行解决）。

这种模式的特点是：规划体系完备、规划深度可以指导具体的开发项目、政府不需投入巨额资金，但要向企业支付一定比例的土地收益。

③ 政府和企业共同投资模式　该模式政府和企业双方共同出资参与土地开发的过程，此种投资模式实质上为双方共同入股参与土地开发，并按照各自股份所占的比例分享相应的

开发收益和风险，如苏州新加坡工业园区的开发。这种模式的基本特征为：政府和企业共同出资、企业建设、政府主导、分别核算。

（3）根据政府付费时间划分开发模式

① 发包式开发   该模式土地开发组织者就土地开发中的征地、拆迁和市政设施建设进行发包，可选择总承包方式或者与承包征地、拆迁和市政设施施工的企业直接签订相关合同，并按各项开发内容的工程进度拨付开发款。承包土地开发的企业其外部风险只来自于政府按进度付款的支付能力，与开发地块的增值与否无关。政府与土地开发企业是发包方与承包方的关系。

土地开发风险由政府全部承担，土地开发带来的增值全归政府所有收益，政府向土地开发企业支付一定的管理费用，模式要求政府有充足的资金，组织者有良好的管理能力。

② 委托式开发   该模式土地开发的组织者就土地开发中的征地、拆迁和市政设施建设通过一定的方式委托土地开发企业实施，在土地开发验收合格后再向土地开发企业支付开发费用。承包土地开发的企业其外部风险只来自于政府的支付能力，与开发地块的增值与否无关。政府与土地开发企业除了发包方与承包方的关系外，还存在资金的借贷关系，即政府借用企业的自有资金及企业为开发项目的对外借款。

土地开发风险由政府全部承担，但政府风险小于发包式开发模式，土地开发带来的增值全归政府所有收益，政府向土地开发企业支付一定的管理费用和开发资金成本，该模式要求政府有充足的资金，组织者有良好的管理能力，实施者有较强的管理和融资能力。

③ 联合开发   该模式土地开发的组织者就土地开发中的征地、拆迁和市政设施建设通过一定的方式委托土地开发企业实施，在土地开发验收合格、土地出让后再向土地开发企业支付开发费用。承包土地开发的企业其外部风险除来自政府的支付能力外，还有市场风险即土地出让能否成功。政府与土地开发企业除存在发、承包关系、资金借贷关系外，还存在合作关系。

土地开发风险由政府企业共同承担，但政府风险小于委托式开发模式，企业按其贡献分享一定的土地增值收益，获取一定的管理费用和开发资金成本，该模式要求组织者有良好的管理能力，实施者有较强的管理、融资和抗风险能力。

9.1.2   城市土地开发用地的选择与获取

9.1.2.1   城市土地开发用地的类型

根据土地的自然属性和城市土地的特点，从不同的角度，可以把城市土地分为各种不同的类型。

（1）按照土地区位划分

区位原是地理学的一个概念，指某块（片）土地所处的地理位置。由于人们研究土地的角度不同，形成土地的自然地理区位、经济区位、行政区位、社会区位、区域区位等区别。

城市土地区位是指城市中不同地段的土地，由于长期受自然、经济、社会、文化等因素的影响而形成的特殊地域环境和地段环境。一般而言，不同的城市土地区位，其功能、作用、效益也不尽相同。影响土地区位的因素主要有：城市规划、商业和服务业繁华程度、交通条件、城市基础和配套设施、土地开发成本、生态环境、人文环境及有关政策法规等。

按照土地区位不同可将城市土地划分为五种类型（见图9-2）：

城市土地 { 闹市区（商业中心区）土地
副中心区土地
闹市区边缘地带（亚中心区）土地
城市边缘区土地
城市郊区土地

图 9-2   城市土地区位分类

　　① 闹市区（商业中心区）土地　位于市中心地带，这里交通便捷，已有的商业和服务业门类齐全、集中分布、市政设施配套完善。对收益性房地产来说，该类土地区位最优，其经济效益也最好，主要用于商业、金融、信息服务业等第三产业，不适合作为工业用地和居住用地。

　　② 副中心区土地　特大城市和大城市每个行政区都有副中心区，该区域交通方便、商业和服务业门类比较集中，市政设施配套较完善，对城市居民购物和发展第三产业吸引力较大。此类土地区位仅次于闹市区，经济效益较高。适合用于发展商业、各种服务业等。

　　③ 闹市区边缘地带（亚中心区）土地　该土地由于靠近闹市区，距离市中心较近，一般交通条件较好，水、电、路等基础设施也较为完善，人口密度低于闹市区，土地区位较优。此类土地主要用于发展商业和无污染工业，部分可作为住宅、学校、医院及机关用地等。

　　④ 城市边缘区土地　位于亚中心区和城区边缘之间，土地面积较大。这里一般距市中心较远，交通尚通畅，但交通线路较少，人口密度也较低。该类土地主要用于工厂、大专院校、住宅建设以及集贸市场建设等。

　　⑤ 城市郊区土地　位于城市建成区的周边地带，土地面积大。区位特点是：距市中心远，交通条件一般，人口密度低，市政设施不完善，是城市中土地区位较差的一部分。这类土地一般现状是用于蔬菜生产和农副产品生产。在交通干线附近，适合作为经济开发区用地和居住区用地。

　　（2）按照土地使用的性质和功能来分类

　　按照土地使用的性质和功能来分类主要应用于城市规划和城市建设管理部门。

　　按照《城市用地分类与规划建设用地标准》（GBJ 137—90），根据土地使用的主要性质，采用大类、中类和小类三个层次的分类体系，可以将城市土地分为 10 大类（见图 9-3），46 中类，73 小类。

城市土地
{
居住用地
公共设施用地
工业用地
仓储用地
对外交通用地
道路广场用地
市政公用设施用地
绿地
特殊用地
水域和其他用地
}

图 9-3　城市土地功能分类

　　① 居住用地　指居住区、居住小区、居住组团和单位生活区等各种类型的成片或零星用地。它主要用于普通住宅、公寓、别墅，及为居住服务的公共服务设施、道路、绿地建设。居住用地在城市开发建设用地中占很大比重，居住用地可分为一类、二类、三类和四类居住用地四个中类。其中，一类居住用地指市政公用设施齐全、布局完整、环境良好、以低层住宅为主的用地；二类居住用地指市政公用设施齐全、布局完整、环境较好、以多、中、高层住宅为主的用地；三类居住用地指市政公用设施比较齐全、布局不完整、环境一般、或住宅与工业等有混合交叉的用地；四类居住用地是以简陋住宅为主的用地。

　　② 公共设施用地　指居住区及居住区级以上的行政、经济、文化、教育、卫生、体育以及科研设计等机构和设施的用地，不包括居住用地中的公共服务设施用地。公共设施用地可分为行政办公用地、商业金融业用地、文化娱乐用地、体育用地、医疗卫生用地、教育科研设计用地、文物古迹用地七个中类。

　　③ 工业用地　指工矿企业的生产车间、库房及其附属设施等用地，包括专用的铁路、码头和道路等用地，不包括露天矿用地。工业用地分为三个中类，对居住和公共设施等环境基本无干扰和污染的工业用地，如电子工业、缝纫工业、工艺品制造工业等用地是一类工业用地；对居住和公共设施等环境有一定干扰和污染的工业用地，如食品工业、医药制造工业、纺织工业等用地是二类工业用地；对居住和公共设施等环境有严重干扰和污染的工业用

地，如采掘工业、冶金工业、大中型机械制造工业、化学工业、造纸工业、制革工业、建材工业等用地是三类工业用地。

④ 仓储用地　指仓储企业的库房、堆场和包装加工车间及其附属设施等用地。又可分为普通仓库用地、危险品仓库用地、堆场用地三个中类。

⑤ 对外交通用地　指铁路、公路、管道运输、港口和机场等城市对外交通运输及其附属设施等用地。

⑥ 道路广场用地　指市级、区级和居住区级的道路、广场和停车场等用地。

⑦ 市政公用设施用地　指市级、区级和居住区级的市政公用设施用地，包括其建筑物、构筑物及管理维修设施等用地。可划分为供应设施用地（供水用地、供电用地、供燃气用地、供热用地等）、交通设施用地、邮电设施用地、环境卫生设施用地、施工与维修设施用地、殡葬设施用地六个中类。

⑧ 绿地　市级、区级和居住区级的公共绿地及生产防护绿地，不包括专用绿地、园地和林地。

⑨ 特殊用地　特殊性质的用地主要包括军事用地、外事用地和保安用地。

⑩ 水域和其他用地　除以上各大类用地之外的用地。

以上分类中，城市土地包括十大类中的居住用地、公共设施用地、工业用地、仓储用地、对外交通用地、道路广场用地、市政公用设施用地、绿地和特殊用地、水域和其他用地。通常，房地产开发用地主要涉及城市土地中居住用地（居住区、居住小区、居住组团）和公共设施用地中的商业金融业用地（如写字楼、购物中心、商铺）。

（3）按照对土地人为投入的形式及程度不同划分

按照对城市土地进行人为投入的形式及程度的不同，城市土地可分为两类：生地和熟地。

① 生地　生地有两种形式：一种是未经任何投资建设的自然土地，它基本属于农村用地，如种植地，包括陆生种植地和水生养殖地、沼泽地、滩地、山地等。这些自然土地，大多属集体所有，但往往已规划作为城市土地，经征用后，可用于城市建设用地。另一种是虽进行过建设投资，但不能满足现时城市建设需要的城市土地。这种土地一般是指城区中须进行再开发的土地，如城区中使用性质不符合城市规划要求的土地、使用效益低下的土地、环境恶劣地段的土地等。此种土地大多属国家所有，也有部分属于未征用的集体所有土地。使生地转变为城市建设用地，必须做大量的前期工作，如拆迁、补偿与安置、地基处理、城市基础设施建设工作等。

② 熟地　是指经过了开发方案的选择、规划与设计、场地平整、附属构筑物及基础设施建设阶段的土地。它能满足城市建设所确定的土地用途的建设要求，已进行城市土地"三通一平"、"五通一平"或"七通一平"建设，将生地转变为满足城市建设需要的城市土地——熟地。

熟地一般具备如下基本条件。

a. 地平条件　满足建筑物建设的场地平整要求，包括地上、地下障碍物已清除，场地的标高、场地填方的密实度达到要求。

b. 场地正常、安全使用的条件　已改善不良地貌、地质和水文条件，地基稳定，地基承载力达到规定要求，满足建筑物对场地的正常和安全使用要求。

c. 基础设施条件　基础设施满足建筑物的建设和使用要求。如：完成了"三通一平"（通水、通电、通路、平整土地）的熟地或完成了"七通一平"（通水、通电、通路、通邮、通讯、通暖气、通天然气或煤气、平整土地）的熟地。

9.1.2.2　城市土地开发用地选择

（1）城市土地开发用地来源

① 城区中需再开发的土地　这类土地主要是指城区中一些环境恶劣、基础设施老化和缺乏地区的土地，或是一些使用性质不符合规划要求，使用效益低下的土地。这类土地上的现有住房大多是居住用房，另一部分是一些商业服务用房、厂房以及事业办公用房。

② 城市规划区内的建设备用地　此类土地是指规划区内的一些国有的建设备用地以及市区以外尚未征用的集体所有的建设用地。

③ 各种开发区内的土地　大多数开发区依附于现有城市，也有独立新建的开发区。就目前情况看，除少量科技园区外，大多数开发区以"综合开发区"面貌出现。它们面积较大，以港口或工业（高科技产业、大型工业）为主，多种产业并举，开发后具有较大的人口规模，成为现有城市的新市区，或者成为现有城市外围的新城镇。

（2）城市土地开发用地选择

城市土地开发用地选择，主要包括两个层面的工作：一是投资区域的确定；二是在投资区域内选择、确定开发地段。这里的区域通常是指城市，而地段是指所在城市的城市规划区内某地段的城市土地。

① 投资区域选择的因素分析　投资者在选择投资区域时，应统筹考虑以下因素。

a. 政治环境　稳定的社会与政治环境是城市土地开发投资活动顺利进行和发展的最基本条件。平和、稳定、安全的社会环境，人们才会安居乐业，从而才有投资开发机会。

b. 经济环境　经济环境是影响投资决策最重要、最直接的基本要素，宏观经济好坏是反映国家或地区总体经济现状，国民生产总值、国民收入、国民经济增长率反映国民经济整体状况，当地消费总额、消费结构、居民收入、存款余额、物价指数反映社会消费水平和消费能力。经济高速增长的地区，城市化进程加快，集聚效应显著，会吸引大量人口、公司的"涌入"，商业活动会剧增，这将对房地产（包括城市基础设施）产生强烈的扩张性需求，导致对城市土地需求的增加。因此，相对经济发达或经济高速增长的地区，会具有更多开发投资机会。

c. 投资环境　城市土地开发投资一方面能为地区的社会、经济发展建设提供土地资源，同时也要求地区的社会、经济环境的适应和配合。在硬环境方面，主要考察城市经济、产业结构、基础设施状况和生产生活条件；在软环境方面，对开发投资有利的因素是：政策信息渠道畅通、政策稳定；相关法律、制度完善、稳定；当地金融机构支持；当地中介服务机构成熟；当地社会人才素质良好等。优越的投资环境，有利于开发项目的顺利实施。

d. 特大型建设投资　如果地区有（或规划有）特大型建设项目或大规模系列建设项目，那么由于聚集效应和配套要求，通常会迅猛带动当地经济和社会的全面发展，从而导致产生大量的城市建设用地需求，只有这种需求才能形成城市土地价格稳定上升的趋势，该地区的土地开发就会有较大的利润空间。

在具体实践中，除上述方面外，投资者还要仔细考虑以下几点。

（a）相关的其他经济特征　如当地发展的政策背景、银行利率的变化趋势、当地产业结构的变化方向等，它们会直接导致当地开发市场的变化。

（b）地区的分散性和差异性　为降低投资风险，投资者应注意尽可能在不同的地区分散投资。

（c）当地的合作者　鉴于城市土地开发的特点，当地如果有非常强的合作者，对投资者来说将十分有利，尤其对初次进入该地的投资者来说，更是如此。

（d）自然条件　开发投资者应尽量避开一些易受自然灾害（如地震、洪水等）的地区，减少建设风险和成本。

② 开发地段的选择因素分析　开发企业在确定了开发地区后，应进一步做详尽的市场调查，识别市场需求，然后结合自身情况，制定投资计划，再有针对性地选择恰当的开发地段。开发企业在确定开发地段时，应统筹考虑下述因素。

a. 城市规划　城市规划是对城市土地使用和各项建设所作的综合布置。城市规划区内的土地利用和各项建设必须符合城市规划，服从规划管理。开发企业要找到适合自己的地段以及确保以后项目规划顺利获得许可，须详细研究当地城市规划和相关法规。开发企业在做这项工作时，应与当地规划主管部门及有关专业人士保持联系，获取指导和咨询意见，明确以下几点：

(a) 城市用地布局，主干交通体系；

(b) 允许开发的地块，使用类型及兼容性程度；

(c) 政府的开发计划及政策；

(d) 尚未出让的开发地块及出让条件；

(e) 已出让地块目前的状况等。

另外，投资者也要了解土地主管部门的年度土地使用权出让计划和出让方案（包括地段、总面积、用途、使用条件、出让方式等）。它们不仅对当地房地产需求产生影响，也影响投资者当前选址的方向和有效性。

开发企业从城市规划方面确定备选地块时，须有一些超前的眼光，要注意发现潜在的机会。对一些有较大增值可能或受到较少约束的地块，以及使用性质兼容性较强的地块，应予特别关注。如城市规划中的新中心区地块，地理环境有可能改善的地块，使用性质有一定余地的地块等。一些已完成城市设计的地块，一般都有较大的发展潜力，但受约束较多，开发企业应视具体情况予以把握。

b. 自然环境和工程地质因素　自然环境和工程地质因素包括自然景观、地势、地貌、气象、生态以及地质状况、防灾等若干方面。在现代技术条件下，可以在任何一般环境、地质条件下建设房屋和设施。但是，在不同环境、地质条件下建设房屋和设施的投入成本、建设工期以及未来的适用性等有很大不同。地块的环境、地质条件，直接或间接影响着开发物业未来的市场。在环境方面，首先是自然景观，自然景观好，可增强物业的吸引力，但除必须外（如别墅、高尔夫球场等），一般物业不必苛求。在地势上，应尽量选择平缓、排水良好的地段，要避免地下水位过高、有污染水源的地段。另外，也要注意考察气象、生态条件对某些开发项目的特别影响，如航空港开发。在工程地质方面，要考察土质情况、承载力、地质稳定性等，注意地下构筑物、文物遗址等存在的可能性。做好这方面的工作，开发企业要详细查阅现有档案，必要时，进行选址勘察。

c. 现有的建设条件

(a) 地块利用状况。包括土地的所有者、使用人及合作意愿、利用现状等，它影响地段取得的可能程度，取得的途径、方式，未来建设成本、建设时间及风险程度等。

(b) 基础设施状况。主要指地段给水、排水、供电、路等设施以及教育、商业服务设施等的完善程度及容量。它们对非基础设施开发企业而言，至关重要。

(c) 现有建筑环境。主要指地段周围现有（或将有）的建筑物所形成的氛围，即现有建筑物的类型、规模、体量、造型、邻近程度等。它们对拟开发物业的建筑规划处理的难易及限制，以及未来市场反应、使用效率等产生重大影响。一方面，拟开发物业可与建筑环境产生聚集效应或互补效应，另一方面建筑环境也可对开发物业产生排斥（现实的或是心理上的），如居住物业、休闲保健物业与垃圾处理设施等为邻就十分不当。

d. 地段面积与形状。地段面积如果与投资者的能力（包括管理、融资等能力）不适应，显得过大，这样的地段是不恰当的。如果有可能，一般来说，大规模集中开发（如整个街区开发）在规划、建设管理、成本等方面对投资者是有利的。而若能在多个地段，从事不同项目的开发，则将有益于投资者降低风险，提高利润水平。地段狭长、不规则，不利于布置建筑和有效利用，开发企业应注意避免选择此类场地。

（3）城市土地开发用地选择的原则

① 区域优先　选址时，应遵循先确定投资区域，再选定地段的顺序。毫无疑问，如果区域社会、经济发展滞后，即使地段最优，项目也难以成功，这在开发实践中已有证明。

② 注重潜力　开发企业无论在确定投资区域，还是在确定地段时，都应以注重潜力为原则。有潜力，就意味着房地产日后有发展和增值空间。值得指出的是，在很多情况下，有市场潜力的地区，其当前投资环境或商业环境并不一定完善，甚至表现相对滞后。在具体确定地段时，要有眼光，不要完全拘泥于地段当前的因素和条件，要深入判断其发展和未来变化趋势。

③ 适应投资特征　不同的房地产投资形式、投资规模、投资项目的类型等，应综合考虑的选址因素不尽相同，因素考虑的重点及利弊点也不同。因此，房地产项目选址，应针对投资计划，适应不同投资的特性来进行。

④ 综合评价　无论是不同投资区域的比较选择，还是不同地段的比较选择，都不能用单一因素或指标来分析、决策。开发用地的比较选择，应该采用综合评价方法。

9.1.2.3　城市开发用地的获取

城市开发用地获得主要是城市土地使用权的取得，该内容在本书第 6 章城市土地市场管理中已作介绍，详见土地使用权出让管理和土地使用权转让管理。

9.2　城市土地的经营

9.2.1　城市经营

（1）城市经营的概念

城市经营的理念在我国提出已有 10 多年的时间，真正流行也只是近几年的事情。而国外学者 20 世纪 70 年代提出了城市经营的理念，但他们的提法不是"经营"而是"营销"。其理论的代表人物是美国著名的营销大师菲利浦·科特勒教授。他提出了著名的国家营销和地区营销的概念，对世界各国的国家战略和地区战略产生了极大的影响。经过几十年的发展，该理论得到不断充实和完善。20 世纪末，我国大连等城市首次引进城市经营这一概念，后来广州、上海、北京等一批大中城市纷纷将一理念作为城市发展的战略，对我国城市建设和发展，加快城市化进程产生了深远影响。

所谓城市经营，就是政府通过运用市场经济手段，对构成城市空间和城市功能载体的自然生存资本、人文资源及其相关延伸资本进行集聚、重组和运营，其实质是将城市作为特殊商品，运用经营手段，实行城市资源合理配置。具体来说，就是政府通过运作城市内的土地、房产、市政设施及其延伸的无形资产等各种资源，使城市获得迅速发展。这些运作包括城市发展的各种谋划、规划、开发、建设及管理等。

城市经营的要素包括：土地、景观、旅游等自然资源，城市基础设施等有形资产，城市形象等无形资产，城市文化及历史遗产资源，人力、企业、制度资源等。

在城市经营的过程中，应该认识到：

① 城市经营不仅要注重城市资产的经营，更要注意城市产业结构的拓展和创新；

② 城市经营不仅要以经营手段建设城市，更要把经营理念贯穿到城市规划、建设、管理和发展的全过程；

③ 城市经营不仅要注重城市有形资产的盘活，还要注重无形资产的利用，将城市政府的长期投入最大限度地通过无形资产经营收回；

④ 城市经营不仅要建立城市发展的市场经营机制，还要强化政府宏观调控监管，使城市呈现可持续发展的生机和活力。

城市经营过程和目标都必须坚持社会效益、经济效益、环境效益和谐统一，充分发挥城市基础功能作用，为城市经济发展创造优越的环境空间，从而推动城市全面快速发展。

（2）城市经营主体

在市场经济条件下，城市经营主体既要按照市场经济规律经营城市，又要使城市资产的经营符合社会效益、经济效益和环境效益的和谐统一。为实现城市经营目标，城市经营主体应具有双重性，即市场主体和政府主体。

① 市场主体　市场成为城市经营主体主要体现为：

a. 城市经营是以市场为基础，没有市场机制的城市经营是没有活力的。

b. 缺少市场机制的引导，国家所有、国家控制和经营的公共资源配置效率就会降低，从而使城市经济缺乏动力。

c. 真正意义上的城市经营，应该是政府主动适应市场经济条件，从过去垄断而又无力做到或者不该做的一些投资、经营领域中退出，交由市场去配置、去完成，城市经营的本质自然具有市场行为和政府行为的两面性。

d. 从我国经济改革实践来看，市场经济体制正处于不断完善之中，城市作为我国国民经济重要的组成部分，它的经营必须符合市场经济体制改革的要求。

因此，在城市经营中引入市场机制，就会促使城市资源配置在最大程度上得到优化，从而实现城市资产的保值增值。

② 政府主体　政府也是城市经营的主体之一，其原因如下。

a. 由于政府控制公共资源的目的不是为实现经济利益最大化，而是追求经济效益、社会效益、环境效益的统一和社会福利的最大化。

b. 由于对公共产品和公共服务的管理与经营是城市经营的主要内容，尤其是纯公共物品和公共服务具有极强的外部性，市场并不会主动提供社会所需要的公共产品，私人部门也无法通过公共产品的供给获得收益，只能由政府供给和实施管理，这对于提高社会福利极为有利。

c. 市场竞争的非对称性，必须利用政府有形的手来维持某些行业竞争的有效性。比如将城市公交运营权拍卖，在获得经济效益提高的同时也使服务水平大为提高，给老百姓带来了极大的实惠。

（3）城市经营的主要内容

城市经营是一个复杂系统工程，其经营内容必然涉及诸多方面。根据经营对象的不同，城市经营内容主要包括有形资产和无形资产两方面。

① 有形资产经营　有形资产是城市最直接的资产，既包括土地资源，又包括狭义和广义的基础设施项目。

a. 经营城市土地资源　土地是城市最重要的资源，也是数量、弹性较小的有形资产，是城市资金的主要来源，是政府掌握的最大的城市资产。为使供给相对固定的土地资源得到充分利用，政府要把城市土地作为资产来经营。从全世界来看，各国都把土地作为城市经营的主要对象，城市政府通过经营土地实现最大收益，是城市经营的关键和城市快速发展的基础。

b. **基础设施项目**　城市基础设施有狭义和广义之分，狭义的基础设施是指供电、供水、供气、交通运输和邮电通讯等设施。广义的基础设施是指除上述外，还包括文化、教育、科学、卫生等设施和部门。城市基础设施是整个国民经济基础设施在城市地域的集结和延伸，其服务对象是城市的生产和生活。为城市生产、社会发展、人民生活提供基础性公共设施，是城市存在和发展的基础，它也是城市经营的主要内容之一。

② **无形资产经营**　城市经营不仅要重视直接收益的经营项目，更要把城市作为一个"品牌"来经营，改善城市环境，突出城市特色和文化品位，以城市特色、城市形象和城市品牌为核心来经营城市。

a. **城市冠名权与广告权**　城市冠名权和广告权是城市内在的无形资产，也是最为狭义的城市无形资产。城市冠名权主要包括城市道路、桥梁、标志性建筑物、重大的城市社会经济与文化活动等方面的命名。其中，城市道路、桥梁、标志性建筑物等实体的冠名权具有持续时间长、效应持续期长的特点。此外，城市一些服务业的营运权或稀缺性的消费权，如出租车、公交线路营运权等都可以作为城市无形资产来经营。

b. **设计城市形象**　城市形象是指社会公众对城市环境、历史、经济和社会多方面的综合评价和总体印象。城市给予人们的综合印象和观感，主要是通过城市内部要素的有机组织来实现的。城市精神和城市灵魂的塑造是城市形象设计的核心内容，而城市精神塑造与城市精神文明建设是密不可分的，精神文明建设好了，可以增强市民的文明观念，提高市民的文化素质，改善城市的面貌。所有这些内容的实现，除了依靠市民的努力外，更需要政府的引导。因此，它是城市经营的关键内容之一。

c. **树立城市品牌**　品牌是城市形象的载体，塑造城市品牌是城市形象设计的进一步扩展。城市内部某一地理位置或某一空间地域也可以成为品牌（如扬州市老城区的"双东街区"和"教场"，已成为扬州古城的名片，城市的品牌，反映城市历史文化的积淀和传承，使古代文化和现代文明融合共生。），它可以让人们了解和知道某一地域并将某种形象和联想与这个城市的存在自然联系在一起，让它的精神融入城市的每一座建筑中。在当今国际竞争日益激烈的情况下，城市形象已不再单指美化市容，而是将城市品牌作为吸引投资促进本地经济的强大推动力。因此，树立城市品牌是促进城市快速发展、提高城市经营质量的一个重要方法和手段。

9.2.2　城市土地经营概述

9.2.2.1　城市土地经营的内涵和原则

（1）城市土地经营的内涵

所谓城市土地经营，就是在政府的宏观政策调控下，建立公开、公平、公正的有形土地市场，运用市场经济手段，将城市土地出让、转让、流转进行市场化运作，实现最佳经济效益、社会效益和环境效益，并将所获取的土地收益用于城市建设，走出一条以地建城、以地兴城的城建新路。

城市土地是城市生存和发展的载体，是城市功能发挥和经济活动的基础。在工业化和城市化进程中，必然使具备一定规划条件的城市土地变得更加稀缺。土地作为城市经济中最基本、最主要、最活跃的要素，越来越受到各级城市政府的关注和重视。为此，城市政府必须以经营理念来配置稀缺的城市土地。经营好城市土地，其意义在于优化配置土地资源，扩展城市建设资金来源，有效地筹集城市建设资金，改善城市环境、促进招商引资，有利于城市规划的实施。

　　城市土地经营按照资产经营的一般原理，考虑土地的保值和增值，是近年来才认真研究和实施的。城市土地经营是在经营城市理念建立以后提出的，伴随着我国社会主义市场经济体制改革的不断完善，其重要标志是我国建立了城市土地储备制度和机构。而且，城市土地经营是一项系统工程，需要各方面的配套和协同。

　　① 城市功能的优化是城市土地经营的基础，城市土地的经济价值与城市功能的优劣呈正相关，城市功能越优化，城市土地的经济价值越大。城市的综合竞争力直接取决于城市功能的经营，而城市综合竞争力集中体现在经济实力上，经济实力是城区功能集中优化的结果。都市经济的核心是城区经济。城区是创造力的中心，财富的中心，信息的中心，也是企业竞争的中心。因此，培养整个城区的综合竞争力，培育城区经济增长点，增加城市土地的经济价值，关键在于优化城区功能。

　　首先，城市土地资源的配置要适当疏散城中心区域密度。针对城市各级机关团体绝大多数拥挤在城区核心范围的情况，着手规划疏散中心城区密度。要积极建设和完善高新区，坚持城市向非耕地和耕地利用率不高区域发展的原则，建设城市副中心。其次，城市土地资源的配置要进一步提高中心城区对各区（市）县的辐射能力。按辐射区域进行统筹规划，协调卫星城建设和发展。第三，城市土地资源的配置要根据城市作为区域经济中心和枢纽的功能定位，聚集城市科技、金融、商贸、交通、通讯、信息等功能，做大做强，进一步增强城区在特大城市经济中的吸引和辐射力，巩固和发展城区的核心地位和作用，以促进城市更加繁荣。

　　② 城市规划是提升城市土地经营效率的基础和保障，城市土地价格受其区位的直接影响，而城市规划是影响和形成城市土地区位的重要原因。因此城市规划是城市绝对地租、级差地租和级差地价形成的条件，从而也是提升城市土地经营效率的基础。

　　城市规划的优化和城市功能的提升，应注重城市内涵型发展，而不是外延型扩张。城市建设不是单纯地向外围地带和城郊延伸，而是要根据不同城市的实际情况进行规划。首先，城市建设和城市经营中应该防止出现同质性问题，城市建设规划、城市建筑风格的同质性只会使其城市显得呆板死沉和雷同无特征。其次，城市建设过程中一味地求新求大，浪费土地资源，更浪费不可再生的历史文化资源。另外，城市在建设和改造中也应该做到整体规划和长远考虑，防止出现"头痛医头、脚痛医脚"的建设改造。在城市建设中除了量的变化外，最重要的是质的变化。也就是说，要让城市的居民享受到城市生活的文明进步。

　　一个城市的规划、建设、管理、经济、环境等方面的水平与城市土地的地租、地价和土地贡献率呈正相关。城市政府应该坚持在经济效益、社会效益、环境效益三者和谐统一的基础上，把经营城市的思路贯穿到城市规划、建设、管理、产业与市场运作的全过程，营造城市特色，从而使城市土地在价值上不断增值。

　　③ 严格执行建设用地供应总量、阶段和区位控制制度是经营城市土地的关键，城市土地的供求关系是城市土地市场和房地产市场运行的基本关系。城市土地的价格高低与城市土地的供应总量密切相关。根据城市土地价格形成机制，在其他条件不变的情况下，城市土地的价格受城市土地的供应总量制约：土地的供应量愈大，其单位面积的城市地价就愈低。所以，在社会经济发展水平平稳提升阶段，严格控制建设用地供应总量，不仅是加强用地管理的基础条件，也是经营城市土地和提高城市土地经营效率的关键。为此，必须严格执行土地利用总体规划和计划，严格执行建设用地供应总量控制制度，控制增量建设用地供应量。同时，要根据土地供应总量与地价之间互动机理，根据用地性质、功能、市场需要、资金来源、建设时间、配套条件等来有序安排土地的供应量、供应时间、供应区位。从而才能确保

城市土地经营，运用土地供求和价值规律，使城市土地经营的成本最低，产生的效率最大。

城市政府要高度垄断和统一建设供地渠道，对新增建设用地，要采取统一征用、统一提供的方式。同时，要坚持城乡土地的统一管理，实行省市对县区土地管理的集中统一领导的机制。

④ 健全和完善城市土地交易制度是城市土地经营的重要条件，首先城市政府要切实按照有关法律法规的要求，建立健全经营性用地的招标、拍卖或实行挂牌公告方式交易的运作机制。其次，要积极推行城市土地交易许可制度和城市土地交易申报制度，各级土地行政主管部门要充分利用城市土地使用权的有形市场，促进城市土地使用权依法公开交易。再次，要实施城市土地使用权市场交易信息披露制度，土地交易管理的程序要向社会公开，接受社会监督。要定期公布和提供土地供求信息，要实行土地登记的可查询制度，采取切实措施增加土地登记的覆盖面，充分发挥土地登记在市场监管和产权保障中的作用。第四，要加强和完善城市地价管理制度。为了规范城市土地市场秩序，必须严格执行基准地价定期更新和公布制度，严格执行城市土地定级规程和土地估价规程，科学地开展基准地价更新与土地定级的修订工作。第五，健全和完善城市土地市场中介组织的执业制度，政府机构与土地市场中介组织必须彻底脱钩，以推动房地产中介机构真正成为产权明晰、权责明确、政企分开、管理科学的现代企业。最后，要进一步完善土地监察管理体制，要进一步加大对城市土地市场监督力度，坚决纠正土地资产管理工作中有法不依、执法不严、违法不究的行为，严肃查处土地交易中的违法、违纪行为。

（2）城市土地经营的基本原则

在城市土地经营过程中，必须坚持以下原则。

① 统一经营原则　由于城市基础设施建设需要巨额投资，必须立足于整个城市土地的统一经营，才会有较大的空间，才能满足整个城市建设发展的需要。因此，必须把整个城市土地集中起来统一经营。强化政府供地行为的整体统一性，集中土地"供应权"和"经营权"，既要经营好增量，又要盘活存量。只有政府集中控制了土地资源，垄断了土地供应，形成了政府供应土地的卖方市场，才能保证政府经营城市土地目标的实现。

② 统一开发原则　经营土地不是简单的卖地，而是通过经营使土地增值。通过土地开发，将"生地"变成"熟地"，可以产生巨大的增值收益。在开展城市土地经营时，必须坚持土地统一开发原则，要逐渐杜绝"生地"出让现象。以城市基础设施建设带动土地开发，通过开发促进土地增值，利用土地增值收入筹措基础设施建设投资，以形成城市基础设施建设与土地开发的良性循环机制。

③ 市场化运作原则　在社会主义市场经济条件下，投资主体多元化，投资行为市场化，决定了政府必须通过市场机制来配置土地资源。只有通过市场化运作，才能使土地资源得到优化配置，才能使土地资产价值得到最大化实现。因此，在开展城市土地经营时，必须改革土地供应方式，减少行政配置土地资源的范围，大力推行土地招标、拍卖和挂牌公开交易方式，为投资者创造一个公开、公平、公正的市场环境。

④ 可持续发展原则　土地是不可再生资源，土地经营过程中除了保证当期政府收益的最大化，还应该充分把握土地经营时序，保证后续政府和后代人的利益。同时，不应单纯追求土地经营利润最大化，还应将土地经营的经济效益和社会效益、环境效益有机结合起来。通过合理调控，将地价维持在合理水平，营造良好市场环境，提高城市综合竞争力。不仅追求地方政府收益，还应兼顾国家、社会和个人的利益。并通过城市土地经营，进一步优化城市土地利用结构，提高城市土地利用的集约化水平，促进城市产业结构和经济结构的调整，使城市建设得到可持续发展。

9.2.2.2　城市土地经营的模式

（1）城市土地经营主体

① 土地管理的主体是国务院和市县人民政府　我国《土地管理法》规定，城市市区的土地属于国家所有，国家所有土地的所有权由国务院代表国家行使。土地的所有权包括对土地的占有、使用、收益和处置权。但国务院在行使占有、使用、收益和处置权时，将付出很高的交易成本。这样，国务院主要行使土地收益的分配权和土地的最终处置权，将其他权能通过法律授予地方人民政府，主要是市县人民政府。由于我国国家体制，中央政府与地方政府是上下级关系，国务院领导地方人民政府工作，可以将自己的权力授予地方政府。向地方人民政府授权管理土地，并不影响国务院行使土地的所有权。这样，市县政府实际上具有占有和使用的权力，并拥有部分收益和处置权，可以支配城市国有土地。国务院通过市县政府实现对城市土地的国家所有权。

《土地管理法》遵循决策权与执行权分开的原则，规定土地的审批权主要由国务院和省级人民政府行使，而具体的编制和执行权放到市县人民政府。这既符合国家对土地市场宏观调控的需要，又有利于最大限度地发挥市县政府经营城市土地的积极性。

《土地管理法》规定市县政府拥有市县土地利用规划的编制权和组织实施权。市县通过制定土地利用总体规划，明确界定土地用途，使用土地的单位和个人必须严格按照土地利用总体规划确定的用途使用土地。国务院和省级人民政府主要行使审批权，即只要符合法律法规的有关规定和上级土地利用总体规划的要求，国务院或者省级人民政府将予以批准，否则，将要求予以修改。市县人民政府可以在法律法规和上级土地利用总体规划确定指标范围内决定本行政区的土地利用的性质和利用方向。

② 经营城市土地的主体是政府和土地使用者　市县政府根据发展规划，采用批发零售的审批办法向市场供应土地。对于土地利用总体规划确定的城市建设用地规模范围内的土地，建设需要占用农用地和征用土地，由市县人民政府按年度土地利用计划分批次报送国务院或者省级人民政府批准。农用地转用和征用土地方案批准后，将由市县政府土地管理部门拟定供地方案，报同级政府批准，可以采用招标、拍卖等方式出让土地或者划拨土地使用权，不再需要报上级政府批准。对于城市原有建设用地，特别是旧城改造的土地，则完全由市县政府决定，上级政府只负责监督。因此，对城市土地的供应数量、供地方式、供地方向、地价的确定、收益的使用等都将由市县政府决定，市县政府有权采用处置城市土地资产和调控土地市场的方式。

《土地管理法》规定，新增建设用地的土地有偿收益 30％上缴中央，70％留地方。根据国土资源部和财政部的规定，新增建设用地有偿使用费的收缴办法采用包干制的办法，即按城市类别、有偿使用土地比例等确定每平方米的上缴收益，由市县政府一次上缴中央，而与出让金的实际价格无关。按此规定，出让价格高的市县政府收入高，上级也不参与分配，出让价格低的中央也不减免。市县政府可以采取市场的方式配置土地，争取获得最大的土地收益。同样对城市存量建设用地的出让收益全部归地方，中央不参与分配。

政府具有土地财产管理和行政管理双重职权，在城市土地经营中处于支配地位。而土地使用者主要行使对土地占有、使用和收益的权力，并受到政府行政权的限制。因此，政府在城市土地的经营中仍起着关键作用。

（2）城市土地经营的模式

政府在城市土地经营中处于支配地位。根据政府对城市土地经营的干预模式、干预力度和干预目的，可将土地经营模式分为成本主导型、收益主导型两种类型。

① 成本主导型经营模式

a. 成本主导型土地经营模式形成的背景　地方政府为促进城市经济发展，满足居民住房需求，通常以低地价吸引外来投资，以压低地价的形式向中低收入群体供应经济适用房，使城市土地经营以成本导向为主体。

（a）低地价吸引外资　在城市发展中扩大招商规模是一项重要工作。为达到吸引外资的目的，纷纷以低价出让土地作为重要手段来吸引投资，不仅经济欠发达地区如此，在沿海一些经济发达地区亦是如此。导致这种现象的原因主要有以下几个方面。

第一，区域间经济的过度竞争。为吸引更多的投资，地区之间竞相吸引外资项目。然而随着国家对税收征管、减免做出严格规范后，一些地方为提高自身的竞争力，转而以土地使用权的低价出让作为重要的吸引外资手段。尤其是一些经济开发区和工业园区利用特殊的政策和审批权限，成为引发相互攀比低价出让土地进行招商引资的主要源头。

第二，领导干部考核机制尚有缺陷。上级在考核领导干部政绩好坏时，往往注重经济指标，近年来更注重招商引资成果如何，引进外资多少。所以一些领导干部为了出政绩，尽快把招商引资工作搞上去，急于求成，不细算经济账、社会效益账，竞相压低地价，以招徕外商投资。

第三，土地出让市场化机制不完善。目前各地涉及商业、旅游、娱乐、商品住宅等经营性用地已逐步实行了招标、拍卖、挂牌出让，对出让方式进行了规范和完善，而工业等生产性用地，除上述出让方式外，也可实行协议出让，且目前主要以协议出让方式为主。一些地方工业用地协议出让方式决策机制不完善，导致土地以过低的价格出让。

（b）低地价保证经济适用房建设和供给　2004 年建设部、国家发展改革委员会、国土资源部、中国人民银行关于《经济适用住房管理办法》的通知中指出，经济适用住房建设用地，要按照土地利用总体规划和城市总体规划要求，合理布局，实行行政划拨方式供应。国家之所以要建设大量的经济适用房、廉租房等具有保障性质的住房，其原因主要有以下两点。

第一，改善中低收入家庭居住条件的需要。我国实施住房制度改革后，巨大市场需求及相关制度的不完善性使得商品房价格居高不下。城市中的中低收入家庭由于收入水平低，完全依靠市场化的手段很难解决自身的居住问题，从而导致城市中的贫民区现象，并影响整个城市的发展和稳定。因此，各国政府均出台了一系列的政策和措施来保证中低收入家庭的基本住房问题，如低收入阶层住房税金信用计划、住房公积金计划、住房分类供应制度、廉租住房制度等，这些制度的实施可以改善低收入阶层的住房问题，有利于实现住房上的"公平"。

第二，建立住房保障体系的需要。经济适用住房是政府提供政策优惠，限定建设标准、供应对象和销售价格，具有保障性的政策性商品住房。其最显著的特点是经济适用房是一种政策性住房，是国家社会保障体系的重要组成部分，这一点是与市场化商品房的主要区别。是因为政府有责任和义务来保障居民的基本居住权利，特别是中低收入家庭的居住权。

b. 成本主导型土地经营模式的内涵及特征　该模式是指政府通过行政手段改变土地要素价格，降低经济运行成本，从而达到城市发展和满足居民需求的目的。土地经营方式有多种，既可以划拨形式为具有保障性质的住房供应土地，也可以低价形式向外资企业出让土地。无论哪种土地供应方式，成本主导型土地经营模式都具有如下共同特征。

（a）低价供应土地　成本主导型土地经营模式中土地供给价格都要低于市场价格。划拨土地使用权价格由两个方面构成：一方面是划拨土地使用权的取得成本，即无偿或有偿取得划拨土地使用权直接支出的有关费用，如拆迁补偿安置费等；另一方面是在对应的划拨土地上所投入的土地开发成本，如场地平整等改善土地利用条件的合理费用。可见，划拨土地价格并不是地租，只是土地前期开发所产生必要费用的一种补偿，实际地价远远低于市场价格。地方政府为吸引外资项目所提供的低价土地也是如此，土地价格明显低于市场价格。

（b）供地行为具有较强的行政色彩 由于政府垄断土地一级市场，为其直接干预土地市场创造了条件。以划拨方式出让土地就是政府利用行政手段将国有土地使用权无偿交付给土地使用者使用，从而达到降低土地使用成本的目的。当前吸引外资、提高本地区国民生产总值是地方政府工作的重点。在此背景下形成了地区间过度竞争现象，其结果是地方政府竞相降低土地出让价格，结果外资企业以非常低的价格获得了土地。由于向外资企业供地过程中政府始终扮演着重要角色。因此，该土地经营模式下供地行为具有较强的行政色彩。

（c）阻碍土地利用效率提高 政府以低价供应土地，大大降低了土地使用者的成本，容易造成土地粗放利用的结果。如以划拨土地建设经济适用房时，由于土地成本较低，使得经济适用房成本下降。成本不断下降意味着消费者有效需求能力的提高，为满足他们购大房、住大房的消费心理，开发商就有动力把经济适用房建得更大一些，导致目前我国经济适用房面积普遍过大。这既不利于中低收入群体住房需求的满足，又不利于提高土地利用效率。目前，外资企业厂房的容积率非常低，巨大的厂房只有一层，使得他们占用了过多的土地。因此，该土地经营模式阻碍了土地利用效率的提高。

② 收益主导型土地经营模式

a. 收益主导型土地经营模式形成的背景 随着城市化水平的提高，对城市服务体系和城市设施提出了更高的要求。而改变城市硬件和软件环境需要大量的资金投入。在此背景下提出了城市经营理念，它使土地经营模式逐步向收益主导型转变。

（a）城市竞争力提升的要求 城市竞争力是对城市发展状况的一个综合判断，它既是指城市在发展过程中在吸引、争夺、拥有、控制和转化资源，争夺、占领和控制市场所具有的优势，又是指其在创造价值、为其居民提供福利等方面所形成的能力。这些优势是在城市社会经济结构、价值观、文化、制度政策等多个因素长期综合作用下形成的，并且在强大的经济背景下得以维持和发展。强大的经济能力与高素质、大规模企业密切相关，可以说高质量企业（包括服务型企业）的存在是城市经济能力的体现。然而，这些企业得以集聚并产生扩散效应的基础在于城市环境。

房地产业是改善城市环境的主力军，它所构建的种类繁多的商业房地产、住宅和公共房地产，为投资者和消费者提供了工作、休闲和居住空间，即提供了优越的物质环境；在这些房地产建设过程中扩大了街道、小区、厂房周边地区的绿地范围，即提供了优越的自然环境；另外，随着房地产业的快速发展，智能房地产、绿色房地产不仅满足了人们的物质需求，还使人们的精神需求层次不断提高，即提供了优越的人文环境。因此，城市竞争力能否得到提高，以及现有的城市竞争力能否得到维持，都与房地产业有密切的关系。城市土地是房地产业重要组成部分，提升城市竞争力自然对城市土地经营提出了更高的要求。

（b）促进土地集约利用的要求 我国人多地少，土地资源不足是城市化进程中必须面对的基本国情。城市化建设和发展要以土地为空间，以土地形成的资产为重要动力，土地集约利用具有长远的意义。只有走集约利用土地的道路，才能保证城市建设的持续健康发展。在土地集约利用和控制土地合理供应量的前提下，大力推进土地使用制度改革，充分发挥市场机制的作用，使现有城市土地资产价值充分体现出来。

在城市化水平不断提高的过程中，第三产业升级较为明显，未来 20～30 年内，城市的第二产业比例趋于平稳，第三产业比例增长迅速。因此，城市土地供应结构应当紧密结合产业结构调整的步伐，充分利用级差地租提升产业对城市土地的投资力度。

在实行土地有偿使用制度以后，城市土地利用的集约度有所提高，但是土地资源粗放利用方式没有得到根本改变，主要表现为以下几个方面：一是国内很多城市仍然按照"摊大饼"的模式发展，大量占用郊区和农村土地；二是地方政府为了获取土地增值收益，"圈而不用"现象较为普遍，土地闲置十分严重；三是许多市县的国土部门违法授予园区土地供应审批权，园区用地未批先用、非法占用、违法交易的现象较为严重。因此，为促进土地集约利用，运用市场价值强化土地经营是一种必然选择。

(c) 筹集城市建设资金的要求　国际上通常采用城市基础设施建设投入占全社会固定资产投资的比例来衡量一个国家城市基础设施建设投入水平。世界银行在 1994 年发展报告中推荐的发展中国家城市基础设施建设投入水平应占全社会固定资产投资的 9%～15%。改革开放三十年来，伴随着国民经济和社会事业的高速发展、城镇化水平的提高，各地对城市基础设施需求迅速增加。从近几年的统计分析可以看出，每年全国投入城市建设的资金在4000 亿～5000 亿元。2003 年至 2005 年间分别完成城市建设固定资产投资 4462 亿元、4754亿元、5602 亿元，城市建设固定资产投资额占同期全国全社会固定资产投资总额的 8.1%、6.78%、6.32%。这一比例与国外大规模建设时期的水平相比，仍有相当的差距。扩大城市建设投资规模，是我国城市化水平提高的基本条件。城建资金的增长主要靠土地出让转让金和国内贷款。按照国家目前的政策，将实行最严格的土地管理制度，土地有限，土地出让转让金将越来越少。同时，城建维护税增加很困难。银行抽紧银根，贷款也很困难。城建资金将面临巨大的缺口。因此，强化土地经营就成为城市建设资金的主要来源之一。

b. 收益主导型土地经营模式的内涵及特点　收益主导型土地经营模式是指政府对城市土地进行市场化运营，以达到为城市建设提供资金支持的目的。为实现该目的，政府将利用间接调控手段影响土地供给和需求。该土地经营模式的特点主要有以下几个方面。

(a) 政府干预的间接性。由于政府对土地一级市场具有垄断性，直接控制了城市土地供给规模。政府可以根据市场需求状况，制定土地供应政策。在市场需求旺盛或房地产价格居高不下的条件下，政府可通过增加土地供给降低土地招拍挂过程中的竞争性，从而达到平抑土地价格的目的。在房地产市场需求下降时，政府可以通过减少土地供应量的办法，恢复市场活力。土地招拍挂是按市场规则出让土地的方式，土地价格完全由市场决定。因此，政府对土地市场影响往往具有间接性。

(b) 资源配置效果具有复杂性。由于市场信息非常复杂，对需求信息的甄别往往需要高额成本，这使得土地供给方和需求方之间的信息具有不对称性，增加了政府土地供给决策对土地市场影响的不确定性。如果土地供给规模过大，必然导致土地价格下降，容易出现粗放式利用土地的现象，造成土地资源浪费。如果土地供给量过小，土地价格将大幅上涨，这不仅会增加商品房建设成本，也会导致企业经营成本增加，对企业投资产生挤出效应。因此，在该模式下土地资源配置效果具有复杂性。

9.3　城市土地的储备

9.3.1　城市土地储备的概念

9.3.1.1　我国城市土地储备制度的产生

自从我国城市土地使用制度改革以来，城市土地市场已开始逐步发育形成，目前城市土地市场已经初具规模，成为我国市场经济体系中的一个主要组成部分。城市土地归国家所有，通过实行土地有偿、有期限使用、可流动形成了土地市场基本框架。在这种框架下，国家是唯一的土地所有者，国有土地使用权出让形成垄断性的城市土地一级市场；从一级市场取得的土地使用权在合同规定的范围内可以进入市场流通，进行转让和转租，形成竞争性的二级市场。城市土地市场的建立和发展，极大地促进了城市土地资源的有效配置，增加了政府的财政收入，促进了城市房地产市场和房地产金融市场的发展。

由于过去长期实行土地无偿、无期限、不流动的划拨使用制度，城市大量存量土地的产权不明晰，管理制度不完善，政府一直未能实现城市土地一级市场的垄断供应，而且出现了巨大隐形土地市场，许多个人和组织绕开政府私自进行土地征用和土地出让，既造成了国有资产的流失，又使市场价格信号失真，炒卖地皮的现象时有发生。同时，政府土地出让95％以上采用协议出让方式，导致出让价格偏低，政府官员"权力寻租"现象严重。正是上述制度的不完善，才促成了城市土地储备制度的诞生和发展。

城市土地储备制度是城市土地制度改革的客观要求，是一种制度创新。美国和欧洲许多国家将这种土地储备机制称之为"土地银行"（land bank）。欧美"土地银行"发展较早，都有几十年甚至上百年的历史。我国城市土地储备起步较晚，上海、杭州、深圳等城市率先运作。2001 年 4 月国务院发出《关于加强国有土地资产管理的通知》明确指出："为增强政府对土地市场的调控能力，有条件的地方政府要对建设用地试行收购储备制度"。与此相适应，2002 年上半年，国土资源部发布了《招标拍卖挂牌出让国有土地使用权规定》明确指出："自 2002 年 7 月 1 日起，全国范围内凡商业、旅游、娱乐和商品住宅等各类经营性用地，必须以招标、拍卖、挂牌等方式出让国有土地使用权。"目前，全国各地正在建立城市土地储备制度。

土地储备制度的实质就是土地由政府进行统一回收、统一储备、统一开发、统一经营和统一供应。其目的就是实施土地供应总量控制，规范供地方式，实施一个口子供地，以保证国有土地资源的优化配置和国有土地资产的最大增值和收益。

① 统一回收 指由土地储备机构将分散在土地使用者手里的待开发土地通过征用、收购和收回的手段统一集中为土地储备机构管理的过程。

② 统一储备 建立政府土地储备库，将征用、收回、收购的土地以及政府控制的其他土地进行统一管理，适时储备，待市场条件适宜时投放市场，以实现土地的保值增值。

③ 统一开发 为了促进土地增值，并将土地开发产生的巨大增值收益收归政府，由土地储备经营机构统一投资组织土地开发，包括投资建设与开发土地区域相关的市政基础设施，将土地熟化，保证实行熟地供应。

④ 统一经营 由土地储备机构将处于储备阶段的土地进行融资、抵押、担保、出租、入股、合作开发等经营活动，以盘活土地资产，使土地资产保值增值。

⑤ 统一供应 由土地储备经营机构根据市场需求状况及城市经济和产业发展的需要，制订土地供应计划，提出土地供应方案，并做好各项前期准备工作后，将土地交由土地行政主管部门统一进行出让。

9.3.1.2 城市土地储备的概念和基本模式

（1）城市土地储备的基本内涵

城市土地储备是指政府依照法律程序，运用市场机制，按照土地利用总体规划和城市规划的要求，对通过收回、收购、置换、征用等方式取得的土地进行前期开发、整理，并予储存，以供应和调控城市各类建设用地的需求，是以公共目的为导向的城市土地资源配置和资产经营的手段。它通过盘活存量土地资产、规范土地市场、优化城市土地配置以及合理分配土地收益等，促进国家土地所有权的完整性和市场配置资源机制的建立，最终达到经营城市、促进城市协调发展的目的。

根据国内外土地储备制度实施的经验，土地储备机制应包括土地征购、土地储备、土地供应三个基本内容。

① 土地征购　土地储备机构根据地方政府授权和土地储备计划，所实施的农村集体土地征用、城市划拨用地转制、城市出让用地置换、购买和到期回收等经营活动。根据储备土地的来源和对象，其具体征购方式有土地征用、土地回收、土地置换和土地购买四种。

a. 土地征用　国家根据城市建设和发展需要，按照《土地管理法》，将原集体所有土地征用为国家所有的经济活动。

b. 土地回收　土地储备中心代表政府按照《土地管理法》、《城市房地产管理法》等法律、法规收回土地使用权的行为和过程。土地回收的主要对象是城市存量土地，可以是无偿的，但多数情况下是需要补偿的。

c. 土地置换　土地储备中心根据城市经济发展战略和城市经济结构布局，对原来在城区内不符合城市规划或对企业再发展有阻碍的企业和单位进行用地布局调整，用储备土地置换出原企业或单位的土地，使政府实现收回土地使用权的目的。

d. 土地购买　土地储备机构根据土地储备和供应计划，对使用不合理的土地，通过市场交易的方式从原土地使用者手中购买使用权、增加土地储备、调整土地使用功能的活动。

以上各种方式基本上都经过申请、权属核定、征询、实施补偿、变更权属等几个阶段。但由于每种方式适用范围不同，每个阶段的操作方式和内容有所不同，土地储备中心应根据实际情况进行具体操作。

② 土地储备　对于进入土地储备体系的土地，在出让给新的土地使用者以前，由土地储备中心负责组织前期开发和经营管理。

a. 前期开发　包括地上建筑物和附属物的拆除和土地平整等。在土地储备阶段开发利用过程中，土地储备中心应与其他国有土地使用单位一样，遵守土地利用的有关法律、法规和规章制度。涉及土地使用权单独或连同地上建筑物出租、抵押、临时改变用途及地上建筑物和附属物拆迁的，土地储备中心持有关用地批准文件，依法到有关部门办理审批或登记手续。

b. 经营管理　政府根据城市发展对土地需求和政府财力的承受能力，确定土地储备的时间长短。在储备土地预出让或招标拍卖前，土地储备中心可以依法将储备土地的使用权单独或连同地上建筑物出租、抵押或临时改变用途，以防止土地闲置或浪费。

③ 土地供应　土地储备机构对进入土地储备体系的土地，根据城市发展需要和土地市场的供求状况制定土地供应计划，统一向用地单位供应土地。随着土地市场行为逐步规范化，出让方式逐步向招标、拍卖、挂牌等方式转变。

为了提高土地一级市场的公开性和透明度，土地储备机构要定期将储备信息向社会公布。对于拟推出的具体地块，还要在充分考虑城市规划、城市建设、城市发展和产业结构调整等方面要求，测算土地供应成本，拟定招商供地方案。

以招标、拍卖、挂牌的形式出让国有土地使用权，是政府供应土地的重要形式，集中体现了公开、公平、公正的市场原则，有利于充分发挥市场优化配置土地资源的作用，建立和完善土地市场体系；有利于实现政府对土地市场的管理和宏观调控；有利于体现城市土地资产的价值；有利于促进廉政建设，保障依法行政，有利于从源头上防治土地批租不正之风和腐败行为。

(2) 城市土地储备的基本模式

自从上海 1996 年建立第一家土地收购储备机构以后，我国各城市纷纷从土地管理实际出发尝试建立城市土地收购储备机制，并在实践中加强理论研究，不断完善城市土地收购储备的运作模式。在各地的探索和实践中，产生了三种较为典型的城市土地储备运作模式（见图 9-4）。

城市土地储备模式
市场主导型模式
政府主导型模式
政府市场混合型模式

图 9-4 城市土地储备模式

① 市场主导型模式 该模式以市场机制为运行机制（上海模式），充分体现市场机制配置土地资源的功能。其特点是土地发展中心根据自己收购计划和市政府的要求，通过与被收购单位的协商，确定土地收购价格或土地收益分成，按照约定由发展中心支付收购金，取得土地并按规定办理土地过户手续。储备机构取得土地后负责对土地进行拆迁、平整和相关设施配套，对于易于转让的土地由土地管理部门出让给新的土地使用者。

这种模式市场主导主要体现在土地储备机构在收购土地的时候没有强制性，需要与其他用地者进行竞争。从储备机构收储土地的性质看，储备机构能否成功收储土地要视其与用地单位的协商情况而定，如果在土地收购价格或约定土地收益分成等方面协商不成，土地储备将无法进行。决定储备的主要力量不在政府而在市场和用地企业，储备机构能否成功收储土地关键在自身与用地者的谈判协商能力、信誉和实力。土地储备机构是接受政府委托从事土地收购、储备工作的职能机构，基本职责是土地储备，具体来讲就是，协助政府建立土地收购、储备、出让机制，根据城市土地利用总体规划、年度供地计划和市场需求，适时收购、储备土地，并将经过开发的储备土地投放市场。

在用地者转让土地的权力上，土地使用者具有最充分的权力。例如，上海土地储备实施的依据是《上海市国有土地使用者收购、储备、出让试行办法》，但该办法仅适用于未经土地使用权出让的国有土地或土地使用权出让后应当依法收回的国有土地，对其他性质的土地使用者来说，直接转让土地的权力丝毫没有受到土地储备的限制，完全可以根据市场需求自行转让土地；即使是收储范围内的土地，其土地使用者还可就土地收购事宜与土地发展中心讨价还价，因为上海土地储备本身不具有强制性；如果是房地产开发企业，还可望实施企业土地储备。《上海市国有土地使用权收购、储备、出让试行办法》第十五条就明确规定，房地产开发企业受让国有土地使用权后，按土地出让合同规定建设期满而尚未开发的地块，经市房地局、市财政局审核同意可对受让地块以城市绿地方式进行土地储备后再行开发，并且对一次性支付上述地块土地出让金有困难的，可向市财政局申请，经核准后办理储备期分期付款，房地产开发企业的这种待遇在国内其他城市都是没有可能得到的。

从调控土地市场的方式和效果上看，主要是通过协商方式收购土地，并经开发后根据市场需求出让，因而能对土地市场施加一定的影响；另一方面，政府对于即使属于收储范围内的土地也不强制收储，存量土地使用者享有充分的处分土地的权力，可以自主转让土地，从而增加了土地市场供应的不可预见性。总体看来，政府难以施行对土地市场的绝对控制。

在储备土地的出库方式上，2002 年 7 月 1 日上海市已经启动土地使用权出让招标拍卖制度，扩大招标拍卖的范围，除法律规定的以外，居住和非居住商品房建设用地都将实行招标拍卖。从收储土地的资金需求上看，上海土地储备制度尽管规定了土地储备的范围，但是否收购某一宗地不仅看自身的实力，还要依赖与土地使用者的谈判结果，因而收储土地的规模可以保持在较低水准，实施土地储备所需的资金量可以达到最小。

② 政府主导型模式 该模式是在政府主导的基础上充分发挥市场机制配置土地资源的作用（杭州模式），实现政府主导与市场运作有效的结合。收购土地的范围由政府行政法规规定、规定范围内的土地由土地储备机构根据计划进行土地收购、储备、开发，土地管理部门根据用地需求用招标、拍卖的方式对储备土地统一出让，规定范围内的划拨土地使用者不能像过去一样通过补办出让手续的办法自行转让土地使用权。

在土地储备机构收购土地的性质上，杭州市政府明文规定，杭州市区范围内所有需要盘活的土地都要纳入土地储备体系，由政府垄断收购和储备，并经土地储备中心开发后统一向市场提供，其他任何单位、个人都不能收购土地，也不能供应土地，划拨土地使用者也不能通过补办出让手续的方式自行转让土地使用权。不仅如此，市土地储备中心代表政府依法收购土地还具有强制性，在土地收购的众多方面政府都出台了统一规定，基本没有给土地使用者讨价还价的机会。土地储备机构在职责上与上海相似，也是土地储备，是经政府授权、在市土地收购储备管理委员会的领导下，运用行政手段实施土地收购、储备以及供应的前期准备工作。

从用地者转让土地的权力上看，杭州土地储备制度的用地者权力最小，不仅在具有强制收购性质的土地储备机构面前无能为力，而且自身想合法转让土地也无可能，所有需要流转的土地都必须由土地储备机构收购，政府禁止任何私自交易土地的行为。

从调控土地市场的方式及效果来看，杭州土地储备制度具有强制性，所有属于规定范围内的土地包括新增建设用地进入市场必须由土地储备中心预先取得，再由土地储备中心提供给市场，市场上的土地全部由土地储备中心提供，政府严厉禁止用地者自行交易土地。可以说，政府通过抓统一收购权、统一批发权实现了政府对土地市场的高度控制。

在储备土地的出库方式上，杭州土地储备制度供应储备土地的方式分招标拍卖和协议两种，市区三级地段以内的储备土地使用权用于房地产开发或经营性质项目建设的，应通过招标拍卖方式确定开发单位，其他储备土地使用权可以通过招标拍卖方式确定开发单位，也可通过协议方式约定开发单位。

从收储土地的资金需求看，杭州的土地储备制度强调对欲进入市场的所有土地实施收购、储备、开发，再根据市场行情供应熟地，因此需要的资金量十分巨大。（根据资料，2001 年杭州市土地储备中心以信誉担保方式累计获得银行贷款 35.65 亿元、年末贷款余额达到 20.25 亿元。）

③ 政府市场混合型模式　该模式的特点是实现政府指导、市场运作与土地资产管理相结合（南通模式）。市政府规定用于储备土地的范围，对可收购的土地由土地储备机构与原用地者签订"国有土地使用权收购合同"，储备机构按照合同约定支付土地收购补偿费用，取得土地的使用权。同时，土地储备机构还受市政府委托，作为国有土地资产代表，对国有企业改革中土地作价出资（入股）部分进行管理，收取企业改革中以租赁方式处置的土地使用权租金和其他土地使用者按规定向政府交纳的租金。

在储备机构收购土地性质上，南通土地储备与杭州土地储备基本类似，南通土地储备具有比较强的政府主导色彩。政府规定凡属于收储范围以内的土地都必须进入土地储备体系，由政府垄断收购和储备，经土地储备投资中心开发后再提供给市场，其他任何单位和个人都不能收购土地，也不能向市场供应土地。从土地储备机构的职责看，南通土地储备机构的职责则具有明显差别，市土地储备投资中心既履行土地储备职责，也履行土地资产管理职责，既负责土地储备业务，还接受市政府委托履行国有土地资产代表职责，对国有企业改革中的土地使用权作价出资（入股）部分进行管理、收取企业改革中以租赁方式处置的土地使用权租金和其他用地者按规定向政府缴纳的租金。土地储备机构履行土地资产管理职责在全国是唯一的。

在用地者转让土地的权力上，在储备土地的出库方式上和在收储土地的资金需求上，南通与杭州类似。

9.3.2　城市土地储备的实施

城市土地储备实施程序包括土地收购、土地储备与土地供应三个方面。

9.3.2.1　土地收购

土地收购是指根据城市政府授权和土地储备计划，土地储备机构收购或收回市区范围内国有土地使用权的活动。

（1）土地收购对象

根据《土地管理法》等相关法律法规的规定，通常下列 10 类土地必须通过统一收购进入土地储备体系：市区范围内的无主土地；政府待征的土地；土地使用期限已满被市土地管理部门依法收回的土地；土地管理部门依法收回的荒芜、闲置的国有土地；土地违法案件经依法查处、被土地管理部门依法没收的土地；因单位搬迁、解散、撤销、破产、产业结构调整或其他原因调整出的原划拨的国有土地；以出让方式取得国有土地使用权无力继续开发又不具备转让条件的土地；因实施城市规划、土地整理、政府指令收购的土地；土地使用权人申请市土地储备机构收购的土地；其他需要进行储备的国有土地。

（2）土地收购的工作程序

① 申请收购　市区范围内符合规定的国有土地使用权人，可以向土地储备机构提出申请。在申请收购时，申请人必须提交土地收购申请书、法人资格证明书、授权委托书、营业执照、土地使用权合法证明、房屋所有权合法凭证、土地平面图、单位主管部门意见等。

② 权属核查　土地储备机构对申请收购的土地和地上附着物权属、土地面积、房屋面积、四至范围、土地用途等情况进行实地调查审核。

③ 征询意见　土地储备机构根据申请人提出的申请和实地调查的情况，向市规划部门征询控制性详细意见；需要进行综合开发的，还需要征询市综合开发管理部门的意见。

④ 费用测算　土地储备机构根据调查和征询的意见，会同有关部门和单位测算评估拟收购地块的收购补偿费用。拟实行土地置换的，需测算相应地块的置换费用。

⑤ 方案报批　在以上工作的基础上，土地储备机构提出土地收购的具体方案，报市土地管理部门审批。特殊地块还要报市土地储备收购管理委员会批准。

⑥ 签订合同　收购方案获得批准后，由市土地储备机构与原土地使用权人签订《国有土地使用权收购合同》。合同内容主要包括：收购土地的位置、面积、用途及权属依据；土地收购补偿费用及其支付方式和期限；交付土地的期限和方式；双方约定的其他权利和义务；违约责任和纠纷处理方式等。

⑦ 收购补偿　土地储备机构根据合同约定的金额、期限、方式，向原土地使用权人支付土地补偿费用。实行土地置换的，进行土地置换的差价结算。

⑧ 权属变更　土地储备机构根据合同支付收购定金后，原土地使用权人与土地储备机构向市土地管理部门、房产管理部门申请办理权属变更登记手续。

⑨ 交付土地　根据合同约定的期限和方式，原土地使用权人向土地储备机构交付被收购的土地和地上建筑物，被收购的土地随即纳入土地储备体系。

（3）土地储备的收购方式

根据储备土地来源和对象，其具体收购方式有土地征用、土地回收、土地置换和土地购买四种。

① 土地征用　国家根据城市建设和发展需要，按照《土地管理法》，将原集体所有土地征用为国家所有，具体由土地储备机构实施。

② 土地回收　土地储备机构代表政府按照法律、法规等收回土地使用权的行为和过程。在收回方式上主要有依法无偿收回和补偿收回两种方式。无偿收回土地主要有因单位撤销、迁移等原因，停止使用原划拨的国有土地，未经原批准机关同意，连续两年以上未使用的；土地使用者擅自更改土地用途，限期改正，逾期拒不改正的；土地使用权出让年限届满，土地使用者未申请续期或申请续期未获批准；土地使用者超过合同约定的开发期限，逾期两年以上未开发而且未补签出让合同；土地使用者未按合同约定条件开发、利用、经营；土地使

用者未按合同约定交齐出让金，依法分摊分割的部分；法律、法规规定的其他可以回收的部分。

③ 土地置换　土地储备机构根据市政府的经济发展战略和城市经济结构布局，对原来在城区内不符合城市规划或对企业再发展有阻碍的企业和单位进行用地布局调整，用储备土地置换出原企业或单位的土地。置换土地使用价值不对等的，进行差价补偿（以实物或货币的形式）。货币的补偿金额，由土地储备机构与原土地使用权人协商确定，或经有相应评估资格的评估机构确定。

④ 土地购买　土地储备机构在土地市场上，根据土地储备和供应计划，在同等条件下，优先购买土地使用权，增加土地储备的活动。土地购买主要有如下几种情况：土地受让人进行土地开发后进行转让的土地；银行抵押需处置的土地；市场交易价格明显偏低的土地。对城市里的存量土地包括过去行政划拨的土地、旧城改造、退二进三企业用地、搬迁以及其他原因需要改变用途进入市场的土地，也由土地储备机构进行收购。

（4）土地收购补偿费的计算

土地收购补偿费一般按被收购土地的开发成本计算。对于以出让方式取得的土地使用权，收购补偿费用还应该包括土地使用权人已经支付的土地出让金的补偿，但应扣除原土地使用权人实际使用土地期间应付的出让金部分。确定土地收购补偿费的具体办法有以下三种：

① 由评估机构依据城市政府确定的市区土地基准地价和国家有关规定进行评估，并经土地管理部门依法确定；

② 按基准地价的中间价确定；

③ 按收购合同约定的土地招标、拍卖、挂牌交易所得的比例确定。

以土地置换方式进行土地储备的，需按规定分别确定置换土地的收购补偿费用，由土地储备机构与原土地使用权人结算差价。

9.3.2.2　土地储备

土地储备是指建立政府土地储备库，将征用、收回、收购的土地以及政府控制的其他土地进行统一管理、适时储备，待市场条件适宜时投放市场，以实现土地的保值增值。

（1）土地储备方式

对于城市建设的快速发展，土地储备一方面中心城区内改造要求土地储备，另一方面城市化的扩张建设以及城市基础设施和公益设施的建设也要求土地储备。其中不论是建成区内的拆迁补偿，还是农村用地的征用，都面临着巨大的资金压力和具体实施的各种难度。为此可采用多种土地储备方式。

① 土地实物储备　实现土地储备的最终实现形式都是实物储备。即由储备机构投入资金直接收回或收购取得实物土地。应该把握时机在资金许可的情况下，运用各种机制尽早实行土地的实物储备。

② 规划红线储备　直接将城市规划红线范围的土地划给土地储备中心，由土地储备中心在实施征用、拆迁安置、土地平整和基础设施配套后推向市场。

③ 信息储备　对于一些不急于收购储备建设或受财力限制一时无法进行资金收购的地块，可以进行信息储备，待条件成熟时再进行实物储备或红线储备。土地的信息储备主要是充分掌握土地供应和需求信息，做到知己知彼，把握土地信息资源。

④ 土地预储备　对于一些规划上远期建设的地块，如果过早收购，势必造成土地资源闲置和储备资金压力。为此根据规划，对符合要求的土地实行土地预储备不失为解决上述问题的一种有效手段。它包括土地预征和土地预拆迁。土地预征是指按照"成片预征、按需实

征"的办法，对规划范围内的土地实行分期土地预征，预征区域实行建设和人口"冻结"，需要时再实征。征地费用按现行土地补偿标准的30％支付，实征计费标准按预征时的计费标准核算，只需补足70％的余额。这样做，第一，在土地使用权和使用性质不变的情况下，实现土地所有权的转换，使之纳入国有土地管理的范围，有利于实现土地的集中统一管理；第二，预征成为实征工作的前期准备，为实征土地打下基础，从而可以加快今后实征工作的速度，使之适应开发进程的需要；第三，防止了盲目建设投资带来的征地费用上涨，防止了人口在开发前大量涌进预征区域，从而有利于降低开发成本；第四，有效地控制了费用上涨的趋势，并使土地因开发而带来的土地级差增值效益较多地留在国家手中，形成"预征而控制征地费用，实征而产生土地效益"的良性循环，土地预拆迁补偿基于同样的机理。

（2）储备土地的开发经营

对于进入土地储备体系的土地，在出让给新的土地使用者以前，由土地储备机构进行前期的开发和经营管理。前期开发包括土地上建筑物和附属物的拆迁和土地平整等。经营管理是指在土地预出让和招标拍卖前，土地储备机构可以依法将土地的使用权单独或连同地上建筑物出租、抵押或临时改变用途，以防土地闲置或浪费。

在土地储备阶段的开发利用中，土地储备机构应同其他国有土地使用单位一样，遵守土地利用的有关法律、法规和规章制度。涉及土地的使用权单独或连同地上建筑物出租、抵押或临时改变用途及地上建筑物和附属物拆迁的，土地储备机构应持有关用地批准文件及《国有土地使用权收购合同》，依法到有关部门办理审批或登记手续。

9.3.2.3　土地供应

对进入土地储备体系的土地，由土地储备机构根据城市发展的需要和土地市场的供求状况制定土地供应计划，有计划统一地向用地单位供应土地。为了提高一级市场的公开性和透明度，土地储备机构要定期将土地储备信息向社会公布。对于拟推出的具体地块，还要在充分考虑城市规划、城市经济和城市发展的具体要求的基础上，测算土地供应成本，拟定招商方案。

根据现行的土地管理法规，储备土地供应方式可以分为招标出让、拍卖出让和挂牌出让三种方式。

在土地储备中供应方式的选择上，用于房地产开发和经营性建设的，应通过招标、拍卖或者挂牌的方式确定开发单位。以招标、拍卖和挂牌方式直接出让储备土地使用权的，由土地储备机构提出计划和方案，城市政府土地管理部门按照有关法规组织实施。

虽然土地拍卖方式有利于实现土地出让价格的最大化，为政府提供大量建设资金。但全部采用拍卖方式供地，容易促使土地价格的上扬，偏离合理价格水平，最终导致房地产出现泡沫。为避免采用单一的拍卖方式可能对房地产发展造成的弊端，对经营性土地可以适当采取招标、挂牌方式进行供地。

对一些重大项目、标志性项目、大规模项目或有特殊需要的项目等可以采用招投标方式。通过招投标选取的不再只是出价最高者获得土地使用权，而是综合条件最佳者获得，只有出价相对较高，同时开发方案设计理念先进、开发技术能力强、管理规范、经验丰富、资金实力雄厚的开发商才能中标。这样政府既能保证土地收益，同时又能保证城市开发建设的水平，还能控制地价。通过招投标同样可以实现较高的土地经营收入，有效杜绝腐败、暗箱操作，实现土地资源的优化配置。

规模大、影响大的项目可实行挂牌交易。挂牌竞价方式由"暗投"改为"明投"，在土地交易大厅安装电子显示屏幕或开通网上挂牌交易窗口，对每位参与竞买的报价者所报的价格进行公布。由于竞标时间不具有拍卖的瞬间性，而给予了相对宽松的时段，这样不仅方便了建设单位对有关土地开发项目的前期评估，同时也给建设单位提供了更多冷静、更多公开公平的竞争环境。

9.3.3　土地储备与城市房地产开发

9.3.3.1　土地储备对土地市场的影响

土地收购可直接影响土地市场的需求，土地市场供需关系的调整又通过价格机制将这种影响传递给参与市场交易的各方，包括政府、开发商和消费者，也包括土地市场的投机者。

（1）对市场供给的影响

在未实行土地储备制度之前，政府对土地出让缺乏控制，而且土地出让以"协议"方式为主，价格变化空间较大，投机者可利用各种方式廉价获取土地后向二级市场供给赚取暴利，以上两方面的因素造成市场供给过剩。实行土地收购后，储备机构不但可对一级市场供给形成有效控制，而且可在二级市场上以完全市场或强制购买等手段购入部分土地，从而达到调节土地市场供给的目的。

（2）对市场需求的影响

目前土地供给存在以下三种渠道：一是"隐形市场"上非法供给的土地；二是一级市场上通过有偿出让方式获得土地；三是通过二级市场以市场价格购入土地。这三种途径中，价格最低的是通过"隐形市场"获得土地，此方式虽然看似风险很大，但由于"隐形市场"交易涉及多种利益群体，政府清理的难度极大，因此实际风险并不很大，很多需求者会铤而走险采用此种方式获取土地。价格较高的是通过"招标、拍卖、挂牌"方式或通过二级市场以市场价格获得土地。"隐形市场"上非法供地分流了大量土地使用者，导致市场需求分散。进行土地收购后，"隐形市场"途径供给将得到有效控制，大部分需求将转向市场途径，市场需求将呈现上升趋势。

（3）预期价格变化对房地产市场的影响

① 对市场投机者的影响　投机者对市场的反应最快，预期市场价格上涨将刺激投机者在土地储备制度开展之前囤积土地，待价格上涨后抛出赚取投机利润。因为土地收购性质定位在"强制性的买卖关系"，因此对于有偿出让可以合法进入二级市场的土地，原则上储备机构只能以市场价予以收购，因此对于投机者而言最有利的方式是囤积国家有偿出让的土地，最优方式是以较低的挂牌价格获取土地，其次是以招标方式或直接从二级市场上购买土地。

② 对真实需求者的影响　真实需求者例如房地产开发商，地价上涨意味着开发成本的上升，假设房地产市场供求关系不变，成本上升将导致利润下降，为保证利润并获得与其他房地产公司成本方面的比较优势，开发商将与投机者一样囤积土地，以备实行土地储备制度后，能有较大的周转空间，把握竞争的主动性。对于工业企业而言，已取得划拨土地使用权者将赶在土地储备制度之前补交土地出让金；而未获得土地使用权的将争取以低价抢先获取土地。

③ 对购房者的影响　本质上来讲，房地产价格取决于市场供求关系，而与开发商的成本构成无关。但短期内土地价格上升也会给房地产市场价格带来上涨的压力。一方面，开发商不愿降低预期利润目标，而将上涨的土地价格通过房地产价格转移给购房者，以此对土地储备制度施加压力；另一方面，土地价格上升将被部分投机者和购房者视为房产价格上涨的信号，从而提前进入市场造成需求扩张。导致两因素将在短期内引发房地产市场价格上涨，进而影响全体购房者的预期，致使市场潜在需求提前释放，投机需求旺盛，从而导致房地产市场过热，进一步引致土地市场过热。

④ 对政府（土地储备机构）的影响　土地储备制度推行之前，土地、房地产市场价格的适度上涨有利于缓解由于制度变革引起的市场波动，但如果价格上涨过快，甚至形成市场过热，则将给政府带来巨大损失。首先，如果土地储备制度之前短期内有大量土地自一级市场流出，则市场供给量将进一步上涨，偏离政府土地供给紧缩的目标；此外，实行土地储备制度后，政府只能以较高的市场价格收购上述流出土地，为此政府将付出巨大的成本。

综上所述，合理的土地收购行为有利于校正扭曲的市场价格，对市场机制的形成和土地市场的完善产生积极影响。但与此同时，也存在一定的制度风险，为避免或减小制度变迁带来的损失，在实施土地储备前要注意以下几个问题：

　　a. 加强对协议地价出让土地的管制；

　　b. 加强对城郊集体所有土地的管制；

　　c. 通过土地有形市场的建设，规范划拨土地补交土地出让金进入市场的途径；

　　d. 规范房地产开发市场，避免购房者盲目入市，造成房地产市场过热。

9.3.3.2　土地储备对城市发展的影响

当前城市功能正发生着深刻变化，为使城市经济得到快速发展，就必须遵循市场经济规律，对城市土地资本、地域空间及其他经济要素进行整合，在整个城市范围实现资源配置效率的最大化、最优化。在此背景下构建土地储备制度，运用市场机制收购、征购闲置或低效使用的土地，满足城市各类建设用地需求、调控土地市场供求关系就成为经济发展的必然趋势。

（1）土地储备是城市经营的核心内容

人们过去认为城市只有为企业、消费者提供生产和生活条件的功能，城市对公共产品只讲投入不讲收益，只重视建设忽视经营。在市场经济条件下，必须用市场的眼光重新认识和审视城市。应当看到，城市是国家长期巨额资金投入的结果，是资本的实物形态，实际上就是政府最大的一笔有形资产。其中，城市土地既是城市经济运行的载体，也是城市最大的存量资产，在城市社会经济发展中起着基础性、决定性作用。把国土资产管理与城市经营发展战略紧密联系在一起，既可达到强化土地资产管理，又有助于实现城市经营的目的。因此，要坚持城市可持续发展原则，实现政府对土地市场的持续调控能力，建立和健全土地储备机制是一种必然选择，也是城市经营的核心内容。建立城市土地储备机制，其实质是运用市场经济的手段，对组成城市空间和城市功能载体的土地和其他资本进行集聚、重组和营运，最大限度地盘活国有土地存量资产，加快城市土地经营进程，科学、高效、集约利用土地。

（2）土地储备是实现城市资产增值的有效途径

城市经营的目的，可以归纳为使城市与环境达到充分的协调，使城市的文化与城市的功能达到充分的一致，使城市对资源的整合利用率达到最高。城市经营将使城市对内具有凝聚力，对外更具有吸引力，最终实现城市资产增值。城市经营目标的实现，需要在实践中建立具体的运行模式，城市土地储备机制是城市经营在土地资产领域的一项有效运行模式。通过采取土地征用、储备、出让等行为，既可以增强政府对土地市场的调控能力，实现土地资源的优化配置，也可避免土地收益的流失。另外，随着城市规模的扩大和功能的完善，城市建设所需的大量资金，仅依靠财政支持显得越来越举足维艰。要摆脱传统城市建设的困境，就应该放开市场，走经营城市之路，彻底改变城市建设政府投入无偿使用的旧模式，根据"谁投资、谁所有、谁受益"的原则，努力开辟城建资金来源。政府通过建立土地储备机制，抢先收购有增值潜力的土地，待变成熟地之后再出让，从而使政府获得土地增值收益。

（3）土地储备与城市经营互为影响

城市经营的根本目标是提高城市建设与管理水平，增强城市综合竞争力。而城市经营目标实现的过程也是投入资本的边际产出的提高、土地利用效率和运营效率提高的过程。城市土地利用效率的提高不仅改变了城市环境，而且为城市未来发展提供了源源不断的资金，使城市发展出现良性循环。此外，我国城市建设中资金是最大的制约因素，部分政府为获取城市发展资金，把城市经营的短期利益放在首位，忽视了城市经营的长期收益。由于土地储备属于政府主导的非盈利性经济行为，它的发展要考虑国家中长期发展战略、城市发展战略及市场环境。因此，建立土地储备机制有利于使政府避免上述误区。

9.3.3.3　我国土地储备制度存在的问题

我国土地储备制度是一项全新的机制，还处于摸索阶段，土地储备的理论还有待进一步完善，实施的环境还需健全，因而在几年的实践过程中逐渐显露出以下问题。

（1）土地储备制度立法滞后，土地立法体系有待建立

土地收购储备制度建立的基础是政府对城市土地使用权实行强制性的统一收购与回收，但是由于我国对土地产权管理的研究比较薄弱，除 1996 年国土资源部以内部通报形式转发了《杭州市土地储备实施办法》和《青岛市人民政府关于建立土地储备制度的通知》，以及 2001 年颁布的《国务院关于加强国有土地资产管理的通知》外，国家还没有制定一部全国通用的有关土地储备的法律法规，使得土地权能界定相对模糊，地方政府能否行使统一收购权缺乏强有力的法律依据。

（2）土地储备机构的性质不确定

由于现有法律、法规对土地储备机构的职能定位尚未有一个明确的规定，致使实践中各地土地储备机构的性质、形式、职能很不一致，业务开展也就难以在法律规范下进行。目前，土地储备机构主要以两种形式出现：一种是政府全额拨款的事业单位，另一种是以开发公司形式存在。公司形式存在的土地储备机构名义上是一个企业法人，但由于实际运作中土地资金全部由财政直接收付，本身实质上并不是一个营利单位，而是政府的一个职能代理机构。这就产生了一个"两难选择"问题，即如果土地储备机构被定位为事业单位，则不能从金融市场获得融资，也就无法筹集到土地经营所需的大量资金，显然将影响土地储备制度功能的发挥；而如果土地储备机构被定位为法人性质的公司，则必须受到《公司法》的规范，但其所承担的职能显然已经超出公司法调节的范围。

（3）土地储备运作资金来源单一

资金和土地构成了土地储备的基本内容。土地储备过程就是土地流转过程，也是巨额资金流动过程。因为在实际运作中，没有大额资金给予支撑是难以有效运作的。从一些城市实施土地储备制度的经营来看，银行贷款是运作资金的主要来源，政府只在初期注入一笔资金作为运作资本金。这种单一的资金来源渠道虽然能满足当时土地储备的需要，但由于尚未形成有效的资金筹措机制，使储备机构不仅承受较大的经营风险，而且也难以扩大储备规模。特别是统一收购落实后，客观上要求政府对需要盘活的土地实施敞开收购，如果单靠银行贷款，不仅难以满足对资金的需求，而且可能因银行利息增加而使收购土地的成本大幅增加，甚至会出现土地出让收益低于土地储备成本、入不敷出的现象。

（4）土地储备补偿标准不尽合理

土地储备中心在征购、回收土地时，需要对土地、地上建筑物等进行一定的补偿。土地补偿金额的高低具有很强的政策性和技术性，涉及的利益关系十分广泛。在实施过程中个别地方政府为了便于操作，往往根据回收土地的用途和区位条件，按基准地价标准进行补偿，没有体现土地所在区域和区位的差异。这种补偿办法简单、方便、易于操作，但是由于一部分土地使用者认为土地征购、回收补偿标准不合理、不科学，在心理和行为上对土地征购和回收行为有抵触，使得土地储备中心的谈判难度增加，土地回收时间延长，增加了储备的

成本。

（5）政府职能部门间合作不协调

土地储备是一项综合性较强的系统工程，在整个实施过程中，必须得到规划、建设、财政、土地管理等许多职能部门的支持和配合。在我国大多数城市中，规划部门与土地部门往往分设，财政部门更是独立在各个部门之外，一旦部门之间不能很好地衔接，就会产生相互扯皮现象，影响工作效率，从而影响土地的推出和资金的运作。

本 章 小 结

我国正处在城市化的快速发展时期，城市建设用地规模迅速扩张是其显著特点。城市土地资源的有限性和城市建设用地的快速增长的矛盾，使得城市发展中必须节约用地，必须关注城市的可持续发展；城市规模的扩张要求政府妥善处理好提供更多的公共品和农地转用中的"三农"问题等经济、社会问题。

城市土地开发既包括政府为使城市国民经济和社会发展规划、城市总体规划、土地利用总体规划的顺利实施对城市土地开发所做总的安排，也包括了政府对具体的土地开发项目的组织实施，兼具宏观与微观层面，两者结合使得城市土地开发得以有序进行。

所谓城市经营，就是政府通过运用市场经济手段，对构成城市空间和城市功能载体的自然生存资本、人文资源及其相关延伸资本进行集聚、重组和运营，其实质是将城市作为特殊商品，运用经营手段，实行城市资源合理配置。具体来说，就是政府通过运作城市内的土地、房产、市政设施及其延伸的无形资产等各种资源，使城市获得迅速发展。这些运作包括城市发展的各种谋划、规划、开发、建设及管理等。

城市经营的要素包括：土地、景观、旅游等自然资源，城市基础设施等有形资产，城市形象等无形资产，城市文化及历史遗产资源，人力、企业、制度资源等。

复习思考题

1. 什么是城市土地开发的内涵，城市土地开发的基本特点是什么？
2. 城市土地开发的模式有哪些类型，其特点是什么？
3. 城市土地有哪些分类方法，各有什么特点？
4. 什么是城市土地经营，城市土地经营的基本原则是什么？
5. 城市土地经营主体有哪些？
6. 城市土地经营模式的特点是什么？
7. 简述我国城市土地储备制度的产生背景。
8. 城市土地储备的内涵是什么？
9. 城市土地储备的实施包含哪些基本内容？
10. 试分析土地储备对城市房地产开发的影响。

参 考 文 献

[1] 周京奎. 城市土地经济学. 北京：北京大学出版社，2007.
[2] 卢新海. 城市土地管理与经营. 北京：科学出版社，2006.
[3] 丁烈云. 房地产开发. 北京：中国建筑工业出版社，2004.
[4] 张敏莉. 房地产项目策划. 北京：人民交通出版社，2007.
[5] 北京京投土地项目管理咨询股份有限公司. 城市土地开发与管理. 北京：中国建筑工业出版社，2006.
[6] 刘洪玉. 房地产开发. 北京：首都经济贸易大学出版社，2004.

附 录

附录 1 限制用地项目目录（2006 年本）

（第一至第十类项目在规定的条件下不得用地）

一、农林项目

1. 单线 5 万立方米/年以下的高中密度纤维板项目。
2. 单线 3 万立方米/年以下的木质刨花板项目。
3. 1000 吨/年以下的松香生产项目。

二、煤炭项目

单井井型低于下列规模的煤矿项目：山西、陕西、内蒙古 30 万吨/年；东北及华北、西北其他地区、河南省 15 万吨/年；其他省区 9 万吨/年；开采极薄煤层 3 万吨/年。

三、电力项目

1. 除西藏、新疆、海南等小电网外，单机容量在 30 万千瓦及以下的常规燃煤火电机组发电项目。
2. 除西藏、新疆、海南等小电网外，发电煤耗高于 300 克标准煤/千瓦时的常规发电机组，发电煤耗高于 305 克标准煤/千瓦时的常规空冷发电机组发电项目。

四、石油、天然气和化工项目

1. 10 万吨/年以下聚酯装置。
2. 7 万吨/年以下聚丙烯装置（连续法及间歇法）。
3. 10 万吨/年以下丙烯腈装置。
4. 10 万吨/年以下 ABS 树脂装置（本体连续法除外）。
5. 60 万吨/年以下乙烯装置。
6. 800 万吨/年以下常减压炼油装置。
7. 50 万吨/年以下催化裂化装置、40 万吨/年以下连续重整装置、80 万吨/年以下加氢裂化装置、80 万吨/年以下延迟焦化装置。
8. 20 万吨/年以下聚乙烯装置。
9. 20 万吨/年以下乙烯氧氯化法聚氯乙烯装置、12 万吨/年以下电石法聚氯乙烯装置。
10. 20 万吨/年以下苯乙烯装置（干气制乙苯工艺除外）。
11. 10 万吨/年以下聚苯乙烯装置。
12. 22.5 万吨/年以下精对苯二甲酸装置。
13. 20 万吨/年以下环氧乙烷/乙二醇装置。
14. 10 万吨/年以下己内酰胺装置。
15. 20 万吨/年以下乙烯法醋酸装置、10 万吨/年以下羰基合成法醋酸装置。
16. 100 万吨/年以下氨碱装置。
17. 30 万吨/年以下联碱装置。
18. 20 万吨/年以下硫磺制酸装置、10 万吨/年以下硫铁矿制酸装置。

19. 1000 吨/年以下铅铬黄生产线。

20. 5000 吨/年及以下氧化铁红颜料装置。

21. 2.5 万千伏安以下（能力小于 4.5 万吨）及 2.5 万千伏安以上环保、能耗等达不到准入要求的电石矿热炉项目。

22. 5000 吨/年以下的电解二氧化锰生产线。

23. 15 万吨/年以下烧碱装置。

24. 2 万吨/年以下氢氧化钾装置。

25. 单线 2 万吨/年以下铬化合物生产装置。

26. 单套 1 万吨/年以下无水氟化氢（HF）生产装置（配套自用和电子高纯氟化氢除外）。

27. 单套反应釜 6000 吨/年以下、后处理 3 万吨/年以下的 F22 生产装置（作为原料进行深加工除外）。

28. 2 万吨/年以下的（甲基）有机硅单体生产装置。

29. 8 万吨/年以下的甲烷氯化物生产项目（不包括为有机硅配套的一氯甲烷生产项目）。

30. 8 万吨/年及以上、对副产的全部四氯化碳没有配套处置设施的甲烷氯化物生产项目。

31. 300 吨/年以下皂素（含水解物）生产装置（综合利用除外）。

五、钢铁项目

1. 180 平方米以下烧结机项目。

2. 有效容积 1000 立方米以下或 1000 立方米及以上、未同步配套煤粉喷吹装置、除尘装置、余压发电装置，能源消耗、新水耗量等达不到标准的炼铁高炉项目。

3. 公称容量 120 吨以下或公称容量 120 吨及以上、未同步配套煤气回收、除尘装置，能源消耗、新水耗量等达不到标准的炼钢转炉项目。

4. 公称容量 70 吨以下或公称容量 70 吨及以上、未同步配套烟尘回收装置，能源消耗、新水耗量等达不到标准的电炉项目。

5. 800 毫米以下热轧带钢（不含特殊钢）项目。

6. 25 万吨/年及以下热镀锌板卷项目。

7. 10 万吨/年及以下彩色涂层板卷项目。

8. 2.5 万千伏安以下、2.5 万千伏安及以上环保、能耗等达不到准入要求的铁合金矿热电炉项目（中西部具有独立运行的小水电及矿产资源优势的国家确定的重点贫困地区，单台矿热电炉容量≥1.25 万千伏安）。

9. 直径 550 毫米以下及 2 万吨/年以下的超高功率石墨电极生产线。

10. 5 万吨/年以下炭块、4 万吨/年以下炭电极生产线。

六、有色金属项目

1. 单系列 10 万吨/年以下规模粗铜冶炼项目。

2. 单系列 5 万吨/年及以下规模铅冶炼项目。

3. 单系列 10 万吨/年以下规模锌冶炼项目。

4. 4 吨以下的再生铝反射炉项目。

5. 10 万吨/年以下的独立铝用炭素项目。

6. 1 万吨/年以下的再生铅项目。

七、黄金项目

1. 日处理金精矿 50 吨以下的独立氰化项目。

2. 日处理矿石 100 吨以下，无配套有采矿系统的独立黄金选矿厂项目。

3. 日处理金精矿 50 吨以下的火法冶炼项目。

4. 处理矿石 5 万吨/年以下的独立堆浸场项目（青藏高原除外）。

5. 日处理岩金矿石 50 吨以下的采选项目。

6. 处理砂金矿砂 20 万立方米/年以下的砂金开采项目。

八、建材项目

1. 日熔化量 500 吨以下普通浮法平板玻璃生产线。

2. 100 万平方米/年及以下的建筑陶瓷砖生产线。

3. 50 万件/年以下的隧道窑卫生陶瓷生产线。

4. 新建日产 1500 吨及以下熟料新型干法水泥生产线。

5. 2000 万平方米/年以下的纸面石膏板生产线。

6. 500 万平方米/年以下的改性沥青防水卷材生产线，聚乙烯膜层厚度在 0.5 毫米以下的聚乙烯丙纶复合防水卷材生产线。

7. 15 万平方米/年以下的石膏（空心）砌块生产线、单班年生产能力 2.5 万立方米以下混凝土小型空心砌块以及单班年生产能力 15 万平方米以下混凝土铺地砖固定式生产线、5 万立方米/年以下人造轻集料（陶粒）生产线。

8. 10 万立方米/年以下的加气混凝土生产线。

9. 3000 万标砖/年以下的煤矸石、页岩烧结实心砖生产线。

10. 5000 吨/年以下岩（矿）棉生产线。

九、机械制造项目

1. 2 臂及以下凿岩台车制造项目。

2. 3 立方米及以下小矿车制造项目。

3. 直径 2.5 米及以下绞车制造项目。

4. 直径 3.5 米及以下矿井提升机制造项目。

5. 40 平方米及以下筛分机制造项目。

6. 直径 700 毫米及以下旋流器制造项目。

7. 800 千瓦及以下采煤机制造项目。

8. 斗容 3.5 立方米及以下矿用挖掘机制造项目。

9. 50 马力及以下拖拉机制造项目。

10. 30 万千瓦及以下常规燃煤火力发电设备制造项目（综合利用机组除外）。

11. 6300 千牛及以下普通机械压力机制造项目（数控压力机除外）。

12. 直径 400 毫米及以下各种结合剂砂轮制造项目。

13. 直径 400 毫米及以下人造金刚石切割锯片制造项目。

14. 220 千伏及以下高、中、低压开关柜制造项目。

15. 8.8 级以下普通低档标准紧固件制造项目。

16. 100 立方米及以下活塞式动力压缩机制造项目。

17. 20 立方米以下螺杆压缩机制造项目。

18. 56 英寸及以下单级中开泵制造项目。

19. 通用类 10 兆帕及以下中低压碳钢阀门制造项目。

十、轻工项目

1. 超薄型（厚度低于 0.015 毫米）塑料袋生产线。

2. 年加工皮革 10 万张（折牛皮标张）以下的制革项目。

3. 生产速度低于 1500 只/时的单螺旋灯丝白炽灯生产线。

4. 电子计价秤项目（准确度低于最大称量的 1/3000，称量≤15 千克）。

5. 电子汽车衡项目（准确度低于最大称量的 1/3000，称量≤300 吨）。

6. 电子静态轨道衡项目（准确度低于最大称量的 1/3000，称量≤150 吨）。

7. 电子动态轨道衡项目（准确度低于最大称量的 1/500，称量≤150 吨）。

8. 电子皮带秤项目（准确度低于最大称量的 5/1000）。

9. 电子吊秤项目（准确度低于最大称量的 1/1000，称量≤50 吨）。

10. 弹簧度盘秤项目（准确度低于最大称量的 1/400，称量≤8 千克）。

11. 2 万吨/年以下的玻璃瓶罐生产线。

12. 3 万吨/年以下三聚磷酸钠生产线。

13. 2000 吨/年以下牙膏项目。

14. 100 万吨/年以下北方海盐项目；60 万吨/年以下矿（井）盐项目；20 万吨/年以下湖盐项目。

十一、党政机关新建办公楼项目

1. 中央和地方省级党政机关新建办公楼项目：须经国务院批准。

2. 省级以下党政机关新建办公楼项目：须经省级人民政府批准。

十二、城市主干道路项目

用地红线宽度（包括绿化带）不得超过下列标准：小城市和建制镇 40 米，中等城市 55 米，大城市 70 米。200 万人口以上特大城市主干道路确需超过 70 米的，城市总体规划中应有专项说明。

十三、城市游憩集会广场项目

用地面积不得超过下列标准：小城市和建制镇 1 公顷，中等城市 2 公顷，大城市 3 公顷，200 万人口以上特大城市 5 公顷。

十四、其他项目

下列项目禁止占用耕地，亦不得通过先行办理城市分批次农用地转用等形式变相占用耕地。

1. 机动车交易市场、家具城、建材城等大型商业设施项目。

2. 大型游乐设施、主题公园（影视城）、仿古城项目。

3. 低密度、大套型住宅项目（指住宅小区建筑容积率低于 1.0、单套住房建筑面积超过 144 平方米的住宅项目）。

4. 赛车场项目。

5. 公墓项目。

6. 机动车训练场项目。

附录 2　禁止用地项目目录（2006 年本）

一、煤炭项目

1. 采用非机械化开采工艺的煤矿项目。

2. 设计的煤炭资源回收率达不到国家规定要求的煤矿项目。

3. 未经国家或省（区、市）煤炭行业管理部门批准矿区总体规划的煤矿项目。

二、石油、天然气和化工项目

1. 以石油（高硫石油焦除外）为原料的化肥生产项目。

2. 氯化汞触媒项目。

3. 斜交轮胎项目。

4. 力车胎（手推车胎）项目。

5. 高毒农药原药（甲胺磷、对硫磷、甲基对硫磷、久效磷、氧化乐果、水胺硫磷、甲基异柳磷、甲拌磷、甲基硫环磷、乙基硫环磷、特丁磷、杀扑磷、溴甲烷、灭多威、涕灭威、克百威、磷化锌、敌鼠钠、敌鼠酮、杀鼠灵、杀鼠醚、溴敌隆、溴鼠灵）生产项目。

6. 以滴滴涕为原料的三氯杀螨醇生产项目。

7. 以六氯苯为原料的五氯酚钠生产项目。

8. 林丹生产项目。

9. DMT 法聚酯装置。

10. 常压法及综合法硝酸装置。

11. 有钙焙烧铬化合物生产装置。

12. 硫酸法钛白粉生产线（产品质量达到国际标准，废酸、亚铁能够综合利用，并实现达标排放的除外）。

三、信息产业项目

1. 模拟 CRT 黑白及彩色电视机项目。

2. 激光视盘机生产线（VCD 系列整机产品）。

四、钢铁项目

1. 钢铁企业和缺水地区，未同步配套建设干熄焦、装煤、推焦除尘装置的焦炉项目。

2. 一段式固定煤气发生炉项目（不含粉煤气气化炉）。

3. 含铬质耐火材料生产线。

4. 普通功率和高功率石墨电极生产线。

五、有色金属项目

1. 钨、钼、锡、锑及稀土矿开采、冶炼项目以及氧化锑、铅锡焊料生产项目（改造项目除外）。

2. 电解铝项目（淘汰自焙槽生产能力置换项目及环保改造项目除外）。

3. 镁冶炼项目（综合利用项目除外）。

4. 再生有色金属生产中采用直接燃煤的反射炉项目。

5. 铝用湿法氟化盐项目。

6. 离子型稀土矿原矿池浸工艺项目。

六、黄金项目

在林区、农田、河道中开采黄金项目。

七、建材项目

1. 机立窑、干法中空窑、立波尔窑、湿法窑水泥生产项目。

2. 实心黏土砖生产项目。

3. 非浮法平板玻璃生产线。

4. 沥青纸胎油毡生产线。

5. 沥青复合胎柔性防水卷材生产线。

6. 中碱玻璃球生产线。

7. 铂金坩埚球法拉丝玻璃纤维生产线。

八、医药项目

1. 维生素 C 原料项目。

2．青霉素原料药项目。

3．一次性注射器、输血器、输液器项目。

4．药用丁基橡胶塞项目。

5．无新药、新技术应用的各种剂型扩大加工能力的项目（填充液体的硬胶囊除外）。

6．原料为濒危、紧缺动植物药材，且尚未规模化种植或养殖的产品生产能力扩大项目。

7．使用氯氟烃（CFCs）作为气雾剂推进剂的医药用品生产项目。

8．充汞式玻璃体温计项目。

9．充汞式血压计项目。

10．银汞齐齿科材料项目。

九、机械制造项目

1．装岩机（立爪装岩机除外）制造项目。

2．矿用搅拌、浓缩、过滤设备（加压式除外）制造项目。

3．农用运输车项目（三轮汽车、低速载货车）。

4．单缸柴油机制造项目（先进的第二代单缸机除外）。

5．电线、电缆制造项目（特种电缆及 500 千伏及以上超高压电缆除外）。

6．普通金属切削机床制造项目（数控机床除外）。

7．普通电火花加工机床和线切割加工机床制造项目（数控机床除外）。

8．普通剪板机、折弯机、弯管机制造项目。

9．普通高速钢钻头、铣刀、锯片、丝锥、板牙项目。

10．棕刚玉、绿碳化硅、黑碳化硅等烧结块及磨料制造项目。

11．10～35 千伏树脂绝缘干式变压器制造项目。

12．普通微小型球轴承制造项目。

13．普通电焊条制造项目。

14．民用普通电度表制造项目。

15．普通运输集装干箱项目。

十、船舶制造项目

1．未列入国家船舶工业中长期规划的民用大型造船设施项目（指船坞、船台宽度大于或等于 42 米，能够建造单船 10 万载重吨级及以上的船坞、船台及配套造船设施）。

2．未列入国家船舶工业中长期规划的船用柴油机制造项目。

十一、轻工项目

1．达不到国家《家用电冰箱耗电量限定值及能源效率等级》标准的冷藏箱、冷冻箱、冷藏冷冻箱（电冰箱、冷柜）项目。

2．达不到国家《电动洗衣机耗电量限定值及能源效率等级》标准的洗衣机项目。

3．达不到国家《房间空气调节器能效限定值及能效等级》标准的空调器项目。

4．低档纸及纸板生产项目。

5．二片铝质易拉罐项目。

6．合成脂肪醇项目（含羰基合成醇、齐格勒醇，不含油脂加氢醇）。

7．糊式锌锰电池项目。

8．镉镍电池项目。

9．开口式普通铅酸蓄电池项目。

10．原糖生产项目。

11．新建南方海盐盐场项目。

12. 聚氯乙烯普通人造革生产线。

13. 普通中速工业平缝机系列生产线。

14. 普通中速工业包缝机系列生产线。

15. 普通真空保温瓶玻璃瓶胆生产线。

16. 白酒生产线。

17. 酒精生产线（燃料乙醇项目除外）。

18. 使用传统工艺、技术的味精生产线。

19. 糖精等化学合成甜味剂生产线。

十二、纺织项目

74 型染整生产线。

十三、烟草项目

卷烟加工项目（改造项目除外）。

十四、消防项目

1. 火灾自动报警设备项目。

2. 灭火器项目。

3. 碳酸氢钠干粉（BC）灭火剂项目。

4. 防火门项目。

5. 消防水带项目。

6. 消防栓（室内、外）项目。

7. 普通消防车（罐类、专项类）项目。

十五、其他项目

1. 别墅类房地产开发项目。

2. 高尔夫球场项目。

3. 赛马场项目。

4. 党政机关、国有企业、事业单位新建培训中心项目。

5. 未依法取得探矿权的矿产资源勘查项目。

6. 未依法取得采矿权的矿产资源开采项目。

附录 3　《划拨土地目录》（中华人民共和国国土资源部令第 9 号）

一、根据《土地管理法》和《城市房地产管理法》的规定，制定本目录。

二、符合本目录的建设用地项目，由建设单位提出申请，经有批准权的人民政府批准，方可以划拨方式提供土地使用权。

三、对国家重点扶持的能源、交通、水利等基础设施用地项目，可以以划拨方式提供土地使用权。对以营利为目的，非国家重点扶持的能源、交通、水利等基础设施用地项目，应当以有偿方式提供土地使用权。

四、以划拨方式取得的土地使用权，因企业改制、土地使用权转让或者改变土地用途等不再符合本目录的，应当实行有偿使用。

五、本目录施行后，法律、行政法规和国务院的有关政策另有规定的，按有关规定执行。

六、本目录自发布之日起施行。原国家土地管理局颁布的《划拨用地项目目录》同时废止。

国家机关用地和军事用地

（一）党政机关和人民团体用地

1．办公用地。

2．安全、保密、通讯等特殊专用设施。

（二）军事用地

1．指挥机关、地面和地下的指挥工程、作战工程。

2．营区、训练场、试验场。

3．军用公路、铁路专用线、机场、港口、码头。

4．军用洞库、仓库、输电、输油、输气管线。

5．军用通信、通讯线路、侦察、观测台站和测量、导航标志。

6．国防军品科研、试验设施。

7．其他军事设施。

城市基础设施用地和公益事业用地

（三）城市基础设施用地

1．供水设施：包括水源地、取水工程、净水厂、输配水工程、水质检测中心、调度中心、控制中心。

2．燃气供应设施：包括人工煤气生产设施、液化石油气气化站、液化石油气储配站、天然气输配气设施。

3．供热设施：包括热电厂、热力网设施。

4．公共交通设施：包括城市轻轨、地下铁路线路，公共交通车辆停车场、首末站（总站）、调度中心、整流站、车辆保养场。

5．环境卫生设施：包括雨水处理设施、污水处理厂、垃圾（粪便）处理设施、其他环卫设施。

6．道路广场：包括市政道路、市政广场。

7．绿地：包括公共绿地（住宅小区、工程建设项目的配套绿地除外）、防护绿地。

（四）非营利性邮政设施用地

1．邮件处理中心、邮政支局（所）。

2．邮政运输、物流配送中心。

3．邮件转运站。

4．国际邮件互换局、交换站。

5．集装容器（邮袋、报皮）维护调配处理场。

（五）非营利性教育设施用地

1．学校教学、办公、实验、科研及校内文化体育设施。

2．高等、中等、职业学校的学生宿舍、食堂、教学实习及训练基地。

3．托儿所、幼儿园的教学、办公、园内活动场地。

4．特殊教育学校（盲校、聋哑学校、弱智学校）康复、技能训练设施。

（六）公益性科研机构用地

1．科学研究、调查、观测、实验、试验（站、场、基地）设施。

2．科研机构办公设施。

（七）非营利性体育设施用地

1．各类体育运动项目专业比赛和专业训练场（馆）、配套设施（高尔夫球场除外）。

2．体育信息、科研、兴奋剂检测设施。

3. 全民健身运动设施（住宅小区、企业单位内配套的除外）。

（八）非营利性公共文化设施用地

1. 图书馆。

2. 博物馆。

3. 文化馆。

4. 青少年宫、青少年科技馆、青少年（儿童）活动中心。

（九）非营利性医疗卫生设施用地

1. 医院、门诊部（所）、急救中心（站）、城乡卫生院。

2. 各级政府所属的卫生防疫站（疾病控制中心）、健康教育所、专科疾病防治所（站）。

3. 各级政府所属的妇幼保健所（院、站）、母婴保健机构、儿童保健机构、血站（血液中心、中心血站）。

（十）非营利性社会福利设施用地

1. 福利性住宅。

2. 综合性社会福利设施。

3. 老年人社会福利设施。

4. 儿童社会福利设施。

5. 残疾人社会福利设施。

6. 收容遣送设施。

7. 殡葬设施。

国家重点扶持的能源、交通、水利等基础设施用地

（十一）石油天然气设施用地

1. 油（气、水）井场及作业配套设施。

2. 油（气、汽、水）计量站、转接站、增压站、热采站、处理厂（站）、联合站、注水（气、汽、化学助剂）站、配气（水）站、原油（气）库、海上油气陆上终端。

3. 防腐、防砂、钻井泥浆、三次采油制剂厂（站）、材料配制站（厂、车间）、预制厂（车间）。

4. 油（气）田机械、设备、仪器、管材加工和维修设施。

5. 油、气（汽）、水集输和长输管道、专用交通运输设施。

6. 油（气）田物资仓库（站）、露天货场、废旧料场、成品油（气）库（站）、液化气站。

7. 供排水设施、供配电设施、通讯设施。

8. 环境保护检测、污染治理、废旧料（物）综合处理设施。

9. 消防、安全、保卫设施。

（十二）煤炭设施用地

1. 矿井、露天矿、煤炭加工设施，共伴生矿物开采与加工场地。

2. 矿井通风、抽放瓦斯、煤层气开采、防火灌浆、井下热害防治设施。

3. 采掘场与疏干设施（含控制站）。

4. 自备发电厂、热电站、输变电设施。

5. 矿区内煤炭机电设备、仪器仪表、配件、器材供应与维修设施。

6. 矿区生产供水、供电、燃气、供气、通讯设施。

7. 矿山救护、消防防护设施。

8. 中心试验站。

9. 专用交通、运输设施。

（十三）电力设施用地

1. 发（变）电主厂房设施及配套库房设施。

2. 发（变）电厂（站）的专用交通设施。

3. 配套环保、安全防护设施。

4. 火力发电工程配电装置、网控楼、通信楼、微波塔。

5. 火力发电工程循环水管（沟）、冷却塔（池）、阀门井水工设施。

6. 火力发电工程燃料供应、供热设施，化学楼、输煤综合楼，启动锅炉房、空压机房。

7. 火力发电工程乙炔站、制氢（氧）站、化学水处理设施。

8. 核能发电工程应急给水储存室、循环水泵房、安全用水泵房、循环水进排水口及管沟、加氯间、配电装置。

9. 核能发电工程燃油储运及油处理设施。

10. 核能发电工程制氢站及相应设施。

11. 核能发电工程淡水水源设施，净水设施，污水、废水处理装置。

12. 新能源发电工程电机，厢变、输电（含专用送出工程）、变电站设施，资源观测设施。

13. 输配电线路塔（杆），巡线站、线路工区，线路维护、检修道路。

14. 变（配）电装置，直流输电换流站及接地极。

15. 输变电、配电工程给排水、水处理等水工设施。

16. 输变电工区、高压工区。

（十四）水利设施用地

1. 水利工程用地：包括挡水、泄水建筑物、引水系统、尾水系统、分洪道及其附属建筑物、附属道路、交通设施，供电、供水、供风、供热及制冷设施。

2. 水库淹没区。

3. 堤防工程。

4. 河道治理工程。

5. 水闸、泵站、涵洞、桥梁、道路工程及其管护设施。

6. 蓄滞洪区、防护林带、滩区安全建设工程。

7. 取水系统：包括水闸、堰、进水口、泵站、机电井及其管护设施。

8. 输（排）水设施（含明渠、暗渠、隧道、管道、桥、渡槽、倒虹、调蓄水库、水池等）、加压（抽、排）泵站、水厂。

9. 防汛抗旱通信设施，水文、气象测报设施。

10. 水土保持管理站、科研技术推广所（站）、试验地设施。

（十五）铁路交通设施用地

1. 铁路线路、车站及站场设施。

2. 铁路运输生产及维修、养护设施。

3. 铁路防洪、防冻、防雪、防风沙设施（含苗圃及植被保护带）、生产防疫、环保、水保设施。

4. 铁路给排水、供电、供暖、制冷、节能、专用通信、信号、信息系统设施。

5. 铁路轮渡、码头及相应的防风、防浪堤、护岸、栈桥、渡船整备设施。

6. 铁路专用物资仓储库（场）。

7. 铁路安全守备、消防、战备设施。

（十六）公路交通设施用地

1. 公路线路、桥梁、交叉工程、隧道和渡口。

2. 公路通信、监控、安全设施。

3. 高速公路服务区（区内经营性用地除外）。

4. 公路养护道班（工区）。

5. 公路线路用地界外设置的公路防护、排水、防洪、防雪、防波、防风沙设施及公路环境保护、监测设施。

（十七）水路交通设施用地

1. 码头、栈桥、防波堤、防沙导流堤、引堤、护岸、围堰水工工程。

2. 人工开挖的航道、港池、锚地及停泊区工程。

3. 港口生产作业区。

4. 港口机械设备停放场地及维修设施。

5. 港口专用铁路、公路、管道设施。

6. 港口给排水、供电、供暖、节能、防洪设施。

7. 水上安全监督（包括沿海和内河）、救助打捞、港航消防设施。

8. 通讯导航设施、环境保护设施。

9. 内河航运管理设施、内河航运枢纽工程、通航建筑物及管理维修区。

（十八）民用机场设施用地

1. 机场飞行区。

2. 公共航空运输客、货业务设施：包括航站楼、机场场区内的货运库（站）、特殊货物（危险品）业务仓库。

3. 空中交通管理系统。

4. 航材供应、航空器维修、适航检查及校验设施。

5. 机场地面专用设备、特种车辆保障设施。

6. 油料运输、中转、储油及加油设施。

7. 消防、应急救援、安全检查、机场公用设施。

8. 环境保护设施：包括污水处理、航空垃圾处理、环保监测、防噪声设施。

9. 训练机场、通用航空机场、公共航运机场中的通用航空业务配套设施。

法律、行政法规规定的其他用地

（十九）特殊用地

1. 监狱。

2. 劳教所。

3. 戒毒所、看守所、治安拘留所、收容教育所。